AUGUSTINE AND MANICHAEISM
IN THE LATIN WEST

NAG HAMMADI

AND

MANICHAEAN STUDIES

FORMERLY

NAG HAMMADI STUDIES

EDITED BY

STEPHEN EMMEL

Editorial Board

H.W. Attridge, R. Cameron, W.-P. Funk, C.W. Hedrick,
H. Jackson, P. Nagel, J. van Oort, D.M. Parrott, B.A. Pearson, J.M. Robinson,
K. Rudolph, H.-M. Schenke, W. Sundermann

XLIX

AUGUSTINE AND MANICHAEISM IN THE LATIN WEST

Proceedings of the Fribourg-Utrecht Symposium

of the International Association of Manichaean Studies (IAMS)

EDITED BY

JOHANNES VAN OORT, OTTO WERMELINGER

&

GREGOR WURST

BRILL

LEIDEN · BOSTON · KÖLN

2001

This book is printed on acid-free paper.

Cover design: Cédilles / Studio Cursief, Amsterdam

Cover illustration: Alje Olthof

Die Deutsche Bibliothek – CIP-Einheitsaufnahme

Augustine and Manichaeism in the Latin West : proceedings of the
Fribourg Utrecht international symposium of the international Assocation of
Manichaean Studies (IAMS) / ed. by Johannes van Oort .... – Leiden ;
Boston ; Köln : Brill, 2001
  (Nag Hammadi and Manichaean studies : 49)
  ISBN 90-04-11423-8

Library of Congress Cataloging-in-Publication Data

Library of Congress Cataloging-in-Publication Data are also available.

ISSN   0929-2470
ISBN   90 04 11423 8

CONTENTS

PREFACE

Manichaean Studies cover a large variety of topics, and the many disciplines concerned with them go all the way from Latin Patristics in the West to Chinese Studies in the East. In order to facilitate scientific exchange between scholars working in these wide-ranging fields, the *International Association of Manichaean Studies* (*IAMS*) organizes not only International Conferences on rather general topics (as in Lund in 1987, St. Augustin/Bonn 1989, Arcavacata di Rende/ Amantea 1993, and Berlin 1997),[1] but also Symposia meant to deal with particular, well-defined subjects. Up till now, such Symposia have been held in Lund (1990), Louvain (1991),[2] London (1992), Fribourg (1998), and Sydney (1999).

During the preparation for the Fourth International Conference of Manichaean Studies in Berlin (1997), the Board of the *IAMS* decided to devote a Symposium to the relationship between the famous Latin Father of the Church, Augustine of Hippo, and Manichaeism. In due course, and in close collaboration with the Faculty of Theology of the University of Utrecht, the International Symposium *Augustine and Manichaeism in the Latin West* was organized by the Seminar of Patristic Studies of the University of Fribourg, Switzerland. From July 8th to 11th, 1998, more than forty scholars assembled in Fribourg, and 27 papers have been read and discussed by specialists from Australia, Austria, Belgium, Canada, France, Germany, Italy, the Netherlands, Russia, and Switzerland.

The choice of the University of Fribourg as the venue for the first Symposium on Augustine and Manichaeism was not accidental. Ground-breaking work on this topic has already been done by the Iranian scholar Pierre Jean de Menasce, who from 1938 to 1948 held

---

[1] Cf. P. Bryder (ed.), *Manichaean Studies. Proceedings of the First International Conference on Manichaeism*, Lund 1988; G. Wießner & H.-J. Klimkeit (eds.), *Studia Manichaica. II. Internationaler Kongreß zum Manichäismus...*, Wiesbaden 1992; L. Cirillo & A. van Tongerloo (eds.), *Atti del Terzo Congresso Internazionale di Studi „Manicheismo e Oriente Cristiano Antico"...*, Lovanii-Neapoli 1997; R.E. Emmerick, W. Sundermann & P. Zieme (eds.), *Studia Manichaica. IV. Internationaler Kongreß zum Manichäismus...*, Berlin 2000.

[2] Cf. A. van Tongerloo & J. van Oort (eds.), *The Manichaean NOYΣ...*, Lovanii 1995.

the chair of Missiology and History of Religions at Fribourg's Faculty of Theology. In an article entitled «Augustin manichéen», published in 1956 in the Festschrift for Ernst Robert Curtius, De Menasce confronted the then newly discovered Coptic Manichaean texts with the autobiographical data transmitted in the writings of Augustine. By doing so, he was able to demonstrate that, during the (at least) nine years before his conversion to Catholic Christianity, Augustine had actually been a faithful adherent of the Religion of Light.[3] Not only the organization of the Symposium, but also the publication of its selected proceedings are meant as contributions which pursue on the avenue of research already opened by De Menasce. Parallel to the Symposium, the Cantonal and University Library of Fribourg organized an exhibition dedicated to his memory. The catalogue of this exhibition was produced by Michel Dousse and Jean-Michel Roessli.[4]

The editors would like to thank all persons and organizations that contributed to the conference and the publication of its selected proceedings. They express their gratitude to the Swiss National Science Foundation, to the Swiss Academy for Humanities and Social Sciences, and to the University of Fribourg for generous financial support; to Hélène Daphinoff and her colleagues from the Service for Adult Education of the University of Fribourg; to the Faculty of Theology, especially to its secretary Mrs. Christiane Gäumann; and to the staff of the Seminar of Patristic Studies for their help in organizing and carrying out the Symposium; to Michel Dousse and Jean-Michel Roessli for producing the catalogue; and finally to Dr Peter Staples and the office staff of the University of Utrecht Faculty of Theology for substantial help. Thanks are also due to the editors of the *Nag Hammadi and Manichaean Studies* for accepting this volume in their series; and to the editorial staff of Brill Academic Publishers (in particular Julie Plokker, Anita Disseldorp and Ivo Romein) for their patient help in producing this book.

Münster (D), Fribourg (CH) & Utrecht (NL), April 2001
Gregor Wurst, Otto Wermelinger, Johannes van Oort

---

[3] P.J. de Menasce, «Augustin manichéen», in: *Freundesgabe für E. R. Curtius*, Bern 1956, 79-93.
[4] *Jean de Menasce (1902-1973). Monographie accompagnant l'Exposition. Exposition du 9 juillet au 29 août 1998*. Textes réunis par Michel Dousse et Jean-Michel Roessli, Fribourg/Suisse: Bibliothèque Cantonale et Universitaire, 1998.

AUGUSTINUS MANICHAICUS – DAS PROBLEM VON KONSTANZ UND WANDEL

KURT RUDOLPH (MARBURG)

Der Nordafrikaner (Numidier) Aurelius Augustinus gehört zweifellos zu den faszinierendsten, aber auch ambivalenten Gestalten der abendländischen Religions- und Geistesgeschichte. Dies wird auch der bestätigen können, der sich sich nicht vorwiegend und vielleicht sein Leben lang mit ihm beschäftigt. Wenn ich daher heute vor Ihnen einige Bemerkungen über Augustinus mache, so bin ich mir nicht nur bewußt, daß ich vor einem Kreis von bekannten Fachleuten auf diesem Gebiet spreche, sondern auch wie viel ich diesen Forschungen verdanke, soweit ich sie als „Katechumen" auf diesem Gebiet heranziehen konnte.

Es sind vor allem folgende Überlegungen, die mich bewegen und die auch unsere Tagung vielfach bestimmen werden. Wir wissen um Augustinus' manichäische Zeit als junger Mann, d.h. als 19 bis 28/29 jähriger (373-382/3), und wir kennen seine 9 direkten antimanichäischen Schriften und viele weitere, wo wir manichäische Themen mehr oder weniger berührt finden. Augustinus ist also für uns nicht nur Quelle, und zwar die umfangreichste lateinische, für eine Kenntnis des nordafrikanischen Manichäismus des 4. Jh.s, sondern auch Zeuge in lebendiger Person, der sich die Lehre Manis im Prozeß seiner Suche nach der Lösung persönlicher und gnoseologischer Probleme aneignet, soweit sie ihm als „Auditor" zugänglich war. Er ist insofern der einzige spätantike Mensch von dem wir das Ringen mit manichäischen Ideen und Verhaltensweisen auf solch dramatische Weise kennen lernen: die Annahme, soweit wir es nachvollziehen können, und das Abstreifen, das Reflektieren und Polemisieren, das Offenlegen der Schwächen dieser Lehre, aber auch das versteckte Angeregtsein von ihr, das ihn immer wieder zurückführt, die aufgeworfenen Welt- und Heilsfragen kritisch zu durchdenken, wobei es eben dazu kommt, daß man trotz des Wandels bei Augustin gewisse Konstanten ausmachen kann, die ihm seine manichäische Vergangenheit bescherten.

Es ist nicht meine Absicht hier die psychologische Sonde anzule-

gen und das Verhältnis von Wandel und Konstante im persönlichen
Leben und Denken einer spätantiken Person auf diese Weise zu
erklären, über die wir dank der autobiographischen Zeugnisse und
den Stoffmassen der Werke mehr wissen als über alle anderen Per-
sonen seiner Zeit. Was bei diesem Autor, der immerhin ein hohes
Alter von fast 76 Jahren erreichte (354-430), sehr deutlich wird, ist
die durchgehende Aktivität der Problembewältigung, verbunden mit
einer Radikalität des Durchdenkens von Konsequenzen, die uns
manchmal erschrecken, und die Genialität seiner Formulierungen,
die sein Latein für die Kirchenlehre oft zum Vorbild werden ließ,
wenn auch nicht immer zum Nutzen der evangelischen Botschaft.
Die Agilität und das Ernstnehmen der ihm vertrauten Aufgaben hat
Augustinus nicht dazu geführt „ein geschlossenes und homogenes
System" vorzulegen. Das Gedankengebäude Augustins ist, wie es Carl
Andresen ausdrückte, „vielmehr aus den verschiedensten Bausteinen
erichtet worden und gleicht eher einem magnetischen Spannungs-
feld, auf das verschiedene Pole ausstrahlen."[1] Von Spannungen ist
es denn auch durchzogen und sie sind es, die uns heute davon sprechen lassen, daß sich Wandel in seinem Denken immer wieder mit
verborgenen Konstanten kreuzen. In den uns hier primär interes-
sierenden Bereich sind damit die gnostisch-manichäischen Theolo-
gumena gemeint, die sich mit biblisch-jüdischen oder christlichen,
wie bereits bei Mani selbst, aber auch mit spätantik-platonischen
(neuplatonischen) Auffassungen verbinden können.[2] Alfred Adam hat
einmal von der „Anverwandlung des Ketzerischen" bei Augustinus
gesprochen, dessen Auflösung und Rückführung auf seine Elemente unsere Aufgabe sei.[3] Dieses möchte ich an einigen mehr oder
weniger bekannten Beispielen zeigen.

---

[1] Zum Augustin-Gespräch der Gegenwart, Darmstadt 1962, 10.
[2] Auf die grundlegende philosophische Bildungsschicht bei A. kann im Folgenden
nicht weiter Bezug genommen werden. S. dazu u.a. P. Brown, Augustine of Hippo,
Berkeley 1967, 88ff., 101ff.; A.W. Matthews, The Development of St. Augustine
from Neoplatonism to Christianity 386-391 A.D., Washington, D.C. 1980; W.
Geerlings, Libri Platonicorum, Die philososophische Bildung Augustins, in: Th.
Kobusch/B. Mojsisch (Hg.), Platon in der abendländischen Geistesgeschichte,
Darmstadt 1997, 60-70; G. Maurach, Geschichte der römischen Philosophie,
Darmstadt ²1996, 141-159. Zur wichtigen Vermittlungsrolle des Ambrosius s. P.
Courcelle, Die Entdeckung des christlichen Neuplatonismus, in: Andresen, Augustin-
Gespräch, 125-181.
[3] Sprache und Dogma, Gütersloh 1969, S. 165f. Adam hat das in der Darstellung
Augustins in seinem „Lehrbuch der Dogmengeschichte", Band 1: Die Zeit der Alten
Kirche, Gütersloh 1965, 255-305, vorgeführt, auf die hier ausdrücklich verwiesen
sei.

Zunächst etwas zu Augustins manichäischen Jahren (373-382/3). Es besteht heute kein Zweifel mehr, daß Augustinus in dieser Zeit ein überzeugter manichäischer Laie, also Auditor, war. Leider haben wir aus dieser Zeit keine unmittelbaren literarischen Zeugnisse. Die einzige Schrift, die er hier verfaßte, ist nicht erhalten (*De pulchro et apto*; vgl. *Confessiones* IV, 20-24. 27). Alles was Augustinus nach seiner Bekehrung zum katholischen Glauben 386 bzw. seiner Taufe 387 schreibt, ist Nachschau und geprägt von einer neuen Sicht. 388 setzen seine bekannten antimanichäischen Schriften ein, die er erst 404 mit *Contra Felicem Manichaeum libro duo* abschließt, ohne allerdings das Thema des Manichäismus je wieder aufzugeben, wie viele seiner späteren Schriften immer wieder zeigen. Ein lange Zeit sehr umstrittenes Problem war das seines Übertritts zur *Ecclesia manichaica*, denn hier überschnitten sich verschiedene Dinge, die schwer zu klären waren, wie die Eudämonie-Lehre, das Bemühen um eine rationale Welterklärung und die ausgewählte kritische Bibellektüre. Erst Erich Feldmann hat hier neue Wege aufgezeigt.[4] Wir können jetzt annehmen, daß Augustinus für seine damaligen Fragestellungen, die von Cicero's *Hortensius* und der griechischen rationalen Kosmologie bestimmt waren, durch die Erzählungen und Bilderwelt der Bibel keine Lösung erhielt, und die erst durch Begegnung mit Manichäern eine solche geboten bekam (vgl. *Conf.* III, 12-18). Was ihn faszinierte war offenbar die Rationalität der Argumentation, z.B. in der Frage nach dem Bösen, dann das dualistische Systemdenken und die zur Illustration benutzte Bilderwelt (Mythologie), die Auffassung von der Seele als Mittelpunkt des Menschen, dann das kritische Verhältnis zum AT, bes. in der Schöpfungslehre, und eine andere Rezeption vom NT, bes. von Christus, schließlich das gottesdienstliche (litur-

---

[4] Der Einfluß des Hortensius und des Manichäismus auf das Denken des jungen Augustinus von 373, Theol. Diss. Münster 1975; Christus-Frömmigkeit der Mani-Jünger. Der suchende Student in ihrem "Netz", in: E. Dassmann/K.S. Frank (Hg.), Pietas. Festschrift für B. Kötting, Münster 1980 (JAC Erg. Bd. 8), 15-29; Der Übertritt Augustins zu den Manichäern, in: A. van Tongerloo/J. van Oort (ed.), The Manichaean *Nous*. Manichaean Studies II, Leuven 1995, 103-128. Leo C. Ferrari, Augustine's "Nine Years" as a Manichee, in: Aug. 25 (1975), 210-216, sieht in den 9 manichäischen Jahren A.s eine nachträglich beabsichtigte Festlegung auf die "imperfect number" 9 im Unterschied zu den tatsächlichen 10 Jahren, denn 10 "signifies the perfection of beatitude" und das konnte sein Manichäerdasein nicht bedeuten. Bekanntlich hat A. nach seinem Übertritt zur katholischen Kirche noch ca. 3 Jahre offen und freundschaftlich mit seinen manichäischen Kollegen in Rom verkehrt und durch deren Beziehung eine Rhetorikstelle in Mailand erhalten (ib. 213f.).

gische) und asketische Leben, bes. die Ablehnung der weltlichen
Güter. Manches davon paßte mit der römischen Philosophie Ciceros zusammen, die Augustinus bestimmte.[5] Auch das Erbe des
Apostels Paulus muß eine Rolle gespielt haben. Denn nach seinem
Übertritt zur lateinischen Kirche (386) beschäftigt er sich zunächst
intensiv mit diesem (vgl. *Conf.* VIII, 14-24) und versucht eine andere Sicht des Paulus zu gewinnen, die es ihm erlaubte biblische und
neuplatonische Ansichten zu verbinden, d.h. den monistischen
Gottesbegriff mit einer dualistischen Anthropologie (Leib-Seele). Die
manichäische Metaphysik der zwei Prinzipien wird aufgegeben und
der Mensch selbst zum Problem und zur Ursache des Bösen als
Abwendung der Seele vom *Summum bonum* oder Gott (vgl. *Conf.* VIII,
11).[6] Das Böse ist ein Mangel an Gutsein, keine Ursubstanz, sondern ein Funktion des Willens. Augustin wird das später revidieren
müssen.

Die bei Augustins Manichäismusverständnis oft übersehene Sicht
ist die von dessen christlichen Charakter. Nie hat er diesen bestritten, da die manichäische Lehre für ihn zuerst eine Kirche, dann eine
Häresie, eine Sekte, kein Schisma oder gar eine fremde persische
Religion war.[7] Daher hat ihn die Christusverehrung der Manichäer
beeindruckt, worauf bereits P. Jean de Menasce in seinem bekannten Aufsatz über den „Augustin manichéen" aufmerksam gemacht
hat.[8] Der Blick ist also ein anderer als wir ihn heute haben und er
erklärt auch Nähe und Ferne in der Polemik Augustins gegen seine
früheren Glaubensbrüder. Es scheint daher schon so, daß der lateinische Manichäismus eine stärkere Ausprägung zur christlichen
Überlieferung hin besessen hat, in Fortsetzung der ägyptisch-kopti-
schen Literatur, die wir besitzen.[9] Die große, bis heute unbeantwort-

---

[5] Vgl. bereits R. Reitzenstein, Augustin als antiker und mittelalterlicher Mensch, in: Vorträge der Bibl. Warburg II, Leipzig 1922/23. 1. Teil, 28-65, bes. 34ff.; Reprint: Antike und Christentum. Vier religionsgeschichtliche Aufsätze, Darmstadt 1963 (Libelli 150), 38-75, 44ff.

[6] Feldmann, Der junge Augustinus und Paulus, in: L. Cirillo/A. van Tongerloo (ed.), Manichaean Studies III, Leuven 1997, 41-76.

[7] Vgl. *Contra Faustum* XX, 3f.; s. J. van Oort, Mani, Manichaeism & Augustine, Tbilisi 1996/³1998 (Academy of Sciences of Georgia. The K. Kekelidze Institute of Manuscripts), 44f.

[8] In: Freundesgabe für Ernst Robert Curtius, Bern 1956, 79-93; abgedruckt in: Études iraniennes, Paris/Louvain 1985 (Studia Iranica), 19-33..

[9] Vgl. die grundlegenden Arbeiten von F. Decret: Aspects du Manichéisme dans l'Afrique romain, Paris 1970; L'Afrique manichéenne (IVe-Ve siècle), Paris 1978; Essais sur l'Église manichéenne en Afrique du Nord et à Rome au temps de saint Augustin, Rome 1995 (Studia Ephem. Aug. 47).

bare Frage ist die nach der Lektüre Augustins an Manichaica, denn nicht alles, was er weiß kann aus Diskussionen, Vorträgen oder Predigten stammen (vgl. *Conf.* VII, 3). Augustinus spricht bekanntlich von „großen Büchern", die wie Schüsseln im Gottesdienst aufgetragen wurden (*ib.* III, 10), auch von „glänzenden Gebilden", d.h. Malereien, und von „Liedern", die gesungen wurden (*ib.* III, 14).[10] Als einziges Werk läßt sich die *Epistula Fundamenti* aus Augustins Streitschriften gewinnen, ein Lehrbrief Manis in lateinischer Fassung.[11] Ferner haben wir von ihm Zitate aus dem „Schatz des Lebens"[12] und die bei ihm erhaltenen Auszüge aus den Schriften seiner früheren manichäischen Glaubensbrüder (z.B. den Brief des Secundinus an ihn und die *Capitula* des Faustus von Mileve) oder den umstrittenen (pseudepigraphischen) „Brief an die Menoch", den Julian von Eclanum gegen ihn verwendet.[13] Natürlich hatte Augustinus nicht Zugang zur esoterischen Weisheit der Electi, von denen er aber einige gut kannte.[14] Wer seine Wißbegierde und Bildung

---

[10] S. die Aufbereitung von E. Feldmann, Der Übertritt Augustins (s. Anm. 4), 115f. Vgl. auch *Contra Faustum* XIII, 18.

[11] Vgl. zuletzt E. Feldmann, Die "Epistula Fundamenti" der nordafrikanischen Manichäer. Versuch einer Rekonstruktion, Altenberge 1987; M. Scopello, L'*Epistula fundamenti* à la lumière des sources manichéennes du Fayoum (s. unten).

[12] Vgl. A. Adam, Texte zum Manichäismus, Berlin ²1969 S. 2f.

[13] Vgl. dazu jetzt M. Stein, Manichaica latina. Band 1: epistula ad Menoch, Opladen 1998 (Abh. Nordrhein-Westfäl. Akademie d. Wiss. Sonderreihe. Papyrologica Colon. XXVII/1). Stein hält den Brief zwar nicht unbedingt für einen authentischen Manibrief, aber doch für ein manichäisches Produkt; selbst wenn er ein pelagianisches Machwerk sei, zeige er "gute und gründliche Kenntnisse der manichäischen Lehre... und Schriften Manis" (43). Zur *Secundini Manichaei ad S. Augustinum Epistula* (CSEL 25², 893-901; R. Jolivet et M. Jourjon, Six traités antimanichéens. Œuvres de saint Augustin 17, 1961, 510-525) s. J. van Oort, The Manichaean Secundinus' Knowledge and Use of Biblical Literature (s. unten). Die *Capitula* des Faustus zeigen, wie G. Wurst nachweisen konnte, in Aufbau und Struktur Ähnlichkeit mit den *Kephalaia* (Frage-Antwort-Stil), wie überhaupt mit der gnostischen Dialogform, folgen also keiner logischen Anordnung, sondern stilistischen Formen (s.u.). Auch *Contra Adimantum manichaei discipulum* enthält Material für "un certain nombre de 'disputationes' écrites par Adimantus", der vermutlich mit dem Mani-Jünger Adda(s) identisch ist (s. F. Decret, Augustin-Lexikon I, 90-95).

[14] Das gibt A. stellenweise zu, z.B. *C. Fortunatum* 3a; E. Rutzenhöfer, Contra Fortunatum Disputatio, in: Augustiniana 42 (1992), 5-72, bes. 14ff. Nach der Prosopographie von Decret, L'Afrique manichéenne I, 355ff., lassen sich, abgesehen von A. selbst, 20 Manichäer namentlich nachweisen; davon waren 8 Electi, von denen A. 4 erwähnt, 19 sind als Auditores bekannt, von denen er 10 anführt. Das heißt natürlich nicht, daß er sie alle persönlich kannte, nur mit manchen pflegte er Umgang. Aus keinem anderen manich. Missionsgebiet kennen wir so viele Manichäer mit Namen. Bei der Debatte über die manich. Kenntnisse Augustins, die auch auf der Tagung eine Rolle spielten (z.B. in den Vorträgen von Kevin Coyle

kennt, wird trotzdem vermuten, daß er sich im Bereich des Möglichen umgesehen und umgehört hat, wie seine immer wieder gemachten Bemerkungen lehren, die seine Kenntnisse offenbaren. In den
Confessiones (III, 12) erwähnt er selbst einen katholischen Bischof, der
ebenfalls als einstiger Manichäer fast alle Bücher der Manichäer nicht
nur gelesen, sondern auch abgeschrieben habe. Ebenda bemerkt er,
daß er aus den Schriften Manis über die Himmelsbewegungen „sinnloses Zeug" gelesen hat (*Conf.* V, 7).[15] Das kann nur in Lateinisch
geschehen sein, denn Augustinus beherrschte kaum Griechisch; von
anderen Sprachen, die die Manichäer verwendeten, hatte er keine
Ahnung. Vielleicht helfen uns eines Tages Funde aus dem lateinischen Sprachbereich weiter, wie schon einmal mit dem Fragment
des Pergament-Codex, der 1918 im algerischen Tebessa (lat. Theveste) gefunden wurde.[16] Offensichtlich wurden die Latinica der
Manichäer gründlicher vernichtet als im Osten, was sicherlich mit
der strengeren Durchführung der Kaisergesetze, aber auch mit dem
großen Einfluß des Augustinus zusammenhing, der ausdrücklich dazu
auffordert: „Verbrennt alle ihre erlesenen Pergamente und verborgenen (oder geschützten) reich geschmückten Bände" (*C. Faustum*
XIII,18).[17] Diese Literatur war, wie Augustinus selbst zeigt, nicht nur
durch eine eigenständige umfangreiche Bibellektüre und -auslegung
(bes. der Paulusbriefe) ausgezeichnet, sondern offenbar auch durch
einen rationalen Anspruch, d.h. von einem „intellektuellen" Zuschnitt,
vielleicht als Erbe römischer Tradition, zumindest in seiner Anpassung daran.[18]

---

und Andreas Hoffmann), sollte man die einsichtige Feststellung von F. Decret
beherzigen: "Ces œuvres anti-manichéennes constituent un *témoignage véritable* sur
le manichéisme qu'Augustin a bien connu, mais *non sur tout* le manichéisme" (Aspects 31). Die Kenntnisse A.s über manichäische "sujets" hat Decret in L'Afrique
manichéenne I übersichtlich nach den einzelnen antimanichäischen Schriften
beschrieben und tabellarisch zusammengestellt.
    [15] Vgl. dazu Van Oort, Mani (s. Anm.7), 47f.; L.C. Ferrari, Astronomy and
Augustine's Break with the Manichees, in: REAug. XIX (1973), 263-276; H.G.
Schipper, Melothesia: A Chapter of Manichaean Astrology in the West (s.u.)
    [16] S. zuletzt R. Merkelbach, Der manichäische Codex von Tebessa, in: P. Bryder
(ed.), Manichaean Studies, Lund 1988, 229-264, und J. BeDuhn/G. Harrison, The
Tebessa Codex: A Manichaean Treatise on Biblical Exegesis and Church Order
in: P. Mirecki/J. BeDuhn (Ed.), Emerging from Darkness. Studies in the Recovery
of Manichaean Sources, Leiden 1997 (NHMS 43), 33-87. M. Stein, Bemerkungen
zum Kodex von Tebessa (s.u.).
    [17] Vgl. zur Verfolgung und Vernichtung des nordafrikanischen Manichäismus
Decret, L'Afrique manichéenne I, 211-233.
    [18] Vgl. dazu A. Hoffmann, Erst Einsehen, dann Glauben. Die nordafrikanischen

Gehen wir zu den mehr inhaltlichen Fragen über. Man hat gesagt, daß Augustin etwas vom Manichäismus geerbt habe, was ihn immer begleitet hat, nämlich „das Problembewußtsein für Weltrisse".[19] M.E. ist das gut beobachtet, wenn man noch hinzu nimmt, daß er in einer tiefen Umbruchzeit gelebt hat, in der das römische Weltreich in die Hände der Barbaren aus dem Norden fiel und sich der Übergang zu einer neuen Epoche der westeuropäischen Geschichte abzeichnete. Augustinus ist eine Art Grenzgestalt: zwischen Antike und frühen Mittelalter stehend, kirchen- bzw. religionsgeschichtlich verbindet und trennt er zugleich das Abendland und das Morgenland, die lateinische von der griechischen und orientalischen Welt.[20]

Die „Weltrisse", die ihn immer wieder beschäftigen, sind die alten Fragen der Theologie und Philosophie, die auch der Manichäismus zu beantworten suchte: die Herkunft und Form des Bösen oder Übels, der Ursprung der Welt oder Schöpfung, die Erlösung von Welt und Mensch, das Wesen des Menschen als Gespann von Leib, Seele und Geist, die richtige Gemeinschaft des Menschen, das Ziel der Weltgeschichte und die Herrschaft Gottes über sie. Augustinus hat sich mit allen mehr oder weniger beschäftigt, meist angeregt durch aktuelle Situationen, die ihn herausforderten und eine Antwort erheischten. Dabei hat er aus seinem großen Wissensreservoir geschöpft, das er sich aus antiker Philosophie, biblischer und kirchlicher Theologie, aber eben auch aus manichäischer Literatur gefüllt hatte, und aus der dialogischen Denktradition und -argumentation der Griechen und Römer.

Die fortgehenden Versuche, die einzelnen Elemente der Werke und Gedanken Augustins, auf ihre Ursprünge zurückzuführen, sind recht verschieden, da sie von unterschiedlichen Voraussetzungen ausgehen, oft auch recht subjektiv bedingt sind: von theologischen, religiösen, kirchlichen u.a. Vorurteilen bestimmt. Die objektiven Schwierigkeiten bei dieser Forschungsarbeit liegen in dem Stoff selbst: seiner Überlieferung und Verquickung von mehreren Zeit- und

---

Manichäer zwischen Erkenntnisanspruch, Glaubensforderung und Glaubenskritik (s.u.). Ders., Verfälschung der Jesus-Tradition. Neutestamentliche Texte in der manichäisch-augustinischen Kontroverse, in: L. Cirillo/A. van Tongerloo (ed.), Manichaean Studies III (1997), 149-182.

[19] So K. Flasch, Augustin, Stuttgart 1980, S. 94.

[20] Das hat sehr gut R. Reitzenstein in seiner angeführten Studie über A. gezeigt (s.o. Anm. 5).

Denkstufen, die sich bei Augustinus oft verzahnt vorfinden. Es erin-
nert schon manchmal an Psychoanalyse, wenn man derartige Stu-
dien liest, nicht i.S. Freuds, obwohl Augustinus ein dafür lohnender
Fall ist, sondern in dem Bemühen, hinter der Fassade der Worte und
Sätze die verborgenen Schichten von Augustins Persönlichkeit und
seine mehr oder weniger unbewußten Denktraditionen zu erfassen.
Die Dialektik von Wandel und Konstanz läßt sich nicht immer mit
Händen greifen, sondern bedarf sorgfältiger Analyse. Oft ist nur mit
Hypothesen oder Vermutungen zu rechnen. Es geht dabei nicht nur
um den Nachweis nachwirkender gnostisch-manichäischer Denkbah-
nen, die sich direkt durch bestimmte Formulierungen nachweisen
lassen, sondern auch, und das oft in der Mehrheit der Fälle, um die
behandelten Themen, die sich aus dem Bestimmtsein einer Tradition erkennen lassen, die eben ohne den manichäischen Anteil bei
Augustinus nicht thematisiert worden wären. Wir kennen diese Art
der Fortwirkung von Problemstellungen aus der Frühzeit der christlichen Theologiegeschichte als Philosophie und Gnosis den Aufbau
und Charakter christlicher Theologie mitformulierten – eben durch
die aufgeworfenen Fragen als solche. Diese Form der indirekten
Anregung ist bei Augustin durchaus zu beobachten, und man kann
dann darüber streiten, ob das nun manichäischer „Einfluß" ist oder
nur eine Anregung, die anders nicht gegeben gewesen wäre. Ich sehe
viele der bei Augustin so behaupteten manichäischen Züge auf diese Weise durchaus gegeben, besonders wenn sie beim späten Augustin plötzlich auftreten, etwa im Zusammenhang mit dem pelagianischen Streit. Wandel und Konstanz ist eben ein nicht immer
sichtbarer Prozeß, der offensichtlich auch für Augustinus selbst nicht
offenlag, trotz seines hohen Reflexionsbewußtseins.[21] Die plötzliche
Konfrontation mit dem Vorwurf des manichäischen Erbes durch
Julian von Eclanum hat ihn getroffen und es war nicht einfach, das

---

[21] Dazu äußerte sich Reitzenstein ebda folgendermaßen: "Es ist wohl das
großartigste Beispiel, wie stark unser aller Empfinden von Entwicklungsstadien
beeinflußt wird, die wir gedankenmäßig schon lange überwunden haben, die
gewichtigste Mahnung, auch bei dem tiefsten religiösen Denker Dogmatik und Reli-
giösität nicht ohne weiteres gleichzusetzen" (41 bzw. 51). "Trat der antike moralische
Optimismus zurück, so mußte notwendig der von ihm verdrängte Manichäismus
wieder wirksam werden, soweit er sich ins Christliche übertragen ließ.... Daß Augustin,
besonders dem Manichäismus gegenüber, nicht hat empfinden können, daß jede
überwundene Entwicklungsstufe ihm eine innere Bereicherung für immer gebracht
hat, ist begreiflich genug. Aber wir müssen darin die Konfessionen ergänzen und
berichtigen, wenn wir ihn überhaupt verstehen wollen" (48 bzw. 58 Anm. 29).

zu entkräften. Man kann daraus ersehen, daß dieses Thema ein kontroverses und daher anstrengendes ist. Unsere Tagung hat das recht deutlich werden lassen. Einen klugen Grundsatz dafür hat Kurt Flasch so formuliert: „Das heute mögliche Verständnis des Denkens Augustins muß die Alternative rekonstruieren, in der Augustin sich bewußt bewegt und innerhalb derer er sich entschieden hat. Die wird verhindert, wenn man die Konstanten in Augustins Denken forciert, also die unzweifelhaft vorhandenen Nachwirkungen der frühen Phase bei Augustin so herausstellt, daß die tiefgreifenden Wandlungen nach der 'Bekehrung' unterbelichtet bleiben".[22]

Ich möchte im folgenden noch einige der Konkreta benennen, die m.E. durchaus den Versuch rechtfertigen, manichäisches Erbe bei Augustinus zu entdecken.[23] Es sind die bekannten Sachverhalte der Seele, der Sünde bzw. *Concupiscentia*, die Kirchenidee und die Zwei-Reiche-Lehre. Ich kann mich dabei nur sehr kurz fassen.

Die 'Seele' ist bei Augustinus das Wesentliche des Menschen, wie es antiker griechischer Vorstellung entspricht. Der Körper ist demgegenüber von niederer Qualität, ja Sitz der niederen Triebe, der Begierde und daher der Sünde. Die Seele aber steht Gott nahe, ja ist bei Augustinus der eigentliche Ansprechpartner für Gott, da sie ein Stück von ihm ist. Daher dominiert bei Augustinus die Seelenmetapher: das Schicksal des Menschen ist durch seine Seele bestimmt; sein Streben zu Gott ist das Streben der Seele zum Ruheort (*Conf.* I,1). Gottes oder der Weisheit „Ruf" (*vocatio*) gilt der Seele; er bedingt die Bekehrung bzw. Rückkehr. Diese Konzentration auf die Seele, die uns bes. in den *Confessiones* so eindrücklich entgegentritt, ist zwar der Antike vertraut, aber in dieser gesammelten Form nicht ohne den manichäischen Hintergrund verständlich.[24] Die Seele beinhaltet ein Wahrheitselement, da sie an Gott teil hat (*participatio Dei*), an seinem Licht (*lux*). Sie ist „intelligibles Licht", wie schon bei Platon, aber verselbständigt. Auch bei den Manichäern gehört Seele, *Nus* und Licht bekanntlich zusammen. Die Lichtmetapher wird von Augustinus nie aufgegeben, trotz Absage an den manichäischen Dualismus.[25] Auch der Begriff der Finsternis taucht bei ihm später wie-

---

[22] Augustin, 151.
[23] Einen guten neueren Überblick über die Diskussion darüber gibt J. van Oort: Augustinus en het manicheïsme, in NThT 47 (1993), 276-291 (mit Literatur).
[24] Vgl. Adam, Sprache und Dogma, 144ff.
[25] Vgl. Flasch, Augustin, 71f.

der als eine eigene Macht auf. Das gleiche gilt für die Substanzvor-
stellung der Seele, die infolge der traduzionistischen Erbsündelehre
wieder Einzug bei Augustinus hält.[26] Auf das Vorbild des Seelen-
aufstiegs durch die sublunaren Weltsphären für den Aufbau der
Konfessionen hat schon Alfred Adam aufmerksam gemacht.[27]

Die gewichtige 'Frage nach dem Bösen' hat Augustinus immer
wieder angegangen und recht unterschiedliche Lösungen vorgetragen, wie auch in anderen Fragen. Man kann ein Kurve feststellen,
die von der antimanichäischen Polemik gegen das substanzhafte
Verständnis des Bösen und die Verteidigung des freien Willens zu
einem wieder substanzhaften Denken in Gestalt der sog. Erbsünde
(*peccatum originalis*) und der Einschränkung des freien Willens gegenüber der unbedingten Gnadenwahl Gottes reicht. Das Schwanken
Augustins erklärt sich aus dem Erbe des Körper-Seele-Dualismus,
dem Festhalten an der Allmacht Gottes, und der pessimistischen
Einstellung zum unerlösten Menschen. Ist für den jungen Augustinus das Böse nach griechischer Manier ein Teil der guten Ordnung
des Kosmos, d.h. eher ein Mangel, der im Vermögen des Menschen
liegt, eine „Torheit" (*stultitio*) des Willens, so ist der späte Augustinus durch seine Auseinandersetzung mit den Pelagianern (ab 412)
zu Positionen gelangt, die ihn von Julian von Eclanum m.R. den
Vorwurf des Manichäismus eingetragen haben.[28] Das Böse ist für
Augustinus konzentriert in der „Begierde" (*concupiscentia*), die für ihn
eine unvermeidliche Modalität der Schöpfung ist, vornehmlich ihrer sexuellen Seite, und zwar zunächst erst nach dem Fall Adams,
später verschiebt sich das auch hier.[29] Sie ist *mala* und *malum*, keine

---

[26] Ebd. 205.

[27] Sprache und Dogma, 148ff.

[28] Vgl. dazu A. Bruckner, Julian von Eclanum, Leipzig 1897 (TU 15/3), bes.
39, 57f., 62f.; A. von Harnack, Lehrbuch der Dogmengeschichte III, Tübingen
[4]1932, 185, 218; Reitzenstein, Augustin, 36f. (46f.); P. Brown. Augustine of Hippo,
369f., 386, 393f.; The Body and Society, New York 1988, 415f.; Flasch, Augustin,
208 und 225; J. van Oort, Mani, 37, 40, 52; M. Lamberigts, De polemiek tussen
Julianus van Aeclanum en Augustinus van Hippo, Diss. Leuven 1988; Was Augustine a Manichaean? The Assessment of Julian of Aeclanum (s.u.). Den Vorwurf
eines Kryptomanichäers hat A. schon früher (395) von seinem Amtskollegen Megalius
von Calama einstecken müssen (s. P. Brown, Augustine, 203f.). Julian selbst hat
410 mit einem früheren manichäischen Glaubensgenossen A.s, Honoratus, diskutiert
in dessen Verlauf der "Brief an (die) Menoch" benutzt wird (ebd. 370; s. o. Anm.
13). Im Hinblick auf die *concupiscentia* (sexuelle Begierde) urteilt J. van Oort kurz:
"Op dit terrein had Julianus van Eclanum wellicht gelijk" (Augustinus en het
manicheïsme, 290).

[29] Vgl. J. van Oort, Augustine and Mani on *concupiscentia sexualis*, in: J. den Boeft

Substanz, sondern Zustand (*status*) eines „natürlichen Gebrechens"
(*vitium naturae*). Aber sie haftet am Körper als Zeichen der Ursünde
(*peccatum originale*) und ist durch ihre Wirkung eine Art zweite Natur
des Menschen, ein „aktuales" Sein, das die Zeugung und ihre Pro-
dukte (d.h. Kinder) befleckt und so die durchgehende Sünd- und
Schuldhaftigkeit der Menschheit ausmacht, sofern sie nicht von Gott
erwählt und erlöst ist. In dieser Konzeption gibt es strenggenommen
keine Freiheit mehr; die Gnadenwahl (*praedestinatio*) und der dadurch
ausgedrückte einzige freie Wille Gottes ist die oberste Norm im
Weltbild von Augustinus geworden.[30] Er läßt sich daher zu Aussagen hinreißen, die an Manichäisches erinnern: der Mensch wurde
durch die Ursünde zu „einem Klumpen Dreck" oder zu „einem
Haufen Sünde".[31] Die bei Augustinus immer wieder zu Tage tre-
tende Körperfeindschaft, die entwicklungspsychologisch bei ihm
bedingt ist, führt ihn zu der Auffassung eines biologisch klingenden
Zusammenhangs zwischen Ursünde und Zeugung.[32] Wie im Manichäischen wird der Körper von der Begierde (griech. *epithymia*) beherrscht: Die *Epithymia* ist die Göttin des Körpers.[33] Das Böse haftet am Körper (*caro peccatrix*).[34] Für die Manichäer bringt der *Nus* die
Erlösung durch die Besiegung der Begierde,[35] für den späten Augustin der Glaube an die unverdiente Gnadenwahl, für den jungen
Augustin war es noch die Vernunft (*ratio*) und der Wille zum Guten. So zieht sich doch eine unterirdische Denkstruktur bei ihm durch,
die das biblische Weltbild immer wieder mit streng dualistischen
Zügen durchsetzt und Augustin nicht zur Ruhe kommen läßt.[36]

---

u. J. van Oort (ed.), *Augustiniana Traiectina*, Paris 1988, 137-152; U. Bianchi, Augustine on Concupiscence, in: Studia Patristica XXII (1989), 202-212; Van Oort,
Augustine on sexual concupiscence and original sin, ebd., 382-386; Flasch, Augustin,
389ff.

[30] Vgl. Flasch, Augustin, 191ff. Die Einschränkung des freien Willens setzt bei
A. schon früher ein, nicht erst als Folge des Kampfes gegen den Pelagianismus,
sondern in der Auslegung des Paulus; s. *C. Fortunatum* 22a, dazu E. Rutzenhöfer,
C. Fortunatum (s.o. Anm. 14), 54f. Auf die der antiken Denkweise widersprechende
Prädestinationslehre A.s hat Reitzenstein m.R. hingewiesen (Augustin, 46ff. bzw.
56ff.).

[31] Belege bei Flasch, Augustin, 198 bzw. 442 Anm. 47a.

[32] Vgl. ebd. 204f. u. Van Oort, Augustine on sexual concupiscence and original sin (s. Anm. 29).

[33] Vgl. *Kephalaia* I ed. H.J. Polotsky/A. Böhlig, Stuttgart 1940, 143,6f. (Fehler
bei Adam, Sprache und Dogma, 145 Anm. 15).

[34] Vgl. Adam, ebd., 145 Anm. 16, mit Belegen.

[35] *Kephalaia*, 143, 4ff.

[36] Vgl. auch Flasch, Augustin, 298f., und z.B. Th.G. Sinnige, Gnostic influences

Auch die Auffassung von der 'Kirche' als einem Organismus oder
Corpus bei Augustinus erinnert an die der Manichäer.[37] In beiden
Fällen ist sie ein Hort der Gerechtigkeit und Wahrheit, die für das
Heil unabdingbar ist, ja dem Glauben vorgeordnet ist, eine Art
Heilsanstalt. Es ist eine kollektive Vorstellung, die hier herrschend
ist und die auch bei Augustinus ins Überirdische reicht, insofern sie
Heilige und Engel umfaßt, wie bei den Manichäern die „Säule der
Herrlichkeit", also eine irdisch-himmlische Anstalt darstellt. Die in
ihr zusammengefaßte Auswahl der Gläubigen hat eine metaphysi-
sche Dimension: für die Manichäer in der Vorstellung von den
befreiten Lichtelementen, die in den „Auserwählten" (*electi*) der
endgültigen Befreiung harren, für den Katholiken Augustinus die der
Gnadenwahl Teilhaftigen, die den *numerus praedestinatorum* bilden, um
die sich der Kreis der *admixti* legt. Die Zweiteilung in Erwählte und
Nichterwählte ist beiden gemeinsam. Augustinus nennt noch eine 3.
Gruppe, die „Berufenen" (*vocati*). Jedenfalls ist die Kirche für ihn ein
Corpus permixtum.[38] Auch der Gedanke, daß die Summe der „Auserwählten" dadurch bestimmt ist, die Lücke der gefallenen Engel im
Jenseits auszugleichen, läßt an die manichäische Vorstellung von der
Summe der Seelen (Lichtteile) denken, die zum Lichtreich zurückkehren sollen, da sie Teile Gottes bzw. des Urmenschen sind. Parallel zum Kollektivum der Kirche ist die Gegenwelt der *massa peccati, perditionis* oder *damnata* aufgefaßt: eine der Vernichtung bzw. für
die Hölle vorbestimmte Gruppe von Menschen, die das Gottfeind-
liche repräsentieren, manichäisch gesprochen die Finsternis. Alfred
Adam hat sogar den Begriff *massa* mit dem koptisch/griechisch-
manichäischen Begriff *bolos* in Verbindung gebracht.[39]

Hieran schließt sich das Thema der sog. 'Zwei-Reiche-Lehre' bei
Augustinus an, d.h. die von ihm in *De Civitate Dei* vorgelegte Konzeption einer weltgeschichtlichen Dualität zwischen einer „Bürgerschaft Gottes" und einer „Bürgerschaft des Teufels" (*civitas diaboli*)
bzw. „irdischen Bürgerschaft" (*civitas terrena*). Über das Für und Wider
eines manichäischen Hintergrundes ist schon viel diskutiert worden,
zuletzt umfassend in der Monographie „Jerusalem and Babylon" von

---

in the early works of Plotinus and in Augustine, in D.T. Runia (ed.), Plotinus amid
Gnostics and Christians, Amsterdam 1984, S. 95ff.; Kam-Lun E. Lee, Augustine,
Manichaeism, and the Good, New York 1999 (Patristic Studies 2).

[37] Vgl. Adam, Sprache und Dogma, 153ff.

[38] Vgl. Adam, ebd., 145f mit Belegen; Sinnige (s. Anm. 36), 92f.

[39] Sprache und Dogma, 158f.

Johannes van Oort.[40] Ich kann mich daher noch kürzer fassen. Zweifellos ist der Rahmen und die Bilderwelt biblisch, offiziell-christlich und mit viel Kenntnis der römischen Geschichte (Varro!) ausgestattet. Mythologisch wird der Ursprung der beiden Staaten in die Engelwelt verlegt, der Fall der eigenwilligen verführten Engel (Göttersöhne, *filii Dei*) nach Gen. 6 zerbricht die Harmonie und setzt das Weltgeschehen über Adam und Eva in Gang. Mit Kain und Abel beginnt der geschichtliche Gegensatz: ersterer ist Repräsentant des „Menschenstaates", letzter des (himmlischen) Gottesstaates (XV,1). Dann geht es durch die biblische Geschichte, versetzt mit der griechischen und römischen; das Gottesreich ist nur streckenweise in Israel nahe, wenn Gott korrekt verehrt wird, wozu die Propheten ermahnen, Augustinus folgt hier der vorgegebenen deuteronomistischen Sicht. Mit Christus und seiner Kirche tritt das Himmelreich in seine konkrete Phase, die erst in der Endzeit zu seinem Gunsten endgültig entschieden wird, wobei Augustinus die Vorgänge quasi entmythologisiert, indem er sie historisiert bzw. säkularisiert.[41] Gesteuert wird dieser Prozeß von dem Verhalten der Menschen zu dem einen Gott: Vielgötterei, Fleischeslust, Zwistigkeiten (Kriege) usw. ist das Kennzeichen der *Civitas terrena*. Daß Augustinus in seinem Werk, das zwischen 413 und 426 entstanden ist, den Manichäismus nicht vergessen hat, zeigen die wiederholten kritischen Reminiszenzen an dessen Auffassungen.[42] Daneben gibt es eine Reihe Züge, die den Manichäologen an seine Materie erinnern: die Stellung des Engelfalls (Gigantomachie), der Gegensatz zwischen dem unruhigen, kriegerischen Weltreichen und dem harmonisch-friedlichen Gottesreich, der Teufel als geheimer Herr der *Civitas terrena* und die „Stadt Gottes" als Heimat der Seele in das sie zurückstrebt, schließlich der durchgehende Dualismus. Auf gnostische Parallelen aus den Nag Hammadi Codices wies schon Alexander Böhlig hin.[43]

Die Vorbilder für die Zwei-Reiche-Lehre sind vielfach. Johannes van Oort hat sie gewissenhaft aus jüdischen und christlichen Quel-

---

[40] Jerusalem and Babylon. A Study into Augustine's *City of God* and the Sources of His Doctrine of the Two Cities, Leiden 1991 (Suppl. to VigChr 14).

[41] Vgl. Adam, Sprache und Dogma, 159f.

[42] Vgl. J. van Oort, Mani, 37f. mit Literatur; Manichaeism in Augustine's De Civitate Dei, in: E. Cavalcanti (ed.), Il *De Civitate Dei*. L'opera, le interpretazioni, l'influsso, Roma 1996, 193-214 mit Belegen.

[43] Zu gnostischen Grundlagen der Civitas-Dei-Vorstellung, in: ZNW 60 (1969), 291-95; abgedruckt in: Gnosis u.Synkretismus I, Tübingen 1989, 127-134.

len verzeichnet:[44] die Zwei-Geister-Lehre (Qumran), der Zwei-Wege-Katechismus, die Zwei-Lager- oder Zwei-Städte-Vorstellung, wie sie in dem Gegensatz zwischen Jerusalem und Babylon bzw. Rom schon biblisch zu finden ist, worauf auch Augustin anspielt (*De civ.* XX; Apk. Joh.). Festzuhalten bleibt auch, daß wir zwar in manichäischen Quellen gelegentliche Hinweise auf den Gegensatz zwischen der „Gottes- bzw.Götter-Stadt" (*tpolis ᵉnnoute*) und dem „Reich der Finsternis", zu dem auch die irdischen Reiche gehören, finden,[45] aber eine die Weltgeschichte einbeziehende Konzeption der Reiche des Lichts und der Finsternis fehlt (bis jetzt). Was jedoch ins Gewicht für einen letztlich manichäischen Ansatz bei Augustinus fällt, ist der streng durchgezogene Dualismus in seiner Darstellung.[46] Keine der vermutlichen Vorbilder hat das m.W. in dieser Weise aufzuweisen (auch Tyconius hilft da nicht weiter).[47] Erst Augustinus schreibt ein solches Werk, in dem die biblisch-christliche Heilsgeschichte dualistisch konsequent auf die Weltgeschichte angewendet wird. Mag sein, daß er durch die angeführten dualistischen Bilder, die auch wie Van Oort zeigen kann,[48] in der christlichen Taufkatachese verankert sind, angeregt worden ist, aber die theologische Form der Durchführung ist m.E. nicht ohne den manichäischen Impetus zu verstehen. Es ist ja schließlich auffällig, daß ausgerechnet der ehemalige Manichäer Augustin ein solches Buch geschrieben hat, das noch dazu in 22 Kapiteln angelegt ist, wie das „Lebendige Evangelium" des Mani.[49]

Wie wir es auch an den anderen Beispielen gesehen haben, die verborgene Konsequenz des dualistischen Denkens ist ein außerordentlich starkes Movens, wenn man die anders nicht auflösbare Frage nach Herkunft und Wirkung des Bösen, also der alten Frage *unde malum?*, nachgeht.[50] Augustinus zeigt uns auch heute noch die

---

[44] Jerusalem and Babylon, 274ff.; diskutiert werden auch die platonischen und stoischen Vorstellungen von zwei Welten, Reichen oder Städten (247ff.).

[45] S. *Psalmbook*, ed. Allberry (1938), 95,28-30; *Kephalaia*, 33,5-8, weitere Stellen bei Adam, Sprache und Dogma, 136f., und Van Oort, Jerusalem and Babylon, 212ff.

[46] Vgl. bereits Adam, Sprache, 160.

[47] Zum Tyconius-Problem s. Van Oort, Jerusalem and Babylon, 254ff.

[48] Ebd. 322ff.

[49] Vgl. Böhlig, Zu gnost. Grundlagen, 292 (bzw. 128); Van Oort, Jerusalem and Babylon, 77ff.; andere Beispiele für die 22: Bücher des AT, hebr. Alphabet. S. bereits Reitzenstein, Augustin, 41 (51) mit Anm. 16.

[50] Der christlichen Tradition ist schon von früh an ohne Zweifel ein dualistischer Grundzug eigen, der sich in der distanzierten Sicht von Leib (*sarx*), speziell der

menschlichen Grenzen bei der Verfolgung solcher Probleme; dem Dualismus ist dabei nicht zu entkommen – der Teufel ist dabei auf alle Fälle im Spiele. Ich jedenfalls tröste mich mit der klugen Bemerkung Kants, daß der Mensch zwar aufrecht gehen kann, aber aus krummen Holze gefertigt ist, von wem, das glauben wir zu wissen oder auch nicht.

Sexualität, und Welt (*kosmos*) immer wieder Geltung verschafft. Für Jahrhunderte – und Augustin ist dafür ein einflußreiches Beispiel – war das wahre christliche Leben das des Asketen und Mönchs. Das praktische Verhalten, die *Enkrateia* (Askese), war Christen, Gnostikern und Manichäern gemeinsam, die dogmatische Motivierung ist mitunter anders, aber nicht grundsätzlich, da sie ein antikosmisches Denken ausdrückt. Es ist das, was H. Jonas das "Gnostische" am "spätantiken Geist" bezeichnet hat und sich auch in der zeitgenössischen Philosophie (Plotin) Geltung verschaffte. Vgl. P. Brown, The Body and Society; E. Pagels, Adam, Eve, and the Serpent, New York 1988; V.L. Wimbush (ed.), Ascetic Behavior in Greco-Roman Antiquity. A Sourcebook, Minneapolis 1990.

AUGUSTINS „MANICHÄISCHER ERBTEIL" DARGESTELLT AN *DE MENDACIO* UND *CONTRA MENDACIUM (AD CONSENTIUM CONTRA MENDACIUM)*

WALTER BELTZ (BERLIN-HALLE)

1. *Zum forschungsgeschichtlichen Problem*

Augustin ist für den Religionsgeschichtler auch deshalb eine interessante Person, weil er anders als seine großen Vorgänger Tertullian und Ambrosius nachfolgende Theologen stark beeinflußt hat. Seine Geschichtstheorie in De civitate Dei und seine Autobiographie Confessiones, die den Anfang der europäischen Tradition der Autobiographie bilden,[1] illustrieren seine Methode, die Selbstreflektion der Reflexion der objektiven Welt gleichzuordnen. Die Glaubenslehre und der letzte Teil der Confessiones, immerhin mehr als ein Viertel des Textes, ist in Allegorie des 1. Buches Moses eine große Meditation über Gott, die Trinität und die Schöpfung. Darin ist er Mani nicht unähnlich, der auch die eigene Erfahrung oder Bekehrung durch sein himmlisches Alter Ego mit der Erklärung der Welt verbindet. Mani und Augustin waren keine systematischen Dogmatiker, sondern Meister des Diskurses wie etwa Plotin.

Wir wissen, inwieweit Augustin für die Exegese der Bibel in der europäischen Tradition zum Meßstab geworden ist. Nicht nur Adolf von Harnack „hat Jesus durch Augustinus hindurch gesehen",[2] sondern auch Luther. Und es ist nicht nur für die Theologie wichtig, ob und wieweit heute noch die Bibel durch Augustin gelesen wird, also eines Neuplatonikers, Postmanichäers oder Semignostikers, wie Harnack es dargetan hat,[3] sondern auch, ob und wieweit sich die

---

[1] Vgl. Misch, Georg: Geschichte der Autobiographie, Bd. I, Berlin 1931, S. 14 u.ö.

[2] Marquardt, Friedrich-Wilhelm: Eia, wärn wir da, eine theologische Utopie, Gütersloh 1997, S. 328.

[3] Harnack, Adolf von: Dogmengeschichte, 5. Aufl. Tübingen 1931, S. 283.

Religionsgeschichte bewußt geworden ist, daß auch sie ihren Blickwinkel auf Gnosis und Manichäismus noch Augustin entlehnt hat. Denn was verbirgt sich hinter Augustins Bindung der Gotteserkenntnis an die Selbsterkenntnis anderes als die von Mani und Plotin praktizierte Welterkenntnis?[4]

Ich denke, daß die beiden hier zu behandelnden Texte Augustins die Frage mitbeantworten können, ob die Bekehrung Augustins eine christliche oder eine philosophische zum Neuplationsmus war,[5] oder ob die Trennung von den Manichäern deshalb nicht radikal war, weil Augustin sich nicht aus dem Kulturfeld lösen konnte, in dem katholische wie manichäische Christen zusammenlebten. Augustin hat mit der Doppelung von Gott und Seele als erkennbaren Objekten einen unbiblischen, eigentlich gnostischen erkenntnis- theoretischen Grundsatz in die Theologie getragen, die ohne seine manichäische Vorbildung unerklärbar bleibt. Marquardt hat ja Recht, „die Bibel kennt die Frage nach dem Grund nicht, die heidnische Religion und heidnisches Philosophieren erst in das nachbiblische Christentum hineingetragen haben".[6] Ich möchte an De mendacio und Contra mendacium zeigen, wie nahe Augustin den Manichäern geblieben ist, weil er nicht aus dem gemeinsamen Denksystem aussteigen konnte, das wir das neuplatonische nennen,[7] und das sie einte.

---

[4] Vergl. dazu etwa Augustin, Soliloquia II 7 (Anm. 31): „Deum et animam scire cupio". Und die Antwort auf die Frage der Ratio, ob er nicht mehr wissen möchte („nihilne plus"?), heißt ja bekanntlich: „Nihil omnino". Gnostische und manichäische Parallelen gibt es auch für das Eingangsmotto der Confessiones „Inquietum est cor nostrum donec quiescat in Te".

[5] Vgl. dazu Marquardt (Anm. 2), S. 332.

[6] Marquardt (Anm. 2), S. 349/50 unter Berufung auf Heiko Miskotte, Wenn die Götter schweigen, Vom Sinn des Alten Testaments, Gütersloh 1963.

[7] Aus der Fülle der schon zum Thema Augustin und Mani erschienenen Arbeiten nenne ich nur die Aufsätze von Adam, A.: Der manichäische Ursprung der Lehre von zwei Reichen bei Augustin, ThLZ LXXVII 1952, 385-390 und Das Fortwirken des Manichäismus bei Augustin, ZKG LXIX 1958, 1-25, oder von Babcock, W. S.: The Ethics of St. Augustine, in: Journal of Religious Ethics, Studies in Religion 3, Atlanta 1991, S. 87-131. Andere Arbeiten sind verzeichnet bei Mikkelsen, Gunnar: Bibliographia Manichaica, Corpus Fontium Manichaeorum, Subsidia I, Turnhout 1997.

2. *Zur Forschungslage von* De mendacio *und* Contra mendacium

Augustins beide Schriften sind in letzter Zeit mehrfach behandelt worden.[8] In diesen Arbeiten werden aber die Fragen nach den Voraussetzungen Augustins und mögliche Querverbindungen zum Manichäismus nicht gestellt. Just das aber ist ein wichtiges Thema für die Religionsgeschichte, die davon ausgeht, daß koexistierende Religionsgemeinschaften regionale Systeme bilden, die als Bestandteil kultureller Epochen angesehen werden müssen.[9] Zum regionalen System Nordafrika gehören Manichäer, katholische Christen, pagane Berber, Kabylen, Priszillianisten und pagane Römer und Griechen.[10] Keseling, Weinrich und Baruzzi haben die quaestio magna in der Ethik gesehen,[11] und dabei wird doch die theonome Lösung deutlich: mit der Lüge schadet der Mensch nicht nur anderen Menschen und sich selbst, sondern auch Gott, „Lüge bedeutet Gottesmord".[12] Der Rigorismus Augustins wird für Baruzzi verständlich, wenn man De civitate Dei XIV, 3-4 berücksichtigt, wo Augustin der civitas Dei die civitas diaboli gegenüberstellt, zwischen denen die civitas terrena steht, die Lebenswelt des Menschen, der die Freiheit besitzt, sich dem einen oder anderen zuzuwenden. „Der Mensch steht in einer Ordnungsdimension, in der von Gott als Liebe und Wahrheit gesprochen wird, wie andererseits vom Teufel als der Lüge und dem Haß",[13] weshalb Augustin den Teufel Vater der Lüge nennen kann.[14] Nach der Logik Augustins enthront jeder Gott,

---

[8] Keseling, Paul: Aurelius Augustinus, Die Lüge und Gegen die Lüge übertragen und erläutert, Würzburg 1986. Bei Harald Weinrich, Linguistik der Lüge, Heidelberg 1970 und bei Arno Baruzzi, Philosophie der Lüge, Darmstadt 1996, bilden beide Texte jeweils das Material für die Eingangsfragestellung. Auffällig ist, daß auch bei diesen Arbeiten die Frage nicht gestellt wird, ob nicht die Zugehörigkeit zu einem bestimmten Kulturkreis die Argumentation des Kirchenvaters bestimmt, in diesem Falle wäre es die Klassische Rhetorik. Dazu verweise ich jetzt auf Porter, Stanley E., (Hrsg.) Handbook of Classical Rhetoric in the Hellenistic Period, 330 B.C – A.D. 400, Leiden 1997.

[9] Gladigow, Burkhard: Europäische Religionsgeschichte, in: H. G. Kippenberg (Hrsg.) Lokale Religionsgeschichte, Heidelberg 1995, S. 37.

[10] Vermaseren, Maarten J. (Hrsg.): Die orientalischen Religionen im Römerreich, Leiden 1981 (Études Préliminaires aux Religions Orientales dans l'émpire Romain, Bd. 43), die Beiträge von B. Kötting, G. Quispel und A. Böhlig, S. 389-458.

[11] Baruzzi (Anm. 8), S. 46.

[12] Vgl. dazu Baruzzi (Am. 8), S. 46 ff.

[13] Baruzzi (Anm. 8), S. 48.

[14] In der großen griechischen Abschwörungsformel wird der Vater Manis so

der dem Teufel folgt, und der Teufel ist der Vater der Lüge, weil er weiß, wer Gott und was die Wahrheit ist. Es ist seine Hybris, wenn er absichtlich Gott leugnet (De mendacio IV). Die Absicht, der Wille, gehört zur Definition der Lüge.[15] Augustin gesteht dem Menschen die Willensfreiheit zu, sich Gott oder dem Teufel zuzuwenden und damit verläßt er die rein ethische Basis und umreißt die theologische Fragestellung nach dem wahren Gott. Der Teufel ist der Gegengott, weil er nicht die amor Dei, sondern die amor sui bewirkt. Anders als bei Platon[16] oder Aristoteles[17] ist die Lüge kein ethisches, sondern ein anthropologisches Problem. Und darin sind sich Augustin und Mani nun wiederum sehr nahe. Es ist darum durchaus denkbar, daß Augustin in seiner Anthropologie manichäische Positionen vertritt, die beide Plotin verdanken, auch wo sie über den klassischen Dualismus Leib-Seele hinausgehen.

Augustin hat zumindest Mani so beurteilt bei der Darstellung der Zwei-Naturen-Lehre.[18] Böhlig hat mit Recht angemerkt, daß Mani in der Anthropologie durchweg „mit Lehren von lügenhaften Dämonen im Dienste der verführerischen Geister argumentiert".[19]

3. Lüge und Wahrheit bei den Manichäern

„Einigkeit herrscht", so Alexander Böhlig, „über das Verbot der Lüge, Tötung, Geiz, Unzucht, Diebstahl, Götzenanbetung und Zauberei für die Katechumenen",[20] während für die Electi an erster Stelle „das Gebot der Wahrhaftigkeit" steht.[21] Die Lüge gilt als Zutat der Asreštar in den Körper des Menschen, in seine Seele,[22] und auch

---

genannt. Siehe dazu Böhlig, Alexander: Die Gnosis Bd. III, Der Manichäismus, Bibliothek der Alten Welt, Zürich-München 1980, überarb. Nachdruck 1995, S. 300.

[15] „Mendacium est enuntiatio cum voluntate falsum enuntiandi" nach De mendacio I 1, ed. Zycha (Anm. 35), S. 413, oder III 2 (ed. Zycha 415): „enuntiando anima sua fallendi cupiditas".

[16] Platon, Der Staat, Darmstadt 1971, S. 173.

[17] Nikomachische Ethik I, 7, nach A., Ethica Nicomachica, ed. J. Burnet, London 1900.

[18] Vgl. dazu das sogenannte Commonitorium Augustini, ed. J. Zycha, CSEL XXV, S. 982, 3.

[19] Böhlig, (Anm. 14), S. 295.

[20] Böhlig, (Anm. 14), S. 41.

[21] Böhlig, (Anm. 14), S. 44.

[22] Böhlig, (Anm. 14), S. 115.

nach nichtmanichäischen Quellen habe Mani gelehrt, daß die Lüge
ein Fluch des Herrn der Finsternis sei und Manis Anhänger seien
zur Wahrhaftigkeit verpflichtet. Falschheit, Irrtum und Lüge gehören zu den zu beichtenden Vergehen der Katechumenen, das heißt
aber, daß sie vergebbar sind.[23] Die Aufforderung zur Wahrhaftigkeit steht an der Spitze der Gebote für die Electi, weil es Manis
Auftrag ist, die frohe Botschaft der Wahrheit zu verkünden.[24] Mani
hat den Begriff Wahrheit nicht nur im Diskurs mit seinen Gegnern
benutzt, sondern ihn auch hypostasiert, „zum Parakleten, dem Geist
der Wahrheit, der in der letzten Generation gekommen ist",[25] und
er wird „den Weg der Wahrheit lehren".[26] Mani ist selbst „der Geist
der Wahrheit".[27] Der „Gott der Wahrheit ist der Vater, der große
Nous aller Äonen der Herrlichkeit"[28] und „die Lehren der Wahrheit sind die Erlösung zum ewigen Leben" und Mani weiß: „Ich bin
aus seiner Wahrheit".[29]

Das forderte den Widerspruch Augustins heraus und hat sicherlich zur Radikalisierung seiner Position in De mendacio und Contra mendacium beigetragen, denn für Augustin war ebenso Wahrheit das Summum Bonum, und für beide boten die spätantiken
Denkfiguren geläufige Argumente, in denen Tugenden und Laster
hypostasiert und auch theifiziert werden konnten. Beide standen in
neuplatonischen Denkstrukturen und ihre literarische Auseinandersetzung war als Diskurs Teil der Kultur, in der beide lebten.

---

[23] Amussen, Jes P., Beichte, in: TRE V, 1980, S. 411-14.

[24] Vgl. dazu etwa die Zitate aus Ibn Nadim oder auch Kephalaia 76, die Böhlig
(Anm. 14), S. 184-186 ausführt.

[25] Kephalaia I, Vom Kommen des Apostels, hrsg. von H. J. Polotsky, 14, 5-6.

[26] A Manichaean Psalm-Book, ed. C.R.C. Allberry, Part II, Stuttgart 1938,
z.B. 9,9.

[27] (Anm. 26), z.B. 11, 29-30.

[28] Nicht nur Kephalaia 2, bei Polotsky 20, 1, sondern öfter wird der forensi-
sche Aspekt erwähnt, der auch bei Augustin wichtig ist. So gibt es nach Psalm-
Book 21, 18 einen „Richter der Wahrheit" und nach 22, 17-18 ist es Mani selbst,
„der als göttlicher Gesandter der Wahrheit die Krone des Lichtes verleiht". Das
antike Begriffspaar Lüge-Wahrheit als Bestandteil des antiken Diskurses taucht auch
bei Augustin (Contra mendacium III,4) auf: „nam sicut lux et tenebra... ita inter
se sunt contraria veritas mendaciumque... ". Es dient nicht nur der Beweisführung
in der Ethik, sondern auch in allen anderen Lebens- und Machtbereichen, in denen
der Mensch sich entscheiden muß.

[29] Kölner Mani-Kodex, hrsg. von L. Koenen und C. Römer, Bonn 1985, S.
71

4. *Augustins Position*

Anders als im vorhergehenden Abschnitt, wo nicht zwischen Mani-Worten und manichäischen Lehrmeinungen unterschieden wurde, kann man davon ausgehen, daß Augustin der Verfasser der beiden Schriften De mendacio und Contra mendacium ist.[30] Augustin hat wie Mani Tugenden und philosophische Begriffe theifiziert. Dazu weise ich auf eine markante Stelle in seiner Darlegung über die Unsterblichkeit der Seele hin: „Invoco Te, Deus Veritas, in quo et a quo et per quem vera sunt, quae vera sunt omnia"[31] und Gott, das ist die Wahrheit, und seine Seele will Augustin erkennen: „Deum et animam scire cupio".[32] Beide Schriften gehören deshalb immer auch in den theologisch-apologetischen Bereich, nicht nur in die Ethik. In den Retractationes gibt er an, daß er Contra mendacium gegen die Priszillianisten geschrieben habe, um ihre Verbreitung zu verhindern.[33] Erklärtes Ziel war, „die Lernenden vom Körperlichen zum Unkörperlichen zu führen".[34]

Wenn wir davon ausgehen, daß Contra mendacium um 420 entstand und De mendacio zwanzig Jahre früher, beide also keine Frühschriften sind, wird der Rigorismus beider Texte nur durch die Sorge des Bischofs von Hippo um den Bestand seiner Kirche verständlich.[35] In Contra mendacium II 2 zitiert er Epheser 4, 25, um zu zeigen, daß Pseudos und Aletheia einen unversöhnlichen Gegensatz bilden. Augustin reduziert das Problem auf die Gegenfrage: da man durch das Lügen das ewige Leben verliert, darf man niemals

---

[30] Retractationes (Anm. 33), I, 26 und II, 86.

[31] Aurelius Augustinus, Soliloquiorum libri duo I, 1, 3, rec. Hörmann, W.: CSEL LXXXIX, Wien 1896, S. 5.

[32] Soliloq. I, 2, 7 (Anm. 31), S. 7. Dabei ist klar, daß für Augustin der Begriff Wahrheit auch christologisch gerechtfertigt ist. Wichtig dafür ist sein In Joannis Evangelium Tractatus zu Johannes 8, 37-47, wo er anmerkt, daß der Teufel der Vater der Lüge ist, weil der Teufel aus sich selbst redet. Und wie der Vater die Wahrheit als den Sohn erzeugte, so erzeugte der Teufel gleichsam als Sohn die Lüge. Und auch darum ist die Lüge, wie er in Retr. I, 26 und De mendacio I, 1 sagt, eine „Quaestio magna".

[33] Retractationes libri duo, rec. Pius Knöll, CSEL XXXVI, Leipzig 1902, S. 199. Contra mendacium II, 2 (Anm. 35), S. 471.

[34] Auf die Retractationes wies schon Cornelius Mayer hin, in: Greschat Martin (Hrsg.): Gestalten der Kirchengeschichte, Stuttgart 1984, S. 179-214. Zu Augustins Anthropologie verweise ich auf den diesbezüglichen Abschnitt bei Alfred Schindler in: TRE IV, Berlin 1979, Sp. 646-698.

[35] Beide Schriften sind von Zycha, Joseph ediert: CSEL XLI, Wien 1900: De mendacio S. 411-466 und Contra mendacium S. 467-528.

lügen, auch nicht um das zeitliche Leben irgendeines Menschen zu
retten. Weil aber das Heil der Seele nur gewährleistet ist, wenn sie
frei von Sünde ist, muß man die Seele über den Leib wie die Wahrheit über die Seele stellen.[36] Ich weise noch einmal darauf hin, daß
Augustin die Wahrheit mit Gott gleichsetzt. Und Keseling[37] hat
rechtens angemerkt, daß die schlimmste Lüge derjenige begeht, der
eine falsche religiöse Unterweisung erteilt. Durch die Lüge von
Religionsgegnern wird die Wahrheit, Gott selbst verletzt, das höchste der Güter neben der Reinheit der Seele und der Keuschheit des
Leibes. Deshalb darf man nach Contra mendacium II 3 und De
mendacio VIII 11 auch nicht lügen, um dem Martyrium zu entgehen, weil Keuschheit und Unversehrtheit des Leibes und Reinheit
der Seele der Wahrheit entstammen, die Lüge aber nicht.[38]

5. *Schluß*

Ich muß mich hier kurz fassen und begnüge mich mit dem Hinweis,
daß Augustin wie Mani sich des Aletheia-Begriffes wie andere Philosophen bedienten[39] und daß sie den synonymen Gebrauch von
Licht/Wahrheit und Finsternis/Lüge ebenso souverän gebrauchten
wie andere zeitgenössischen Autoren.[40]
   Wenn also Manis Votum für die Wahrheit sich vergleichen läßt
mit des Aristoteles Nikomachischer Ethik II 7 oder auch IV 3 und
auch Augustin ihm folgt, so unterscheiden sich beide dennoch. Mani
ist bereit, nach der Beichte dem Katechumenen Entschuldigung zu
gewähren, Augustin läßt diese Möglichkeit nicht zu. Ein
manichäischer Katechumene darf auch dann mit Entschuldigung
rechnen nach seiner Beichte, wenn er eine Lüge (vgl. Matthäus 25,
34-42) einem Menschen gegenüber begangen hat, auch wenn es
gegenüber dem Menschensohn geschehen ist, welcher Mani heißt.[41]

---

[36] De mendacio VII, 10 (Anm. 35), S. 428-29.
[37] Keseling (Anm. 8), S. 25.
[38] Keseling (Anm. 8), S. 38.
[39] Vgl. auch G. Gawlik, Wahrheit, in: RGG 3. Aufl., Tübingen 1962, Bd. VI,
1523.
[40] Siehe auch E. Fuchs, Wahrheit (Anm. 39), 1515-17.
[41] Vgl. dazu auch Böhlig mit dem Hinweis auf den manichäischen Beichtspiegel
und das berühmte mittelpersische Fragment (Anm. 14), S. 236.

Augustin ist unbarmherziger in Contra mendacium III 3: „ut sis adversus mendaces, non mendacii doctor, sed veritatis assertor".

Augustins ethischer Rigorismus erscheint so als ekklesiologischer Grundsatz, die Wahrheit seines theologischen Programms gegen Irrlehre und Häresie zu verteidigen.

Deshalb wird auch die eingangs gestellte Frage nach dem „manichäischen Erbteil" Augustins beantwortet werden müssen mit dem Hinweis, daß er wie Mani nur dieselbe Diskursform benutzt und auch dieselben Paradigmen (Wahrheit/Lüge oder Licht/ Finsternis) verwendet. Es hat keine Bekehrung Augustins zur neuplatonischen Popularphilosophie gegeben, wie Harald Fuchs meint,[42] er hat seine zeitgenössische Philosophie als selbstverständliche Denkweise akzeptiert: „Non credo. Sed ego, quid sciam, quaero, non quid credam".

Anders als die bewußt antimanichäischen Texte Augustins gehören De mendacio und Contra mendacium nicht zur polemischen, sondern zur apologetischen Literaturgattung. Apologetik und Polemik sind aber Teile der antiken Rhetorik, die seit Aristoteles mit dem Begriffspaar Wahrheit/Lüge arbeitet. Augustin und Mani bedienen sich traditioneller Diskurstechnik, das erklärt ihre Gemeinsamkeit; ihre Differenzen ergeben sich durch die unterschiedliche Parteinahme innerhalb des spätantiken Polytheismus, der ein gewichtiger Teil der Kultur war, in der beide lebten.

---

[42] Fuchs, Harald: Einleitung zu Augustins Soliloquia, Bibliothek der Alten Welt, Zürich 1954, S. 15.

L'UNITÉ DU *DE UTILITATE CREDENDI* D'AUGUSTIN

ISABELLE BOCHET (PARIS)

L'unité du *De utilitate credendi* a été mise en cause par O. Gigon,[1] qui a cru discerner dans l'ouvrage plusieurs couches rédactionnelles. A. Hoffmann[2] a fort justement montré les limites de l'hypothèse, qui ne résiste guère à une lecture attentive au progrès de l'argumentation. Je voudrais à l'inverse prendre l'unité du *De utilitate credendi* comme un fait et m'interroger à partir de là sur la signification que peuvent y revêtir l'apparente juxtaposition de deux problèmes différents et l'alternance de l'argumentation et du récit.

Thématiquement, en effet, on distingue nettement deux questions: celle de l'Ancien Testament et celle de la foi. S'agit-il seulement de deux objections manichéennes abordées successivement? ou peut-on découvrir une unité entre ces deux problèmes et laquelle?

Stylistiquement, d'autre part, on constate qu'Augustin introduit à plusieurs reprises dans l'argumentation des notations autobiographiques. L'alternance des discours narratif et argumentatif est-elle purement fortuite? ou peut-on rendre raison de leur agencement? A. Hoffmann a remarqué à juste titre la «fonctionnalisation de la vie personnelle»[3] d'Augustin dans le *De utilitate credendi*; mais ne faut-il pas s'interroger également sur le rapport inverse entre l'argumentation et le récit? Les notations autobiographiques, loin de n'être que de simples transitions, ne jouent-elles pas un rôle décisif dans le progrès de l'argumentation?

Si l'unité du *De utilitate credendi* s'avère ferme, il faudra s'interro-

---

[1] «Augustins *De utilitate credendi*», *Catalepton. Festschrift Bernhard Wyss*, hrsg. von C. Schäublin, Basel, 1985, p. 138-157.

[2] «Exkurs: Auseinandersetzung mit Gigons These zur Entstehungsgeschichte von util. cred.», *Augustins Schrift «De utilitate credendi». Einleitung, Übersetzung, Analyse*, Inaugural-Dissertation, Münster, 1991, p. 567-589.

[3] «"Ich will Dir zeigen, welchen Weg ich genommen habe...".». Zur Funktionalisierung der eigenen Vita in Augustins Schrift *De utilitate credendi*», *Vir bonus dicendi peritus. Festschrift für Alfons Weische*, hrsg. von B. Czapla, T. Lehmann, S. Liell, Wiesbaden, 1997, p. 165-180. Par le terme «fonctionnalisation», A. Hoffmann veut dire qu'Augustin donne forme à sa biographie en fonction de la visée protreptique de son traité.

ger sur ce qu'engagent les articulations ainsi constatées et sur ce qu'elles annoncent des ouvrages ultérieurs d'Augustin.

1. *Foi et interprétation des Écritures*

Le *De utilitate credendi*[4] aborde successivement deux points critiqués par les Manichéens: l'Ancien Testament, jugé absurde (§5-13), et la place que l'Église catholique donne à la foi (§14-35). On peut mettre en évidence, d'une part, une certaine analogie dans le traitement de ces deux questions, d'autre part, une articulation complexe entre l'une et l'autre.

Une réflexion méthodologique

De part et d'autre, les problèmes abordés sont d'ordre *méthodologique*.[5] La première partie traite d'abord des méthodes exégétiques que des «savants»[6] appliquent à l'Écriture (§5-9); elle expose ensuite des réflexions plus générales sur la lecture, l'écriture et sur les conditions de leur fécondité (§10-13). Dans la seconde partie, la quête de la vraie religion fait l'objet d'une réflexion méthodologique élaborée. Une étape préalable, qui a un caractère fictif (§14-19),[7] fait table rase de tout jugement sur les religions existantes et entend déterminer seulement pourquoi il faut commencer l'examen par la foi catholique. L'argumentation se développe ensuite en deux temps: il s'agit en premier lieu de se demander s'il est légitime de croire ou si cela est une forme d'irréflexion (§21-27); une fois établie la place à donner à la foi, il faut en second lieu s'interroger sur l'*auctoritas* à laquelle se fier et déterminer les signes qui permettent de la reconnaître (§28-

---

[4] J'utiliserai ici la traduction française de J. Pegon, *BA* 8, 1951, p. 208-301, mais en la corrigeant le cas échéant.

[5] Ce point a déjà été souligné par O. Gigon, «Augustins *De utilitate credendi*», *Catalepton*, p. 139.

[6] Cf. 4, 10, p. 228: «omissa interim altitudine scientiae»; «non sicut doctissimos uiros».

[7] Cf. 7, 15, p. 242: «Puta nos adhuc neminem audisse cuiuspiam religionis insinuatorem. Ecce res noua est a nobis negotiumque susceptum»; 7, 19, p. 250: «... fac nos, ut dixi, nunc primum quaerere cuinam religioni animas nostras purgandas instaurandasque tradamus».

35).[8] Les deux parties du *De utilitate credendi* ont donc en commun un primat donné à la méthode pour atteindre la vérité, qu'il s'agisse de lecture ou de recherche de la religion.

Les analogies entre les deux parties peuvent être précisées. Un relevé des occurrences du mot «Christ» permet de constater sa localisation exclusive au début de la première partie et à la fin de la seconde.[9] Les citations et allusions scripturaires obéissent à la même répartition; elles apparaissent massivement dans les §6 à 9,[10] puis, à titre d'allusions le plus souvent, dans les §30 à 35.[11] Ainsi l'argumentation s'ouvre et s'achève en faisant jouer le rapport de l'Écriture au Christ. Il y aura à s'interroger sur la raison d'être d'une telle composition.

On constate par ailleurs une certaine correspondance entre la réflexion sur l'acte de lecture (§10-13) et celle qui s'interroge sur la légitimité du croire (§21-27): dans l'un et l'autre cas, il n'est qu'indirectement question de la foi catholique; l'analyse a un caractère anthropologique plus général. Une analogie plus précise peut même être aperçue: lorsqu'il s'agit d'un sujet obscur, il n'est jamais certain que le lecteur rejoigne ce qu'a voulu dire l'auteur,[12] en raison de l'opacité qui existe entre les hommes; il n'y a, de même, pas de transparence dans le dialogue et plus généralement dans les relations intersubjectives.[13] Il en résulte qu'on ne saurait, dans un cas comme dans l'autre, se passer du *credere*: on ne peut que croire que l'auteur a voulu dire ceci ou cela,[14] tout comme on ne peut que croire la sincérité des affirmations de l'interlocuteur.[15] L'acte de lecture s'avère

---

[8] Pour la justification de ce découpage, cf. *infra*, n. 49.

[9] Dans les §6, 8, et 9, d'une part, 31, 32 et 35, d'autre part. A ces mentions, on peut ajouter telle ou telle expression qui se réfère incontestablement au Christ, comme celles-ci: «dominus» (§7), «ipse liberator noster» (§8), «dominum nostrum Iesum» (§9); «ipsa Dei sincera, aeterna incommutabilisque sapientia» (§33), «Deus in uero homine» (§34).

[10] *Mt* 12, 3-4 et19, 8 (§6); *Mt* 12, 39-40, *1 Co* 10, 1-12, *Ga* 4, 22-26 (§8); *Ga* 5, 4 et 3, 24, *2 Co* 3, 6, 14 et 16 (§9).

[11] Voici les citations explicites: *Mt* 7, 8 (§30); *Jn* 14, 1 (§32); les allusions concernent surtout les miracles du Christ qui sont évoqués dans les §32 et 34.

[12] Cf. 5, 11, p. 234 (il s'agit de savoir quand il n'y a plus de place pour l'erreur): «Quod genus cum de rebus obscurissimis lectio est, rarissimum omnino est; neque id, mea sententia, liquido sciri, sed tantummodo *credi* potest».

[13] Cf. 10, 23, p. 260: «Dices bona tua conscientia nihil te fingere, quantis poteris idipsum asserens uerbis, sed tamen uerbis. Non enim animi tui latebras, ita ut intime sciaris, homo homini aperire possis»; 12, 26, p. 272.

[14] Cf. 5, 11, p. 234, cité *supra*, n. 12.

[15] Cf. 10, 23, p. 260: «At ille si dixerit, ecce *credo* tibi; sed nonne est aequius ut

un cas particulier de la relation intersubjective: l'absence de l'interlocuteur s'avérant, en fait, moins décisive que son opacité toujours
possible, même s'il est présent.[16]

La composition du *De utilitate credendi* peut alors, en une première
approche, être présentée ainsi: au cœur de l'ouvrage, un développement, dans lequel Augustin fait table rase, de façon fictive, de toute
affirmation sur la vraie religion (§14-19); encadrant ces paragraphes
dans lesquels Augustin s'interroge sur la religion à examiner en
premier lieu, mais en laissant en suspens la question de la vérité,[17]
des développements anthropologiques de caractère général sur l'acte de lire (§10-13) et sur la légitimité du croire (§22-27); à la péri-
phérie, enfin, des affirmations de la foi catholique qui énoncent le
rapport qui lie l'Écriture au Christ et à la tradition ecclésiale (§5-9
et § 28-35).[18]

Le cercle herméneutique

Voyons maintenant comment Augustin articule la question de l'Ancien Testament et celle de la foi. Il peut sembler, d'abord, qu'Augustin
coordonne simplement les deux questions, comme s'il s'agissait de
deux obstacles à surmonter successivement pour convaincre Honoratus. Des formules comme celles de l'introduction le laissent penser: «Quant à l'irréflexion dont les Manichéens font preuve quand
ils s'en prennent *à l'Ancien Testament et à la foi catholique...*»; «c'est *en
critiquant la foi catholique et surtout en mettant en pièces à force d'analyse l'Ancien
Testament* que les Manichéens déconcertent les gens peu instruits...».[19]

---

etiam tu *credas* mihi (...)?»; 10, 24, p. 262: «Tu tantum memento iam eum bis *credidisse*
tibi incerta dicenti»; 12, 26, p. 272.

[16] Cf. 5, 11, p. 234: «Quibus enim argumentis absentis uel mortui hominis
uoluntatem ita colligam, ut de illa iurare possim; cum etiam si praesens interrogaretur,
multa esse possent, quae, si malus non esset, officiosissime absconderet?»

[17] Cf. 7, 15, p. 242: «Utrum isti uerum teneant, magna quaestio est: sed nonne
prius sunt explorandi, ut quamdiu erramus, si quidem homines sumus, cum ipso
genere humano errare uideamur?»; 7, 19, p. 250: «Sed de ueritate alia quaestio
est: quod autem quaerentibus satis est, una est catholica».

[18] Cf. 3, 5, p. 216-218: «Omnis igitur scriptura quae Testamentum uetus uocatur,
diligenter eam nosse cupientibus quadrifaria traditur: secundum historiam, secundum
aetiologiam, secundum analogiam, secundum allegoriam»; 14, 31, p. 282-284 et
18, 35, p. 296.

[19] 2, 4, p. 214-216: «De hac igitur Manichaeorum temeritate, qua Vetus
Testamentum et catholicam fidem reprehendunt, accipe, obsecro quae me moueant»;
«Nam bene nosti quod reprehendentes Manichaei catholicam fidem et maxime
Vetus Testamentum discerpentes et dilaniantes commouent inperitos...».

Le *maxime* est ici à remarquer: l'essentiel serait-il de répondre aux critiques relatives à l'Ancien Testament? Le livre s'intitule pourtant: *De utilitate credendi*[20] et le §2, par exemple, ne mentionne que l'objection qui concerne la foi.[21] Les critiques relatives à l'Ancien Testament sont en fait incluses dans la critique plus générale relative à la nécessité de croire, tout en en constituant un aspect essentiel.

Un examen plus attentif fait apparaître un cercle entre les deux questions. La première partie, en ses deux temps, montre en effet que, pour surmonter les critiques manichéennes de l'Ancien Testament, il faut commencer par *croire* en sa valeur; ce qui vaut spécifiquement de l'Écriture n'est qu'un cas particulier de ce qui vaut de tout livre.[22] Mais lorsque Augustin s'efforce de montrer que la religion à examiner en premier lieu est la foi catholique, il se heurte à l'objection du caractère absurde de l'Ancien Testament.[23] Ce caractère absurde paraît dissuader, non seulement d'adhérer à la foi catholique, mais même de la considérer comme digne d'examen. Il en résulte un cercle vicieux: si, d'une part, pour voir le sens de l'Ancien Testament, il faut croire et si, d'autre part, le caractère absurde de l'Ancien Testament dissuade dès le premier abord de croire, comment le Manichéen qu'est Honoratus pourra-t-il en venir à reconnaître la valeur de la foi catholique?

Un cercle similaire est explicitement énoncé dans le §28: l'insensé (*stultus*) a besoin de suivre le sage; mais il faut être sage pour reconnaître le sage[24]... Ce cercle, de portée beaucoup plus généra-

---

[20] La notice des *Retractationes* consacrée au *De utilitate credendi* ne mentionne que l'objection relative à la foi: «...scripsi librum De utilitate credendi ad amicum meum, quem deceptum a Manichaeis, adhuc eo errore noueram detineri et irridere in catholicae fidei disciplina, quod iuberentur homines credere, non autem quid esset uerum certissima ratione docerentur» (I, 14, 1, *BA* 12, p. 352).

[21] Cf. 1, 2, p. 210: «Est igitur mihi propositum, ut probem tibi, si possim, quod Manichaei sacrilege ac temere inuehantur in eos qui catholicae fidei auctoritatem sequentes, antequam illud uerum, quod pura mente conspicitur, intueri queant, credendo praemuniuntur...».

[22] Cf. 6, 13, p. 238-240 (à propos des interprétations de Virgile): «...his potissimum plauditur, per quorum expositionem melior inuenitur poeta, qui non solum nihil peccasse, sed nihil non laudabiliter cecinisse, ab eis etiam qui illum non intelligunt, *creditur.*»

[23] Cf. 7, 17, p. 246: «At absurda ibi dici uidebantur.»

[24] Cf. 13, 28, p. 276: «Caret autem stultus sapientia: non igitur nouit sapientiam.(...) Nescit hanc igitur et dum nescit in alio loco cognoscere non potest. Non potest, quamdiu stultus est, quisquam certissima cognitione inuenire sapientem, cui obtemperando tanto stultitiae malo liberetur.»

le, est tout aussi vicieux que le premier: l'insensé n'a alors aucune chance de pouvoir devenir sage.

Il importe, pour saisir la progression de l'œuvre, de voir comment Augustin «sort» de ces cercles. Dans le premier cas, son objectif est de faire prendre conscience à Honoratus qu'il est un *inperitus*.[25] De là, l'appel à ces considérations des «savants», qui montrent que l'Ancien Testament peut avoir du sens, pourvu que l'on soit instruit! Il est clair qu'Honoratus est loin de pouvoir souscrire aux interprétations savantes ici énoncées, mais il importe qu'il sache du moins qu'elles existent. La réflexion plus générale sur les conditions de toute lecture, réflexion plus proche de ce que vit Honoratus, lui permettra, en tout cas, d'admettre qu'il faut des maîtres pour aborder l'Écriture, comme pour tout autre livre.

Dans le deuxième cas, le dépassement du cercle s'opère au §33: si l'insensé ne peut par lui-même reconnaître le sage et devenir sage, le sage peut, par contre, se faire reconnaître de l'insensé, en faisant appel à d'autres moyens que la pure rationalité à laquelle l'insensé est par définition inaccessible.[26] Ce sage n'est autre que le Christ, la Sagesse même qui, par son incarnation, ne se contente pas d'enseigner, mais donne des signes susceptibles de toucher les foules.[27] Son *auctoritas* peut alors être reconnue par le *stultus*.

La fin du §35, qui récapitule les deux grandes parties du *De utilitate credendi*,[28] permet alors de comprendre la logique du développement: si, dans un premier temps, Honoratus peut se reconnaître *inperitus* et admettre qu'il a besoin de maîtres et s'il est invité à aban-

---

[25] Cf. 2, 4, p. 214, cité *supra*, n. 19; 6, 13, p. 238: «Sed nonne tibi tales uidentur isti, qui ea quae non intelligunt aut cur aut omnino qualia sunt quamuis iacentibus similia subtilia tamen intelligentibus atque diuina, magno impetu orationis maledictisque lacerantes, quia eis *inperiti* plaudunt, aliquid se proficere existimant?»

[26] Cf. 15, 33, p. 288: «homini autem stulto, ad imitandum salubriter, nihil est homine sapiente propinquius: quem quoniam, ut dictum est, intelligere ratione non facile est, oportebat quaedam miracula ipsis oculis admoueri, quibus utuntur stulti multo quam mente commodius, ut commotorum auctoritate hominum prius uita moresque purgarentur, et ita rationi accipiendae habiles fierent.»

[27] *Ibid.*: «quid potuit indulgentius et liberalius diuinitus fieri, quam ut ipsa Dei sincera aeterna incommutabilisque Sapientia, cui nos haerere oportet, suscipere hominem dignaretur?»

[28] Cf. 17, 35, p. 296: «Nam si nulla certa ad sapientiam salutemque animis uia est, nisi cum eos rationi praecolit fides, *quid est aliud ingratum esse* opi atque auxilio diuino quam tanto labore praedictae auctoritati uelle resistere? Et si unaquaeque disciplina, quanquam uilis et facilis, ut percipi possit, doctorem aut magistrum requirit, *quid temerariae superbiae plenius*, quam diuinorum sacramentorum libros et ab interpretibus suis nolle cognoscere et incognitos uelle damnare?»

donner sa *temeritas* qui condamne sans fondement la foi catholique, il est, dans un second temps, exhorté à ne pas se montrer ingrat, c'est-à-dire à reconnaître le secours divin qui lui est réellement offert dans l'*auctoritas* du Christ, seul vrai maître, et de l'Église qui transmet son enseignement.

A partir de là, on peut saisir la portée différente des mentions du Christ et des références scripturaires au début et à la fin de l'ouvrage. Le développement initial a une fonction négative:[29] il s'agit de faire tomber les préjugés d'Honoratus; le développement final, par contre, a une fonction positive:[30] il cherche à persuader Honoratus d'adhérer à la foi catholique. De l'un à l'autre, il faut tout un parcours qui prend en compte l'expérience humaine la plus commune pour montrer qu'il est justifié de croire et qui passe par ce que l'on pourrait appeler le degré zéro de la croyance: passage obligé entre le renoncement à l'erreur manichéenne et l'adhésion éventuelle à la foi catholique.

Ces remarques nous ont déjà fait entrer dans la signification apologétique de l'œuvre. Mais celle-ci apparaîtra plus encore si, quittant la thématique et son organisation, nous nous arrêtons à la forme du discours d'Augustin.

2. *Argumentation et récit autobiographique*

L'argumentation serrée du *De utilitate credendi* est, en effet, à plusieurs reprises, comme interrompue par des considérations d'ordre autobiographique. Il importe d'en saisir le rôle et la raison d'être dans l'économie générale de l'ouvrage. Mon propos n'est ici nullement de m'interroger sur les renseignements biographiques[31] que l'on peut en tirer. Je ne reviendrai pas non plus sur la «fonctionnalisation» de sa vie par Augustin dans le §20, bien mise en lumière par A. Hoffmann, mais je m'interrogerai plutôt, de façon complémentaire, sur

---

[29] La récapitulation des méthodes d'interprétation de l'Écriture aboutit en effet à la conclusion suivante: «...miseros esse cogant fateri, qui haec uolunt ante condemnare, quam discere» (3, 9, p. 228).

[30] L'invitation à s'en remettre à l'autorité catholique est explicite: «Quod facilius fiet, si praeceptis eius, quae tanta Ecclesiae catholicae auctoritate firmata esse uoluit, libens obtemperes» (15, 33, p. 288).

[31] Comme le fait par exemple P. Courcelle dans «Les premières confessions de saint Augustin», *Revue des Études Latines* 21-22, 1943-1944, p. 155-174 (repris dans *Recherches sur les Confessions de saint Augustin*, Paris, 2ème éd., 1968, p. 269-290).

la façon dont ces paragraphes éclairent l'argumentation et dont ils constituent des lieux décisifs en fonction de la visée du traité.

Le prologue

Le prologue contient déjà un certain nombre d'indications autobiographiques; celles-ci sont insérées dans l'exposé de l'intention d'Augustin à l'égard d'Honoratus et du but qu'il se propose dans son ouvrage. On peut découvrir dans ce prologue une composition circulaire: il s'ouvre et se clôt, d'une part, en évoquant la quête commune de vérité[32] d'Augustin et d'Honoratus, quête dont Augustin souligne l'extrême difficulté[33] en s'appuyant sur sa propre expérience; d'autre part, en insistant sur la bonne intention[34] d'Augustin qui ne désire qu'être utile à Honoratus et qui espère de Dieu qu'il en sera réellement ainsi.[35] Le but du traité, «prouver la témérité des Manichéens», est énoncé au §2 et rappelé au §4: «Quant à la témérité dont les Manichéens font preuve lorsqu'ils s'en prennent à l'Ancien Testament et à la foi catholique, voilà ce qui me frappe».[36] Entre les deux, prennent place le rappel de l'itinéraire commun d'Augustin et d'Honoratus, puis de la conversion d'Augustin et l'invitation faite à Honoratus de juger avec clairvoyance de la transformation de son ami, sans être dupe de ce qu'en disent les Manichéens.[37]

Il est clair qu'en soulignant leur quête commune de la vérité et la manière dont ils ont été l'un et l'autre victimes de l'erreur manichéenne, Augustin veut mettre en évidence ce qui le rapproche d'Honoratus; en insistant sur sa sincérité et sur son amitié, il cherche à le préparer à bien accueillir ce qu'il va écrire. Ces remarques s'expliquent donc sans peine par le souci apologétique d'Augustin. La

---

[32] Cf. 1, 1, p. 208: «...quid mihi de inuenienda ac retinenda *ueritate* uideatur; cuius, ut scis, ab ineunte adolescentia magno *amore* flagrauimus»; 2, 4, p. 216: «...*ueri* probandi causa: cui uni rei uiuere iam diu statuimus et incredibili sollicitudine» (auquel fait écho, au présent, cette fois, l'expression: «si *ueritatem amo*»).

[33] 1, 1, p. 208: «Nihil est *facilius*, mi carissime, quam non solum se dicere, sed etiam opinari uerum inuenisse: sed quam reipsa *difficillimum* sit, agnosces, ut confido, his litteris meis»; 2, 4, p. 216: «ne mihi errare uobiscum *facillimum* fuerit, iter autem rectum tenere uobiscum sit, ne durius loquar *difficillimum*».

[34] 1, 1, p. 208: «pio et *officioso* animo»; 2, 4, p. 216: «si *officio* ducor».

[35] 1, 1, p. 208: «quae ut tibi prosint (...) et rogaui et rogo; et *spero* ita fore»; 2, 4, p. 216: «sed praesumo quod et in hac spe, qua *spero* uos uiam sapientiae mecum obtenturos, non me deseret ille cui sacratus sum».

[36] 1, 2, p. 210, cité *supra*, n. 21; 2, 4, p. 216-217, cité *supra*, n. 19.

[37] 1, 2-3, p. 210-214.

présentation qu'Augustin fait de sa conversion et de son état actuel
suscite davantage l'attention, car elle est toute négative: Augustin se
décrit à deux reprises «pleurant et gémissant», malade et en quête
de guérison, incapable encore de contempler Dieu.[38] Cette présentation est en fait étroitement liée au but qu'Augustin se propose
d'atteindre en écrivant ce traité: il cherche à faire entrer Honoratus
dans l'attitude de prière et de gémissement qui est celle de la *confes-
sio* et qui est aux antipodes de la *temeritas*.

Les §13 et 20

Les deux paragraphes importants dans lesquels Augustin fait à nouveau mention de son itinéraire, c'est-à-dire les §13 et 20, confirment
que telle est bien son intention et éclairent en même temps l'argumentation des deux parties.

Le §13, qui conclut la première partie, met en lumière la *temeritas*
commune aux deux amis dans leur critique de l'Ancien Testament,
quand, dans leur jeunesse, ils s'imaginaient aptes à en juger sans
maîtres: Augustin, qui a exprimé fortement sa foi dans la valeur des
Écritures,[39] y invite Honoratus à le croire quand il affirme la pro-
fondeur divine des Écritures[40] et il expose, en contraste, l'incohérence de leur attitude commune dans le passé, en comparant d'une
part leur manière de lire la Bible et la manière de lire Aristote ou
Archimède,[41] en opposant d'autre part le refus des Manichéens

---

[38] Cf. 1, 2, p. 210-212: «quae nunc ubera, post longissimam sitim pene exhaustus
atque aridus, tota auiditate repetiui, eaque altius *flens et gemens* concussi et expressi,
ut id manaret quod mihi sic affecto ad recreationem satis esse posset, et ad spem
reducendam uitae ac salutis»; 2, 4, p. 216: «et quoniam propter peccata mea
propterque consuetudinem plagis ueternosarum opinionum sauciatum oculum
animae gerens, inualidum me esse cognosco, saepe rogo *cum lacrymis*»; «et me ad
contemplandum nondum esse idoneum *cum fletu et gemitu* confitenti».

[39] Cf. 5, 12, p. 236: «Ego quidem illos uiros et omnia utiliter memoriae man-
dasse et magnos ac diuinos fuisse et illam legem Dei jussu ac uoluntate promulgatam
esse et conditam *credo*»; 6, 13, p. 236: «Testor, Honorate, conscientiam meam, et
puris animis inhabitantem Deum, nihil me existimare prudentius, castius, religiosius
quam sunt illae scripturae omnes, quae Testamenti Veteris nomine catholica ecclesia
retinet».

[40] Cf. 6, 13, p. 238: «Quidquid est, mihi *crede*, in scripturis illis altum et diuinum
est.»

[41] Cf. 6, 13, p. 240: «Quantum erat ut similem beneuolentiam praeberemus
eis, per quos locutum esse Spiritum sanctum tam diuturna uetustate firmatum est?»

d'accorder la moindre foi à l'Ancien Testament et leur volonté d'imposer la foi à leurs fables.[42]

Cet aveu de *temeritas* découle logiquement de l'argumentation précédente, car la confrontation avec ce que la science exégétique peut découvrir des profondeurs de l'Écriture et la réflexion sur les conditions d'une lecture féconde convergent vers le même résultat: condamner sans avoir étudié et sans avoir cherché de maîtres, c'est porter un jugement sans fondement;[43] mais le rappel du passé commun permet à Augustin de prendre à son propre compte cet aveu, tout en y incluant Honoratus,[44] et d'établir ainsi un pont entre le présent d'Honoratus et le sien.

Le § 20 joue un rôle similaire, mais s'il récapitule pour une part les § 14 à 19,[45] il sert surtout à introduire toute l'argumentation qui suit. Augustin y distingue nettement deux étapes de son itinéraire. La première a résidé dans un déplacement de la question à poser: au lieu de s'interroger sur la capacité de l'homme à trouver la vérité, Augustin a pris conscience que c'était sa méthode de recherche qui était à incriminer et qu'«il fallait tenir cette méthode d'une autorité divine»:[46] qu'il fallait donc faire une place à la foi au lieu de se limiter au seul exercice de la raison. La deuxième étape a consisté à chercher comment discerner l'autorité à laquelle se fier:[47] Augustin évoque ici la manière dont il a supplié la Providence divine de venir à son aide et la rencontre d'Ambroise qui lui a permis de

---

[42] *Ibid.*: «nihil apud illos *credendum* putauimus, eorum qui istis inimici infestique sunt uoce commoti, apud quos falsa pollicitatione rationis inaudita millia fabularum *credere* et colere cogeremur.»

[43] Cf. 3, 9, p. 228, cité *supra*, n. 29; 6, 13, p. 240: «Sed scilicet intelligentissimi adolescentes et miri rationum exploratores, non euolutis saltem illis litteris, non quaesitis magistris, non aliquantum nostra tarditate accusata, non denique uel mediocri corde concesso eis qui eius modi litteras per totum orbem tam longo tempore legi, custodiri tractarique uoluerunt, nihil apud illos *credendum* putauimus...».

[44] Cf. 6, 13, p. 236: «Non enim dissimulare possum, longe aliter nobis fuisse persuasum. Sed nihil est profecto *temeritatis plenius (quae nobis tunc pueris inerat)* quam quorumque librorum expositores deserere, qui eos se tenere ac discipulis tradere posse profitentur...».

[45] Cf. A. Hoffmann, «Ich will Dir zeigen...», p. 170.

[46] Cf. 8, 20, p. 252: «Saepe rursus intuens, quantum poteram, mentem humanam tam uiuacem, tam sagacem, tam perspicacem, non putabam latere ueritatem, nisi quod in ea quaerendi modus lateret, eumdemque ipsum modum ab aliqua diuina auctoritate esse sumendum.»

[47] *Ibid.*: «Restabat quaerere quaenam illa esset auctoritas, cum in tantis dissensionibus se quisque illam traditurum polliceretur.»

ne plus se laisser arrêter par les critiques manichéennes de l'Ancien Testament.

Ces deux étapes correspondent aux deux temps de l'argumentation qui suit: la première montre la légitimité et la nécessité du croire contre ceux qui promettent d'en appeler à la seule raison;[48] la seconde détermine l'autorité à suivre. Contrairement à ce que pense A. Hoffmann,[49] il me semble que ce deuxième temps commence dès le §28. Le parallélisme avec la deuxième étape de l'itinéraire d'Augustin s'esquisse en effet dès ce paragraphe: Augustin y évoque la *difficillima quaestio*, due à ce qu'une multitude revendique, de façon détournée, le titre de sage,[50] tout comme il évoquait au §20 «la forêt impraticable» (*inexplicabilis silua*) où il hésitait à s'engager et la prétention de tous à détenir l'autorité, tout en s'opposant les uns aux autres;[51] de même, le §29 remarque, en écho au §20,[52] que, sans la foi en la Providence de Dieu qui vient à l'aide des hommes, il est vain de se mettre en quête de la vraie religion.[53] Les §30-32 récusent alors l'*auctoritas* des Manichéens,[54] tandis que les §33-35 font apparaître positivement quelle est «l'autorité salutaire»,[55] après avoir

---

[48] L'argumentation est d'abord positive (§22-24), puis négative (§25-27).

[49] *Augustins Schrift «De utilitate credendi». Eine Analyse*, Münster, 1997, p. 63-64 et n. 243. A. Hoffmann note avec raison qu'on ne doit prendre en compte des considérations formelles pour établir le plan; mais les parallélismes construits par Augustin me semblent ici plus importants que les statistiques sur l'emploi des termes *credere* et *auctoritas*. A. Hoffmann juge en outre arbitraire de séparer le §27 du §28, car l'un et l'autre mettent en œuvre le couple *sapiens/stultus*; mais ce couple est repris avec force dans le §33: «l'unique sage» évoqué au §28 ne peut être que la Sagesse de Dieu qui a assumé l'homme; il n'y a donc rien d'évident à faire commencer le second temps de l'argumentation au §33 plutôt qu'au §28.

[50] Cf. 13, 28, p. 276: «Hic rursus oritur difficillima quaestio. Quoniam enim modo stulti sapientem inuenire poterimus, cum hoc nomen tametsi nemo fere audeat palam, plerique tamen ex obliquo sibi uindicant, cum de rebus ipsis, quarum cognitione constat sapientia, ita inter se dissentiant (...)?»

[51] Cf. 8, 20, p. 252, cité *supra*, n. 47.

[52] Cf. 8, 20, p. 254: «Restabat autem aliud nihil in tantis periculis, quam ut diuinam prouidentiam lacrymosis et miserabilibus uocibus, ut opem mihi ferret, deprecarer.»

[53] Cf. 13, 29, p. 278: «Huic igitur tam immani difficultati, quoniam de religione quaerimus, Deus solus mederi potest: quem nisi et esse et humanis mentibus opitulari credimus, nec quaerere quidem ipsam ueram religionem debemus.»

[54] Cf. 14, 31, p. 282: «hoc ergo credidi, ut dixi, famae, celebritate, consensione uetustate roboratae. Vos autem et tam pauci, et tam turbulenti, et tam noui, *nemini dubium est quam nihil dignum auctoritate praeferatis. Quae igitur ista tanta dementia est?»* On remarquera ici l'opposition terme à terme des critères qui permettent de reconnaître l'*auctoritas* aux Catholiques et de la refuser aux Manichéens.

[55] Cf. 16, 34, p. 290: «Haec est, crede, saluberrima auctoritas...». L'ordre suivi

exhorté Honoratus à «supplier Dieu intensément, à grands renforts de désirs, gémissements et larmes», à l'exemple d'Augustin qui avait «supplié la Providence avec larmes et plaintes».[56]

La correspondance entre l'argumentation et le récit

Avouer sa témérité, supplier Dieu avec larmes de venir à son aide dans la quête très difficile de la vérité: tels sont les deux points d'insistance des rappels autobiographiques. Ces deux points correspondent bien aux deux temps de l'argumentation, qu'Augustin récapitule, comme nous l'avons vu, au §35, où il exhorte Honoratus à ne pas faire preuve d'un «orgueil téméraire» en refusant d'étudier les livres divins d'après leurs interprètes et à ne pas se montrer «ingrat envers l'appoint du secours divin» en ne voulant pas reconnaître «une autorité forte d'une telle élaboration».[57]

Cette correspondance n'est évidemment pas fortuite. Mais on peut se demander pourquoi Augustin a ainsi recours à sa biographie. A. Hoffmann note à juste titre, à propos du §20, que ce recours est une manière de rendre plus vivante et attrayante la problématique du traité et de rendre plus pressant l'appel adressé à Honoratus.[58] Mais il faut prolonger cette réflexion: passer de l'argumentation rationnelle au récit autobiographique, c'est passer du registre du *docere* à celui du *mouere*.[59] Un tel changement de registre est cohérent avec le contenu même du *De utilitate credendi*. La fin de l'ouvrage montre en effet qu'on ne peut être libéré de l'erreur religieuse sans l'intervention d'une *auctoritas* divine: l'insensé est incapable de reconnaî-

---

(argumentation négative, puis positive) est donc inverse de l'ordre adopté dans le premier temps (§22-27).

[56] Cf. 15, 33, p. 286-288: «...monere tamen non desino, ut quoniam multi se sapientes uideri uolunt neque utrum sint stulti dignoscere facile est, omni intentione, uotisque omnibus, gemitibus denique uel etiam si fieri potest, fletibus Deum deprecere, ut te ab erroris malo liberet, si tibi beata uita cordi est»; cf. 8, 20, p. 254, cité *supra*, n. 52.

[57] Cf. 17, 35, p. 296, cité *supra*, n. 28.

[58] «"Ich will Dir zeigen..."», p. 172-173.

[59] Il faut ici remarquer la récurrence de *mouere* et de ses composés dans les §33-34: «oportebat quaedam miracula ipsis oculis *admoueri*», «*commotorum* auctoritate hominum» (§33); «auctoritas quae *commouet* stultos», «sed certe miserius non *moueri*», «haec (...) dupliciter nos *mouet*», «id quod sensibus *admouetur*», «sic in se tunc animas errantes mortalium diuina *commouebat* auctoritas», «quia non *mouerent*, nisi mira essent» (§34). De façon significative, Augustin emploie également le terme *commouere* pour caractériser l'effet que produisirent sur lui les leçons d'Ambroise: «et iam fere me *commouerant* nonnullae disputationes Mediolanensis episcopi...» (8, 20, p. 254).

tre le sage par la seule raison, car il lui faudrait déjà être sage, c'est-à-dire être purifié;[60] l'*auctoritas* recourt donc à d'autres moyens pour toucher l'homme: les miracles et le grand nombre de ceux qui la suivent.[61] Ces signes ne s'adressent pas d'abord à la raison mais agissent sur la sensibilité: les miracles provoquent l'étonnement ou la reconnaissance et la sympathie;[62] la conversion de la foule suscite de même approbation et amour:[63] ce qui engage l'homme à se tourner, ne serait-ce qu'un peu, vers Dieu. Le rôle qu'Augustin donne, dans le §35, à la conversion de la foule comme signe de l'autorité divine explique alors l'importance qu'il donne au témoignage de sa propre conversion pour toucher Honoratus. Il y a donc harmonie entre le contenu et la forme de l'œuvre: la place faite au récit autobiographique à côté de l'argumentation rationnelle correspond à la place à donner au *credere* à côté de l'*intellegere*.

3. Du "De utilitate credendi" au "De doctrina christiana" et aux "Confessions"

Dans le *De utilitate credendi*, Augustin articule donc la question des Écritures et celle de la foi, tout comme il établit une correspondance entre argumentation rationnelle et récit autobiographique: l'unité de l'ouvrage s'avère donc ferme, surtout si l'on y ajoute la cohérence entre la forme et le contenu. Cette double articulation est sans doute ce qui fait l'apport du traité.

Cet apport est d'ordre méthodologique avant tout. De fait, Augustin a consciemment fait abstraction des problèmes de contenu: il n'entre pas dans la critique des théories manichéennes; il n'expose pas davantage la foi catholique.[64] Ce choix a ses envers: car, si l'on

---

[60] Cf. 16, 34, p. 290-292: «Verum igitur uidere uelle, ut animum purges, cum ideo purgetur ut uideas, peruersum certe atque praeposterum est. Homini ergo non ualenti uerum intueri, ut ad id fiat idoneus, purgarique se sinat, auctoritas praesto est...».

[61] *Ibid.*, p. 290: «Haec autem, seposita ratione, quam sinceram intelligere, ut saepe diximus, difficillimum stultis est, dupliciter nos mouet, partim miraculis, partim sequentium multitudine.»

[62] *Ibid.*, p. 292: «quaedam enim sunt quae solam faciunt admirationem; quaedam uero magnam etiam gratiam beneuolentiamque conciliant.»

[63] Cf. 17, 35, p. 294-296: «sed populi probant, populi audiunt, populi fauent, diligunt postremo populi: suam imbecillitatem, quod ista non possunt, nec sine prouectu mentis in Deum, nec sine quibusdam scintillis uirtutis, accusant.»

[64] Cf. 18, 36, p. 300: «...hic finem libro faciamus: in quo memineris uolo nondum

fait abstraction du contenu de la foi catholique, la remise à l'*auctoritas* paraît procéder presque uniquement d'un certain pessimisme sur la *stultitia* humaine.[65] On ne saurait donc, sous peine de fausser la perspective d'Augustin, s'en tenir au seul *De utilitate credendi* pour saisir la richesse de son apologétique. Augustin lui-même renvoie son lecteur à d'autres ouvrages dans la notice des *Retractationes*[66] qu'il consacre au *De utilitate credendi*. Mais ce choix a aussi des avantages: il est alors possible de centrer toute la réflexion sur des questions de méthode et d'en tirer parti pour la mise en forme du traité. On peut distinguer, de ce point de vue, deux apports méthodologiques du *De utilitate credendi*: d'une part, pour l'herméneutique scripturaire, d'autre part, pour l'apologétique.[67] En faisant apparaître ce double apport, je montrerai comment le *De utilitate credendi*, qui est le premier traité écrit par Augustin après son ordination presbytérale,[68] prépare les deux grands ouvrages qui marquent le début de l'épiscopat: le *De doctrina christiana* et les *Confessions*.

Du *"De utilitate credendi"* au *"De doctrina christiana"*

Le *De utilitate credendi* représente d'abord le premier effort d'Augustin pour penser l'herméneutique scripturaire. Certes, Augustin avait déjà consacré un premier ouvrage à l'interprétation des Écritures: le De *Genesi contra Manichaeos*, dans lequel il réfute les critiques manichéennes

---

me Manichaeos coepisse refellere et illas nugas nondum inuasisse, neque de ipsa catholica magnum aliquid aperuisse...».

[65] Cette *stultitia* est admise comme une donnée incontestable, que chacun peut reconnaître à partir de sa propre expérience, tout autant que l'aspiration à la vérité; elle est donc posée comme un fondement dans la quête de la vraie religion et elle en détermine bien évidemment le mode (cf. 7, 14, p. 242). A. Hoffmann souligne qu'elle pouvait être admise sans difficulté par le Manichéen qu'est Honoratus, mais à partir de principes autres que ceux d'Augustin (cf. «"Ich will Dir zeigen...", p. 168-169). Les termes *stultus* et *stultitia* sont récurrents dans le traité. Sur les difficultés que le thème de la *stultitia* peut susciter pour le lecteur contemporain, voir J. S. O'Leary, «En lisant le *De utilitate credendi* de saint Augustin», *La croyance*, Paris, 1982, p. 40-42.

[66] Cf. I, 14, 6, *BA* 12, p. 360: «Haec non ita dixi, quasi nihil aduersus Manichaeos adhuc scripsissem, uel nihil de doctrina catholica mandassem litteris, cum tot superius edita uolumina de utraque re non me tacuisse testentur.»

[67] Le *De utilitate credendi* poursuit un double but: protreptique, d'une part, antimanichéen et apologétique, d'autre part, comme l'a noté A. Hoffmann, *Augustins Schrift «De utilitate credendi». Eine Analyse*, p. 39-45.

[68] Cf. *Retract.* I, 14, 1, *BA* 12, p. 352: «Iam uero apud Hipponem Regium presbyter scripsi librum De utilitate credendi...».

des premiers chapitres de la *Genèse*. Mais une chose est de commenter
l'Écriture, une autre de réfléchir sur les conditions et les principes
de l'interprétation scripturaire. Cette réflexion plus théorique prépare le *De doctrina christiana* à plusieurs titres: par l'affirmation que
l'on a besoin de maîtres pour lire l'Écriture, au même titre que pour
lire n'importe quel auteur; par le lien établi entre la foi et l'intelligence
des Écritures; enfin, par la distinction des sens que l'on peut trouver dans l'Écriture.

La nécessité de maîtres, à la fois «pieux et savants»,[69] est une
affirmation récurrente et centrale[70] du *De utilitate credendi*. Cette affirmation s'oppose directement à la *temeritas* de ceux qui condam-
nent les Écritures sans les connaître. La même conviction justifie la
rédaction du *De doctrina christiana*: si Augustin juge nécessaire d'enseigner les règles pour l'interprétation des Écritures, c'est qu'il ne
suffit pas de lire l'Écriture pour la comprendre et que l'on ne s'im-
provise pas exégète.[71] Il y a une «science» des Écritures.[72]

Celle-ci requiert la foi à un titre essentiel: Augustin s'efforce d'en
persuader Honoratus dans le *De utilitate credendi*; les difficultés susci-
tées par l'Ancien Testament ne peuvent être surmontées que si l'on
croit qu'il a un contenu divin et profond.[73] Il est donc «utile» de croire
pour accéder à l'intelligence des Écritures. La même conviction fonde
l'ordre qu'Augustin adopte dans le *De doctrina christiana*: s'il consacre
le premier livre à l'exposé du symbole de foi et du double précepte
de la charité, c'est qu'il ne peut y avoir d'interprétation valable de
l'Écriture sans ce fondement.[74] L'affirmer ne signifie toutefois nullement qu'on rapporte l'Écriture à une doctrine qui lui serait étran-

---

[69] Cf. 7, 17, p. 246: «quaereres aliquem pium simul et doctum...».

[70] Cf. 6, 13, p. 236: «librorum expositores»; 6, 13, p. 240: «non quaesitis
magistris»; 7, 17, p. 246: «sine duce», «sine praeceptore»; 17, 35, p. 296: «si
unaquaeque disciplina (...) doctorem aut magistrum requirit»; 18, 36, p. 296-298:
«bonis praeceptoribus catholicae christianitatis», «doctissimorum hominum et uere
christianorum».

[71] L'objet du prologue est précisément de justifier la nécessité d'enseigner des
règles pour l'interprétation des Écritures, contre ceux qui estiment n'en avoir pas
besoin.

[72] L'étude des Écritures correspond au degré de science; cf. *De doctr. christ.* II,
7, 10, *BA* 11/2, p. 146.

[73] 6, 13, p. 238, cité *supra*, n. 40.

[74] Cf. *De doctr. christ.* I, 40, 44, *BA* 11/2, p. 132-134: «Quapropter, cum quisque
cognouerit finem praecepti esse caritatem, de corde puro et conscientia bona et
fide non ficta, omnem intellectum diuinarum scripturarum ad ista tria relaturus
ad tractationem illorum librorum securus accedat.»

gère:[75] les *res* exposées dans le livre I du *De doctrina christiana* correspondent en effet à ce que l'on peut tirer «des passages plus clairs de l'Écriture et de l'autorité de l'Église».[76] Ce que le *De utilitate credendi* montre déjà: car les interprétations savantes évoquées dans les §5 à 9 sont justifiées par des textes du Nouveau Testament[77] et sont présentées comme reçues de la Tradition.[78] Le §31 explicite en outre, avec vigueur, le lien entre les Écritures et l'Église catholique: la foi dans les Écritures ne peut être dissociée de la foi en ceux qui les présentent,[79] c'est-à-dire de la foi en la Tradition qui reçoit ces Écritures, qui en vit et qui les transmet.

Enfin le *De utilitate credendi* laisse entrevoir à Honoratus ce que peut être la manière d'interpréter les Écritures: d'une part, en se faisant l'écho d'une tradition grecque qui distingue quatre types d'interprétation, «selon l'histoire, l'étiologie, l'analogie et l'allégorie»,[80] d'autre part, en esquissant un parallèle avec l'interprétation allégorique de Virgile ou d'un poème attribué à Platon.[81] On notera qu'Augustin ne s'approprie pas réellement ici la tradition grecque[82] qu'il utilise et dont on retrouve un écho dans le *De Genesi ad litteram inperfectus*

---

[75] T. Todorov, dans *Symbolisme et interprétation* (Paris, 1978, p. 104) estime, en prenant appui sur le *De doctrina christiana*, que l'exégèse patristique a pour fin de réduire l'écart entre le sens immédiat du texte biblique et celui de la «doctrine chrétienne», qu'il présente comme donné d'avance et sans lien nécessaire avec le texte biblique; pour la discussion de cette thèse, voir I. Bochet, «Le cercle herméneutique», *BA* 11/2, Note complémentaire 3, p. 438-449.

[76] Cf. *De doctr. christ.* III, 2, 2, p. 236: «...consulat regulam fidei, quam de scripturarum planioribus locis et ecclesiae auctoritate percepit, de qua satis egimus, cum de rebus in libro primo loqueremur.»

[77] Cf. *supra*, n. 10.

[78] Cf. 3, 5, p. 216-218, cité *supra*, n. 18.

[79] Cf. 14, 31, p. 284: «At scriptura omnis, si noua et inaudita proferatur uel commendetur a paucis, nulla confirmante ratione, non ei sed illis qui eam proferunt creditur»; «et mone potius ut huius multitudinis primates quaeram et quaeram diligentissime ac laboriosissime, ut ab his potius de his litteris aliquid discam, qui si non essent, discendum omnino esse nescirem.»

[80] Cf. 3, 5, p. 216-218, cité *supra*, n. 18.

[81] Cf. 7, 17, p. 248: «Nonne cernis, ut Catamitum Bucolicorum, cui pastor durus effluxit, conentur homines interpretari et Alexim puerum, in quem Plato etiam carmen amatorium fecisse dicitur, nescio quid magnum significare, sed imperitorum iudicium fugere affirment (...)?»

[82] Cf. 3, 5, p. 218: «Ne me ineptum putes, graecis nominibus utentem. Primum quia sic accepi, nec tibi hoc aliter audeo intimare quam accepi»; 4, 10, p. 228: «Sed ut, omissa interim altitudine scientiae, sic agam tecum, quomodo agendum arbitror cum familiari meo, id est, sicut ego possum, non sicut doctissimos uiros posse miratus sum...».

liber.[83] Il l'abandonnera par la suite: le *De doctrina christiana* n'en garde pas la trace. On constate d'ailleurs que, dès le *De utilitate credendi*, Augustin privilégie, dans sa présentation, le quatrième type d'interprétation, c'est-à-dire l'interprétation allégorique: C.P. Mayer[84] suggère que s'esquisse ici la polarisation sens littéral / sens figuré, qui sera essentielle dans le *De doctrina christiana*. Augustin y exploitera d'autre part, de façon plus systématique, l'analogie avec l'interprétation des textes littéraires, mettant ainsi à profit sa propre formation de grammairien et de rhéteur.[85]

Le *De utilitate credendi* annonce donc certains développements ultérieurs du *De doctrina christiana*. Mais il ne saurait en avoir l'ampleur. Cela tient certes à ce qu'Augustin n'en est encore qu'au tout début de son activité exégétique. Mais cela s'explique aussi par le destinataire du *De utilitate credendi*: un Manichéen, à qui il s'agit seulement de montrer que l'Ancien Testament ne contient pas les absurdités qu'il imagine, pourvu qu'on l'interprète de façon correcte.

Du "De utilitate credendi" aux "Confessions"

Le *De utilitate credendi* est donc un livre à prendre en compte pour qui s'interroge sur l'élaboration de l'herméneutique augustinienne. Mais l'ouvrage est intéressant aussi par la manière dont Augustin construit son apologie de la vraie religion: le rôle qu'il donne au récit autobiographique annonce les *Confessions*. Augustin, certes, avait déjà fait appel à l'évocation de son itinéraire dans des ouvrages antérieurs: en particulier dans le *Contra academicos*[86] et le *De beata uita*.[87] Mais ce qui est nouveau dans le *De utilitate credendi*, c'est l'articulation entre le récit et l'argumentation. L'évocation autobiographique n'est pas limitée au seul prologue: elle ponctue l'argumentation et joue un rôle déterminant dans la progression du traité; au §20, en effet, elle permet d'introduire, de façon assez abrupte, l'exhortation à «prendre la route

---

[83] Cf. 2, *CSEL* 28, 1, p. 461: «quattuor modi a quibusdam scripturarum tractatoribus traduntur legis exponendae, (...), secundum historiam, secundum allegoriam, secundum analogiam, secundum aetiologiam.»

[84] Cf. *Die Zeichen in der geistigen Entwicklung und in der Theologie Augustins, II. Die antimanichäische Epoche*, Würzburg, 1974, p. 337.

[85] Cf. H.-I. Marrou, *Saint Augustin et la fin de la culture antique*, Paris, 1949, p. 422-498.

[86] Cf. II, 2, 3 – 6, *BA* 4, p. 64-71.

[87] Cf. 1, 4-5, *BA* 4/1, p. 54-61.

qu'offre la règle catholique».[88] Les §14 à 19 ont établi que, dans la recherche de la vraie religion, il faut commencer par considérer l'Église catholique, mais ils n'ont en rien tranché la question de la vérité. La considération de son itinéraire permet à Augustin de la réintroduire; elle permet surtout d'opérer un déplacement dans la manière de la poser: il y a à s'interroger, non pas sur la possibilité qu'a l'homme de trouver ou non la vérité, mais sur la méthode à adopter pour y parvenir, autrement dit sur la place à donner à la foi et à l'autorité. Or, c'est là précisément le point que conteste Honoratus à la suite des Manichéens et qui fait l'objet de tout la discussion qui suit. En l'introduisant sur le mode du témoignage de sa propre expérience, Augustin a quelque chance de le persuader de ne pas rejeter a priori cette solution et même de l'examiner avec une certaine attention; il peut même espérer susciter en son ami le désir de l'imiter, en accentuant les traits qui l'apparentaient alors à ce qu'est aujourd'hui Honoratus.[89] Cette manière de tirer parti de son propre itinéraire pour tourner vers Dieu son lecteur sera exploitée bien plus largement dans les *Confessions*, qui ne peuvent nullement être réduites à une simple autobiographie.[90]

La place faite au thème des pleurs et des gémissements[91] dans la quête de Dieu annonce également les *Confessions*: le *De utilitate credendi* insiste déjà sur l'importance de la prière et de la conscience de sa faiblesse dans la recherche de la vérité; les *Confessions* le souligneront davantage encore et donnent une place autrement plus importante à la Providence. Ici, en effet, comme l'a noté A. Pincherle,[92] le secours divin paraît limité à la seule décision de poursuivre la recherche en restant catéchumène dans l'Église catholique. Dans les *Confessions*, par contre, Augustin ne cesse de confesser les voies très secrètes de la Providence qui l'ont prévenu tout au long de son itinéraire.[93] Entre les deux ouvrages, il faut situer bien sûr le *De diuer-*

---

[88] Cf. 8, 20, p. 254: «...sequere uiam catholicae disciplinae, quae ab ipso Christo per apostolos ad nos usque manauit et ab hinc ad posteros manatura est.»

[89] De là, par exemple, le silence sur le rôle qu'a joué dans son itinéraire la lecture des Platoniciens; cf. A. Hoffmann, «"Ich will Dir zeigen...», p. 173-180.

[90] La manière dont Augustin présente l'intention qui est la sienne en écrivant les *Confessions* le manifeste clairement: cf. *Conf.* X, 1, 1 – 4, 6, *BA* 14, p. 140-151.

[91] Cf. 1, 2, p. 210-211: «flens et gemens» ; 2, 4, p. 216: «cum lacrymis», «cum fletu et gemitu confitenti»; 8, 20, p. 254: «lacrymosis et miserabilibus uocibus»; 15, 33, p. 288, cité *supra*, n. 56.

[92] *La formazione teologica di S. Agostino*, Roma, 1947, n. 32, p. 60.

[93] Cf. A. Solignac, «Introduction», *Les Confessions*, *BA* 13, p. 181-186.

sis quaestionibus ad Simplicianum, à l'occasion duquel Augustin a eu la «révélation» du rôle premier de la grâce.[94] Ainsi, si Augustin souligne dans le *De utilitate credendi* que l'*auctoritas* divine agit sur l'homme, non pas seulement en l'enseignant, mais encore en le touchant et s'il voit corrélativement l'insuffisance de l'argumentation rationnelle dans l'apologie de la vraie religion, il reste encore loin de saisir, semble-t-il, combien la grâce précède l'homme et le meut à son insu, bien avant qu'il ne décide de se tourner vers Dieu.

Le *De utilitate credendi* est donc une apologie de la vraie religion qui intègre une réflexion sur l'herméneutique scripturaire. Cette conjonction de l'apologétique et de l'herméneutique n'est pas fortuite: car l'apologétique ne peut éluder la prise en compte de l'obstacle que constitue l'obscurité des Écritures; et, inversement, l'herméneutique, dans la mesure où elle met la foi au principe de l'intelligence des Écritures, ne peut être indifférente à la manière de présenter cette foi, y compris à ceux qui ne la partagent pas. L'unification de ces deux aspects dans une argumentation qui intègre des éléments narratifs prépare le *De doctrina christiana*, dans lequel Augustin met en évidence le rapport entre la foi et l'intelligence des Écritures et dans lequel il souligne qu'on ne peut dissocier l'herméneutique de l'itinéraire existentiel.[95] Mais elle prépare également les *Confessions*, dans lesquelles le récit autobiographique s'achève dans une méditation des Écritures[96] et se veut un témoignage susceptible de toucher les hommes et de les tourner vers Dieu.[97]

---

[94] Cf. *De praed. sanct.* 4, 8, *BA* 24, p. 488-489.

[95] Cf. *De doctr. christ.* II, 7, 9-11, *BA* 11/2, p. 146-150; cf. I. Bochet, «L'itinéraire spirituel: les sept degrés qui conduisent à la sagesse», *BA* 11/2, Note complémentaire 10, p. 500-506.

[96] Sur le lien du récit autobiographique et de la méditation des Écritures dans les *Confessions* et sur le rapport entre les *Confessions* et le *De doctrina christiana*, voir I. Bochet, «Interprétation scripturaire et compréhension de soi. Du *De doctrina christiana* aux *Confessions* de saint Augustin», *Comprendre et interpréter. Le paradigme herméneutique de la raison*, Paris, 1993, p. 21-50.

[97] Cf. *Conf.* X, 3, 3 – 4, 6, *BA* 14, p. 144-151.

WHAT DID AUGUSTINE KNOW ABOUT MANICHAEISM WHEN HE WROTE HIS TWO TREATISES *DE MORIBUS*?

J. KEVIN COYLE (OTTAWA)

Augustine of Hippo is one of the few Latin sources for our knowledge of Manichaeism in late antiquity, and of all non-Manichaean authorities he is surely the most prolific. These assertions have long been *monnaie courante* among manichaeologists, and made Augustine a highly respected witness on the subject already in his own lifetime. But his reliability has not gone wholly uncontested. In the 18th century Isaac de Beausobre became the first to suggest that the accuracy of Augustine's portraits of Manichaean ideas and practices cannot be taken for granted, not least because he had only been a Hearer and, as such, would not have had direct access to Manichaean writings.[1]

De Beausobre's view has not prevailed. For one thing, he failed to take account of the data on the movement Augustine would have gone on acquiring later in life. For another, he overlooked that Augustine was deliberately selective in his presentations. We need only recall François Decret's admonition: "Il importe de ne pas perdre de vue que, parfaitement informé, certes, de la situation du manichéisme dans les provinces romaines d'Afrique, dont il peut parler en expert, l'évêque d'Hippone n'a pas voulu faire oeuvre d'historien, mais que son témoignage doit toujours être reçu comme celui d'un polémiste".[2] Further, the writings of Augustine which allude to

---

[1] I. de Beausobre, *Histoire critique de Manichée et du manichéisme*, I, Amsterdam 1734, pp. 227-231, 426, and 436-437; II (1739), p. 745. There have been two reprints of this work (Leipzig 1970; Amsterdam 1988).

[2] F. Decret, "Le manichéisme présentait-il en Afrique et à Rome des particularismes régionaux distinctifs?", *Augustinianum* 34 (1994), p. 8; repr. in *idem*, *Essais sur l'Église manichéenne en Afrique du Nord et à Rome au temps de saint Augustin: Recueil d'études* (Studia Ephemeridis Augustinianum, 47), Rome 1995, p. 212. See also *idem*, *Aspects du manichéisme dans l'Afrique romaine: Les controverses de Fortunatus, Faustus et Felix avec saint Augustin*, Paris 1970, p. 31 (author's emphasis): "Il n'est pas nécessaire d'éprouver la moindre sympathie envers la religion de Mani, pour ressentir, à la lecture de tels traités [...], que leur auteur est un polémiste et qu'il ne prétend, d'ailleurs, nullement offrir une étude systématique du «catéchisme» manichéen

Manichaeism were targetting, not only Catholics, but Manichaeans themselves; consequently, he would have had little to gain (and much to lose) by deliberately distorting citations or facts. When he quotes, when he reports, he does so in line with both the texts and the facts. *As he knows* those texts and facts: for de Beausobre had raised the important issue of how much Augustine could have known about Manichaeism as the direct consequence of once subscribing to it.

Since Ferdinand Christian Baur early in the nineteenth century,[3] Augustine's reliability as a source for Manichaeism has been steadily reconfirmed. In the present century, Prosper Alfaric and numerous others have demonstrated a basic congruence between Augustine's claims and information supplied through Manichaeism's own writings, including Oriental ones.[4] So it was that the Dominican Jean de Menasce found it useful to refer to Augustine in 1945, while commenting on references to Manichaeism in a ninth-century Mazdaean apologetic work, "The Decisive Resolution of Doubts".[5] Even more germane to the present topic is the article the same author published about a decade later, in which he sought to shed light on "la vie religieuse d'Augustin manichéen".[6] On the premise that "Augustin était bien loin d'être indifférent" to the religion which had taken up so much of his young manhood,[7] de Menasce opined that "nul ne songe à mettre en doute la connaissance très précise et très complète qu'Augustin avait prise de la doctrine et de la pratique

---

[...]. Mais il ne s'agit pas là, à proprement parler, de falsifications. Ces oeuvres anti-manichéennes constituent un *témoignage véritable* sur le manichéisme qu'Augustin a bien connu, mais *non sur tout* le manichéisme".

[3] F.C. Baur, *Das manichäische Religionssystem nach den Quellen neu untersucht und entwickelt*, Tübingen 1831 (repr. Göttingen 1928; Hildesheim - New York 1973), pp. 7-8 and *passim*.

[4] P. Alfaric, *L'évolution intellectuelle de saint Augustin*, Paris 1918, esp. pp. 215-225. See C.R.C. Allberry, "Manichaean Studies", *JThS* 39 (1938), p. 337; and J. Ries, "Jésus-Christ dans la religion de Mani: Quelques éléments d'une confrontation de saint Augustin avec un hymnaire christologique copte", *Augustiniana* 14 (1964), pp. 439-441. For two more recent views, one on either side of the debate, see E. Feldmann, "Der Übertritt Augustins zu den Manichäern" in A. van Tongerloo and J. van Oort (eds.), *The Manichaean NOUS: Proceedings of the International Symposium organized in Louvain from 31 July to 3 August 1991* (Manichaean Studies, II), Louvain 1995, pp. 103-104.

[5] P.J. de Menasce, *Une apologétique mazdéenne du IXᵉ siècle: Škand-Gumānīk Vičār. La solution décisive des doutes* (Collectanea Friburgensia, 30), Fribourg 1945, notably pp. 229 and 236.

[6] P.J. de Menasce, "Augustin manichéen" in *Freundesgabe für Ernst Curtius zum 14. April 1956*, Bern 1956, p. 79.

[7] *Ibid.*, p. 82.

manichéennes. Nous sommes en mesure de la contrôler à mesure que s'étend notre propre information grâce aux textes d'Asie centrale et d'Égypte".[8] Or, as Johannes van Oort has more recently stated the case, "these discoveries have not diminished the value of what Augustine handed down from Manichaean writings: he proves to be a valuable witness".[9]

Another point emphasized by de Menasce, one no more easily dismissed, is that Augustine's initial involvement in Manichaeism was genuine,[10] and so he would have tried to learn everything about it which seemed of importance.[11] What would he have considered "important"?[12]

As far as I know, van Oort is the only present-day scholar to have seriously taken up de Beausobre's question – how much did Augustine actually know about Manichaeism, and when did he know it? –, but without really distinguishing between knowledge gained in his Manichaean period and knowledge obtained after it.[13] Focusing first

---

[8] *Ibid.*, p. 83.

[9] J. van Oort, *Jerusalem and Babylon: A Study into Augustine's City of God and the Sources of His Doctrine of the Two Cities* (Supplements to Vigiliae Christianae, 14), Leiden-New York 1991, p. 45. Van Oort's book translates his doctoral thesis (University of Utrecht, 1986): *Jeruzalem en Babylon: Een onderzoek van Augustinus' De stad van God en de bronnen van zijn leer der twee steden (rijken)*, 's-Gravenhage 1986 (1995⁴).

[10] De Menasce, "Augustin manichéen" (above, n. 6), p. 87: "... l'intérêt qu'Augustin a porté à la religion dont il a été si longtemps un adepte fervent...". See also the remarks of Decret, *Aspects* (above, n. 2), pp. 28-31.

[11] De Menasce, *op. cit.*, p. 92: "C'est dans cette Église de Mani qu'Augustin était entré en quête d'une vérité qu'il ne trouvait pas dans le catholicisme: nous ne pensons pas que le seul sentiment, que la seule piété, ait suffi à l'y retenir". But he laments that no study has been done on residual elements of Manichaean spirituality in Augustine. Johannes van Oort raises a similar concern in "Augustin und der Manichäismus", *ZRGG* 46 (1994), p. 130, repr. with slight alterations in van Tongerloo and van Oort, *The Manichaean NOUS* (above, n. 4), p. 293; then briefly refers to the theme in "Manichaeism: Its Sources and Influences on Western Christendom" in R. van den Broek and W.J. Hanegraaff (eds.), *Gnosis and Hermeticism from Antiquity to Modern Times*, Albany 1997, p. 47.

[12] Not that he accepted everything without question: he says in *De moribus Manichaeorum* (17:64) that he was troubled by exceptions Manichaeans allowed to the commandment against killing, because there would be no metaphysical reason against exterminating any life-form, once it became permissible to crush a gnat. See also *De beata uita* I,4 (CCL 29, p. 67.86-87): "Non adsentiebar sed putabam eos magnum aliquid tegere illis inuolucris, quod essent aliquando aperturi".

[13] Van Oort, "Augustin" (above, n. 11), p. 128 (1995: p. 291): "Damit wir unser Thema richtig ansteuern, möchte ich die beiden folgenden Punkte erörtern: I. Inwiefern lernte Augustin den Manichäismus kennen, in seiner manichäischen Zeit und später im Bischofsamt, und in welcher Form zeigte er sich ihm?" See also his *Jerusalem* (above, n. 9), p. 45, where he raises the question with respect to the young

on the sister treatises *De moribus ecclesiae catholicae* and *De moribus Manichaeorum*, van Oort then moved to the *Confessions*, *Contra Fortunatum*,
and *Contra Faustum*, before concluding: "zwar nicht alles weiß er, wohl
aber sehr vieles".[14] This is, I believe, essentially correct. But here,
limiting the quest to what Augustine could have known as a Manichaean, we must curtail the range of texts examined to his early
writings, especially the aforementioned two treatises *De moribus*.[15]
These were begun at Rome between the summers of 387 and 388,
and completed in Africa in late 388 or early 389,[16] that is, before
his later contacts with Manichaeans could have effected too much
embellishment of the memories garnered while among them. Still,
he was already picking up rumours at an early post- Manichaean
stage: "I recently heard in Carthage", he says in *De moribus Manichaeorum* (12:26, CSEL 90, p. 110.23-24: *Illud uero nondum dictum erat quod
nuper apud Carthaginem audiui*). For present purposes, then, later writings of Augustine will be drawn upon only insofar as they corrobo-
rate what is found in these earlier texts.[17]

"I have a more than passing acquaintance with you", Augustine
tells the Manichaeans in *De moribus ecclesiae catholicae* (17:30, CSEL
90, p. 35.7-8: *Non parum mihi cogniti estis*).[18] After at least nine years

---

Augustine. J. Rickaby, *The Manichees as Saint Augustine Saw Them*, New York 1925,
drew less distinction between the Manichaean and post-Manichaean stages of
Augustine's life. The issue is briefly touched on in the dissertation I defended at
the University of Fribourg in 1975: *Augustine's "De moribus ecclesiae catholicae": A Study
of the Work, Its Composition and Its Sources* (Paradosis, 25), Fribourg 1978, pp. 50-52.

[14] Van Oort, "Augustin" (see above, n. 11), p. 131 (1995: p. 294).

[15] *De Genesi contra Manichaeos* was begun only after Augustine's return to Africa:
Retractationes I,10 (9):1 (CCL 57, p. 29): "Iam uero in Africa constitutus scripsi duos
libros de Genesi contra Manichaeos".

[16] On the dating see Coyle, *Augustine's* (above, n. 13), pp. 66-76.

[17] Without prejudice to W.H.C. Frend, "Manichaeism in the Struggle between
Saint Augustine and Petilian of Constantine" in *Augustinus Magister: Congrès international augustinien, Paris, 21-24 septembre 1954*, II, Paris 1954 (repr. in *idem, Religion
Popular and Unpopular in the Early Christian Centuries*, London 1976, chap. XIII), p.
863: "as is clear from his writings, he remembered for [sic] more about Manichaean
literature and ideas than would be expected in an African Catholic bishop".

[18] See also 1:2 (pp. 4.17 - 5.1): "Eum sane modum tenebo, si potero, ut neque
in illorum morbos, qui mihi sunt notissimi..."; 18:34 (p. 39.8-9): "audite doctos
ecclesiae catholicae uiros tanta pace animi et eo uoto quo uos audiui"; *De moribus
Manichaeorum* 8:11 (p. 96.20-21): "unus de primatibus huius haeresis, quem familiarius
crebriusque audiebamus"; 12:25 (p. 110.1-2): "cum studiose uos audiremus"; 19:68
(p. 149.5-6): "Nouem annos tota magna cura et diligentia uos audiui..."; 19:71 (p.
151.16-21): "Duo quidam erant [...] nobis amplius quam ceteri familiariusque
coniuncti. Quorum unus qui propter studia etiam liberalia nobis artius adhaerebat,
hic nunc ibi esse presbyter dicitur"; and *De utilitate credendi* 1:2 (CSEL 25/1, p. 4.14-16):

as one of them, this was an affirmation he could make without inviting much contradiction.[19] In the sister treatise he characterizes a
number of their ideas as habitual: *dicere desinatis, ea quae proxime soletis
commendare, quotidie in ore uestro habitent, soletis et uos dicere, inquiunt, nam
etiam hoc dicitis, secundum uestram sententiam, perhibetis, nonne uos estis qui
nos soletis monere.*[20] This does not mean that Augustine always gets it
right: he claims, for instance, that Manichaeans believe in "two gods"
and worship the sun and moon – two interpretations with which more
sophisticated Manichaeans would not have agreed.[21] Unless on these
occasions he was being deliberately obtuse, he does not seem to have
always understood even what he knew.

And he did not know everything, as van Oort has pointed out and
Augustine himself admits. In his public debate with Fortunatus he
says that he never personally witnessed anything morally untoward
during Manichaean prayer services for Hearers and had no way of
knowing what went on among the Elect, "because I was a Hearer".[22]
That was in 392. Only a few years before, however, in *De moribus
Manichaeorum*, he is much more confident – and graphic – in his assertions: "none of the Elect I knew", he says there, "was innocent
of sinning against their own precepts, or at the least was not above
suspicion" (19:68, CSEL 90, p. 149.5-8: *Nouem annos tota magna cura
et diligentia uos audiui; nullus mihi electorum innotescere potui, qui secundum
haec praecepta non aut deprehensus in peccato, aut certe suspicioni subditus
fuerit);*[23] and he goes on to relate instances of the most scurrilous
deportment by Manichaean Elect, some corroborated by the witness

_____

"Quid enim me aliud cogebat annos fere nouem spreta religione, quae mihi puerulo
a parentibus insita erat, homines illos sequi ac diligenter audire...?"

[19] See the references in Coyle, *Augustine's* (above, n. 13), p. 352.

[20] *De mor. Manich.* 9:14, 11:20, 16:39.42-43.50, 17:56, and 18:65 (CSEL 90, pp.
100.4, 105.23, 111.12-13, 112.7-9, 123.5, 126.10, 128.6, 139.12, and 147.1). See
also *De mor. eccl. cath.* 28:58 (p. 61.9-10: *hoc solent dicere*) and 30:62 (p. 65.4: *haec
audent dicere*), and note 21, below.

[21] *De mor. eccl. cath.* 10:16 (CSEL 90, p. 19.6-7): "Duos enim deos, unum bonum,
alterum malum esse perhibetis"; 20:37 (CSEL 90, p. 42.11-12): "solem et lunam
non modo diligendos sed etiam colendos putant". See also *De mor. Manich.* 8:13 (p.
99.15); *Tractatus in Iohannis euangelium* 34:2 (CCL 36, p. 311); and Coyle, *Augustine's*
(above, n. 13), pp. 331-332 and 355-359.

[22] *Contra Fortunatum* 3 (CSEL 25/1 pp. 84.25 - 85.1): "De moribus autem uestris
plene scire possunt, qui electi uestri sunt. Nostis autem me non electum uestrum,
sed auditorem fuisse".

[23] See also *De mor. eccl. cath.* 34:75 (p. 81.4-6): "in uestra paucitate magnas patiamini
angustias, dum a uobis exigetur uel unus ex his quos electos uocatis, qui praecepta
illa ipsa custodiat, quae irrationabili superstitione defenditis".

of his own eyes.[24] Such allegations are the most unsettling aspect of *De moribus Manichaeorum* because, besides contradicting Augustine's later admission to Fortunatus, some of them are based on hearsay,[25] which is not enough to prevent similar charges in *De natura boni* (written between 404 and 411), and again in his entry on Manichaeism in *De haeresibus* (428/9).[26]

Augustine's excuse that instances of inappropriate Manichaean behaviour would have escaped his notice "because I was a Hearer" can certainly be applied as well to his familiarity with Manichaean teachings and writings: a member of the group who, by definition, was considered unready to live Manichaeism's tenets to the full would have enjoyed less than full access to its "higher knowledge" and most sacred texts. Yet, in the *Confessions* Augustine relates how, while a Manichaean, he "studied writings of Mani".[27] A similar claim is already implied in *De moribus Manichaeorum* where, speaking of a particular interpretation of the primordial struggle between good and evil in the Manichaean cosmogony, he remarks that nothing like it appears "in Mani's books" (12:25, CSEL 90, p. 110.12-14: *Non hoc sonant libri Manichaei; cauisse deum ne inuaderetur ab hostibus, saepissime ibi significatur, saepissime dicitur*). But does he mean works actually traceable to Mani, or simply writings in use among his followers? And,

---

[24] *De mor. Manich.* 19:68 - 20:74 (CSEL 90, pp. 149-156). For a discussion of Augustine's more pertinent passages see F. Decret, "De moribus ecclesiae catholicae et de moribus Manichaeorum livre II" in J.K. Coyle *et al.*, *«De moribus ecclesiae catholicae et de moribus Manichaeorum»*, *«De quantitate animae»* (Lectio Augustini, VII), Palermo 1991, pp. 100-108; *idem*, *L'Afrique manichéenne (IVe-Ve siècles): Étude historique et doctrinale*, Paris 1978, t. I (Collection des Études Augustiniennes, Série Antiquité, 74), pp. 30-36 (notes in II, pp. 36-38).

[25] *De Mor. Manich.* 16:52 (CSEL 90, p. 135.12): "Quod non crederem, nisi scirem"; 18:66 (p. 148.15-16): "Quae si non facitis, quod utinam sit, uidetis tamen quantae suspicioni uestra superstitio pateat..."; 19:68 (p. 149.9-12): "Sed haec audiebamus. Nonnulli alienas feminas seduxisse approbati sunt, ita ut hinc plane dubitare non possim. Sed sit et haec magis fama quam uerum"; 19:71 (p. 151.11): "Suspicionibus uero ianuae quantae aperiebantur..."; and 20:74 (p. 154.8-13): "Romae autem me absente quid gestum sit [...] et ego quidem postea Romae cum essem, omnia uera me audisse firmaui; quamuis tam familiaris et mihi probatus, qui praesens erat, ad me rem pertulerat, ut omnino dubitare non possem". On similar charges levelled against opponents by the Christian apologists, see R.M. Grant, "Charges of 'Immorality' against Various Religious Groups in Antiquity" in R. van den Broek and M.J. Vermaseren (eds.), *Studies in Gnosticism and Hellenistic Religions presented to Gilles Quispel on the Occasion of his 65th Birthday*, Leiden 1981, pp. 161-170.

[26] *De nat. boni* 47 (CSEL 25/2, pp. 886-887); *De haer.* 46:9-10 (CCL 46, pp. 314-316).

[27] *Conf.* V,7:13 (CCL 27, p. 63.22-23): "Refracto itaque studio, quod intenderam in Manichaei litteras".

either way, which works? And what does he mean by having "studied" them? We know, of course, that Manichaean writings circulated in Latin, the only language with which Augustine was truly at ease: he relates in *De moribus Manichaeorum* how the Hearer Constantius had proposed that Elect at Rome live a common life according to principles set out in a letter of Mani (20:74, CSEL 90, p. 155.7-8: *Proposita est uiuendi regula de Manichaei epistula*).[28] We also have: the Tebessa manuscript,[29] Augustine's other passing references to Manichaean works (in Latin),[30] and his quotations from some of those works, even from Mani himself.[31] Yet, any attempt to identify *specific* works, whether of Mani or of his followers, which might have been at Augustine's disposal before he broke with the movement, draws an almost perfect blank. Augustine quotes directly from a Manichaean text for the first time only in or about 393 (*Contra Adimantum*), explaining elsewhere that this writing – of Mani's close disciple Adda (Addai or Addas) – "fell into my hands" when he was already a Catholic presbyter.[32] In his refutation of the *Letter of the Foundation*

---

[28] On this letter's identity see Decret, "Le manichéisme" (above, n. 2), pp. 17-18, repr. in *Essais* (above, n. 2), p. 220. On this incident at Rome see also S.N.C. Lieu, "Precept and Practice in Manichaean Monasticism", *JThS* n.s. 32 (1981), pp. 153-155. We learn Constantius' name from *Contra Faustum* V,5 (CSEL 25/1, p. 277.22).

[29] See P. Alfaric, "Un manuscrit manichéen", *Revue d'Histoire et de Littérature religieuses* n.s. 6 (1920), pp. 62-98; R. Merkelbach, "Der manichäische Codex von Tebessa" in P. Bryder (ed.), *Manichaean Studies: Proceedings of the First International Conference on Manichaeism, August 5-9, 1987, Department of History of Religions, Lund University, Sweden* (Lund Studies in African and Asian Religions, 1), Lund 1988, pp. 229-264; F. Decret, "Aspects de l'Église Manichéenne – Remarques sur le Manuscrit de Tebessa" in A. Zumkeller (ed.), *Signum Pietatis:Festgabe für Cornelius Petrus Mayer OSA zum 60. Geburtstag* (Cassiciacum, 40), Würzburg 1989, pp. 123-151, repr. in *idem, Essais* (above, n. 2), pp. 27-53; and J. BeDuhn and G. Harrison, "The Tebessa Codex: A Manichaean Treatise on Biblical Exegesis and Church Order" in P. Mirecki and J. Beduhn (eds.), *Emerging from Darkness: Studies in the Recovery of Manichaean Sources* (NHMS, 43), Leiden 1997, pp. 33-87.

[30] *Conf.* III,6:10 (CCL 27, p. 31.13-14): "illi sonarent mihi frequenter et multipliciter uoce sola et libris multis et ingentibus"; V,6:11 (p. 62.41-42): "[Faustus] et suae sectae si qua uolumina latine atque conposite conscripta erant..."; *C. Faust.* XIII,6 (CSEL 25/1, p. 384.12-13): "tam multi et tam grandes et tam pretiosi codices uestri"; and 18, *passim* (pp. 399-400). The above passage from the *Confessions* suggests a distinction between what was taught *without* the use of books, and things taught by reading (to the assembled group) *from* books.

[31] See below, n. 36.

[32] *Retr.* I,22:1 (CCL 57, p. 63): "Eodem tempore uenerunt in manus meas quaedam disputationes Adimanti, qui fuerat discipulus Manichaei...". On Adda see M. Tardieu, "Principes de l'exégèse manichéenne du Nouveau Testament" in *idem* (ed.), *Les règles de l'interprétation*, Paris 1987, pp. 133-134.

he clearly states that while he was a Hearer this writing was *read to* him as part of a group (*ipsa enim nobis illo tempore miseris quando lecta est, inluminati dicebamur a uobis*),[33] as were, it seems, other letters of Mani.[34] These are the only direct literary contacts Augustine explicitly associates with his Manichaean days. Moreover, he never says that he actually *read* any Manichaean texts in those days (he was a *Hearer*, after all!).[35] Over the course of his entire literary career he only quotes from the Manichaean literary corpus infrequently, in each instance from writings *recently* acquired.[36] So on this point de Beausobre appears to have been correct.

The issue of what knowledge about Manichaeism Augustine might have gained from his early contact with it must, it therefore seems to me, be couched in subtler terms having less to do with Manichaeism's writings than with its *methods* and *practices*. From that perspective, an obvious avenue of enquiry is the deployment of Christian canonical scriptures.[37] It was quite probably through

---

[33] *Contra Epistulam quam uocant Fundamenti* 5 (CSEL 25/1, p. 197.8- 10). On this letter see E. Feldmann, *Die "Epistula Fundamenti" der nordafrikanischen Manichäer: Versuch einer Rekonstruktion*, Altenberge 1987.

[34] *C. Ep. Fund.* 6 (p. 200.11-12): "...ut iam cum audimus Manichaeum spiritum sanctum, intellegamus apostolum Iesu Christi...". See *Conf.* V,7:12 (CSEL 27, p. 63.7-9): "conlatis numerorum rationibus, quas alibi ego legeram, utrum potius ita essent, ut Manichaei libris continebantur...".

[35] *Pace* J. van Oort, "Manichaeism and Anti-Manichaeism in Augustine's Confessiones" in L. Cirillo and A. van Tongerloo (eds.), *Atti del Terzo Congresso Internazionale di Studi "Manicheismo e Oriente cristiano antico", Arcavacata di Rende - Amantea, 31 agosto - 5 settembre 1993* (Manichaean Studies, III), Louvain-Naples 1997, p. 242.

[36] Mani's *Treasure of Life* (*De nat. boni* 44, CSEL 25/2, p. 881.24; *Contra Felicem* II,5, p. 833.22; and referred to in *ibid.* I,14, p. 817.27); the *Letter of the Foundation* (*C. Ep. Fund.*, *passim*; *De nat. boni* 42 and 46, pp. 877, 884, and 886; and referred to in *C. Fel.* I,1 and 15, pp. 801.10,25 and 817.3); the *Letter to Menoch* (but only after Julian of Eclanum had brought it to Augustine's attention: *Contra Iulianum opus imperfectum* III,166 and 172-173, PL 45, cols. 1316 and 1318); and writings of two of Mani's more recent followers, Faustus and Secundinus. See Coyle, *Augustine's* (above, n. 13), p. 23.

[37] On Manichaean use of the Bible see F. Trechsel, *Ueber den Kanon, die Kritik und Exegese der Manichäer: Ein historisch-kritischer Versuch*, Bern 1832; A. Böhlig, *Die Bibel bei den Manichäern* (Diss.), Münster 1947 (typed); J. Ries, "La Bible chez saint Augustin et chez les manichéens", *REA* 7 (1961), pp. 238-239; and H.-J. Klimkeit, "Der Gebrauch heiliger Schriften im Manichäismus" in G. Schöllgen and C. Scholten (eds.), *Stimuli: Exegese und ihre Hermeneutik in Antike und Christentum. Festschrift für Ernst Dassmann* (JbAC, Erg.Bd. 23), Münster/W. 1996, pp. 191-199. On Manichaean influence on Augustine's own exegesis see A. Allgeier, "Der Einfluß des Manichäismus auf die exegetische Fragestellung bei Augustin: Ein Beitrag zur Geschichte von Augustins theologischer Entwicklung" in M. Grabmann and J. Mausbach (eds.), *Aurelius Augustinus: Die Festschrift der Görresgesellschaft zum 1500. Todestage des heiligen*

Manichaeism that Augustine first came to know of Paul,[38] so influential in his later life:[39] he tells us that, so far as the New Testament was concerned, the Manichaeans he knew favoured both "the apostle" and the gospel.[40] It was doubtless owing to Manichaeism that Augustine became aware of certain scriptural passages (and their Manichaean exegesis), including I Corinthians 1:24, the first biblical (Pauline!) verse he ever alludes to,[41] and that his first ideas on

---

Augustinus, Cologne 1930, pp. 1-13; C. Walter, *Der Ertrag der Auseinandersetzung mit den Manichäern für das hermeneutische Problem bei Augustin*, 2 vols., Munich 1972; E. Feldmann, *Der Einfluß des Hortenius und des Manichäismus auf das Denken des jungen Augustinus von 373* (Inaugural-Dissertation, Fachbereich Katholische Theologie der Wilhelms-Universität), Münster/W 1975 (typed), Band I, pp. 540-581 (notes in II, pp. 243-253); and Tardieu, "Principes" (above, n. 32), pp. 123-146. G. Wenning, "Der Einfluß des Manichäismus und des Ambrosius auf die Hermeneutik Augustins", *REA* 36 (1990), pp. 80-90, believes that this influence can be seen particularly in Augustine's fondness for allegory.

[38] De Menasce, "Augustin manichéen" (above, n. 6), p. 79 n. 2: "Augustin une fois converti s'est mis à relire Saint Paul avec des yeux nouveaux, mais il connaissait certainement ce que les Manichéens, et sans doute avant eux les Marcionites, en avaient retenu, c'est-à-dire une portion considérable". See Coyle, *Augustine's* (above, n. 13), pp. 187-189; H.-C. Puech, "Saint Paul chez les manichéens d'Asie centrale" in *idem*, *Sur le manichéisme et autres essais*, Paris 1979, pp. 153-167 (repr. from *Proceedings of the IXth International Congress of the International Association for the History of Religions*, Tokyo 1960, pp. 176-187); H.-D. Betz, "Paul in the Mani Biography (Codex Manichaicus Coloniensis)" in L. Cirillo and A. Roselli (eds.), *Codex Manichaicus Coloniensis: Atti del Simposio Internazionale (Rende-Amantea 3-7 settembre 1984)* (Studi e Ricerche, 4), Cosenza 1986, pp. 215-234; F. Decret, "L'utilisation des épîtres de Paul chez les manichéens d'Afrique" in J. Ries *et al.*, *Le Epistole Paoline nei Manichei, i Donatisti e il primo Agostino* (Sussidi Patristici, 5), Rome 1989, pp. 29-83, repr. in Decret, *Essais* (above, n. 2), pp. 55-106; and E. Feldmann, "Der junge Augustinus und Paulus – Ein Beitrag zur (manichäischen) Paulus-Rezeption" in Cirillo and van Tongerloo, *Manicheismo* (above, n. 35), pp. 41-76.

[39] See M.G. Mara, "L'influsso di Paolo in Agostino" in Ries *et al.*, *Le Epistole* (above, n. 38), pp. 125-162.

[40] *De mor. eccl. cath.* 8:13 (CSEL 90, p. 15.3-7): "Videamus, quemadmodum ipse dominus in euangelio nobis praeceperit esse uiuendum, quomodo etiam Paulus apostolus; has enim scripturas illi condemnare non audent". See also *De Gen. c. Man.* I,2:3 (CSEL 91, p. 69.25-26): "Certe et ipsi Manichaei legunt apostolum Paulum et laudant et honorant"; and II,13:19 (p. 140.8-11). To Augustine's question ("apostolum accipis?") Faustus replies: "et maxime" (*C. Faust.* XI,1, CSEL 25/1, p. 313.4). W.H.C. Frend, "The Gnostic-Manichaean Tradition in Roman North Africa", *JEH* 4 (1953), p. 22, observes that the Tebessa manuscript (see above) "is practically a list of Pauline quotations". Yet in Augustine's discussions with Fortunatus, Faustus and Felix, Matthew is quoted even more frequently than Paul: see Decret, *Aspects* (above, n. 2), pp. 169-173.

[41] In *Contra Academicos* II,1:1 (CCL 29, p. 18.26): "oro autem ipsam summi dei uirtutem atque sapientiam". See also *De beata uita* IV,25 and 34 (CCL 29, pp. 79.59-60 and 84.249-251); *De mor. eccl. cath.* 12:21 (CSEL 90, p. 26.1); Coyle *Augustine's* (above,

God[42] – certainly on christology and even pneumatology[43] – began to crystallize.[44] Already alluded to in the *Soliloquies*, Matthew 7:7, John 14:6, and I Corinthians 15:54[45] are explicitly quoted in *De moribus ecclesiae catholicae*.[46] In addition, John 14:6 is cited in an even earlier Augustinian work, and the Manichaean presbyter Fortunatus quotes it in his debate with Augustine.[47] Further, in *De moribus ecclesiae catholicae* Augustine recounts the Manichaean habit of quoting Matthew 7:7, seemingly in conjunction with Matt. 10:26.[48] He also supplies the information that Manichaeans applied John 15:18 ("the

---

n. 13), pp. 243 and 341-342; and Feldmann, "Der Übertritt" (above, n. 4), p. 112.

[42] On the Trinity, see Feldmann, "Der Einfluß" (above, n. 37), I, pp. 684-697 (II, pp. 308-313). Augustine alludes to the Manichaean notion of God in *De mor. eccl. cath.* 10:17 (CSEL 90, pp. 20.12 - 21.5). See also *De Gen. c. Man.* II,8:11 and 29:43 (CSEL 91, pp. 130-131 and 170-171).

[43] On this see de Menasce, "Augustin manichéen" (above, n. 6), pp. 87-88; E. Waldschmidt and W. Lentz, "Die Stellung Jesu im Manichäismus", *Abhandlungen der Preussischen Akademie der Wissenschaften, Philosophisch-historische Klasse,* Jhg. 1926, Abh. 4; J. Ries, "Les rapports de la Christologie manichéenne avec le Nouveau Testament dans l'eucologe copte de Narmouthis (Médinêt Mâdi)" (Diss.), Louvain 1953 (typed); *idem,* "Jésus-Christ" (above, n. 4), pp. 441-454; *idem,* "Jésus la Splendeur, Jesus patibilis, Jésus historique dans les textes manichéens occidentaux" in H. Preißler and H. Seiwert (eds.), *Gnosisforschung und Religionsgeschichte: Festschrift für Kurt Rudolph zum 65. Geburtstag,* Marburg 1994, pp. 235-245; E. Rose, *Die manichäische Christologie,* Wiesbaden 1979; N.A. Pedersen, "Early Manichaean Christology, Primarily in Western Sources" in Bryder, *Manichaean Studies* (above, n. 29), pp. 157-190; Klimkeit, "Der Gebrauch" (above, n. 37), pp. 193-195; Decret, *Aspects* (above, n. 2), pp. 273-284, 291-293, and 297-300; *idem,* "Le manichéisme" (above, n. 2), pp. 30-40, repr. in *Essais* (above, n. 2), pp. 232-240; *idem,* "La christologie manichéenne dans la controverse d'Augustin avec Fortunatus", *Augustinianum* 35 (1995), pp. 443-455, repr. in *Essais,* pp. 269-280; Feldmann, "Der Einfluß" (above, n. 37), I, pp. 658-684 (II, pp. 298-308); and van Oort, "Augustin" (above, n. 11), pp. 132-135 and 138-139.

[44] *Conf.* III,6:10 (CCL 27, p. 31.1-5): "Itaque incidi in homines [...] in quorum ore laquei diaboli uiscum confectum commixtione syllabarum nominis tui et domini Iesu Christi et paracleti consolatoris nostri spiritus sancti. Haec nomina non recedebant de ore eorum".

[45] *Soliloquia* I,1:3 (CSEL 89, p. 7 where, however, the Johannine allusion is not indicated).

[46] See *De mor. eccl. cath.* 13:22, 17:31, and 30:64 (CSEL 90, pp. 26-27, 36 and 68).

[47] *De beata uita* 4:34 (CSEL 29, p. 84.255). See *C. Fort.* 3 (CSEL 25/1, p. 86.2-4).

[48] *De mor. eccl. cath.* 17:31 (CSEL 90, p. 36.3): "Hinc est illud, quod in ore habere etiam uos soletis...". Matt. 7:7 is quoted in a Coptic Manichaean psalm: see C.R.C. Allberry, *A Manichaean Psalm-Book, Part II* (Manichaean Manuscripts in the Chester Beatty Collection, II), Stuttgart 1938, p. 134.30-31. It is unlikely that the conjunction of the two Matthaean verses can be traced to the Diatesseron, which does not include Matt. 7:7. But see *De Gen. c. Man.* I,1:2 and II,21:32 (CSEL 91, pp. 68.18-19 and 155.19-20).

world will hate you") to themselves,[49] and that they consistently quoted the first part of Romans 14:21 ("It is good not to eat meat, nor drink wine") without the remainder ("nor do anything to offend, scandalize, or weaken your brother").[50] These remarks, which receive some corroboration from Manichaean texts,[51] suggest that August-ine is deliberately employing biblical verses his Manichaean days had taught him would be familiar to Manichaeans.[52] In fact, at the be-ginning of *De moribus ecclesiae catholicae* he clearly states that in that work he will refer only to New Testament passages which Manichae-ans themselves accept (1:2, CSEL 90, p. 5.3-6: *ea de scripturis assumam testimonia, quibus eos necesse sit credere de nouo scilicet testamento, de quo tamen nihil proferam eorum quae solent immissa esse dicere, cum magnis angustiis coartantur; sed ea dicam, quae et approbare et laudare coguntur*). But how tightly does he cling to his own agenda? Many of his biblical quotations in that work appear in no known Manichaean writing;[53] but we may at least assume that the few explicit biblical passages shared by both treatises *De moribus* (Romans 14:2-4.6.12.15.21 and I Corinthians 8:8) must have held positive significance for Manichaeans.

In brief, the information which Augustine's early writings provide on Manichaeism is not extensive and easily summarized: he is fa-miliar with its methods of proselytism,[54] and its repudiation of some of the New Testament[55] as well as of the Old;[56] he knows some el-

---

[49] *De mor. Manich.* 19:69 (CSEL 90, p. 150).

[50] *De mor. Manich.* 14:31 (CSEL 90, p. 115.17-19): "Vos enim hoc solum nobis dicere soletis, *Bonum est, fratres, non manducare carnem, neque bibere uinum*, non autem subiungere illud quod sequitur...".

[51] Matt. 11:27 and 22:39, quoted in *De mor. eccl. cath.* 16:28 and 28:57 (CSEL 90, pp. 33.9 and 60.13), reappear in Manichaean Coptic psalms: see Allberry, *A Manichaean Psalm-Book* (above, n. 48), pp. 40.4 and 122.11. On Manichaean usage of Matt. 25:31-46 (the "corporal works of mercy"), referred to in *De mor. eccl. cath.* 27:53 (pp. 56.17 - 57.4), see M. Hutter, "Mt. 25:31-46 in der Deutung Manis", *Nov. Test.* 33 (1991), pp. 276-282.

[52] See Coyle, *Augustine's* (above, n. 13), p. 192.

[53] *Ibid.*, pp. 187-192.

[54] See the references in van Oort, *Jerusalem* (above, n. 9), pp. 36-42.

[55] *De mor. eccl. cath.* 9:14 (CSEL 90, p. 16.17-18): "Haec illi solent a corruptoribus scripturarum immissa esse dicere". See also 29:60-61 (pp. 62-65), and *De mor. Manich.* 17:55 (pp. 137- 138).

[56] *De mor. eccl. cath.* 10:16 (CSEL 90, p. 18.16-22). See also 28:57 (p. 60.3-5); *De Gen. c. Man.* I,1:2 and II,7:8 (CSEL 91, pp. 67-68 and 127-128); and *Conf.* III,7:12 (CCL 27, p. 33). But not all of the Old Testament was repudiated, at least in Egypt: compare the quotation of canonical Psalm 50(51):12 in *De mor. eccl. cath.* 19:36 (p. 41.11) and in a Coptic Manichaean "Psalm of the Wanderers", in Allberry, *A Manichaean Psalm-Book* (above, n. 48), p. 159.21-22.

ements of its cult (comprising a "liturgy for Hearers"),[57] about the
"three seals" and their implications[58] – including duties of Hearers[59]
–, about some tenets of its doctrine, above all concerning the origin
and nature of evil,[60] and about their cosmogony in general.[61]

It is also possible that Augustine's predilection for a communal
rather than solitary life – clearly mirrored in his descriptions of
monastic experiments in *De moribus ecclesiae catholicae*[62] – is in part the
consequence of a similar bent in Manichaeism.[63] Also worthy of note
is a borrowed (consciously or not) imagery, of which the most striking examples in Augustine's early writings are Christ as "physician"[64]

---

[57] *C. Fort.* 1-2 (CSEL 25/1, p. 85.15-16): "[Fortunatus dixit:] "interfuisti oratione?
AUG. dixit: interfui". See also *De mor. Manich.* 17:55 (CSEL 90, p. 139.2): "orationibus
et psalmis"; *Conf.* III,7:14 (CCL 27, p. 34.49): "et cantabam carmina"; *C. Ep. Fund.*
8 (p. 202.7-18); Feldmann, "Der Einfluß" (above, n. 37), I, pp. 698-711 (II, pp.
314-318); and van Oort, "Augustin" (above, n. 11), pp. 139 and 141 (1995: pp.
298 and 304).

[58] *De mor. Manich.* 10:19 - 18:66 (CSEL 90, pp. 104-108). See also *De mor. eccl.
cath.* 35:78 and 80 (pp. 83.4-6 and 86.1-3). On what Augustine mentions and omits
on this point see Decret, "De moribus" (above, n. 24), pp. 78-102; *idem, L'Afrique
manichéenne* (above, n. 24), I, pp. 25-30 (II, pp. 34-36).

[59] *De mor. Manich.* 17:57.61-62 and 18:65 (CSEL 90, pp. 139.22-23, 143.9 -144.16,
and 146.18 -20).

[60] *De mor. Manich.* 2:2 (CSEL 90, p. 89.5-7): "Saepe [...] requiritis unde sit malum".
See Feldmann, "Der Einfluß" (above, n. 37), I, pp. 599-616 (II, pp. 261-274).

[61] *De mor. Manich.* 9:14, 11:20 - 12:25, 15:36, 17:60, and 19:73 (CSEL 90, pp.
100, 106-110, 121, 142, and 153-154). See also the allusion to metempsychosis in
17:55 (p. 138.11-14) and *Conf.* III,6:11 and 10:18 (CCL 27, pp. 32 and 37).

[62] *De mor. eccl. cath.* 31:65 - 33:71 (CSEL 90, pp. 69-76).

[63] This would explain why Augustine singles out Elect at Carthage who did
not live in common: *De mor. Manich.* 19:68 (CSEL 90, p. 149.21-22): "Non enim
erant hi ex una domo, sed diuerse prorsus habitantes". See L. Bouyer, "Ascétisme
chrétien et manichéisme" = Appendice B of his *La Vie de saint Antoine: Essai sur la
spiritualité du monachisme primitif* (Spiritualité orientale, 22), Begrolles-en-Mauges 1977[2],
p. 221: "En effet, le manichéisme, bien loin de pousser les adeptes à quitter le monde,
les y maintenait de la façon la plus catégorique. S'il peut faire penser à une forme
de monachisme, ce n'est pas du tout à celui que nous étudions ici, au monachisme
dont l'idéal est décidément anachorétique, mais à un cénobitisme fortement organisé
et bien plus missionnaire que contemplatif".

[64] On this see R. Arbesmann, "Christ the medicus humilis in St. Augustine" in
Augustinus Magister II (see above, n. 17), pp. 623-629; *idem,* "The Concept of Christus
Medicus in St. Augustine", *Traditio* 10 (1954), pp. 1-28; and P.C.J. Eijkenboom,
Het Christus-medicusmotief in de preken van Sint Augustinus, Assen 1960. On the theme
in Manichaeism, see V. Arnold-Döben, *Die Bildersprache des Manichäismus* (Arbeits-
materialien zur Religionsgeschichte, 3), Cologne 1978, pp. 97-107; W.B. Oerter,
"Mani als Arzt? Zur Bedeutung eines manichäischen Bildes" in V. Vavřínek (ed.),
*From Late Antiquity to Early Byzantium: Proceedings of the Byzantinological Symposium in the
16th International Eirene Conference,* Prague 1985, pp. 219-223; and J.K. Coyle, "Healing
and the 'Physician' in Manichaeism" in J.K. Coyle and Steven C. Muir (eds.), *Healing*

and the deuteropauline "old and new persons" (Colossians 3:9-10; see Ephesians 4:22-24).[65] We also need to keep in mind that certain conceptual notions from his Manichaean days had their effect as well on the later Augustine, in one way or another, particularly in the realm of sexuality.[66]

But to follow that line of enquiry now would carry us well beyond the scope of this paper.[67] What these pages offer are possibilities for further exploration into what knowledge Augustine might have gained about Manichaeism through belonging to it. For the rest, let it be simply said that, if this knowledge was, in the words of de Menasce, "très complète", or at least "sehr vieles" (van Oort), those descriptors must be tempered by two cautionary remarks. The first is that Augustine's knowledge extended to Western expressions of Manichaeism, the only forms he knew;[68] and the second is that Augus-

in Religion and Society from Hippocrates to the Puritans. Selected Studies (Studies in Religion and Society 43), Lewiston NY etc. 1999, pp. 135-158.

[65] Alluded to in *De mor. eccl. cath.* 19:36 (CSEL 90, p. 40.15-16). See Arnold-Döben, *op. cit.*, pp. 133-136; Decret, "L'utilisation" (above, n. 38), pp. 65-67, repr. in *Essais* (above, n. 2), pp. 89-91; *idem*, "Giustificazione e salvezza dell' «uomo nuovo» secondo Fausto manicheo", *Augustinianum* 30 (1990), pp. 21-29 (repr. in *Essais*, pp. 107-113); and H.-J. Klimkeit, "Die manichäische Lehre vom alten und neuen Menschen" in G. Wießner and H.-J. Klimkeit (eds.), *Studia Manichaica: II. Internationaler Kongreß zum Manichäismus, 6.-10. August 1989, St. Augustin/Bonn* (Studies in Oriental Religions, 23), Wiesbaden 1992, pp. 131-150.

[66] See E.A. Clark, "Vitiated Seeds and Holy Vessels: Augustine's Manichaean Past" in *idem, Ascetic Piety and Women's Faith* (Studies in Women and Religion, 20), Lewiston, NY 1986, pp. 291-349; J. van Oort, "Augustine and Mani on concupiscentia sexualis" in J. den Boeft and J. van Oort (eds.), *Augustiniana Traiectina: Communications présentées au Colloque international d'Utrecht, 13-14 novembre 1986*, Paris 1987, pp. 137-152; *idem*, "Augustine on sexual concupiscence and original sin", in: E. Livingstone (ed.), *Studia Patristica* 22, Leuven 1989, pp. 382-386; and M. Lamberigts, "Some Critiques on Augustine's View of Sexuality Revisited" in E.A. Livingstone (ed.), *Studia Patristica* 33, Leuven 1997, pp. 152-161.

[67] For a historical presentation of scholarship dealing with Manichaeism's continued presence in Augustine, see J. Ries, "La Bible chez saint Augustin et chez les manichéens", *REA* 10 (1964), pp. 317-320. See also L. Cilleruelo, "La oculta presencia del maniqueismo en la «Ciudad de Dios»" in *Estudios sobre la "Ciudad de Dios"*, I (= *La Ciudad de Dios*, 167), Madrid 1955, pp. 475-509; W. Geerlings, "Zur Frage des Nachwirkens des Manichäismus in der Theologie Augustins", *ZKTh* 93 (1971), pp. 45-60; and van Oort, *Jerusalem* (above, n. 9), pp. 199-207, 212-229, and 351-352.

[68] In opposition to L.H. Grondijs, Decret concludes in "Le manichéisme" (above, n. 2), p. 40, that, with regard to doctrine at least, Manichaeism did not fundamentally differ from one region to another: "Cette religion du Livre, s'appuyant partout sur les Écritures de son fondateur, demeura fondamentalement la même et les quelques variantes qui apparaissent s'expliquent -comme pour les Églises locales de la *Catholica*- par des particularismes de cultures régionales et aussi les milieux

tine as a Catholic presbyter and bishop came to learn aspects of Manichaeism which had been beyond the reach of Augustine the Manichaean Hearer.[69]

---

sociaux et économiques sensiblement différents où se recrutaient les fidèles". See also p. 11 n. 27 of the same article. Decret does not go far enough to satisfy M. Tardieu, "Vues nouvelles sur le manichéisme africain?", *REA* 25 (1979), pp. 249-255 = review of Decret's *L'Afrique manichéenne* (above, n. 24). For his part, R. Lim, "Unity and Diversity Among Western Manichaeans: A Reconsideration of Mani's *sancta ecclesia*", *REA* 35 (1989), pp. 231- 250, warns against "allowing our conception of western Manichaeism to be predetermined and overdetermined by a prior understanding of what Manichaeism ought to have been" (p. 233).

[69] So, too, van Oort, "Augustin" (above, n. 11), p. 130 (1995: p. 294): "Speziell dieses letztgenannte Werk [sc. *Contra Faustum*] -in diesem Fall hatte Augustin in der Tat neues manichäisches Schrifttum gelesen, jedenfalls Faustus' *Capitula*- ist heute noch eine Fundgrube für alle, die den Manichäismus erforschen wollen"; cf. *idem, Mani, Manichaeism & Augustine:The Rediscovery of Manichaeism & Its Influence on Western Christianity*, Tbilisi (Academy of Sciences of Georgia; The K. Kekelidze Institute of Manuscripts) 1998³, p. 43, although here with the additional remark: "But this new information [sc. from Faustus' *Capitula*] does not explain all his knowledge which he so evidently displays here".

OBJECTIF PREMIER VISÉ PAR AUGUSTIN DANS SES CONTROVERSES ORALES AVEC LES RESPONSABLES MANICHÉENS D'HIPPONE

FRANÇOIS DECRET (AIX-LES-BAINS)

Dans ses controverses orales avec le prêtre Fortunatus et le docteur manichéen Felix, Augustin veut amener ces responsables de la secte à Hippone à exposer certains points de leur enseignement qu'ils n'abordaient pas dans leur propagande auprès des catholiques. Pour contrecarrer la séduction qu'exerçait cette doctrine, dispensatrice de sérénité, d'espoir et toute de bonté[1] selon les Elus qui la prêchaient dans la chaude ambiance de leurs chapelles,[2] Augustin veut faire connaître le manichéisme tel qu'en lui-même – ou du moins tel qu'il le voit depuis qu'il l'a rejeté après ses dix années vécues comme dévoué Auditeur.

Les 28 et 29 août 392, il sommait donc Fortunatus d'avoir à se présenter pour un débat public «en présence du peuple chrétien».[3] A la fin de la seconde journée, et pour mettre fin à un dialogue de sourds, le manichéen prétexta qu'il allait consulter ses *majores* sur les objections avancées par son adversaire[4] et, pour éviter de tomber sous les coups de la loi, il quitta la cité.[5] Une douzaine d'années plus tard, les 7 et 12 décembre 404, Felix, qui avait succédé à Fortunatus à la tête de la communauté locale, était à son tour convoqué par l'évêque devant sa chaire en son église, la Basilica Pacis.[6] Dans les deux cas, il ne s'agissait pas en effet d'une invitation pour un discussion doctrinale, mais bien d'une convocation, sous peine de dénonciation aux

---

[1] *C. Adimantum* 7: «fingunt se nimis bonos».

[2] *De duab. anim.* 9, 11: «familiaritas nescio quomodo repens quadam imagine bonitatis» – cf. *Conf.* V, 10, 19.

[3] Il faut bien entendre en effet que ce débat «*sub praesentia populi*» (*C. Fort.*, Initium) se déroula «en présence du peuple chrétien»; Augustin prend d'ailleurs soin de préciser que les auditeurs et témoins «*fideles sunt*» (*Ibid.*, 37).

[4] Sur le déroulement des deux controverses, cf. F. Decret, *Aspects du manichéisme dans l'Afrique romaine. Les controverses de Fortunatus, Faustus et Felix avec saint Augustin*, Paris, 1970, p 39-50, p. 71-89 et p. 325-336.

[5] Possidius, *Vita* 6: «... et sequenti tempore de Hipponensi civitate profectus, ad eamdem amplius non remeavit».

[6] *C. Fel.* II, 1.

autorités et donc d'arrestation comme «hérétiques» condamnés par
la législation en vigueur.

C'est un pasteur, prêtre puis évêque, qui a la charge de l'Eglise
d'Hippone. Ses controverses n'avaient donc pas été engagées en vue
d'abord de «convertir», d'amener à la *vera religio* les responsables
manichéens qu'il avait sommés de se présenter. En effet, Augustin
se proposait en premier lieu de prendre des mesures prophylactiques
pour protéger son peuple de la *pestilentissima haeresis*[7] et enrayer une
épidémie particulièrement pernicieuse. La doctrine qu'il attaque –
car ce sont bien des combats qu'il mène dans les deux rencontres –
apparaît ainsi dans une présentation fondamentalement négative.

En écrivant ses *capitula,* pour la défense et l'apologie de sa croyance, Faustus conduisait à sa guise la controverse face à ceux qu'il
appelait les *semichristiani.*[8] Et, quand il voudra réfuter les positions
de l'évêque manichéen, le polémiste catholique devra s'aligner sur
les sujets que son adversaire avait choisi de débattre. Mais les rôles
ont changé: à Hippone, c'est le représentant de la grande Eglise qui
dirige désormais les affaires. Devenu champion de la *Catholica,* l'ancien
Auditeur voulait donc démasquer et stigmatiser une doctrine dont,
à son avis, les propagandistes donnaient une présentation qui sédui-
sait certes trop de fidèles de son Eglise, parce que présentation
trompeuse et mensongère.

On retiendra seulement de ces *disputationes* deux charges, sans doute
les plus rudes et qui illustrent bien cet objectif premier recherché
par Augustin. Le représentant de l'Eglise officielle allait s'employer
à contraindre Fortunatus, le prêtre de cette secte si bien implantée
dans la cité, à reconnaître que sa doctrine trouvait son «fondement»
dans la croyance en un dieu victime des violences et des souillures
d'un prince des Ténèbres dévastateur.[9] Dans la seconde conférence
contradictoire, il amena Felix à professer que sa foi reposait tout
entière sur l'enseignement de Mani, lui-même se prétendant le Paraclet envoyé par Jésus.

---

[7] Cf. *C. Cresconium* IV, 64, 79; *C. litt. Petil.* I, 26, 28.
[8] Cf. *C. Faust.* I, 2.
[9] C'est sur ce point en effet qu'Augustin ouvre son débat avec Fortunatus – cf.
C. Fort. 1.

1. *La doctrine dualiste et son Dieu victime de la gens tenebrarum*

Devant des fidèles catholiques, dont certains étaient tentés de rejoindre la florissante communauté manichéenne locale, Augustin va donc présenter – et en le noircissant – le système dualiste de la secte tel qu'il apparaît à travers l'imagerie fantastique de sa transposition mythique, ainsi dans l'*Epistula Fundamenti*, où Dieu est «sujet à la corruption», subissant les assauts de la race des Ténèbres – *gens tenebrarum*.

Cette *gens tenebrarum*, engeance du Mal, se dressant contre Dieu pour lui arracher une partie de son Royaume, tel est bien l'épouvantail que le polémiste catholique ne cesse d'agiter. Dans la discussion qu'il engage avec Fortunatus, à la fin de la première séance, sur la question du péché, la formule est reprise ainsi chez lui, martelée peut-on dire, à sept reprises consécutives.[10] La malheureuse âme aurait été entraînée à la faute et, du fond de sa déchéance, elle en appelle à son Dieu qui, par faiblesse, l'a abandonnée:

> De quoi me suis-je rendue coupable?, lui fait dire Augustin, qui parle en avocat de la pécheresse innocente. Pourquoi m'a tu chassée de tes royaumes pour m'envoyer combattre je ne sais quelle race? J'ai été précipitée, mélangée, corrompue, affaiblie... Alors que toi tu sais quelle nécessité m'a accablée, pourquoi m'imputes-tu les blessures que j'ai reçues? Alors que c'est toi qui es cause de mes blessures et que tu sais que ce que j'ai souffert, c'est la race des Ténèbres qui me l'a infligé à ton instigation, pourquoi m'imposes-tu la pénitence? Toi, qui...voulais préserver tes royaumes de toute atteinte, pourquoi m'as-tu précipitée dans le malheur?.[11]

Certes, comme on l'a déjà souligné, le polémiste catholique cherchait principalement à protéger ses fidèles de la contagion. Il reste que, dans la présentation qu'il donne de la doctrine manichéenne sur le sujet des âmes exilées loin du Père céleste, tout n'est pas pure affabulation tactique pour mieux la charger. En effet, dès la première page de l'*Epistula Fundamenti*, et après une large fresque où Dieu apparaît glorieux en son Royaume de Lumière, Mani développe sa vision mythique en présentant l'*immanis princeps* qui règne sur la *gens*

---

[10] *C. Fort.* 17.
[11] *Ibid.*

tenebrarum, ce Prince féroce qui s'est imposé dans les gouffres du chaos, les luttes intestines et l'horreur d'une *terra pestifera.*[12]

Si nous ne disposions que du seul enseignement que Fortunatus consent à nous livrer, il serait impossible de nous faire la moindre représentation du Principe du Mal. Le responsable manichéen évite en effet toute imagerie et n'utilise que des concepts abstraits: *contraria gens, contraria et inimica substantia, contraria et inimica stirps,* et, surtout la formule de *contraria natura.*[13] Il se garde de parler de la *gens tenebrarum* éternelle et égale à Dieu par sa puissance, mais ne peut nier que la formule figure bien dans les Ecritures de son Eglise. Quand il déclare finalement que les âmes ont été envoyées pour «*mettre des bornes*»[14] à l'agression de la «*nature contraire*», c'est bien dévoiler du même coup sa doctrine sur le fameux «combat» du Temps Médian qui, dans la doctrine de Mani, met aux prises les deux Principes. Affirmant ensuite que, pour échapper à la corruption de la Matière mauvaise, le Christ n'est pas né de la chair, il provoqua un véritable tumulte dans l'assistance. «Cette assertion emplit d'horreur les assistants, assure le notaire relevant le débat. Alors la séance fut levée».[15] C'était le succès recherché par Augustin.

Tout autant que son prédécesseur Fortunatus, Felix, responsable à son tour de la communauté manichéenne d'Hippone, veillera à ne pas se laisser entraîner sur le sujet redoutable de cette race des Ténèbres se dressant victorieusement contre Dieu. Acculé toutefois à s'expliquer sur ce sujet du dualisme, Dieu et le Mal, clef de voûte du système, le docteur renverra à une référence à l'*Epistula Fundamenti,*[16] sans commentaire.[17]

---

[12] *C. Epist. Fundam.* 15, 19.

[13] Cf. *C. Fort.* 18; 20; 21; 22; 29; 33.

[14] *Ibid.,* 33.

[15] *Ibid.,* 19.

[16] Pour cette péricope, cf. *De natura boni* 42, et Evodius, *De fide,* 5.

[17] *C. Fel.* II, 16. En conclusion du débat (*ibid.,* II, 22), Felix reviendra encore sur cette *gens tenebrarum,* et il anathématise alors Mani et «l'esprit séducteur qui a inspiré toute sa doctrine». Mais là, le docteur de la secte écrivait simplement sous la dictée d'Augustin, l'«hérétique» étant soucieux d'abord d'échapper aux lois de l'Empire et à la condamnation qu'il encourait – cf. F. Decret, *Aspects, op.cit.,* p. 328-333.

2. *Mani, identifié au Saint Esprit*

Mais il est un autre point que Felix devra confesser devant l'assemblée réunie: la place éminente de Mani dans sa doctrine. Or, pour leur propagande auprès des fidèles de l'Eglise catholique, les manichéens étaient particulièrement discrets sur le fondateur de leur Eglise[18] et sur ses Ecritures.[19] C'est ainsi que, dans ses trente-trois *capitula*, Faustus lui-même ne cite qu'à une seule reprise le nom de celui qu'il appelle son «bienheureux père»,[20] et il ne mentionne pas un seul de ses écrits. Pour sa part, Fortunatus ne semble connaître que le Christ et, sans faire jamais la moindre allusion à Mani, se réclame de la seule autorité de l'Evangile,[21] même pour établir les bases du dualisme doctrinal qu'il défend.[22]

Il faut donc arriver à la controverse imposée à Felix par l'évêque d'Hippone pour qu'un responsable de la secte soit contraint à parler de Mani devant l'auditoire réuni dans la grande basilique catholique de la cité. Après avoir dénoncé une doctrine qui soumet Dieu à la puissance d'une fantasmatique race des Ténèbres, c'est sur ce point de la personne même et de la fonction de l'hérésiarque qu'Augustin voulait amener son adversaire à exposer sa foi et, du même coup, à scandaliser encore plus les auditeurs.

Dès l'ouverture du débat, Augustin, qui avait apporté un codex de l'*Epistula Fundamenti*, mettait en demeure Felix – «*accipe tu ipse et*

---

[18] Cf. Faustus dans *C. Faustum* XV, 9: «Ecclesia nostra, sponsa Christi».

[19] Le terme de *secta* utilisé pour désigner l'Eglise manichéenne est revendiqué par Faustus lui-même, qui rejetait le terme de *schisma*. En revanche, il reprochait aux juifs et à leurs successeurs judéo-chrétiens, les catholiques selon lui, de constituer un schisme – cf. *C. Faust.* XX, 3-4. Notons que Tertullien (*Apol.* 39; *Ad Scapulam* 4) et Cyprien (*Ep.* 27, 3), se réclamaient eux-mêmes de la *secta christiana* ou de la *secta Christi*.

[20] *C. Faust.* I, 2: «...solo nobis post *beatum patrem nostrum Manichaeum* studendo Adimanto...»; il parle cependant de la «*Manichaica fides*» – *ib.*, XVIII, 3, et c'est aussi Mani que Faustus désigne quand il parle du «théologien» – *theologus noster* – et du «précepteur» qui lui a permis de demeurer chrétien – *ib.*, XIX, 5. On ne saurait par exemple, comme on l'a fait parfois, attribuer ces termes à Adimantus – cf. sur ce sujet F. Decret, «L'utilisation des Epîtres de Paul chez les manichéens d'Afrique», dans, du même auteur, *Essais sur l'Eglise manichéenne en Afrique du Nord et à Rome au temps de saint Augustin – Recueil d'études*, «Studia Ephemeridis Augustinianum 47», Roma, 1995, p. 68, n. 40.

[21] *C. Fort.* 19: «Contra quod est auctoritas evangelii, qua dicitur... »; *id.* 20: «Haec ego et proposui quae sunt credulitatis nostrae, et quae a te possunt in ista professione nostra firmari, ita tamen ut non desit auctoritas fidei christianae».

[22] Ainsi par la parabole des «deux arbres», cf. *C. Fort.* 14, *id.* 21.

lege» – d'en lire lui-même le préambule: «*Mani, apôtre de Jésus-Christ par la disposition de Dieu le Père. Voici les paroles du salut venant de la source éternelle et vive...»*.[23] A quatre autres reprises, l'évêque fera citer des extraits de cet écrit.[24] Bien entendu, pour un catholique quelque peu instruit de sa doctrine, la prétention de Mani à se présenter comme un apôtre, c'est-à-dire un envoyé du Christ – «*quod in capite epistolae suae ausus est ponere»* – était inadmissible. Augustin attendait donc ici une réaction de rejet et de protestation de la part ses fidèles. Et, pour mieux étaler son triomphe sur la «secte scélérate»,[25] il organise sa démonstration en deux temps. Il entreprend d'abord de démontrer qu'il s'agit là d'un grossier mensonge. Jamais, déclare-t-il, le nom de Mani n'apparaît dans les Evangiles à côté de ceux que Jésus choisit pour porter son Evangile.[26] C'était déjà répliquer à l'hérétique en apportant une réfutation indiscutable, fondée précisément sur ces Ecritures chrétiennes auxquelles les manichéens prétendaient toujours se référer pour mieux étayer leurs thèses.

Le but de l'évêque était en effet d'amener son adversaire sur des positions où il pouvait le «contrer», même s'il devait déformer sa pensée, comme c'était d'ailleurs ici le cas. Le redoutable tacticien était rompu à ces joutes doctrinales dès l'époque de Carthage où il luttait alors contre les défenseurs de l'Eglise – «*quam (fidem catholicam)... furiosissima loquacitate vastabam»*.[27]

En réalité, l'ancien Auditeur n'avait pas été, de longues années durant, un lecteur attentif des écrits de la secte,[28] sans savoir que, en se proclamant «*apostolus Jesu Christi»*, Mani ne se présentait pas comme un successeur des douze apôtres et de Paul. Sa vocation, prétendait-il, était à la fois autre et plus haute: il revendiquait en effet la place et la fonction de cet envoyé promis par Jésus, le Paraclet (*Io.* 14, 16. 26).

Devant ces chrétiens de la Grande Eglise, Felix va donc être contraint de confesser cet article fondamental de sa croyance. A son habitude, quand il doit répondre à une question qui le met en contradiction avec l'enseignement catholique, le manichéen réplique à

---

[23] *C. Fel.* I, 1.
[24] Cf. F. Decret, *Aspects, op.cit.,* 108-115.
[25] *C. Fel.* II, 1: «*Aug.*- Rudem te *in ista scelerata secta* non esse puto, quod et fateris» – telle est l'apostrophe qu'Augustin lance à Felix au début du second débat.
[26] *Ibid.,* I, 1.
[27] *De dono perseverantiae* 20, 53; cf. *De duabus animabus* 9, 11.
[28] *C. Faustum* XIII, 6; XIII, 18.

son tour par des questions pour tenter de bloquer le raisonnement de son interlocuteur en le taxant d'inconsistance, d'illogisme sinon d'absurdité. C'était déjà la stratégie de Faustus dans ses *capitula*. Les maîtres de la secte procèdent ainsi, par d'astucieux contre-interrogatoires, sorte de dialectique subtile pour justifier leurs thèses au fur et à mesure qu'ils les dévoilent.

Toutefois, en l'occurrence, Felix savait que ses auditeurs étaient ancrés dans leurs propres certitudes et qu'il n'avait pas été convoqué par l'évêque de la cité pour ébranler les convictions de ses ouailles. En effet, sans même connaître ses positions, les fidèles présents étaient déjà prêts à les juger abominables.[29] Toutefois, dans sa situation de justiciable des lois, le manichéen ne pouvait rejeter le débat truqué et perdu d'avance qu'on lui imposait.

> Felix dit: Que ta Sainteté me prouve donc la réalisation de ce qui est écrit dans l'Evangile quand le Christ y déclare: *Je vais à mon Père et je vous enverrai l'Esprit-Saint Paraclet qui vous conduira en toute Vérité.* Toi prouvemoi qu'il y a, outre cette Ecriture (de Mani), une Ecriture de l'Esprit Saint que le Christ a promis, où soit trouvée *la Vérité entière*, et si je trouve cette Vérité dans d'autres livres qui n'ont rien à voir avec Mani, j'en conclurai que c'est le Christ qui nous les a transmis... Alors..., je récuserai les Ecritures de Mani.[30]

Ce que Felix exige comme critère pour reconnaître le Paraclet envoyé, c'est que celui-ci apporte la Révélation définitive et «introduise dans la Vérité totale» – «*qui vos inducat*[31] *in omnem veritatem*». Or, ajoute-t-il, Paul lui-même avoue ne pas posséder cette connaissance quand il déclare: «Imparfait est notre savoir... mais quand viendra ce qui est parfait, l'imparfait sera aboli» (*1 Cor.* 13, 9-10). Et seul Mani nous a enseigné les Trois Temps, le Commencement, le Milieu et la Fin:

---

[29] *C. Cresconium* IV, 64, 79; *C. litt. Petil.* I, 26, 28; *C. duas epist. Pelagianorum* IV, 8, 24; *C. Iulianum* I, 9, 43.

[30] *C. Fel.* I, 2.

[31] On notera le verbe utilisé par Felix – *inducat* – pour indiquer le mode et la forme d'enseignement propre au Paraclet, et qui devait donc être celui de Mani. Le terme montre qu'il ne s'agit pas d'un enseignement traditionnel, d'une sorte de «placage» extérieur de science venant d'autrui et demeurant étrangère donc à la nature même du *doctus*, mais d'une *introduction* dans la Vérité totale, but de la gnose parfaite. Le verbe utilisé par Felix rend d'ailleurs beaucoup mieux le grec *odègèsei* (guide) que celui de la Vulgate (*docebit*).

> Il nous a enseigné la constitution (*fabricatio*) du monde, pourquoi, comment et par qui elle s'est accomplie; il nous a enseigné pourquoi le jour et pourquoi la nuit; il nous a enseigné la course du Soleil et de la Lune. Et parce que nous n'avons rien entendu de tel ni en Paul, ni dans les Ecritures des autres Apôtres, nous croyons cela: c'est Mani lui-même qui est le Paraclet.[32]

Les déclarations de Felix sur ce sujet, qui occupe la première place dans les débats de cette première journée,[33] nous fournissent certes le meilleur exposé que nous possédions sur cet aspect majeur de la doctrine manichéenne.[34] Rappelons simplement ici que, à la différence des catholiques, les manichéens n'entendaient nullement identifier le Paraclet avec l'Esprit Saint, troisième personne du dogme trinitaire enseigné par la doctrine de l'Eglise. En effet, eux-mêmes ne reconnaissant pas cette Trinité, quand ils veulent voir en Mani le Paraclet annoncé par Jésus, ils ne sauraient donc l'assimiler à l'Esprit Saint du catéchisme catholique qui leur est étranger.[35] Les enseignements des catholiques et des manichéens sur la personne du Paraclet étant ainsi entièrement contradictoires, débattre d'un tel sujet ne pouvait qu'aboutir à une totale confusion doctrinale.

Comme l'attendait Augustin, organisateur de la rencontre, pas un instant Felix ne put obtenir qu'on lui prêtât la moindre attention. Il fait lui-même observer que les auditeurs rassemblés à l'initiative de l'évêque de la cité lui sont hostiles – «*Isti mihi non favent*». Il en cherche vainement pour l'écouter: «Et qui écoutent non seulement moi, mais l'Ecriture elle-même, afin de faire la preuve de sa vérité ou de son mensonge».[36] Sa déclaration sur l'identification de Mani au Paraclet n'avait pu en effet que provoquer plus encore l'indignation des fidèles. Felix ne se tint pas pour autant battu, mais il reconnaissait habilement qu'il ne pouvait rien contre la singulière autorité que

---

[32] *C. Fel.* I, 9.

[33] *Ibid.*, I, 2-14.

[34] Cf. F. Decret, «Le problème du Saint Esprit dans le système manichéen», *Eleventh International Conference on Patristic Studies* (Oxford, 19-24. 08. 91), *Acta* dans *Studia Patristica*, XXVIII (1993), p. 267-273.

[35] C'est pourtant à cette identification que, selon l'argumentation polémique de Evodius, contemporain et ami d'Augustin, aboutirait la thèse des manichéens: se vantant d'avoir été assumé par l'Esprit Saint, Mani est donc lui-même, en tant que Saint Esprit, Dieu tout puissant (*De fide*, 24: «et ipse deus omnipotens ut spiritus sanctus»). Jamais l'ancien Auditeur Augustin n'avait poussé ses critiques à ces extrémités, qui relèvent clairement de la mauvaise foi, mais illustrent assez les procédés de cette polémique.

[36] *C. Fel.* I, 15.

l'évêque tenait de son rang – «*quia mira virtus est gradus episcopalis*». Autorité d'autant plus redoutable, ne manquait-il pas d'ajouter, que les hiérarchies civile et catholique s'étaient conjuguées pour l'amener dans cette basilique devenue prétoire. Or, avouait-il prudemment, il ne pouvait pas résister aux lois de l'empereur.[37]

Le lundi suivant, lors de la seconde journée, Augustin voulut débattre de nouveaux sujets sur lesquels les doctrines catholique et manichéenne se heurtaient de front: péché, libre-arbitre, nature de Dieu. Il espérait bien trouver là de nouvelles occasions d'obliger l'hérétique à exposer ses thèses, évidemment odieuses et blasphématoires au sens des fidèles de l'Eglise, et provoquer ainsi à nouveau leur indignation. Mais, connaissant bien désormais les manoeuvres de son adversaire, Felix renâcle et ne se laisse plus entraîner dans des débats qui se révéleraient être pour lui des chausse-trappes. Et quand, ne pouvant obtenir de réponses aux questions qu'il pose, l'évêque s'exaspère devant ces continuelles dérobades qui bloquent les débats, Felix répond malicieusement: «C'est là dessus que tu voulais m'avoir».[38]

Quand, vingt-cinq ans plus tard, dans ses *Retractationes*, il consacrera quelques très brèves lignes à cette controverse dont il ne semble pas avoir conservé un souvenir glorieux,[39] Augustin n'oubliera pas toutefois de relever que le docteur manichéen s'était montré plus rusé, plus malin, *versutior*,[40] que le prêtre Fortunatus. Par ses réticences et ses tergiversations, il l'avait en effet empêché de mener à sa guise un débat public dont le but était de susciter chez les auditeurs le rejet absolu des «abominations de la fable perse» et en même temps la réprobation à l'encontre de «ces misérables charlatans... qui distillent un enseignement mortifère».[41]

L'objectif premier visé par Augustin dans une controverse publique face à des manichéens, comme face à d'autres hérétiques, était

---

[37] *Ibid.*, I, 12: «*Fel.*, Non tantum ego possum... deinde contra leges imperatoris»; «*Aug.*- Dixisti etiam, quod te episcopalis terreat auctoritas...».

[38] *Ibid.*, I, 18.

[39] Augustin ne mentionne même pas que, en fin des débats, Felix avait abjuré sa foi, comme du moins le rapporte la version qu'il avait donnée de la controverse – il est probable qu'il s'était fait depuis une opinion sur cette singulière «conversion» finale – cf. *supra*, n. 17.

[40] *Retract.* II, 34: «unus enim erat ex doctoribus eorum, quamuis ineruditus liberabilibus litteris, sed tamen *uersutior* Fortunato».

[41] C'est ainsi qu'Augustin désignait les propagandistes de la secte dans son traité adressé à son ami Honoratus, qui l'avait suivi à Carthage lors de son adhésion au manichéisme – *De util. cred.*, 18, 36.

d'amasser des victoires en contrecarrant systématiquement toutes les déclarations et les propositions de l'adversaire, même à travers de spécieuses interprétations pour les rendre blasphématoires et scandaleuses aux yeux des auditeurs catholiques. Ainsi, il s'agissait plus en l'occurrence de tactique de combat que de polémique dogmatique. Mais c'était là d'illusoires victoires et, pour faire triompher sa voix en Afrique du Nord contre les manichéens, les donatistes ou encore les pélagiens, la Grande Eglise devra toujours en définitive faire appel aux tribunaux impériaux.

Concernant les manichéens, plus de vingt édits des empereurs romains, depuis le païen Dioclétien en 302 et ses successeurs chrétiens, n'avaient pas suffi à éradiquer la secte venue de «la Perse ennemie». Il faudra donc attendre, en 477 – soit près d'un demi-siècle après la mort d'Augustin –, le Vandale Hunéric et ses mesures barbares, avec les bateaux chargés de déportés et les bûchers allumés à Carthage.[42]

---

[42] Sur ces 21 édits qui apparaissent dans la *Collatio Mosaicarum et Romanarum legum* (pour l'édit de Dioclétien du 31 mars 302) et dans le *Code Théodosien* (pour ceux qui s'étendent entre 372 et 445), cf. F. Decret, *L'Afrique manichéenne (IVe-Ve siècles) – Etude historique et doctrinale*, 2 vol. (I. Texte, II. Notes), Paris, 1978, I, p. 162-167, et p. 211-230 (227-230, persécution d'Hunéric).

ERST EINSEHEN, DANN GLAUBEN.
DIE NORDAFRIKANISCHEN MANICHÄER
ZWISCHEN ERKENNTNISANSPRUCH,
GLAUBENSFORDERUNG UND
GLAUBENSKRITIK

ANDREAS HOFFMANN (BOCHUM)

In der religiösen Strömung der Gnosis insgesamt und im Manichäismus kommt der „Erkenntnis", der „Einsicht" und dem „Wissen"
zentrale Bedeutung zu.[1] Die Erlösung ist das Grundanliegen des
Manichäismus[2], und diese Erlösung des Menschen liegt in der Erkenntnis seiner selbst, vor allem seiner Seele als göttlichem Licht-
teil, und der Gesamtwirklichkeit. Zu ihr kann er allerdings nicht aus
eigener Kraft gelangen, er ist auf den Weckruf, auf die Offenbarung
aus dem göttlichen Bereich oder auf die Verkündigung der erkenntnisvermittelnden Botschaft angewiesen. Das Thema der Erkenntnis ist somit untrennbar verbunden mit der manichäischen
Anthropologie und Soteriologie, mit der Frage nach der Offenbarung und ihren Trägern, insbesondere mit der Person Manis, seiner Funktion und seiner Beziehung zu anderen Propheten, sowie mit
dem Mythos als dem verkündeten Inhalt, der zur Erkenntnis führt.
Diese fundamentale Bedeutung der Einsicht und Erkenntnis geben
dem gnostischen und manichäischen Denken einen „intellektua-
listischen" Zug.[3] Besonders deutlich ist dieser „Intellektualismus" nach
den Angaben Augustins bei den nordafrikanischen Manichäern
ausgeprägt. Sie betonen zum einen den Anspruch Manis auf Vermittlung umfassender Wahrheitserkenntnis und verbinden zum anderen hiermit eine ausdrückliche Ablehnung des „Glaubens" als eines
bloßen ungesicherten Fürwahrhaltens. Dadurch unterstreichen sie den
„intellektuellen" Anspruch ihrer Lehre. Es stellt sich nun zunächst
die Frage, ob sich die Angaben Augustins in den manichäischen

---

[1] Aus der umfangreichen Literatur vgl. etwa Rudolph, Gnosis 132-140; ders.,
Erkenntnis und Heil 14ff., bes. 17-18.20-23; Klauck, Umwelt 147.174-176.
[2] Vgl. Puech, Erlösung 184: „Alles im Manichäismus ist Erlösung. Die Erlösung ist das einzige Ziel dieses Systems."
[3] Vgl. Rudolph, Intellektuellenreligion 32-33.

Quellen bestätigen lassen und wie sich hier dieser Anspruch ausdrückt. Zudem fragt sich, wie Einsehen und Glauben begrifflich zu
fassen sind und in welchem Zusammenhang sie stehen. In der Literatur ist der Erkenntnisanspruch der nordafrikanischen Manichäer
eingehend untersucht worden.[4] Dagegen hat das Glaubensverständnis
der nordafrikanischen Manichäer bisher wenig Beachtung gefunden
und wird zumeist im Zusammenhang mit Augustins Gegenposition
angeschnitten. In der folgenden Untersuchung wird daher dem
Verständnis von „Glauben" und seinem Verhältnis zur „Einsicht"
in den lateinischen manichäischen Quellen nachgegangen.[5]

1. Problemstellung

Einer der entscheidenden Gründe, die den 19jährigen Augustinus
zu den Manichäern brachten, war ihr rationaler Anspruch. Die
Lektüre des Ciceronischen Hortensius hatte den jungen Augustinus
für die Wahrheitssuche begeistert und für das Ideal einer umfassenden, rationalen Wirklichkeitserkenntnis gewonnen.[6] Cicero wirbt für
die Existenzweise des Philosophen, die allein zu dem Glück führt,
nach dem sich alle sehnen.[7] Sie besteht auf der intellektuellen Seite
im Bemühen um die Weisheit, die Cicero als das „Wissen um die
göttlichen und menschlichen Dinge sowie ihre ursächlichen Zusam-
menhänge" definiert.[8] Sie ist aber zugleich ein ethisches Programm.
Sie fordert eine enthaltsame Lebensweise, die auf „divitiae",[9] also
materiellen Besitz, „gloria",[10] d.h. gesellschaftliche Anerkennung, und

---

[4] Vgl. vor allem Decret, L'Afrique 1,259-289.

[5] Damit werden die Ansätze von Hoffmann, Augustins Schrift 171-186 fortgeführt.

[6] Vgl. Aug., beata u. 4 (CCL 29 c. 1,75-79); conf. 3,7-8; 6,18 (CCL 27 c. 11,1-
4). Zum intellektuellen Werdegang des jungen Augustinus, bes. zum Zusammenhang von Hortensius – Bibellektüre – Anschluß an die Manichäer vgl. Feldmann,
Übertritt; ders., Christusfrömmigkeit; ders., Mythos.

[7] Vgl. Cic., Hort. frg. 106-110 ed. Grilli. Die These „beati omnes esse volumus"
(frg. 59 ed. Grilli = frg. 69 ed. Straume-Zimmermann) ist die evidente Ausgangs-
basis der Ciceronischen Argumentation, um die Notwendigkeit der Beschäftigung
mit der Philosophie zu erweisen.

[8] Vgl. Cic., Hort. frg. 94 ed. Grilli (frg. 6 ed. Straume-Zimmermann).

[9] Vgl. Cic., Hort. frg. 74-76 ed. Grilli sowie frg. 67-73 mit dem Beispiel des
Sergius Orata.

[10] Vgl. Cic., Hort. frg. 77-83 ed. Grilli.

„uoluptas",[11] d.h. vor allem sexuelle Lust, verzichtet. Augustinus verbindet nun dieses Ideal des Hortensius mit der Religion, die ihm seine Mutter vermittelt hatte. Dies zeigt sich daran, daß Augustinus nach der Hortensiuslektüre zur Bibel greift.[12] Offenbar sucht er nach einer Verbindung des rationalen Anspruchs, wie ihn der Hortensius vertritt, mit christlichem Denken.[13] Damit ist er für die Botschaft der manichäischen Mission bestens vorbereitet. Denn die Manichä-er treten in Nordafrika mit dem Anspruch auf, zum einen echte Christen, ja die einzig wahren Christen zu sein, zum anderen ver-sprechen sie, die Wahrheit zu vermitteln auf dem Wege „vernunft-begründeter" Erkenntnis. Hinzu kommt, daß die Lebensweise zu-mindest der electi mit ihrer strengen Askese auch den ethischen Ansprüchen zu genügen scheint, die der Hortensius erhoben hat.

Den Eindruck, den das manichäische Versprechen einer rationa-len Wahrheitserkenntnis machte, schildert Augustinus besonders nachdrücklich in seiner Schrift de utilitate credendi, die er kurz nach seiner Ordination zum Presbyter verfaßt.[14] Sie ist an Honoratus, einen früheren Studienfreund gerichtet, den Augustinus selbst wäh-rend des gemeinsamen Studiums zu den Manichäern gebracht hat-te und der immer noch überzeugter Anhänger der Lehre Manis ist.[15] Anlaß des Schreibens ist die Nachricht, daß Honoratus über die catholica wegen ihrer Glaubensforderung spottet.[16] Er hält damit an einem Hauptpunkt der manichäischen Kritik gegenüber der Groß-kirche fest, der seinerzeit ihn selbst und Augustinus gleichermaßen beeindruckt und der maßgeblich dazu beigetragen hatte, daß sie sich den Manichäern anschlossen.[17] Dies ist für Augustinus der Anlaß, ausführlich die Unverzichtbarkeit des Glaubens im Erkenntnisprozeß darzulegen.[18]

---

[11] Vgl. Cic., Hort. frg. 84-87 ed. Grilli, bes. 84 (= frg. 84 ed. Straume-Zimmer-mann): „congruere enim cum cogitatione magna voluptas corporis non potest."
[12] Vgl. conf. 3,9.
[13] Möglicherweise assoziierte er mit der Ciceronischen „sapientia" die Bezeich-nung Christi als „sapientia et uirtus dei" (1 Kor 1,24). Eine weitere Erinnerung könnte auch durch Ciceros Rede vom „ascensus et reditus in caelum", der für den Philosophen leichter sein werde (sofern überhaupt die Seele nach dem Tod weiter-besteht) (Cic., Hort. frg. 115 ed. Grilli = frg. 102 ed. Straume-Zimmermann), ausgelöst worden sein. Vgl. Feldmann, Übertritt 111-112.
[14] Vgl. retr. 1,14 (CCL 57 l. 2-3), dazu Hoffmann, Augustins Schrift 35-37.
[15] Zum Adressaten vgl. Hoffmann, Augustins Schrift 24-35.
[16] Vgl. retr. 1,14 (CCL 57 l. 4-6).
[17] Vgl. util. cred. 2 (FC 9 p. 80,15-82,1.21-23).
[18] Vgl. util. cred. 14ff., dazu Hoffmann, Augustins Schrift 171ff. Im ersten

Augustins Angaben in util. cred. lassen die gegensätzlichen Positionen und zugleich den „Sitz" des Problems im intellektuellen Werdegang Augustins erkennen. Aus Sicht der Manichäer vertritt die katholische Kirche folgende Position:

1. Sie verlangt Glauben („credere, fides").[19]

2. Sie ist nicht bereit oder nicht fähig, sichere Einsicht („ratio") zu bieten.[20]

3. Sie fordert Unterwerfung unter Autorität („auctoritas").[21]

Die Manichäer vertreten die Gegenposition:

1. Sie verlangen keinen Glauben, sondern sie belehren („docere").[22] Das Glauben als Zustimmung zu einer Aussage, die (noch) nicht einsichtig ist, wird als „temeritas", d.h. als ein vorschneller Akt ohne ausreichende intellektuelle Sicherheit abgelehnt.[23]

2. Sie bieten Erkenntnis, Wissen („scientia"),[24] d.h. sichere Einsicht („ratio") in die Wahrheit.[25] Damit befreien sie von allem Irrtum („error").[26]

Hauptteil der Schrift (util. cred. 5-13) setzt sich Augustinus mit der manichäischen Kritik an der Heiligen Schrift, insbesondere am AT auseinander.

[19] Vgl. util. cred. 2 (FC 9 p. 80,22); 21 (p. 136,12-13).

[20] Vgl. retr. 1,14 (CCL 57 l. 5-6). In der Kritik des Honoratus, wie sie Augustinus in retr. 1,14 umschreibt, wird festgestellt, daß in der catholica faktisch keine völlig sichere Einsicht geboten wird. Andere Formulierungen Augustins in util. cred. deuten dagegen an, daß die Option auf Vernunfteinsicht *nach* dem Glauben offen gehalten wird, vgl. util. cred. 2 (FC 9 p. 80,22): „(Manichaei dicebant) fidem nobis ante rationem imperari". Ob dies die verbreitete katholische Position ist, gegen die von manichäischer Seite gekämpft wird, oder ob Augustinus diese Option einträgt, weil sie für ihn selbstverständlich ist und er selbst auf eben diesen Punkt abzielen wird, muß offen bleiben. Für den Theologen Augustinus ist das Glauben der erste notwendige Schritt auf dem Weg zur Wahrheitserkenntnis. Die vernunftgestützte Einsicht, das „Erfassen und Einsehen" des zunächst nur Geglaubten, ist das eigentliche Ziel des Erkenntnisprozesses, vgl. unten 107-109. Allerdings beurteilt er die Erreichbarkeit dieses Ziels zunehmend skeptisch, vgl. Hoffmann, Augustins Schrift 22-23.451-452.

[21] Vgl. util. cred. 2 (FC 9 p. 80,16-17).

[22] Vgl. util cred. 21 (FC 9 p. 136,13-15): „(haeretici = Manichaei) se non iugum credendi inponere, sed docendi fontem aperire gloriantur"; vgl. beata u. 4 (CCL 29 c. 1,83-84) zum Übertritt zu den Manichäern: „mihi(...) persuasi docentibus potius quam iubentibus esse cedendum". Die „docentes" sind die Manichäer, als deren Kennzeichen Augustinus nachfolgend den Sonnenkult nennt, die „iubentes" sind die catholici als Vertreter der Religion seiner Kindheit.

[23] Vgl. util. cred. 30 (FC 9 p. 166,6-7); 31 (p. 166,19; 168,1.7).

[24] Vgl. util. cred. 31 (FC 9 p. 166,19-20); c. ep. Man. 14 (CSEL 25 p. 211,17-18); Gn. adu. Man. 2,41 (CSEL 91 l. 7).

[25] Zum Versprechen der „ratio" vgl. util. cred. 2 (FC 9 p. 82,22-23); 13 (p. 118,16-17); 21 (p. 136,11.17-18); 31 (p. 166,18-19); vgl. weiter Decret, L'Afrique

3. Da sichere Einsicht geboten wird, ist die Unterwerfung unter eine Autorität überflüssig.[27]

Charakteristisch sind die Wertungen, die mit diesen beiden Positionen verbunden werden. Aus manichäischer Sicht fehlt der Lehre der catholica die Gewißheit der von selbst einleuchtenden Einsicht, und dies versucht sie durch Druck auszugleichen. Sie „befiehlt" zu glauben („imperare, praecipere, iubere").[28] Die Autorität, auf die sie ihre Gläubigen verweist, wirkt „erschreckend",[29] sie „schreckt" mit einem Aberglauben.[30] Das Glauben wird so zu einem schweren, niederdrückenden „Joch", das den Menschen auferlegt wird.[31] Auf solche Druckmittel kann die manichäische Verkündigung verzichten, wenn sie zu Einsicht und Wissen auf dem Wege der „ratio" führt. Im Gegensatz zum „Joch" des Glaubens eröffnet die Lehre Manis die „Quelle der Belehrung".[32] Das Bild suggeriert einen reichen, frischen, belebenden und mühelosen Zufluß. Hiermit korrespondiert das manichäische Versprechen der „reinen, einfachen Einsicht".[33] Die Methode der Erkenntnisvermittlung deutet sich an, wenn davon gesprochen wird, daß die Wahrheit „entwickelt" („enodare", den Knoten lösen) und „diskutiert" wird.[34]

Aufgrund dieser Nachrichten Augustins sollte man nun erwarten, daß die Manichäer selbst die Begriffe „credere" und „fides" in ihrem eigenen Kontext vollständig meiden. Dies ist aber keineswegs der Fall. Die lateinischen manichäischen Quellen verwenden erstaunlich häufig die Vokabeln „credere" und „fides" im Zusammenhang mit der eigenen Lehre. Vorab seien als Beispiele nur die beiden „Glaubensbekenntnisse" des Fortunatus und Faustus genannt. Fortunatus wird von Augustinus zu Beginn ihrer öffentlichen Dis-

---

2,197 Anm. 81. Zum Wahrheitsanspruch vgl. util. cred. 2 (FC 9 p. 82,5-6); c. ep. Man. 4 (CSEL 25 p. 196,25-26); 11 (p. 206,22-25); conf. 3,10 (CCL 27 c. 6,6-7). Beides verbunden in mor. 2,55 (CSEL 90 p. 138,3-4).

[26] Vgl. util. cred. 2 (FC 9 p. 80,18).

[27] Vgl. util. cred. 2 (FC 9 p. 80,16-17).

[28] Vgl. util. cred. 2 (FC 9 p. 80,22); 21 (p. 136,13); retr. 14,1 (CCL 57 l. 5). Der Theologe Augustinus bestätigt seinerseits die Notwendigkeit dieses „Befehls": „sine quodam gravi auctoritatis imperio" (util. cred. 21 [p. 136,23-24]) kann man keinen Zugang zu der von der wahren Religion vermittelten Wahrheitserkenntnis finden.

[29] Vgl. util. cred. 2 (FC 9 p. 80,16-17).

[30] Vgl. util. cred. 2 (FC 9 p. 80,21-22).

[31] Vgl. util. cred. 21 (FC 9 p. 136,13-14).

[32] Vgl. util. cred. 21 (FC 9 p. 136,14).

[33] Vgl. util. cred. 2 (FC 9 p. 80,17): „mera et simplici ratione".

[34] Vgl. util. cred. 2 (FC 9 p. 80,23-82,1). Zur Diskussionsfreude der Manichäer vgl. Lim 233ff., bes. 252-266.

kussion aufgefordert, den Inhalt des manichäischen Glaubens, vor allem seine Gotteslehre darzustellen. Fortunatus kommt dieser Aufforderung nach.[35] Er bestätigt, daß Augustinus in seinem knappen Eingangsreferat über den manichäischen Mythos einige Grundaussagen des manichäischen Glaubens („principia ... fidei nostrae") genannt hat.[36] In seiner eigenen Darstellung der manichäischen Gotteslehre spricht er einleitend von der „professio" der Manichäer.[37] Er geht dann in bewußt katholisch-christlicher Färbung[38] auf Gott Vater und Christus als den Erlöser ein. Er schließt mit folgenden Worten: „Diesen Dingen glauben wir (credimus) und dies ist die Grundformel unseres Glaubens (ratio fidei nostrae), und wir bemühen uns nach unseren geistigen Kräften, seinen Geboten zu gehorchen; dabei folgen wir dem einen Glauben (fides) an diese Trinität, nämlich den Vater, Sohn und Heiligen Geist".[39]

Ähnlich bekennt sich auch Faustus zu dem einen göttlichen Wesen („numen"), das mit den drei Bezeichnungen Vater, Sohn und Heiliger Geist angesprochen werde.[40] Nach seinem Bekenntnis glauben die Manichäer („credimus"), daß Gott Vater im größten, ursprünglichen Licht wohnt, sie glauben („credimus"), daß die „uirtus" Christi in der Sonne, seine „sapientia" im Mond wohnt. „Dies ist unser Glaube" („fides"), stellt Faustus abschließend fest.[41]

Dieser Befund fordert dazu heraus, dem Verständnis von Einsicht, Wissen, Erkenntnis einerseits und Glauben andererseits sowie deren Verhältnis anhand der lateinischen Originalquellen der Manichäer nachzugehen. Dies wird im folgenden versucht. Methodisch wird hier zwischen manichäischen Quellen und Augustinischer Darstellung getrennt, da Augustinus grundsätzlich in dem Verdacht steht, in

---

[35] Vgl. c. Fort. 3 (CSEL 25 p. 85,16-86,12). Er geht allerdings hierauf erst ein, nachdem er vergeblich versucht hat, zunächst das Thema der Ethik anzuschneiden, vgl. c. Fort. 1 (CSEL 25 p. 84,10ff.).

[36] Vgl. c. Fort. 1 (CSEL 25 p. 84,9-10).

[37] Vgl. c. Fort. 3 (85,16). Vgl. dazu Decret, Aspects 209; Rutzenhöfer, Debatte 18-21; Merkelbach, Manichaica 5, 55-56.

[38] Feldmann, Einfluß 1,264-265 spricht von einer „bewußt vollzogene(n) Ausschälung der christlichen Aspekte in der manichäischen Gotteslehre".

[39] Vgl. c. Fort. 3 (CSEL 25 p. 86,9-12): „his rebus nos credimus et haec est ratio fidei nostrae et pro uiribus animi nostri mandatis eius obtemperare unam fidem sectantes huius trinitatis, patris et filii et spiritus sancti."

[40] Vgl. c. Faust. 20,2 (CSEL 25 p. 536,9-11).

[41] Vgl. c. Faust. 20,2 (CSEL 25 p. 536,11-24, bes. l. 12.16.24). Faustus bekennt sich nur vordergründig zur „Trinität", tatsächlich aber zum viergestaltigen Gott, vgl. Wurst, Faustus 40-41 Anm. 155.

seinem Kampf gegen die Manichäer die Gegenposition zu verzerren. Für eine solche methodische Beschränkung stehen genügend lateinische manichäische Quellen zur Verfügung.[42] Der Gegenstand wird in folgenden Schritten angegangen:

1. Wie ist aus manichäischer Sicht die katholische Gegenposition bestimmt? Bestätigen die manichäischen Quellen den Glaubensanspruch der catholica?

2. Erheben die manichäischen Quellen tatsächlich den Anspruch auf Erkenntnisvermittlung, und in welchem Sinne wird hier von „Erkenntnis" und „Einsicht" der Wahrheit gesprochen?

3. Wie ist demgegenüber der Begriff des „Glaubens" zu bestimmen, und in welchem Verhältnis steht hierzu die rationale Einsicht?

4. Schließlich ist die Sonderposition des Manichäers Secundinus näher zu umreißen.

2. Die katholische Glaubensforderung aus manichäischer Sicht

Zunächst stellt sich die Frage, ob die manichäischen Quellen selbst Hinweise auf die katholische Position geben, gegen die sich der Erkenntnisanspruch der Manichäer richtet. Hier sind die capitula des Faustus eine wichtige Quelle.[43] Die capitula sind offensichtlich aus den praktischen Erfahrungen hervorgegangen, die der manichäische Bischof bei seiner Missionstätigkeit in der Auseinandersetzung mit katholischen Christen gemacht hat. Er bietet einen Katalog von kritischen Anfragen der katholischen Gegenseite, die er jedem capitulum in Form einer occupatio, subiectio oder Frage voranstellt, um dann eine mögliche Gegenargumentation vorzulegen. Damit soll

---

[42] Hierunter werden im folgenden verstanden: die Fragmente der epistula fundamenti (ed. Feldmann) und des thesaurus (überliefert von Augustinus, c. Fel. 2, 5; nat. b. 44.46; Evodius, de fide 5.13 [?], 14-16 CSEL 25), der codex von Tebessa (ed. Merkelbach), die capitula des Faustus (überliefert von Augustinus in c. Faust.), der Brief des Manichäers Secundinus (CSEL 25), die Redeteile von Felix und Fortunatus in den öffentlichen Diskussionen mit Augustinus (c. Fel., c. Fort.). Die epistula ad Menoch (ed. Stein) wird ebenfalls einbezogen, auch wenn nicht sicher geklärt ist, ob es sich um ein originäres manichäisches Dokument handelt (allerdings dürfte es in diesem Fall wohl kaum von Mani selbst stammen, sondern von späteren Manichäern in lateinischer Sprache abgefaßt worden sein) oder um eine (katholische?) Fälschung, vgl. Stein 28-43.

[43] Vgl. Monceaux 17-18; Decret, Aspects 51-70, bes. 67-69; ders., Faustus 763ff., bes. 765.

den manichäischen Glaubensgenossen ein Handbuch für die Diskussion mit katholischen Christen gegeben werden. Man kann daher davon ausgehen, daß die capitula auf typische, häufig vorgebrachte Einwände der katholischen Gegner abzielen.

Unter diesen Voraussetzungen bestätigen die capitula des Faustus vielfach die katholische Forderung nach Glauben. Gemeint ist damit, die Einzelaussagen der biblischen Schriften und des hierauf gestützten christlichen Bekenntnisses als wahr anzunehmen, sie vorbehaltlos zu bejahen und praktisch umzusetzen, weil sie von autoritativen Größen vorgegeben sind. So läßt Faustus den katholischen Gegner den Grundsatz formulieren: „Wenn Du das Evangelium anerkennst, mußt Du alles glauben (credere), was darin geschrieben steht".[44] An den Manichäern wird Kritik geübt, weil sie nicht bereit sind, bestimmte Aussagen einfachhin zu akzeptieren, sondern weil sie diese uminterpretieren oder gänzlich ablehnen. Voraussetzung dieser Argumentation ist dabei der Anspruch der Manichäer, Christen zu sein. Dies wird ausdrücklich formuliert im Zusammenhang mit der Auseinandersetzung um Joh 5,46, ein Vers, den die Manichäer nicht akzeptieren können, weil Christus hier in unmittelbaren Zusammenhang mit dem AT und dem Judentum gebracht wird: „Wenn Du Christ bist, dann glaube Christus, wenn er sagt, über ihn habe Moses geschrieben; wenn Du dies nicht glaubst, bist Du kein Christ".[45] Aus katholischer Sicht muß die Tatsache ausreichen, daß dies im Evangelium als Aussage Christi überliefert wird.[46]

---

[44] Vgl. c. Faust. 32,1 (CSEL 25 p. 760,21-22): „si accipis euangelium, credere omnia debes, quae in eodem scripta sunt". Vgl. dazu c. Faust. 5,2 (unten 75 Anm. 47).

[45] Vgl. c. Faust. 16,8 (CSEL 25 p. 446,15-17): „si christianus es, crede dicenti Christo, quia de se scripsit Moyses; quod si non credis, christianus non es."

[46] Vgl. c. Faust. 16,3 (CSEL 25 p. 442,13-15). Faustus spricht diese Position den „inperiti" zu, wobei deutlich ist, daß die „inperiti" zu den katholischen Gegnern gerechnet werden. Augustinus selbst gesteht in der Auseinandersetzung mit den Manichäern immer wieder zu, daß es unter den katholischen Christen viele „inperiti", „ignari", „paruuli" gibt, die aufgrund mangelnder Kenntnisse vor allem auf dem Gebiet der biblischen Exegese nicht zu einem intellektuell fundierten Christentum gelangen und sich leicht von der Kritik der Manichäer täuschen lassen, vgl. z.B. util. cred. 2 (FC 9 p. 82,23-84,2); 4 (p. 86,20-88,6); 13 (p. 114,12ff., bes. 114,20-116,3), dazu Hoffmann, Augustins Schrift 83-85; Gn. adu. Man. 1,33 (CSEL 91 l. 9-10); duab. an. 10 (CSEL 25 p. 63,15-21); c. Adim. 3 (CSEL 25 p. 121,19-23); 4 (p. 122,19-25); 7 (p. 127,17-19); 27 (p. 187,10-14); c. Faust. 11,3 (CSEL 25 p. 319,7-10). Augustinus selbst hatte während seiner Zeit als Manichäer bei solchen katholischen Christen seine Diskussionserfolge, vgl. duab. an. 11 (CSEL 25 p. 65,23-

Nach demselben Grundsatz argumentiert der katholische Gegner auch im Hinblick auf die leibliche Geburt Christi, die von den Manichäern heftig bestritten wird. Das Evangelium anzunehmen heißt neben der Befolgung der Gebote, alles zu glauben, was darin geschrieben ist, und dies schließt die leibliche Geburt Jesu ein.[47] Weil Paulus schreibt, daß der Sohn Gottes dem Fleische nach aus dem Samen Davids hervorgegangen ist, muß auch dies geglaubt werden.[48] Der katholische Gegner kann auf diesem Hintergrund auch die kritische Frage stellen, warum der Manichäer nicht die Genealogie Jesu gläubig annimmt, obwohl sie doch von Matthäus und Lukas überliefert wird.[49]

In diese Linie reiht sich weiter eine Bemerkung des Faustus ein, die er im Kontext der Auseinandersetzungen um die alttestament-lichen Vorverweise auf Christus macht. Abgesehen davon, daß er trotz intensiver Suche bei den Propheten keine Hinweise auf Jesus als den kommenden Christus entdecken kann,[50] weist er seinen ka-tholischen Gegnern einen Widerspruch zu eigenen Positionen nach. Es sei doch ein Zeichen schwachen Glaubens, wenn man sich auf anderweitige Zeugnisse beruft, die den eigenen Christusglauben stüt-zen sollen. Faustus fährt fort: „Dagegen lehrt ihr doch ständig, daß man deshalb nichts allzu wißbegierig (curiosius) untersuchen dürfe, weil die Gläubigkeit des Christen schlicht und einfach (simplex) sein solle und bedingungslos (absoluta). Warum zerstört ihr also diese Schlichtheit des Glaubens, indem ihr ihn mit Hinweisen und Zeu-gen zu stützen sucht, dazu auch noch mit jüdischen!"[51]

66,2); conf. 3,21 (CCL 27 c. 12,9-11). Allerdings war er selbst zu dieser Zeit ein „inperitus" (vgl. c. ep. Man. 14 CSEL 25 p. 211,15-17). Dennoch ist dieser einfa-che, beschränkte Glaube immer noch dem „dummen Zeug" („nugae") der Mani-chäer überlegen, vgl. c. ep. Man. 23.

[47] Vgl. c. Faust. 5,2 (CSEL 25 p. 272,9-11): „... ut etiam credas omnibus, quae in eodem (sc. euangelio) scripta sunt, quorum primum est illud, quia sit natus Iesus".

[48] Vgl. c. Faust. 11,1 (CSEL 25 p. 313,4-6): Faustus läßt auf die eigene Zusi-cherung, daß er den Apostel (sc. Paulus) anerkennt, den katholischen Gegner fra-gen: „cur ergo non credis filium dei ex semine Dauid natum secundum carnem?"

[49] Vgl. c. Faust. 7,1 (CSEL 25 p. 302,24): „Quare non credis in genealogiam Iesu?" Vgl. c. Faust. 2,1; 3,1.

[50] Vgl. c. Faust. 12,1 (CSEL 25 p. 329,1-3).

[51] Vgl. c. Faust. 12,1 (CSEL 25 p. 329,4-8): „nempe ipsi uos docere soletis idcirco nihil esse curiosius exquirendum, quia simplex sit et absoluta christiana credulitas. quomodo ergo nunc fidei simplicitatem destruitis indiciis eam ac testibus fulciendo et hoc Iudaeis?"

In der katholischen Kirche gilt also nach Faustus das Prinzip eines
einfachen, schlichten, vorbehaltlosen Glaubens. Ein kritisches Hinterfragen wird als „curiositas", d.h. als übertriebener oder fehlgelei-
teter Wissensdrang,[52] verworfen. Dies entspricht der offenbar traditionellen Haltung der nordafrikanischen Kirche. Sie kommt bereits
bei Tertullian zum Ausdruck. Gegenüber den Gnostikern betont er,
daß sich nach Christus jede „curiositas" und nach dem Evangelium
jedes weitere Suchen, Fragen, Forschen („inquisitio") erübrige. Wenn
man glaube, wünsche man nichts mehr über das Glauben hinaus.[53]
Es ist auffällig, daß bei Faustus in den Aussagen des katholischen
Gegners dieselben Stichworte („curiositas, inquisitio") begegnen, wie
sie Tertullian in antignostischem Kontext verwendet. Anscheinend
werden jetzt in der Auseinandersetzung mit den Manichäern ältere
antignostische Positionen wieder aufgegriffen. In eben dieser Haltung wächst offenbar auch der junge Augustinus auf. Er bezeichnet
später die religiösen Vorstellungen seiner Kindheit als „einen kind-
lichen Aberglauben", der ihn von der „inquisitio" abgehalten habe.[54]
Gemeint ist offenbar die einfache Religiosität, die seine Mutter

---

[52] Man kann hier nicht ohne weiteres die Augustinische Füllung des Begriffs
eintragen. Deutlich ist allerdings die negative Konnotation, die Augustinus in util.
cred. 22 (FC 9 p. 138,13-14) explizit macht. Nach Augustinischer Auffassung besteht
die „curiositas" im Streben nach Wissen oder Erkenntnis dessen, was unerheblich
oder gar schädlich ist. Vor allem verurteilt er so den Wissensdrang, der sich nur
auf das sinnlich Wahrnehmbare richtet oder sich hiervon nicht lösen kann, vgl.
z.B. conf. 10,54-57; en. Ps. 8,13 (CCL 38 l. 31-38); util. cred. 22 (FC 9 p. 138,13-
20). Da Augustinus gerade letzteres den Manichäern vorwirft, spielt der Vorwurf
der „curiositas" eine wichtige Rolle in seiner Auseinandersetzung mit dem Manichäismus, vgl. z.B. Gn. adu. Man. 2,40 (CSEL 91 l. 9-10); mor. 1,38 (bes. CSEL
90 p. 42,19-43,2.8-12), dazu util. cred. 1 (FC 9 p. 78,12-19): Oberflächlich den-
kende Menschen, die sich allzu sehr auf die Sinnenwelt eingelassen haben, tragen
die Bilder dieser sinnlich wahrnehmbaren Welt mit sich herum, „etiam cum conantur
recedere a sensibus, et ex earum mortifera et fallacissima regula ineffabilia penetralia
veritatis rectissime se metiri putant". Dies zielt gegen die Manichäer, vgl. Hoffmann,
Augustins Schrift 373-374 mit Anm. 68. Zur „curiositas" bei Augustinus vgl. Labhardt
188-196 (Lit.); Bös 91-129; Hensellek/Schilling, SLA Lieferung 4 (1990).
[53] Vgl. Tert., praescr. 7 (CCL 1 l. 37-39): „Nobis curiositate opus non est post
Christum Iesum nec inquisitione post euangelium. Cum credimus nihil desideramus
ultra credere." Neben dieser Ablehnung einer kritisch-rationalen Betätigung fordert Tertullian andererseits jedoch zur vernunftgestützten Aufarbeitung der
Glaubensinhalte auf, dies allerdings im Rahmen und auf der Grundlage des
Glaubens. Vgl. dazu Ring, Auctoritas 80ff., bes. 91. Nach Labhardt 189 wird der
zitierte Satz Tertullians für Augustinus zur „goldenen Regel" im Kampf gegen die
Manichäer.
[54] Vgl. beata u. 4 (CCL 29 c. 1,81-82).

vertrat. Sie ließ ein vertiefendes Nachfragen, geschweige denn ein
kritisches Hinterfragen der Glaubensinhalte nicht zu.[55] Und selbst
in der Zeit, als Augustinus das Proömium des ersten Buchs de moribus
verfaßt, scheint diese Haltung bei kirchlichen Amtsträgern in Nordafrika noch verbreitet gewesen zu sein. Augustinus rechnet hier damit,
daß jemand, der näheren Aufschluß über die unverständlichen oder
gar Anstoß erregenden Stellen des AT sucht, in der katholischen
Kirche enttäuscht werden kann. Denn er könnte an Bischöfe, Presbyter oder andere Amtsträger geraten, die entweder die Geheimnisse
der Schrift nicht verraten wollten oder die mit einem einfachen
Glauben („simplici fide") zufrieden seien und sich nicht um ein
vertieftes Verständnis bemühten. Wenn auch nicht alle lehren könnten, so bedeute dies nicht zugleich, daß hier nicht die Einsicht in
die Wahrheit zu finden sei.[56]
Diese Bemerkungen Augustins stimmen mit den Nachrichten
überein, die Faustus über seine katholischen Gegner gibt. Die nord-
afrikanische catholica erscheint demnach vielfach als vernunft- und
kritikfeindlich. Ihre Vertreter sind nicht bereit oder nicht fähig,
vernunftbegründet Rechenschaft über ihren Glauben abzulegen. Sie
ziehen sich auf den Standpunkt zurück, daß die Aussagen der Heiligen Schrift in ihrem Wortsinn vorbehaltlos akzeptiert werden
müssen. Hiergegen setzen sich die nordafrikanischen Manichäer in
ihrer Missionspredigt offensiv ab, indem sie sehr stark die „Rationalität" und Einsichtigkeit ihrer Lehre betonen, die unmittelbar
überzeugt und daher keinen „Glaubensvorschuß" fordert.
Damit stellt sich die Frage nach den Grundlagen dieses Selbstverständnisses der nordafrikanischen Manichäer.

3. *Manis Botschaft als Erkenntnis*

Grundlage des manichäischen Selbstverständnisses. und Erkenntnis-
begriffs ist die Deutung Manis (bzw. seines Syzygos) als Erleuchter
und Paraklet. Seine Botschaft ist Belehrung über die ganze Wahr-

---

[55] Vgl. Courcelle, Recherches 273-274; O'Donnell, Confessions 2,175-176;
Hoffmann, Augustins Schrift 11 Anm. 27 (Lit.).
[56] Vgl. mor. 1,1 (CSEL 90 p. 3,17-4,6).

heit, Vermittlung von umfassender Erkenntnis, Befreiung von allem
Irrtum.

Dieses Selbstverständnis ist in den manichäischen Urquellen un-
terschiedlicher Gattung breit belegt. Im Kölner Mani-Kodex berichtet Mani über die verschiedenen Offenbarungen, die ihm sein himmlischer Syzygos gebracht hat. Er belehrt ihn über seine eigene
Herkunft, sein Wesen, sein Verhältnis zu diesem Zwilling[57] und seine
Aufgabe, die erhaltene „Offenbarung" weiterzugeben.[58] Inhalt dieser Offenbarung ist der Ursprung, die Struktur sowie das Geschick
der Welt und des Menschen.[59] Auf Veranlassung Gottes, des Vaters der Wahrheit,[60] wird Mani von seinem Zwilling „alles Wahre"
offenbart, er schaut die „Wahrheit der Äonen", und diese offenbarte Wahrheit gibt er in seiner Verkündigung an alle weiter, die dessen würdig sind.[61] So wird Mani von Baraies, einem manichäischen
Lehrer, als „Paraklet der Wahrheit" bezeichnet, der mit einem
„Übermaß an Weisheit" ausgestattet ist.[62]

Die Totalität dieses Wissens, das Mani offenbart wird und das er
weitergibt, wird sehr deutlich ausgesprochen im ersten Kephalaion.
Mani kennzeichnet hier seine Stellung als Abschluß der Propheten.[63]
Er hat seine Erkenntnis und Botschaft vom Parakleten, dem „Geist
der Wahrheit", erhalten, der in direkte Beziehung zum johanneischen
Parakleten gesetzt wird.[64] Die Botschaft des Parakleten wird als
„Offenbarung", „Aufklärung", „Belehrung" gekennzeichnet.[65] Ge-
genstände dieser Offenbarung sind die Vorgänge, die im kosmogonischen Mythos beschrieben werden, die Aufeinanderfolge der ver-
schiedenen „Apostel" und ihrer „Kirchen" sowie die verschiedenen
Stände in der Kirche Manis. Mani zieht das Fazit:

> Auf diese Weise ist alles, was geschehen ist und was geschehen wird,
> mir durch den Parakleten offenbart worden ... Alles, was das Auge

---

[57] Vgl. CMC 21,1-25,1. Vgl. hierzu Böhlig, Bedeutung 46-49.
[58] Vgl. CMC 32,3-33,6.
[59] Vgl. CMC 33,8ff.; 43,1-6.
[60] Vgl. CMC 66,5-6.
[61] Vgl. CMC 66,15-68,5.
[62] Vgl. CMC 63,17-23.
[63] Vgl. Woschitz 37-43, bes. 40-41.
[64] Vgl. Keph. 1 (14,3ff.), dazu, bes. zur neutestamentlichen Textgrundlage, vgl.
Nagel, Parakletenspruch 303-313.
[65] Zur Vorstellung von der „Offenbarung" Manis in den koptischen Quellen
vgl. Ries, Révélation 1085ff., zum 1. Kephalaion ebd. 1090.

sieht und das Ohr hört und das Denken denkt und ... ich habe durch ihn erkannt alles. Ich habe gesehen das All (alles) durch ihn und wurde ein Körper und ein Geist.[66]

Dem entspricht das Lob, das die manichäische Gemeinde im Bemapsalm 223 auf Mani singt.[67] Der hauptsächliche Unterschied zum ersten Kephalaion liegt darin, daß Mani hier mit dem Parakleten, dem von Jesus verheißenen Geist der Wahrheit, identifiziert wird.[68] Die Botschaft des Parakleten bringt die Trennung von der Verirrung der Welt, sie ist ein Spiegel, in dem das „All" gesehen wird.[69] Inhalt dieser Botschaft, die wiederum als „Offenbarung" und „Belehrung" gekennzeichnet wird,[70] ist auch hier der Mythos. In 17 Strophen werden seine wichtigsten Aussagen nach dem Drei-Zeiten-Schema in Erinnerung gerufen und abschließend in der Drei-Zeiten-Formel zusammengefaßt.[71] Eben hierin besteht die „Gnosis", das Wissen, die Erkenntnis Manis.[72]

Zu diesen und anderen Zeugnissen[73] finden sich Parallelen in den lateinischen manichäischen Quellen. Wichtig sind hier vor allem die Fragmente der epistula fundamenti sowie einige Aussagen von Felix und Fortunatus in ihren Diskussionen mit Augustinus.

Die Fragmente der epistula fundamenti bestätigen den Anspruch, daß durch Manis kosmogonischen Mythos Wahrheitserkenntnis und Wissen vermittelt wird. Anlaß des Briefs ist der Wunsch des „Bruders Patticius" zu wissen („nosse"), wie Adam und Eva entstanden

---

[66] Vgl. Keph. 1 (15,19-24).

[67] Vgl. hierzu Wurst, Bemapsalm 391-399 mit weiterer Literatur. Zur Rolle der Einsicht in den koptisch-manichäischen Psalmen vgl. Ries, Gnose, bes. 615-617.

[68] Vgl. Ps.b. 223 p. 11,29-31, dazu ebd. p. 9,3-9. Die unterschiedlichen Bestimmungen des Verhältnisses zwischen Mani und dem „Parakleten" dürften als Indiz für eine interne Entwicklung manichäischer Reflexion über die Person Manis zu werten sein, vgl. Decret, Paraclet 105-112, bes. 108-109.

[69] Vgl. Ps.b. 223 p. 9,5-7.

[70] Vgl. Ps.b. 223 p. 9,8.9.

[71] Vgl. Ps.b. 223 p. 9,8-11,25.

[72] Vgl. Ps.b. 223 p. 11,26. Zu den Übersetzungen von „saune" vgl. Ps.b. ed. Wurst 41; Adam, Texte 41 (l. 95); Böhlig, Gnosis 3,121.

[73] Vgl. weiter z.B. das mittelpersische Fragment M 49 II (Böhlig, Gnosis 3,80): Mit der Hilfe seines Zwillings lehrt Mani die Menschen „Weisheit und Wissen"; M 5794 I (Böhlig, Gnosis 3,81): Mani zählt zu den „Vorzügen" seiner Religion u.a.: „Diese meine Offenbarung der zwei Prinzipien und meine lebendigen Schriften, meine Weisheit und mein Wissen sind weit besser als die der früheren Religionen"; Keph. 38 p. 89,18-102,12 (Böhlig, Gnosis 3,81-83) über das eigene Apostolat.

sind.[74] Hierüber gebe es unterschiedliche Überlieferungen. Die Wahrheit („ueritas") jedoch sei bei fast allen Völkern unbekannt, insbesondere bei denen, die lang und breit darüber Erörterungen anstellen – eine Spitze sicherlich auch gegen die Schöpfungstheologie des Judentums und der Großkirche mit ihrem monokausalen Ansatz.[75] Wäre es ihnen nämlich gelungen, dies sicher zu erkennen („manifesto cognoscere"), würden sie niemals Verderben und Tod anheimfallen.

Damit ist implizit der Anspruch erhoben, daß diese sichere Erkenntnis im folgenden vermittelt wird. Dies bestätigt sich in den nächsten beiden Fragmentteilen. Um ohne jede Ungewißheit und ohne jeden Zweifel („sine ulla ... ambiguitate") in dieses Geheimnis eindringen zu können, muß zunächst noch eine Reihe anderer Dinge dargelegt werden.[76] Zunächst sollen daher die Zustände vor der Errichtung der Welt und die Umstände, wie es zum Kampf gekommen ist, erörtert werden. Denn nur so kann der Hörer die beiden Naturen des Lichts und der Finsternis unterscheiden.[77] So wird durch die heilbringenden Worte der epistula der Hörer zu einer göttlichen Erkenntnis gebracht („hac diuina instructus cognitione"), durch die er befreit wird und im ewigen Leben bleiben wird.[78] Die epistula selbst vermittelt die „Kenntnis der Wahrheit" („ueritatis notitia"), die dem Adressaten im Eingangsgruß gewünscht wird.[79]

Daß Mani mit seiner Verkündigung im Mythos sichere, zweifelsfreie Erkenntnis vermittelt, bestätigt Felix in der Diskussion mit Augustinus.[80] An den ersten Worten der epistula fundamenti, in

---

[74] Vgl. zum Folgenden ep. fund. frg. 4a ed. Feldmann.

[75] Vgl. Feldmann, Epistula 35-36.

[76] Vgl. ep. fund. frg. 4b ed. Feldmann.

[77] Vgl. ep. fund. frg. 4c ed. Feldmann. Die „Unterscheidung der Naturen" ist die Grundforderung manichäischer Existenz. Sie umfaßt eine intellektuelle und eine ethische Seite, vgl. Polotsky, Manichäismus 247,38-39; Feldmann, Epistula 36.

[78] Vgl. ep. fund. frg. 2 ed. Feldmann: „nam profecto beatus est iudicandus, qui hac diuina instructus cognitione fuerit, per quam liberatus in sempiterna uita permanebit."

[79] Vgl. ep. fund. frg. 3 ed. Feldmann. Er ist hier mit dem Friedensgruß verbunden. Dieser findet sich auch in den Präskripten aller paulinischen Briefe (vgl. Röm 1,7; 1 Kor 1,3; 2 Kor 1,2; Gal 1,2; Eph 1,2; Phil 1,2; Kol 1,2; 1 Thess 1,1; 2 Thess 1,2; 1 Tim 1,2; 2 Tim 1,2; Tit 1,4), dort stets in Verbindung mit dem Wunsch der Gnade (χάρις). Dies in Kombination mit der ebenfalls paulinischen Formel „Apostel Jesu Christi" (1 Kor 1,1; 2 Kor 1,1 u.ö.) und der Anrufung der Trinität (allerdings unter Ersatz von „Christus" durch die „Rechte des Lichts") unterstreicht den christlichen Anspruch.

[80] Vgl. zum Folgenden Decret, L'Afrique 1,274-276.

denen sich Mani als Apostel Jesu Christi bezeichnet, entzündet sich
die Diskussion um die Bedeutung Manis. Felix lenkt sogleich die Diskussion auf die neutestamentliche Verheißung des Parakleten (Joh
16,13).[81] Er hebt dabei besonders auf die Totalität des Wahrheitsanspruchs ab: Nach der Verheißung Christi wird der Paraklet in die
„ganze" Wahrheit einführen.[82] Wie die nächsten Einwände des Felix
zeigen, identifiziert er diese vollständige, umfassende Wahrheit mit
der Lehre, die Mani mit seinem Mythos gegeben hat. Wie der
Bemapsalm 223 verwendet auch Felix hierfür die Drei-Zeiten-Formel als Zusammenfassung.[83] Weil diese Lehre bei keinem Apostel
zu finden ist[84] und zudem Paulus ausdrücklich von der
Bruchstückhaftigkeit alles Wissens spricht und dabei auf das Voll-
kommene verweist, das kommen wird (1 Kor 13,9),[85] kann die
Darstellung der Apostelgeschichte, nach der im Pfingstereignis der
verheißene Paraklet über die Apostel ausgegossen wurde, nicht richtig
sein. Der Paraklet ist erst in Mani gekommen. Denn:

> Mani belehrte uns („docuit nos") durch seine Verkündigung über den
> Anfang, die Mitte und das Ende; er belehrte uns („docuit nos") über
> die Schaffung der Welt, warum („quare") sie geschaffen wurde und
> woraus und welche Kräfte sie schufen; er belehrte uns („docuit nos")
> darüber, warum („quare") es Tag und warum („quare") es Nacht gibt;
> er belehrte uns („docuit nos") über den Lauf der Sonne und des
> Mondes. Weil wir dies bei Paulus nicht hören und auch nicht in den
> Schriften der anderen Apostel, glauben wir, daß Mani der Paraklet
> ist.[86]

Auch hier wird also der Mythos, den Mani verkündet, als Belehrung
aufgefaßt. Die Anapher von „docuit nos" verbunden mit der wiederholten Fortführung durch „quare" unterstreicht den „rationalen"
Charakter dieser Verkündigung. In ihr werden Begründungen gege-

---

[81] Vgl. c. Fel. 1,2 (CSEL 25 p. 802,9-12). Vgl. dazu Decret, Aspects 293-295.
[82] Felix übernimmt betont das Attribut „omnis" aus dem neutestamentlichen
Zitat, vgl. c. Fel. 1,2 (CSEL 25 p. 802,14.17).
[83] Vgl. c. Fel. 1,6 (CSEL 25 p. 807,14-16).
[84] Vgl. c. Fel. 1,6 (CSEL 25 p. 807,20-24).
[85] Vgl. c. Fel. 1,9 (CSEL 25 p. 811,5-8).
[86] Vgl. c. Fel. 1,9 (CSEL 25 p. 811,13-18): „(et quia Manichaeus) per suam
praedicationem docuit nos initium, medium et finem; docuit nos de fabrica mundi,
quare facta est et unde facta est, et qui fecerunt; docuit nos quare dies et quare
nox; docuit nos de cursu solis et lunae: quia hoc in Paulo non audiuimus nec in
ceterorum apostolorum scripturis, hoc credimus, quia ipse est paracletus".

ben für die Existenz und den gegenwärtigen Zustand der Wirklichkeit bis hin zu den kosmischen Erscheinungen. Und es wird, was Felix nicht ausführt, aber mit dem Stichwort „finis" andeutet, auch Aufklärung über Ende und Ziel der Welt gegeben. Hierin spricht sich das Bewußtsein aus, tatsächlich eine totale Welterklärung geben zu können und umfassende Wahrheitserkenntnis zu bieten.

Wie in der epistula fundamenti angesprochen, beruht der kosmogonische Mythos auf dem Grundaxiom des uranfänglichen Dualismus. Dessen Bedeutung im Kontext des Wahrheitsanspruchs manichäischer Lehre wird in Äußerungen des Fortunatus deutlicher erkennbar.[87] Der natürliche Zustand der Wirklichkeit („ratio rerum") mit ihrer Gegensätzlichkeit und Zerrissenheit zeige, daß die Welt nicht auf *ein* Prinzip zurückgeht, sondern daß ihr zwei gegensätzliche Prinzipien oder Substanzen zugrundeliegen. Die „res ipsae" machen deutlich, daß Licht und Finsternis, Wahrheit und Lüge, Leben und Tod, Seele und Leib u.a. nichts miteinander gemein haben.[88] Der Dualismus bietet also nach Fortunatus ein evidentes, unmittelbar einleuchtendes und überzeugendes Weltmodell.[89] Dieses ist plausibler als das monokausale Weltbild der catholici, die alles Bestehende auf den einen Schöpfergott zurückführen wollen.[90] Ein „Glauben" im Sinne eines bloßen unbegründeten Fürwahrhaltens ist hier nicht notwendig. Zudem sieht Fortunatus das dualistische Modell durch Jesus ausdrücklich bestätigt, etwa wenn dieser von dem schlechten Baum spreche, den sein Vater nicht gepflanzt habe.[91]

In der Erkenntnis dieses Dualismus liegt die „scientia rerum", das Wissen um die Weltwirklichkeit.[92] Die Trennung der Naturen beschränkt sich nicht auf die Theorie, sie hat zugleich praktische Konsequenzen. Dieses Wissen ruft nämlich die Erinnerung der Seele

---

[87] Zum Dualismus bei Fortunatus vgl. Decret, Aspects 193-197.

[88] Vgl. c. Fort. 14 (CSEL 25 p. 91,8-12).

[89] Mit der Haltung des Fortunatus stimmt die Antwort überein, die Augustinus dem Faustus in der fiktiven Diskussion mit ihm in den Mund legt. Auf die Frage, warum er denn Mani geglaubt habe, obwohl dieser doch entgegen seiner Versprechen keine sichere Einsicht biete, läßt er Faustus antworten (c. Faust. 32,20 CSEL 25 p. 781,22-24): „Sed ... propterea credidi, quae non mihi ostendit, quia duas naturas, boni scilicet et mali, mihi in hoc ipso mundo euidenter ostendit."

[90] Vgl. c. Fort. 14 (CSEL 25 p. 91,5-8).

[91] Vgl. c. Fort. 14 (CSEL 25 p. 91,12-18).

[92] Vgl. c. Fort. 20 (CSEL 25 p. 99,21), vgl. Decret, L'Afrique 1,262. Zur Vermittlung dieser „scientia" durch den „νοῦς" vgl. Giuffré-Scibona 140-142. Zur manichäischen νοῦς-Vorstellung vgl. die Beiträge zum Symposion in Louvain 1991, hrsg. von A. van Tongerloo/J. van Oort.

an ihren Ursprung wieder wach. Sie „wird wiedererkennen"
(„recognoscet"), woher sie stammt, in welchem Elend sie sich befindet und wie sie das Böse, das sie zuvor unfreiwillig getan hat, wiedergutmachen kann.[93] Vor diesem Wissen aber wurde sie von der
schlechten, feindlichen Substanz gegen ihren Willen zur Sünde gezwungen.[94] Von einer wirklichen Sünde kann man also erst *nach* der
Mitteilung der Gnosis sprechen. Die eigentliche, nach Ansicht des
Manichäers Secundinus unverzeihliche Sünde besteht im Verstoß
gegen die bereits erkannte Wahrheit, im bewußten Handeln wider
besseres Wissen.[95]

Als Vermittler dieser „scientia" nennt Fortunatus hier nicht Mani,
sondern den „Erlöser", d.h. Christus. Dies ist nicht verwunderlich,
da der Manichäer in der Auseinandersetzung mit katholischen
Christen gezwungen ist, vom Boden des Diskussionsgegners aus zu
argumentieren. Er versucht sich so „katholisch" wie möglich zu
geben.[96] Dies ist auch der Grund dafür, daß das Schriftargument
bei Fortunatus einen so großen Raum einnimmt. Nur indem er seine
Überzeugungen durch die Autorität der Schriften absichert, kann
er seine Rechtgläubigkeit unter Beweis stellen.[97] Er spricht nun von
Christus als „Lehrer"[98] und „Erlöser", der durch seinen „Erinne-
rungsruf" („commonitio") und seine „heilbringende Lehre" („sana
doctrina") die Seele zur „Trennung" von der Finsternis führt.[99]

---

[93] Vgl. c. Fort. 20 (CSEL 25 p. 99,20-100,3), vgl. auch ebd. 21 (p. 103,7-10);
ep. ad Menoch frg. 2,1 ed. Stein mit Kommentar ebd. 59. Vgl. Decret, L'Afrique
1,284-285.286-289 (zur Einheit von Erkenntnis – Wiedererkenntnis / Selbsterkenntnis – erlösende Wiedergeburt).

[94] Vgl. c. Fort. 20 (CSEL 25 p. 99,17-21).

[95] Vgl. Sec. ep. CSEL 25 p. 894,18ff.: Es gibt nur eine Sünde, die unverzeih-
lich ist und die zum endgültigen Verderben führt, nämlich die bewußte Zustimmung zum Schlechten, „obwohl sie (sc. die Seele) sich selbst erkannt hat", also der
Verstoß gegen die bereits erkannte Wahrheit; vgl. hierzu Decret, L'Afrique 1,343ff.,
bes. 344-345. Wer die Manichäer verlassen und sich damit von der Gnosis abge-
wandt hat, durch den „ist das Licht hindurchgewandert" (vgl. util. cred. 3 [FC 9
p. 84,20-21]).

[96] Vgl. oben 72 mit Anm. 38. Decret, L'Afrique 1,273 kennzeichnet die Position des Fortunatus im Unterschied zu anderen Manichäern als „très ,christo-
centriste'". Vgl. auch ders., Aspects 274-276; ders., Christologie 443ff.

[97] Vgl. c. Fort. 20 (CSEL 25 p. 99,11-13). Angesichts der kritischen Stellung
der Manichäer gegenüber der „auctoritas" ist die Aussage des Fortunatus um so
auffälliger und ein Indiz für sein Bemühen, sich möglichst „christlich-katholisch"
zu geben, oder eine sehr weit gehende „Akkommodation" der manichäischen
Sprache an die der catholica.

[98] Vgl. c. Fort. 17 (CSEL 25 p. 95,17-18).

[99] Vgl. c. Fort. 21 (CSEL 25 p. 102,25-103,3). Zur Erlöserfunktion Christi vgl.
Decret, Aspects 275-278 (Fortunatus). 283-286 (Faustus). 291-293 (Felix).

Diesen „Erlöser" identifiziert er unter Anspielung auf den Johannes-
prolog in seinem „Glaubensbekenntnis" zu Beginn der Diskussion
mit dem „Wort, geboren vor der Errichtung der Welt", das dann
zu den Menschen kam, um den Menschen seine Gebote zu geben
und sie durch seine Verkündigung zur Rückkehr zum Reich Gottes
zu befähigen.[100] Was hier durch die Schriftzitate auf Christus bezogen wird, gilt nach manichäischer Auffassung auch für Mani selbst.
Christus und Mani sind beide Apostel des Lichts, durch die der Licht-
Nous spricht und deren Funktion in der Vermittlung der Erkenntnis besteht – allerdings mit dem Unterschied, daß Mani der letzte,
größte Prophet ist, daß er die Wahrheit umfassend und offen ohne
Bilder, d.h. in wörtlich zu verstehender Sprache aussagt[101] und daß
seine Lehre unverfälscht überliefert wird. Insofern überbietet er die
Botschaft Christi, doch die Funktion beider ist dieselbe.[102] Was
Fortunatus der Verkündigung Christi zuschreibt, ist bei Faustus das
Werk des von Jesus verheißenen Parakleten, mit dem ohne Zweifel
Mani gemeint ist. Der Paraklet wird in die ganze Wahrheit einführen, alles voraussagen und an alles „erinnern".[103] Das hier gewähl-
te „commemorare" entspricht der „commonitio", die nach Fortunatus
vom „Erlöser" ausgeht.[104] Daß allerdings Mani mit seiner Botschaft
Christus überbietet, verschweigt Fortunatus gegenüber seinen katholischen Zuhörern.

Aus manichäischer Sicht bietet also der Mythos umfassende Einsicht in die Weltwirklichkeit. Er erklärt mit seiner zeitlichen Perspek-
tive das Woher und Wohin des Kosmos. Er ist also ein Sinnentwurf.
Mit dem dualistischen Prinzip erklärt er eine Fülle von Erscheinungen, von den kosmischen Phänomenen bis hin zur inneren Zerrissenheit des Menschen zwischen dem Willen zum Guten und der
Unfähigkeit, es zu tun. Dies geschieht durch den Mythos als eine
„Erzählung", die „auf logisch oder mindestens rational verständliche Weise" die Struktur und das Geschick der Gesamtwirklichkeit

---

[100] Vgl. c. Fort. 3 (CSEL 25 p. 85,21-86,4).

[101] Vgl. c. ep. Man. 23 (CSEL 25 p. 221,2-8). Vgl. dazu Feldmann, Einfluß
1,554-558; Decret, L'Afrique 1,250-251; Lieu, Manichaeism 30-32.

[102] Zur erkenntnisvermittelnden Funktion Manis vgl. Decret, L'Afrique 1,273-
282. Zum Verhältnis von Mani und Jesus nach dem CMC vgl. Böhlig, Bedeutung
46-52.

[103] Vgl. c. Faust. 32,6 (CSEL 25 p. 765,21-23). Faustus kombiniert die beiden
Anküdigungen des Parakleten im Johannesevangelium miteinander.

[104] Vgl. oben 83 mit Anm. 99.

darstellen will.[105] Das Bemühen um die „Rationalität" zeigt sich im manichäischen Mythos besonders eindrucksvoll in der Systembildung durch Triaden, Tetraden, Pentaden, Dodekaden u.ä.[106] Dieses Wissen, diese Erkenntnis und Einsicht in die „ganze" Wahrheit ist von der philosophischen Erkenntnis deutlich zu unterscheiden.[107] Im Gegensatz zur letzteren erschließt sich die Einsicht des Gnostikers nicht selbst. Sie ist nicht Ergebnis diskursiver Reflexion, sie wird nicht begrifflich-logisch entwickelt. Dieses Wissen beruht auf Offenbarung, es ist also ein göttliches Geschenk. Aufgrund der Vermischung kann der Mensch nicht von selbst dieses verschüttete Wissen wiedergewinnen. Er ist wie der Urmensch auf den Weckruf aus dem Lichtreich angewiesen. Der Mensch muß wieder in die Wahrheit und das Geheimnis der Welt und seines eigenen Wesens „eingeführt" werden.[108] Dies hat Mani selbst in seinen Berufungen erlebt,[109] und dies wiederholt sich, wenn seine Botschaft durch seine Kirche verkündet wird.[110]

4. Zusammenhang von Erkenntnis und Glauben

Mit diesem Wahrheits- und Erkenntnisverständnis läßt sich der Begriff des Glaubens durchaus verbinden. In welchem Sinn hier „Glauben" verwendet wird und in welchem Zusammenhang hiermit die Erkenntnis steht, zeigt das zweite Fragment der Epistula fundamenti. Dort wird folgende Reihung aufgebaut: Wer die Worte hört, ihnen zunächst glaubt und dann ihren Inhalt beachtet, wird in den Genuß des ewigen Lebens gelangen.[111] Im folgenden Satz ist es dann aber

---

[105] Vgl. Colpe, Gnosis 16-17; Feldmann, Ratio 181. Vgl. auch Polotsky 246,50-52: Mani „legte ... Wert darauf, ein System zu bieten, das die Ratio befriedigte." Merkelbach, Religionssystem 12-13.

[106] Vgl. Polotsky 246,65-247,5. Zu den Tetraden speziell vgl. Merkelbach, Religionssystem 39-50.

[107] Vgl. Woschitz 24-28; Decret, Aspects 260ff., bes. 262-263; Rudolph, Erkenntnis und Heil 14-18.20-21.

[108] Vgl. Decret, L'Afrique 1,263-264.

[109] Vgl. CMC 63,23-70,9.

[110] Zur Funktion der Kirche Manis als Vermittlerin der Gnosis vgl. Decret, L'Afrique 1,267-270.

[111] Vgl. ep. fund. frg. 2 ed. Feldmann: „quae (sc. salubria uerba Manichaei) qui audierit et isdem primum crediderit, deinde, quae insinuant, custodierit, numquam erit morti obnoxius, uerum aeterna et gloriosa uita fruetur." Die Reihung spielt auf neutestamentliche Aussagen wie Lk 11,28 an. Vgl. Decret, L'Afrique 1,261-265.

„diese göttliche *Erkenntnis*", die den Menschen befreit und zum ewigen Leben führt. Wenn also das Glauben als zweiter Schritt nach dem Hören genannt wird, dann ist damit die Annahme, das Bejahen der Botschaft gemeint. Und eben dies wird anschließend gleichgesetzt mit der Gewinnung der Erkenntnis. Wer die Botschaft Manis hört, nimmt sie an und akzeptiert sie, weil sie „einleuchtend" ist – wer die epistula gehört hat, ist ja ein „inluminatus".[112] Glaubensakt und Erkenntnis fallen zusammen.

Dies bestätigt sich in anderen Formulierungen lateinischer manichäischer Quellen. Für Fortunatus sind die erwählten Seelen nach der Ankunft des Erlösers mit dem Glauben und der Erkenntnis der himmlischen Dinge („fide et ratione caelestium rerum") erfüllt und können so unter der Führung des Erlösers wieder zum Reich Gottes zurückkehren.[113] Damit haben sie im Erlöser tatsächlich die Wahrheit, den Weg und das Tor, nämlich das Tor zur Rückkehr in das Reich des Vaters gefunden. Pointiert stellt Fortunatus in seiner eigenen Wiederaufnahme der Anspielung auf das Johannesevangelium die Wahrheit an die erste Stelle und betont sie dadurch besonders.[114]

Faustus greift die Paulinische Gegenüberstellung des alten und neuen Menschen auf.[115] Der alte Mensch ist aus seiner Sicht der physische, in der Leidenschaft des Geschlechtsaktes erzeugte und bei der natürlichen Geburt zum Leben gekommene Mensch. Der neue Mensch dagegen entsteht in einer zweiten, geistigen Geburt. Sie geschieht voller ethischer Würde und Heiligkeit,[116] in „Heiligkeit, Gerechtigkeit und Wahrheit", wie Faustus im Anschluß an Eph 4,24 formuliert.[117] Diese zweite Geburt betrifft die Einsicht, sie ist ein „(ortus) intellegibilis".[118] Sie ereignet sich nämlich dann, wenn die Wahrheit („ueritas") uns auf sich hin neu erschafft, wenn wir vom

---

[112] Vgl. c. ep. Man. 5 (CSEL 25 p. 197,8-10); 25 (p. 224,26-28).

[113] Vgl. c. Fort. 3 (CSEL 25 p. 85,21-86,2).

[114] Vgl. c. Fort. 3 (CSEL 25 p. 86,4-6). Im Zitat (ebd. p. 86,2-3) wird die Reihenfolge der johanneischen Vorlage beibehalten. Allerdings verändert Fortunatus die Vorlage, indem er an der dritten Stelle „Leben" durch „Tor" ersetzt.

[115] Vgl. c. Faust. 24,1, zum neutestamentlichen Hintergrund vgl. Eph 4,22-24; Röm 6,6. Vgl. hierzu Decret, Giustificazione 107ff., bes. 109-110. Die Gegenüberstellung begegnet häufig in manichäischer Lehre, vgl. Klimkeit 131-149; zur Verwendung in den Kephalaia vgl. auch Woschitz 123-126.

[116] Vgl. c. Faust. 24,1 (CSEL 25 p. 718,10): „alter (sc. modus nascendi) ... honestatis et sanctimoniae".

[117] Vgl. c. Faust. 24,1 (CSEL 25 p. 719,13-15, vgl. ebd. l. 6-7).

[118] Vgl. c. Faust. 24,1 (CSEL 25 p. 720,12-13).

Irrtum („error") abgebracht und in den Glauben („fides") eingeführt
worden sind.[119] Dann sind wir in Christus Jesus durch den Heiligen
Geist unter den Belehrungen („doctrinis") guter Männer zum Glauben („fides") erzogen worden.[120] Alle diese Formulierungen zeigen
die unmittelbare Verbindung von Wahrheitsvermittlung und Glauben. Glauben bedeutet, die gelehrte Wahrheit anzunehmen und zu
bejahen; entsprechend setzt Faustus unter Aufnahme von Kol 3,10
den Zeitpunkt des Gläubigseins mit der „Anerkennung Gottes"
gleich.[121] Zudem wird in den aufgeführten Texten der für gnostisches
Denken kennzeichnende unmittelbare Zusammenhang von Erkenntnis (einschließlich ihrer Annahme im „Glauben") und Erlösung
deutlich. Sobald der einzelne durch die Verkündigung Manis zur
Erkenntnis seiner selbst und der Welt kommt, ist er erlöst.[122]
Durch diesen weiten Glaubensbegriff lassen sich Glauben und
Erkenntnis miteinander verbinden. Die manichäische „fides", von
der die nordafrikanischen Manichäer häufig sprechen, meint den
„Glauben" als die Anerkennung und Bejahung bestimmter Inhalte.
Diese Verwendungsweise zeigt sich sehr deutlich in den beiden
„Glaubensbekenntnissen" des Faustus und des Fortunatus. In ihren
Aussagen über den „trinitarischen" Gott formulieren beide inhaltli-
che Kernpunkte manichäischer Lehre.[123] Deutlich wird dieses Ver-

---

[119] Vgl. c. Faust. 24,1 (CSEL 25 p. 717,18-20): „alterum (sc. tempus natiuitatis)
..., cum ueritas nos ex errore conuersos ad se regenerauit initiatos ad fidem". Dabei
liegt der „error" nach der epistula fundamenti frg. 11 darin, daß sich die Seele
„aus der Liebe zur Welt" von ihrer ursprünglichen Lichtnatur abbringen, entfrem-
den („errare") und sich von ihr „überwinden" („superari") läßt. Dadurch wird sie
zur Feindin des Lichts, sie verfolgt die „heilige Kirche" Manis und die electi und
fügt ihnen Schaden zu. Eine solche Seele wird nicht ins Lichtreich zurückkehren
können. Sie bleibt vom Glück und der Herrlichkeit der heiligen Erde (sc. dem Lichtreich) ausgeschlossen; sie wird endzeitlich in den gräßlichen „Klumpen", in dem
die Finsternis zusammengeballt wird, eingebunden und muß ihn bewachen.
[120] Vgl. c. Faust. 24,1 (CSEL 25 p. 718,10-12): „alter (sc. modus nascendi) ...,
quo in Christo Iesu per spiritum sanctum sub bonorum doctrinis discipulati sumus
ad fidem".
[121] Vgl. c. Faust. 24,1 (CSEL 25 p. 719,24-25, vgl. ebd. l. 20-22). Zum Glauben als Zeitpunkt der zweiten Geburt vgl. ebd. p. 717,18-20; 718,12; 718,21; 719,10.
[122] Vgl. dazu CMC 84,9-85,4, dazu unten 89 Anm. 131; vgl. auch ep. ad
Menoch frg. 2,1 ed. Stein: Die Manichäerin ist „splendida" geworden, indem sie
erkannt hat („agnoscendo"), in welchem Zustand sie sich vorher befunden hat und
woher ihre Seele stammt, vgl. dazu Stein 58-60. Decret, Aspects 271ff.; ders.,
L'Afrique 1,285-289; ders., Giustificazione 110-112. Zur gnostischen Vorstellung
von der Erlösung durch Erkenntnis vgl. Puech, Erlösung 186ff., bes. 207-210.213ff.;
Rudolph, Erkenntnis und Heil 14ff., bes. 15-18.20-23; Woschitz 24-28.111-115;
Klauck, Gnosis als Weltanschauung 5-7; Klauck, Umwelt 147.174-175.
[123] Vgl. dazu oben 71-72.

ständnis von „fides" auch in der Argumentation des Faustus gegen die leibliche Geburt des Gottessohns. Nach dem „Glauben" des Lukas wurde aus dem von Maria geborenen Davidsohn erst durch die Taufe im Jordan im Alter von etwa 30 Jahren der Sohn Gottes. Ähnlich spreche auch Matthäus erst im Zusammenhang mit der Taufe Jesu davon, dieser sei Gottes Sohn.[124] Der „katholische Glaube" („fides catholica") dagegen besage nach dem Symbolium, Jesus Christus, der Sohn Gottes, sei aus Maria der Jungfrau geboren worden.[125] Dieser Glaube sei demnach mit dem „Bekenntnis" („professio") des Matthäus (und Lukas) nicht vereinbar.[126] „Fides" und „professio" können also bedeutungsgleich nebeneinander verwendet werden.[127] Damit stehen sich unterschiedliche „Bekenntnisse" (man würde heute sagen: Religionen) gegenüber. Faustus unterscheidet die katholische „fides" des Diskussionsgegners von der eigenen manichäischen „fides",[128] und nur sie macht die wahre „christiana fides" aus.[129] Ebenso spricht er von der „fides" der „hebräischen Propheten" und meint damit die jüdische Religion in Abgrenzung vom „Christentum".[130]

---

[124] Vgl. c. Faust. 23,2 (CSEL 25 p. 708,10-14).

[125] Vgl. c. Faust. 23,2 (CSEL 25 p. 708,19-20; 709,2-4).

[126] Vgl. c. Faust. 23,2 (CSEL 25 p. 709,1-2).

[127] Vgl. c. Faust. 23,2 (CSEL 25 p. 708,27-709,1.7); weiter Fortunatus in c. Fort. 3 (CSEL 25 p. 85,16 [„professio"]; 86,9-12 [„fides, credere"]); 20 p. 99,9-11.

[128] Vgl. c. Faust. 6,3 (CSEL 25 p. 285,5) mit der Gegenüberstellung von „mea (sc. Manichaica) fides" und „tua (sc. catholica) fides"; 31,3 (p. 758,14-15); 32,2 (p. 762,4): „fidem nostram"; 27,1 (p. 738,2): „uestra fides".

[129] Vgl. c. Faust. 31,2 (CSEL 25 p. 757,8-10; 758,2-4); 32,3 (p. 762,8ff., bes. 762,26). Vgl. auch c. Faust. 15,1: Durch den Versuch, AT und NT miteinander zu verbinden, machen die catholici den christlichen Glauben („Christianam ... fidem") zu einem Hippokentauros (ebd. CSEL 25 p. 417,4-5). Die Manichäer dagegen halten sich allein an Christus, d.h. an das NT.

[130] Vgl. c. Faust. 13,1 (CSEL 25 p. 377,22-24); 19,5 (p. 502,2): „Manichaei ueneranda fides" hat Faustus „der Gefahr entrissen", ein Jude zu werden. In diesem Sinn verwendet Faustus auch die Vokabel „secta" (vgl. c. Faust. 20,4): Es gibt letztlich nur zwei „sectae" (Religionen), nämlich die Heiden und die Manichäer. Dabei definiert Faustus „secta" als eine Gottesverehrung, die sich sowohl in den Inhalten als auch in der Organisationsform von anderen deutlich unterscheidet im Gegensatz zu einem „schisma", das sich bei gleichen Inhalten und Kultformen lediglich organisatorisch von anderen Formen derselben Gottesverehrung trennt (vgl. c. Faust. 20,3 p. 537,4-8). Faustus zielt auf die provokante These ab, daß die catholici wie die Juden ein „schisma" des Heidentums sind, von dem sie sich nur unwesentlich unterscheiden (vgl. ebd. 20,4 p. 538,2ff., bes. l. 16-17). So befinden sie sich nicht auf der Seite der Wahrheit, sondern des Irrtums (ebd. l. 23-24). Damit steht den „gentes" letztlich allein die „religio" der Manichäer gegenüber (vgl. ebd. 20,1 p. 536,7-8).

Diese „fides" im umfassenden Sinn schließt den Bereich der Ethik mit ein. Bereits die Fragmente der epistula fundamenti lassen erkennen, daß dem Hören und Glauben die praktische Umsetzung folgen muß.[131] Ausführlich thematisiert Faustus das Verhältnis von Glauben und Praxis. Ausgangspunkt dieser Erörterung ist die Frage des katholischen Gegners, ob der Manichäer das Evangelium annehme.[132] Diese (erfolgte) Annahme des Evangeliums wird später in der Antwort des Faustus mit „fides" gleichgesetzt.[133] Faustus bejaht die Frage nachdrücklich. Er bestimmt das „Evangelium" als „Verkündigung und Gebot Christi". Auf das Letztgenannte legt er das Hauptgewicht. In einem ersten Schritt zeigt Faustus unter Anspielung auf eine Vielzahl neutestamentlicher Stellen, insbesondere auf die Seligpreisungen der Bergpredigt, daß er die Verhaltensforderungen Christi in vorbildlicher Weise erfüllt und sich damit als wahrer Jünger Christi erweist.[134] In einem zweiten Schritt setzt er dies in Bezug zum „Glauben" im Sinne des Fürwahrhaltens. Eingeleitet wird dies durch den fiktiven Einwand des katholischen Gegners: „Aber das Evangelium anzunehmen besteht nicht nur darin, das zu tun, was Christus geboten hat, sondern auch alles zu glauben, was im Evangelium geschrieben steht"; dies wird sogleich spezifiziert auf die leibliche Geburt Christi.[135] Faustus setzt dem entgegen: Wenn sowohl die Einhaltung der Gebote als auch die Anerkennung aller Aussagen zum „vollkommenen Glauben" hinzugehören, dann nimmt der catholicus das Evangelium ebensowenig

---

[131] Vgl. ep. fund. frg. 2, dazu oben 85-86 mit Anm.111. Der ethische Aspekt wird hier nicht weiter ausgeführt; vgl. aber CMC 84,9-85,4: Die wahre Reinheit ergibt sich durch die Gnosis, d.h. die Trennung der beiden Prinzipien. Der Mensch muß die Gegensätzlichkeit der beiden Prinzipien erkennen, *dann* wird er die Gebote des Retters halten, *damit* dieser ihn erlöst. Derselbe Zusammenhang zeigt sich auch bei Fortunatus (c. Fort. 20 [CSEL 25 p. 99,21-100,3]): Durch die „scientia rerum" wird der Mensch an seine wahre Herkunft erinnert, er erkennt, wie er die zuvor unwissend und unfreiwillig begangenen Sünden wiedergutmachen kann, und verdient sich dadurch die Erlösung durch Gott, den Retter, der lehrt, das Gute zu tun und das Schlechte zu meiden.

[132] Vgl. c. Faust. 5,1 (CSEL 25 p. 271,8): „Accipis euangelium?"

[133] Aus den beiden Seiten der „Annahme des Evangeliums" werden die zwei Seiten der „fides perfecta", vgl. c. Faust. 5,2 (CSEL 25 p. 272,25-28).

[134] Vgl. c. Faust. 5,1. Faustus spielt an auf Mt 19,29; Mt 10,9-10; 6,25; 5,3-11. Vgl. dazu cod. Teb. col. 9 ed. Merkelbach zu den Anforderungen, die an die electi gestellt werden.

[135] Vgl. c. Faust. 5,2 (CSEL 25 p. 272,8-11): „Sed non ... accipere euangelium hoc solum est, si quod praecepit, facias, sed ut etiam credas omnibus, quae in eodem scripta sunt, quorum primum est illud, quia sit natus Iesus".

an wie der Manichäer. Der Manichäer akzeptiert nicht alle Aussagen des Evangeliums, der catholicus hält nicht alle Gebote. Also sind
beide nicht vollkommen, und der Manichäer braucht sich vom katholischen Christen keine Vorhaltungen gefallen zu lassen.[136] Faustus
spitzt dies noch weiter zu, indem er die beiden Seiten des vollkommenen Glaubens auf die Alternative von Wort und Tat bringt.[137]
Das Glauben des catholicus beschränkt sich auf das Wort, wenn er
bestimmte Inhalte wie die Geburt Christi als wahr anerkennt. Der
Manichäer dagegen realisiert (zumindest als electus) den Glauben
in der Tat, wenn er die ethischen Forderungen Christi erfüllt. Damit wählt er von den beiden Seiten des Glaubens die bei weitem
schwierigere.[138] Daß dies und nicht das reine Wortbekenntnis die
Seite des Glaubens ist, die nach neutestamentlichem Zeugnis das Heil
vermittelt, zeigt Faustus in einem dritten Schritt.[139] Im Abschluß
seiner Argumentation weist er schließlich darauf hin, daß die
Manichäer auch die Forderung nach dem Bekenntnis erfüllen. Sie
machen sich nicht der „Blasphemie" schuldig, die leibliche Geburt
Jesu zu behaupten, sondern sie bekennen Jesus als Christus, den Sohn
des lebendigen Gottes, so wie es nach neutestamentlichem Zeugnis
von Gott selbst, der im Himmel ist, geoffenbart wurde (Mt 16,17).[140]

Das capitulum bestätigt die katholische Forderung nach „Glauben" im Sinne des Fürwahrhaltens. Faustus betont demgegenüber
mit großer Selbstsicherheit die praktisch-ethische Seite des Glaubens
und sieht hierin offenbar eine Trumphkarte der Manichäer in der
Konkurrenz mit der catholica. Insgesamt bestätigt sich damit die
weite Fassung des Glaubensbegriffes. Glauben als „Bekenntnis"
schließt die Annahme der ethischen Forderungen und deren praktische Umsetzung ein.

Diese weite Verwendungsweise von „fides" bzw. „credere" ist auch
der biblischen und kirchlichen Sprache angepaßt. Es besteht so kein
Problem, die neutestamentliche Glaubensforderung anzunehmen und
sich zum Glauben an Christus zu bekennen. Zweimal räumt Faustus
ein, daß der katholische Gegner die Forderung nach Glauben mit

---

[136] Vgl. c. Faust. 5,2 (CSEL 25 p. 272,19-21).
[137] Vgl. c. Faust. 5,2 (CSEL 25 p. 272,24-28).
[138] Vgl. c. Faust. 5,2 (CSEL 25 p. 272,28-273,4).
[139] In c. Faust. 5,3, eingeleitet durch den katholischen Einwand: „sed ego ad
tribuendam ... salutem animis hanc partem fidei efficaciorem puto ac magis
idoneam, quam tu reliquisti, id est Christum fateri natum" (c. Faust. 5,2 CSEL
25 p. 272,4-7).
[140] Vgl. c. Faust. 5,3 (CSEL 25 p. 274,12-20).

einem gewissen Recht gegenüber dem Manichäer erhebt, der sich
ja ebenfalls als Christ versteht. Sein „Bekenntnis" („professio") zu
Christus verpflichtet den Manichäer zum Glauben. Er kann nämlich nicht den Glauben dem verweigern, dem er doch nachfolgt und
dient.[141]

Aus seinem Zugeständnis müßte nun Faustus die Konsequenz
ziehen, nicht weiter gegen Joh 5,46 zu argumentieren und den Einwand seines Gegners zu akzeptieren. Er umgeht dies aber, indem
er zunächst auf die Möglichkeit verweist, daß derselbe Einwand von
einem Juden oder Heiden vorgebracht werden könnte.[142] Da beide
nicht an Christus glauben, kann ihnen gegenüber nicht einfach auf
die Verpflichtung zum Glauben verwiesen werden. Hier sind „Be-
weise" („probationes") notwendig.[143] Das bedeutet: Es muß anhand
von Schriftstellen gezeigt werden, daß im AT auf Christus voraus-
gewiesen wird. Nachfolgend werden dann von Faustus alttestament-
liche Stellen zitiert, die gerade den inneren Widerspruch der beiden Testamente verdeutlichen sollen. Ziel der Argumentation ist der
Schluß: Wenn sich im AT keine Voraussagen über Christus finden
lassen, kann Christus die ihm zugeschriebene Aussage von Joh 5,46
nicht gemacht haben. Sie ist also eine Fälschung.[144] Diese Argumentation zielt aber keineswegs in erster Linie auf Nichtchristen ab,
sondern gerade auf die katholischen Gegner. Ihnen soll die Notwendigkeit einer kritischen Distanz zur Jesustradition gezeigt werden. Aus
manichäischer Sicht gilt zwar die Forderung nach Glauben im Sinne
der Bejahung der Botschaft Christi, allerdings nur unter dem Primat
der Verkündigung Manis. Von daher ergibt sich die Notwendigkeit,
zwischen Richtigem und Falschem in der Jesustradition zu unterscheiden und nicht alles blindlings zu „glauben". Hierin liegt der
Ansatz für die kritisch-rationale Reflexion und die Ablehnung eines
vorbehaltlosen Glaubens.

---

[141] Vgl. c. Faust. 16,3 (CSEL 25 p. 442,15-17): „nolo enim nunc ad me respicias,
quem ad credendum professio mea fecit obnoxium"; 16,8 (p. 446,19-21): Daß man
als Christ der Aussage Christi, über ihn habe Moses geschrieben, glauben müsse,
„hoc mihi quidem dicere potuisti, quem scias necesse habere, ut credam causa
religionis, qua famulor Christo".

[142] Vgl. c. Faust. 16,3 (CSEL 25 p. 442,17-18).

[143] Vgl. c. Faust. 16,3 (CSEL 25 p. 442,18-20).

[144] Vgl. c. Faust. 16,5 (CSEL 25 p. 444,7-9).

5. *Ablehnung des Glaubens – Kritischer Anspruch*

Die ausdrückliche Ablehnung des Glaubens läßt sich in den lateinischen manichäischen Quellen nur an recht wenigen Stellen nachweisen. Sie alle stehen in unmittelbarer Verbindung mit dem Problem der Authentizität der neutestamentlichen Tradition.[145]

Voraussetzung dieser Diskussion ist die manichäische Auffassung,
daß sich die Lehre Christi und die Lehre Manis grundsätzlich nicht
widersprechen können. Denn beide sind Apostel des Lichts und
Verkünder derselben Wahrheit. Dennoch sind Widersprüche zwischen der Verkündigung Christi, wie sie in der neutestamentlichen
Tradition festgehalten ist, und der Botschaft Manis offensichtlich.
Da nun Mani den Anspruch erhebt, letztgültig und umfassend die
Wahrheit in offener, klarer Rede zu vermitteln und so die Verkün-
digungen der vorausgehenden Propheten zu überbieten, steht für den
Manichäer außer Frage, daß die Botschaft Manis das entscheidende Kriterium sein muß, an dem die Jesustradition zu messen ist. Die
bestehenden Widersprüche können nun nicht Christus angelastet
werden. Dies ist unvereinbar mit der Voraussetzung, daß Christus
die Wahrheit verkündet hat, und mit dem Anspruch der Manichäer, wahre Christen zu sein.[146] Die Widersprüche sind nach Faustus
vielmehr auf die Tradenten der Botschaft Christi zurückzuführen.
Die Jesusüberlieferung wurde in den Evangelien durch deren juden-
christliche Verfasser verfälscht, die nicht mit den als Verfasser gel-
tenden Aposteln bzw. Apostelschülern identisch sind.[147] Hieraus
ergibt sich für Faustus die Notwendigkeit einer kritischen Prüfung.
Im Zusammenhang mit der Erklärung seiner Fälschungsthese umreißt er das grundsätzliche Verhältnis der Manichäer zu den von der
katholischen Kirche anerkannten Evangelien folgendermaßen:

---

[145] Vgl. hierzu Decret, Faustus 769-770.

[146] Vgl. z.B. c. Faust. 18,2 zu Mt 5,17: Wenn Jesus dies gesagt hat, hat er
entweder etwas anderes gemeint, oder er hat gelogen. „sed Iesum quidem mentitum
esse nullus dicat dumtaxat christianus" (CSEL 25 p. 491,24-25). So bleiben nur
zwei Möglichkeiten: Der Spruch lautete anders, oder er wurde nie gesagt. Vgl.
weiter ebd. 18,3 (p. 492,18-20): Wer Mt 5,17 anerkennt, unterliegt entweder einem
Aberglauben, oder er hält den Spruch für eine Fälschung, oder er muß zugeben,
daß er kein Jünger Christi ist.

[147] Zur manichäischen Fälschungsthese vgl. Hoffmann, Verfälschung 149ff.

Zu Recht hören wir diese Schriften, die so widersprüchlich und unterschiedlich sind, niemals ohne kritisches Urteil und Überlegung („sine iudicio ac ratione"); sondern wir betrachten alles, vergleichen das eine mit dem anderen und erwägen, ob jede einzelne Aussage von Christus gemacht worden sein kann oder nicht.[148]

Nach welchen Kriterien entschieden wird, was die „echte", authentische Lehre Christi ist, erläutert Faustus nicht ausführlich, doch ist das Prinzip klar erkennbar. Der von Christus selbst verheißene Paraklet erklärt, was aus dem Evangelium anzunehmen und was abzulehnen ist.[149] Mit dem Parakleten ist selbstverständlich Mani gemeint, auch wenn Faustus dies in der Diskussion mit katholischen Christen nicht ausdrücklich erwähnen will. Aufgrund der bereits aufgeführten manichäischen Zeugnisse[150] steht dies außer Zweifel. Auch Augustinus versteht Faustus in diesem Sinn.[151] Damit sehen sich die Manichäer in demselben Verhältnis zum NT wie die catholici zum AT.[152] Die catholici akzeptieren aus dem AT nur das, was mit der Verkündigung Christi vereinbar ist. Sie berufen sich auf die Voraussagen des kommenden Königs, um sie auf Jesus zu deuten, und akzeptieren die für das gesellschaftliche Leben unverzichtbaren Gebote. Dagegen mißachten sie zahlreiche Vorschriften des AT, so z.B. das Gebot der Beschneidung, der Sabbatruhe, die Opfer-, Kult- und Speisevorschriften u.a.[153] Ebenso erkennen die Manichäer im NT nur das an, was mit der Lehre Manis vereinbar ist. Sie akzeptieren das „Nützliche", d.h., wie Faustus selbst erklärt, alles das, was den eigenen manichäischen „Glauben" („fidem nostram") aufbaut und den Ruhm Christi sowie des allmächtigen Vaters mehrt. In negativer Formulierung heißt das: Abgelehnt wird alles, was mit der Würde der göttlichen Größen und mit dem eigenen Glauben („fidei nostrae") nicht vereinbar ist.[154] Faustus sieht den Unterschied

---

[148] Vgl. c. Faust. 33,3 (CSEL 25 p. 788,10-14): „Nec inmerito nos ad huiusmodi scripturas, tam inconsonantes et uarias, numquam sane sine iudicio ac ratione aures adferimus; sed contemplantes omnia et cum aliis alia conferentes perpendimus, utrum eorum quidque a Christo dici potuerit necne."

[149] Vgl. c. Faust. 32,6 (765,18-20): „.... nobis paracletus ex nouo testamento promissus perinde docet, quid accipere ex eodem debeamus et quid repudiare."

[150] Vgl. oben 77-84.

[151] Vgl. c. Faust. 32,16ff.

[152] Vgl. c. Faust. 6,1; 32,4 (CSEL 25 p. 764,6-8).

[153] Vgl. c. Faust. 32,3ff., bes. 32,7 (CSEL 25 p. 766,5-15.24-28); 18,2.

[154] Vgl. c. Faust. 32,2 (CSEL 25 p. 762,3-7): „aequissimum iudicauimus utilibus acceptis ex isdem (sc. quae in testamento filii scripta sunt), id est his, quae et fidem

zwischen beiden Seiten darin, daß die Jünger Manis ihr kritisch-
auswählendes Verhältnis gegenüber dem NT offen zugeben, während
die katholischen Christen dasselbe gegenüber dem AT praktizieren,
zugleich aber behaupten, das AT anzuerkennen und einzuhalten.[155]

Der unmittelbare Zusammenhang dieses kritischen Verhältnisses
der Manichäer gegenüber dem NT und ihrer Ablehnung des Glaubens zeigt sich in der Diskussion um Mt 5,17. Jesu Aussage: „Ich
bin nicht gekommen, das Gesetz aufzulösen, sondern es zu erfüllen"
ist für die Manichäer nicht akzeptabel, weil sie ihrer Ablehnung des
AT widerspricht. Argumentationsziel des Faustus ist es daher, diesen Satz als Fälschung auszuweisen. In diesem Zusammenhang spielt
er auf seine Theorie von der Verfälschung der Jesustradition durch
die Verfasser der Evangelien an. Er greift das neutestamentliche
Bildwort vom schlechten Samen auf, den einer des Nachts zwischen
den guten Samen sät, und deutet es auf die Vermischung von rich-
tiger und falscher Jesustradition.[156] Daher stellt sich die Aufgabe,
Echtes vom Unechten zu trennen. Die Notwendigkeit dieser Unterscheidung ergibt sich auch hier aus der „Manichaea fides", d.h. aus
der Lehre Manis. Sie hat Faustus zu der Gewißheit gebracht, daß
man nicht alles unterschiedslos glauben („credere") darf, was dem
„Erlöser", also Christus zugeschrieben wird. Sie ist der Maßstab, an
dem geprüft wird, ob die neutestamentliche Tradition wahr, gesund
(-machend), unverfälscht ist.[157] Dies ist der Prozeß, in dem kritisches
Urteil und vernünftige Überlegung angewandt werden müssen, wie
Faustus bei der ausführlicheren Darstellung seiner Fälschungsthese
sagt.[158] Der catholicus dagegen vertritt nach Faustus die genaue
Gegenposition. Er „glaubt" alles, und zwar ohne Überlegung („temere"), er verdammt die vernünftige Einsicht („rationem"), die doch
ein Geschenk der Natur ist, vor der Unterscheidung zwischen Richtigem und Falschem hat er panische Angst wie Kinder vor Gespen-
stern.[159]

---

nostram aedificent et Christi domini atque eius patris omnipotentis dei propagent
gloriam, cetera repudiare, quae nec ipsorum maiestati nec fidei nostrae conueniant."
Vgl. dazu ebd. 32,1 (p. 761,5-7): Faustus wählt aus dem NT „purissima quaeque
... et meae saluti conuenientia" aus und mißachtet das, was von den Verfassern
eingefügt worden ist und „maiestatem ipsius et gratiam" verdunkelt.

[155] Vgl. c. Faust. 6,1 (CSEL 25 p. 285,4-8).
[156] Vgl. c. Faust. 18,3 (CSEL 25 p. 492,4-6), vgl. dazu Mt 13,24ff.
[157] Vgl. c. Faust. 18,3 (CSEL 25 p. 492,3-4).
[158] Vgl. oben 93 Anm. 148, dazu Hoffmann, Verfälschung 160.161-163.
[159] Vgl. c. Faust. 18,3 (CSEL 25 p. 492,10-15): „tu uero, qui temere omnia
credis, qui naturae beneficium rationem ex hominibus damnas, cui inter uerum

Ähnliches findet sich auch in der Argumentation gegen die Aussage Jesu, Moses habe über ihn geschrieben (Joh 5,46).[160] Faustus wehrt sich gegen die Forderung des katholischen Gegners, ein Christ müsse diesem neutestamentlichen Zeugnis mit Glauben antworten und es einfach so akzeptieren.[161] Faustus hält die Antwort zwar für äußerst schwach, wenn sie auch gebenüber ihm als Christen grundsätzlich berechtigt sei. Allerdings könne die Stelle des Johannesevangeliums nur dann „unbedingten Glauben" beanspruchen, wenn sie ein echtes Wort Jesu wiedergebe, nicht aber, wenn sie ihm fälschlich in den Mund gelegt werde. Dies müsse also gewissenhaft geprüft werden. Sollte sich herausstellen, daß es sich um eine Fälschung handelt, und deshalb der Aussage nicht geglaubt werden, richte sich diese Ablehnung des Glaubens nicht gegen Christus, sondern gegen den Fälscher.[162] Faustus läßt den katholischen Gegner daraufhin einwenden, daß Christus diejenigen seliger nennt, die nicht sehen und doch glauben (Joh 20,29).[163] Faustus entgegnet: Wenn das heißen soll, daß man alles ohne Vernunfteinsicht und kritisches Urteil („sine ratione et iudicio") glauben soll, dann mag der catholicus der Seligere sein, ohne beim Hören die Verstandeskraft einzusetzen („sine sensu"); der Manichäer dagegen ist damit zufrieden, (nur) selig zu sein, doch unter Einsatz der Vernunft („cum ratione").[164]

Beide Passagen bestätigen den manichäischen Anspruch auf kritische Rationalität, den Vorwurf der Vernunftfeindlichkeit gegenüber der katholischen Seite sowie den Vorwurf der „temeritas". Den catholici bescheinigt Faustus, auf dem einfachen Glauben („credere") ohne kritische Fragen zu beharren. Damit werden die Berichte Augustins über die beiden gegensätzlichen Positionen bestätigt.[165]

---

falsumque iudicare religio est cuique bonum a contrario separare non minus formidini est quam infantibus maniae, quid facturus eris, cum te in capituli huius angustiam necessitas coget?"

[160] Vgl. c. Faust. 16,1-8.

[161] Vgl. c. Faust. 16,8 (CSEL 25 p. 446,15-17); vgl. oben 74 Anm. 45.

[162] Vgl. c. Faust. 16,8 (CSEL 25 p. 446,23-24; 447,4-5).

[163] Vgl. c. Faust. 16,8 (CSEL 25 p. 447,5-6). „Sehen" bezieht sich hier zugleich auf den sinnlich wahrnehmbaren und den geistigen Bereich. In beiden Fällen meint es die sichere Erkenntnis aufgrund eigener „Anschauung". Der Einwand schließt sich an die vorausgehende Diskussion von Joh 20,24ff. an. Die Verwendung des Komparativs „beatiores" erklärt sich aus dem Schlußsatz, vgl. die folgende Anm.

[164] Vgl. c. Faust. 16,8 (CSEL 25 p. 447,6-8): „hoc si ideo dictum putas, ut sine ratione et iudicio quidque credamus, esto tu beatior sine sensu, ego mihi contentus ero cum ratione beatus audisse."

[165] Vgl. oben 70-71.

Augustinus gibt nicht nur die diskutierten Termini und Positionen richtig wieder, sondern er überliefert auch zutreffend, daß die nord-afrikanischen Manichäer trotz aller Kritik an der katholischen Glaubensforderung das Glauben nicht grundsätzlich ausschließen. Deutlich wird dies etwa in der Kurzformel „turpe est sine ratione cuiquam credere", mit der Augustinus die manichäische Position zusammenfaßt.[166] Die Abwertung richtet sich nicht grundsätzlich gegen jedes Glauben, sondern gegen die Ausschließlichkeit des Glaubens oder zumindest seinen zeitlichen Vorrang. Ähnliches ergibt sich aus einer anderen Kennzeichnung der manichäischen Position durch Augustinus. Die Manichäer wollen niemanden zum Glauben drängen, wenn nicht zuvor die Wahrheit diskutiert und entwickelt worden ist.[167] Die Wahl der scharfen Ausdrucksweise „premere ad" ist durch die vorausgehende Umschreibung der katholischen Position motiviert und kennzeichnet deren Vorgehensweise, die von mani-chäischer Seite abgelehnt wird. Die manichäische Position lautet also paraphrasiert: „Wir Manichäer drängen im Gegensatz zur catholica niemanden zum Glauben. Wir kommen nur unter der Bedingung zum Glauben, daß zuvor die Wahrheit in der Diskussion einsichtig gemacht worden ist." Noch deutlicher bringt Augustinus diese Po-sition im Proömium seiner Schrift zum ersten Buch de moribus zum Ausdruck. Nach der „natürlichen" Ordnung im Lernprozeß, so die Augustinisch-katholische Position, gehe die Autorität (und damit der Schritt des „credere") der Vernunfteinsicht voraus, da die Autorität zunächst den zur unmittelbaren Erkenntnis unfähigen Verstand auf die „Schau" der Wahrheit vorbereite.[168] In der Auseinandersetzung mit den Manichäern aber habe man es mit Menschen zu tun, die stets gegen die Ordnung denken, sprechen und handeln. Und so behaupten sie mit besonderem Nachdruck, daß zunächst einzig und allein Vernunfteinsicht vermittelt werden müsse.[169] Daher will Augustinus selbst in seiner Argumentation diesem Grundsatz folgen, auch wenn er methodisch falsch sei.

---

[166] Vgl. util. cred. 31 (FC 9 p. 166,20). Augustinus verbindet dies mit dem Vorwurf der „temeritas" (vgl. oben 70 Anm. 23) und notiert dazu: „Secundum illos loquor, quibus credendo displicemus" (ebd. p. 168,1-2). Vgl. Hoffmann, Au-gustins Schrift 174 Anm. 29.
[167] Vgl. util. cred. 2 (FC 9 p. 80,23-82,1): „(Manichaei dicebant) se ... nullum premere ad fidem nisi prius discussa et enodata veritate".
[168] Vgl. mor. 1,3 (CSEL 90 p. 5,14-23).
[169] Vgl. mor. 1,3 (CSEL 90 p. 5,23-6,4), bes.: „nihil(...) aliud maxime dicunt (sc. Manichaei) nisi rationem prius esse reddendam" (p. 6,2-3).

Das Betätigungsfeld dieser logisch-begrifflichen Rationalität ist die Schriftkritik.[170] Aufgrund oft erstaunlich kritischer Textbeobachtung und mit den Argumentationsmitteln antiker Dialektik und Rhetorik versucht Faustus, der Lehre Manis widersprechende Textstellen und Inhalte als falsch und unhaltbar zu erweisen. Über die erwähnte Diskussion um Mt 5,17 und Joh 5,46 hinaus bietet er hierfür zahlreiche Beispiele, so etwa seine Argumentation gegen die unterschiedlichen Darstellungen der Vorgeschichte Jesu bis zum Beginn seiner öffentlichen Tätigkeit,[171] gegen die leibliche Geburt des Gottessohns Jesus Christus von der Jungfrau Maria[172] und sein leibliches Leiden und Sterben,[173] gegen Abschnitte aus Paulusbriefen,[174] seine Nachweise der Verbindungslosigkeit, ja Widersprüchlichkeit von AT und NT,[175] der Verworfenheit der alttestamentlichen „Gerechten"[176] u.a. Kritik am Text der Heiligen Schrift und Kritik an Inhalten sind nicht zu trennen. Insgesamt zeigen sich zwei inhaltliche Schwerpunkte. Zum einen geht es um die Ablehnung des AT als Heiliger Schrift. In diesen Zusammenhang gehört auch die ausführliche Argumentation gegen Mt 5,17 und Joh 5,46, weil hier ein unmittelbarer positiver Zusammenhang zwischen dem AT und Christus hergestellt wird. Den zweiten Schwerpunkt bildet das Problem der Inkarnation des Gottessohnes. Neben der Diskussion des Problems von Geburt, Leiden und Tod zielt auch die gesamte Kritik an der Vorgeschichte und die Argumentation gegen Röm 1,3[177] darauf ab, das katholische Bekenntnis der physischen Existenz Christi und damit seines Menschseins als unhaltbar zu erweisen. Das Bild, das sich aus den capitula des Faustus ergibt, läßt sich bestätigen und erweitern durch Augustins Angaben zu den Antithesen des Adimantus, mit denen dieser die Unvereinbarkeit von AT und NT aufzeigen

---

[170] Daher behandelt Lieu 152ff. den rationalen Anspruch und die Schriftkritik der Manichäer sowohl in bezug auf den Text als auch die Inhalte unter der Überschrift: „The critical appeal of Manichaeism". Auch Baur befaßt sich im Abschnitt über den „Rationalismus der Manichäer" (378-390; vgl. X) zunächst ausführlich mit der Schriftkritik (vor allem gegenüber dem NT).

[171] Vgl. c. Faust. 2,1; 3,1; 5,1-3; 7,1. Vgl. auch Anm. 173.

[172] Vgl. c. Faust. 23,1-4.

[173] Vgl. c. Faust. 26,1-2; 27,1; 28,1; 29,1. Diese Thematik wird hier mit der Frage der leiblichen Geburt verschränkt, vgl. Anm. 170.

[174] Vgl. c. Faust. 11,1; 30,1-4; 31,1-3.

[175] Vgl. c. Faust. 8,1; 10,1; 12,1; 13,1; 14,1; 15,1; auch ebd. 22,1-5.

[176] Vgl. c. Faust. 22,1-5; auch ebd. 33,2-3.

[177] Vgl. c. Faust. 11,1.

will,[178] sowie zu den kritischen Fragen der Manichäer an die ersten beiden Kapitel der Genesis.[179]

Die unmittelbare Verbindung des Anspruchs auf kritisch-rationale Einsicht mit der Kritik an der Glaubensforderung der katholischen Kirche findet sich also in den lateinischen Quellen der Manichäer nur im Kontext der Auseinandersetzung mit den von der katholischen Kirche anerkannten Heiligen Schriften und den hieraus abgeleiteten Inhalten. Die Wahrheit der Lehre Manis wird vorausgesetzt und nicht ausführlich thematisiert. Die Rationalität dient also weniger dazu, die Lehre Manis zu begründen oder systematisch zu entwickeln, sondern sie wird hauptsächlich dazu eingesetzt, die katholischen Positionen zu zerstören.

6. *Einschränkung des Anspruchs auf Einsicht – Das Zeugnis des Secundinus*[180]

Der manichäische Auditor Secundinus wendet sich in einem Brief an Augustinus, nachdem er antimanichäische Schriften bzw. Passagen Augustins gelesen hat.[181] Anliegen des Briefs ist es, Augustinus zu einer Wiederannäherung an die Lehre und Kirche Manis zu bewegen.[182] Dabei versucht er, auf einige Punkte der Kritik Augustins an manichäischen Positionen zu antworten. Die Entgegnungen werden allerdings zumeist nur kurz angerissen und beschränken sich oft auf Andeutungen.[183] Gegen Ende seines Briefs nennt Secundinus allerdings ausdrücklich einige Probleme, über die in längerer, friedlicher Diskussion Aufklärung gegeben werden könne. Er nennt zunächst zwei Stichworte, nämlich den Uranfang („principium") und den Beginn des Kampfes („pugnae exordium"), die er nachfolgend mit den Fragen präzisiert: Wieso gibt es zwei Prinzipien, und warum nahm Gott den Kampf auf, obwohl er doch nichts vom Finsternisreich erleiden konnte?[184] Als dritten Punkt nennt er die Frage nach

---

[178] Vgl. Augustins Schrift c. Adim., dazu Decret, Adimantum (c.) 90ff., bes. 92-93.

[179] Vgl. Augustins Schrift Gn. adu. Man., dazu Feldmann, Einfluß 1,568-588.

[180] Vgl. hierzu Decret, Particularismes 25-29 (= Essais 227-231).

[181] Vgl. Sec., ep. CSEL 25 p. 895,8-10.

[182] Vgl. Sec., ep. CSEL 25 p. 895,4-7; 898,15-899,15.

[183] Vgl. Sec., ep. CSEL 25 p. 901,9-10: Secundinus hat die Einzelpunkte nur „summatim" berührt und sich davor gehütet, weitschweifig zu erscheinen.

[184] Vgl. Sec., ep. CSEL 25 p. 899,20-22.

dem neuen Äon, der nach dem „Ende der Bewegungen jener größten Erde" in der Endzeit errichtet wird.[185] In umgekehrter Reihenfolge versucht Secundinus auf die angeschnittenen Probleme Antworten zu geben. Er belegt damit zum einen, wenn auch nur ansatzweise, seine eigene Behauptung, daß über diese Fragen Rechenschaft gegeben werden kann.[186] Zugleich will er aber auf ein grundsätzliches Problem aufmerksam machen, nämlich die Begrenztheit der sprachlichen Ausdrucksmittel und der geistigen Fähigkeiten des Menschen. Ausdrücklich erklärt er: Nicht alles kann so dargestellt werden, daß es einsichtig wird. Die göttliche Weisheit übersteigt nämlich das Verstehen des Menschen.[187] Gott kann nicht so beschrieben werden, wie er tatsächlich ist.[188] Das genaue Verhältnis der beiden Prinzipien zueinander ist für den Menschen „unaussprechlich und unbeschreibbar".[189] Damit sind die Möglichkeiten der „Erkenntnis" selbst, vor allem aber ihrer Vermittlung durch Sprache eingeschränkt. So beurteilt Secundinus auch die Überzeugungskraft seiner eigenen Aussagen gegenüber einem „Ungläubigen" wie Augustinus skeptisch.[190] Das Beispiel des Verhältnisses der beiden Naturen macht deutlich, daß Secundinus auf den andeutenden, bildhaften, „analogen" Charakter der Sprache abheben will. Was für den Menschen unaussprechlich ist, drücke der Erlöser mit den Gegensätzen „rechts und links, innen und außen, kommt und geht" aus.[191] Secundinus warnt davor, diese Aussagen zu pressen. Die entscheidende Aussage sei, daß es zwei verschiedene, voneinander getrennte Naturen gibt.[192]

Offensichtlich versucht Secundinus, mit dem Argument der Begrenztheit sprachlicher Mittel einen Hebel gegen die antimanichäische Kritik Augustins zu finden. Es fällt auf, daß er in den angeschnittenen Fragen mehrere wichtige Themen der Augustinischen Kritik am manichäischen Mythos aufgreift.[193] Immer wieder kämpft

---

[185] Vgl. Sec., ep. CSEL 25 p. 899,22-24.
[186] Vgl. Sec., ep. CSEL 25 p. 899,16-17.
[187] Vgl. Sec., ep. CSEL 25 p. 899,18-20: „... sunt quaedam res, quae exponi sic non possunt, ut intellegantur; excedit enim diuina ratio mortalium pectora."
[188] Vgl. Sec., ep. CSEL 25 p. 900,14-16 im Anschluß an die Erklärung der Gründe für den Kampf und den Hinweis auf die Allmacht Gottes: „haec si quidem ita dicta sunt, non ut ille factus est, sed ut adsequi ego non ualui, adhuc non satis faciunt perfidiae, nec caecis sol exortus est ..."
[189] Vgl. Sec., ep. CSEL 25 p. 900,17-19.
[190] Vgl. Sec., ep. CSEL 25 p. 900,15-17.
[191] Vgl. Sec., ep. CSEL 25 p. 900,20-21.
[192] Vgl. Sec., ep. CSEL 25 p. 901,1-2.
[193] So auch Decret, L'Afrique 1,149; 2,104 Anm. 70.

Augustinus gegen die These des uranfänglichen Dualismus. Heftig
polemisiert er gegen die entsprechenden Fragmente der epistula
fundamenti und zeigt ihre logische Unhaltbarkeit auf. In diesen
Zusammenhang könnte auch der schwer zu deutende Hinweis des
Secundinus einzuordnen sein, daß den beiden Naturen keine Orte
zugewiesen werden können.[194] Augustins Kritik am sechsten Fragment der epistula fundamenti zielt nämlich gegen die räumlichen und
materiellen Dimensionen, in denen das uranfängliche Verhältnis von
Licht und Finsternis beschrieben wird, wenn davon die Rede ist, daß
sie sich an der „einen Seite" berühren.[195] Dagegen setzt Augustinus
die biblisch fundierte Rückführung alles Bestehenden auf den einen
Schöpfergott und verbindet dies mit seiner neuplatonisch geprägten
Ontologie.

Mit der Frage nach dem „Warum" des Kampfes wird ein Thema aufgegriffen, das Augustinus in kaum einer Auseinandersetzung
mit den Manichäern ausläßt, weil sie hierauf nach seiner Auffassung
keine befriedigende Antwort geben können. Es handelt sich um das
Argument, das Augustins Freund Nebridius vorbrachte, als Augustinus selbst noch Anhänger der Lehre Manis war: Das ganze Drama der Vermischung und des Leidens der Lichtsubstanz, der Weltentstehung und der Ausläuterung des Lichts war doch unnötig. Wenn
Gott tatsächlich vorauswissend und unverletzlich ist, wie auch die
Manichäer behaupten, hätte ihm der Angriff der Finsterniswelt nichts
anhaben können. Es hätte gereicht, wenn er dem Angriff einfach
ausgewichen wäre.[196]

Hiermit hängt die Frage nach dem Wesen des manichäischen
Gottes zusammen, die ebenfalls von Augustinus immer wieder behandelt wird. Aus der substantiellen Identität aller Lichtteile ergibt
sich für Augustinus, daß mit der endzeitlichen Verdammung der

---

[194] Vgl. Sec., ep. CSEL 25 p. 900,17-18.
[195] Vgl. c. ep. Man. 15-23. Dabei richtet sich die Kritik in 15-19 gegen die
materiellen, körperlich-räumlichen Dimensionen manichäischen Denkens, in 20-
23 gegen die logischen Schwierigkeiten innerhalb des manichäischen Ansatzes.
[196] Vgl. conf. 7,3 (CCL 27 c. 2,4-16). Vor allem der zweite Tag der Diskussion mit Felix ist von diesem Problem beherrscht, vgl. c. Fel. 2,1 (CSEL 25 p. 829,8-
12); 2,3 (p. 830,27-831,2); 2,7 (p. 833,31-834,4; 835,15-18); 2,8 (p. 837,21-25); 2,9
(p. 838,26-29); 2,11 (p. 841,24-25), aber bereits auch 1,19 (p. 824,29-825,4). Auch
in der Diskussion mit Fortunatus kommt Augustinus immer wieder auf diese Frage zurück, vgl. c. Fort. 1.7.17.34, dazu Rutzenhöfer 9-10. Vgl. weiter c. Faust. 13,6
(CSEL 25 p. 384,2-5); c. Faust. 21,14 (p. 587,1-4); en. Ps. 140,10 (CCL 50 l. 12-
37); nat. b. 42-43. Die Antwort auf Secundinus findet sich in c. Sec. 20.

Seelen, die nicht ausgeläutert werden konnten und im Bolos der Finsternismaterie verbleiben, göttliche Substanz verlorengeht. Dann aber ist Gott nicht mehr unverletzlich und unzerstörbar.[197]

Grundlage der Augustinischen Kritik ist das wörtliche Verständnis der manichäischen Quellen wie der epistula fundamenti. Auf dieser Basis unterzieht er deren Einzelaussagen einer rationalen, begrifflich-logischen Kritik. Eben dies ist, so die Antwort des Secundinus, nicht angemessen, weil der „analoge" Charakter der Sprache nicht beachtet wird. Die Einzelaussagen dürfen nicht isoliert werden, ihre tatsächliche Bedeutung kann erst im Zusammenhang des Ganzen erfaßt werden. Mit dieser grundsätzlichen Einschränkung des rationalen Anspruchs versucht Secundinus, der antimanichäischen Kritik Augustins den Boden zu entziehen.

7. Zusammenfassung und Konsequenz

Die lateinischen manichäischen Quellen nehmen den gnostisch geprägten Erkenntnisbegriff, wie ihn offenbar auch Mani selbst verwendet, auf. Die von Mani verkündete Lehre, sein Mythos, führt zur umfassenden Einsicht in die Entstehung, den gegenwärtigen Zustand und das Ziel der Weltwirklichkeit. Wer die Botschaft Manis hört, gewinnt das verschüttete Wissen um sich selbst und die in der Welt wirkenden Kräfte zurück. Dieses Wissen ist zugleich Erlösung: Es zeigt die Möglichkeiten auf, wie die Lichtseele als das eigentliche Wesen des Menschen aus der lähmenden, herabziehenden, beschmutzenden Vermischung mit der Finsternis befreit werden kann. In diesem Wissen sind somit auch die ethischen Richtlinien für die „richtige", der erkannten Wahrheit entsprechende Praxis enthalten. Sie müssen mit der notwendigen Ernsthaftigkeit und Konsequenz umgesetzt werden. Dieses Wissen beruht also auf Offenbarung. Wie es Mani selbst von seinem Syzygos „enthüllt" worden ist, so ist jeder Mensch darauf angewiesen, durch die Botschaft Manis und seiner Kirche geweckt und erleuchtet zu werden.

---

[197] Vgl. z.B. c. Fel. 2,13 (CSEL 25 p. 842,27-28); c. Faust. 28,5 (CSEL 25 p. 742,15-26); 32,19 (p. 780,27-29); ep. 236,2 (CSEL 57 p. 525,5-11); c. Sec. 20 (CSEL 25 p. 936,18-937,12) u.ö. Vgl. Decret, Aspects 317-320; ders., Globus 487-492 (= Essais 7-13).

In diese Konzeption wird der Glaubensbegriff einbezogen. Die dem Weckruf der Botschaft entsprechende Reaktion ist die des „Glaubens" im umfassenden Sinn. Glauben besteht auf der geistig-intellektuellen Seite in der Annahme und Anerkennung der Botschaft, auf der praktischen Seite in der Befolgung der Gebote, die der erkannten Wahrheit entsprechen. Der Manichäer steht somit grundsätzlich in demselben Verhältnis zur Verkündigung Manis wie der katholische Christ zur Botschaft Christi. Daher kann in der manichäischen Literatur der biblisch-kirchliche Begriff des Glaubens im Sinne der Annahme und Befolgung der Botschaft aufgenommen werden. Da Mani aber das Werk Christi fortsetzt und krönend abschließt, wird dieser Glaubensbegriff auch auf die „bereinigte" Lehre Christi ausgedehnt. Und so können die Manichäer in der Diskussion mit katholischen Christen darauf verweisen, daß sie die Glaubensforderung Christi, wie sie in den Evangelien belegt ist, grundsätzlich anerkennen und erfüllen. Der Unterschied zur großkirchlichen Position liegt darin, daß die Einsichtigkeit der von Mani (in grundsätzlicher Übereinstimmung mit Christus) verkündeten Botschaft betont wird. Der dualistische Ansatz bietet aus manichäischer Sicht ein „einleuchtendes", unmittelbar überzeugendes Erklärungsmodell für die gesamte Weltwirklichkeit. Glauben als Annahme dieser Verkündigung ist selbst begründete, rational befriedigende Einsicht in die Wahrheit. Ein Gegensatz zwischen Glauben und Erkenntnis besteht aufgrund des manichäischen Denkansatzes zunächst nicht.

Der Gegensatz ist offensichtlich von katholischer Seite vorgegeben durch die explizite Ablehnung einer begrifflich-logischen Erkenntnis philosophischer Prägung und die Forderung nach einem vorbehaltlosen Glauben gegenüber der Offenbarung, auch wenn sie nicht einsichtig ist oder gar absurd erscheint. Die radikale Position, wie sie Tertullian formuliert, läßt sich zwar nicht als Position der nordafrikanischen Kirche in den 70er und 80er Jahren des vierten Jahrhunderts explizit belegen, deutlich ist aber aufgrund der capitula des Faustus die massive Forderung eines vorbehaltlosen Glaubens. Was in der Heiligen Schrift und durch die hierauf beruhende kirchliche Tradition formuliert ist, muß als göttliche Wahrheit akzeptiert werden. Kritisches Hinterfragen ist überflüssig oder schädlich und Zeichen einer Respektlosigkeit gegenüber der Autorität.

Diese Argumentation lehnen die nordafrikanischen Manichäer ab. Sie betonen dagegen die Einsichtigkeit und Überzeugungskraft der

Lehre Manis, die das intellektuelle Opfer eines unbegründeten Fürwahrhaltens überflüssig macht. Diese Lehre zeigt zudem die Notwendigkeit einer kritischen Distanz gegenüber der Jesusüberlieferung. Mit dem Anspruch auf umfassende Einsicht in die gesamte Wirklichkeit verbindet sich so eine rationale, argumentative Kritik der Schriften des Alten wie auch Neuen Testament. Bei der Mission im katholisch geprägten Umfeld steht dieses kritische Hinterfragen der biblischen Tradition im Vordergrund der Auseinandersetzung. Mit den Einzelheiten der eigenen Lehre, d.h. mit dem Mythos selbst, wird erst später bekannt gemacht.[198] Eine verfrühte detaillierte Darstellung des Mythos wäre allein schon aufgrund seiner Kompliziertheit kontraproduktiv gewesen.[199] Zunächst dürfte man wohl lediglich in Aussicht gestellt haben, in der Lehre Manis umfassende, begründete Wahrheitserkenntnis zu finden. Dieses „Versprechen", die rationale Bibelkritik bei gleichzeitiger Betonung der Christlichkeit und die Bereitschaft zur Diskussion verbinden sich für den interessierten Außenstehenden zu dem Gesamteindruck eines argumentativen, auf Einsicht bauenden, intellektuellen Christentums. Der hohe sittliche Stand aufgrund einer strengen Askese, die von der geistlichen Führungsschicht der Manichäer offenbar verwirklicht wird, verleiht zusätzliche Überzeugungskraft und Attraktivität.

Die Frontstellung gegen das kirchliche Christentum Nordafrikas, in dem gegen gnostische Strömungen die Forderung nach Glauben und Unterwerfung unter die kirchliche Autorität besonders deutlich erhoben wird, dürfte erklären, warum sich die ausdrückliche Kritik am Glaubensakt innerhalb der manichäischen Literatur nur in den lateinischen Quellen aus dem nordafrikanischen Raum findet. Einen Ansatz zu einer kritischen Beurteilung des Glaubens bietet lediglich das noch unveröffentlichte Kephalaion 142 der Berliner Sammlung, dessen Edition von W.-P. Funk vorbereitet wird.[200] Es

---

[198] Vgl. util. cred. 2: Die Manichäer waren für Augustinus und Honoratus durch ihren rationalen Anspruch attraktiv. Sie zeigten sich allerdings stärker im Kampf gegen die katholischen Positionen als in der Begründung ihrer eigenen (FC 9 p. 82,10-12). Sie übten wortreich Kritik an unzulänglichen Vorstellungen ungebildeter catholici, sprachen aber kaum über eigene Lehrinhalte. Wenn sie doch einmal eigene Gedanken verrieten, nahmen Augustinus und Honoratus diese bereitwillig auf (FC 9 p. 82,23-84,10). Sieht man von der Polemik ab, so ergibt sich aus diesen Notizen doch, daß die nordafrikanischen Manichäer zumindest gegenüber Außenstehenden und interessierten Anfängern nur zurückhaltend von den Inhalten des Mythos sprachen.
[199] Vgl. Lieu 153.
[200] Kephalaia I. Zweite Hälfte. Doppellieferungen 13/14 und 15/16 ed.

ist überschrieben: „Der Mensch soll nicht glauben (πιστεύειν), wenn er nicht die Sache mit eigenen Augen sieht." Gegenübergestellt werden hier die beiden Wahrnehmungsformen des Sehens und Hörens. Im Falle des unmittelbaren Sehens ist die Wahrnehmung „offenbar [und] fest", und auf diesem Wege wird die Wahrheit erfaßt. Das Hören wird demgegenüber als eine weniger sichere Wahrnehmungsform gekennzeichnet. Was über das Gehör aufgenommen wird, ist Sache der „Überredung (παρηγορία) und Überzeugung (πεισμονή)", bei dem der Hörende dem Sprechenden „glaubt". Das unmittelbare Sehen bietet also mehr Sicherheit als das Hören. Daher fordert Mani abschließend, erst am Ende der Rede zu „glauben". Hier wird „glauben" offensichtlich in der Bedeutung „annehmen, bejahen" verwendet. Wie das verstümmelte Schlußzitat von „Adam", dem „lebendige(n) Mensch(en)" andeutet, muß man sich am Ende der Rede nicht nur allein auf den „[Laut?]" verlassen, sondern es kommen dann „Laut und Sehen" zusammen. Neben diesem Glaubensbegriff, der, wie gezeigt, ebenfalls in den lateinischen Quellen breit belegt ist, spricht das Kephalaion also auch von „Glauben" als einer weniger sicheren Weise der Wahrnehmung, die das Risiko der Täuschung in sich trägt.

Vom intellektuellen und ethischen Anspruch der nordafrikanischen Manichäer fühlt sich der junge Augustinus angezogen. Er ist für diesen Anspruch besonders sensibilisiert, nachdem ihn der Ciceronische Hortensius für das Ideal der umfassenden Wahrheitserkenntnis gewonnen hatte, das dort mit der Forderung nach einer asketischen, weltabgewandten Lebensweise verbunden war. Zudem fällt die manichäische Bibelkritik bei ihm auf fruchtbaren Boden, da er selbst keinen Zugang zur Heiligen Schrift gefunden hat. So ist es verständlich, daß er sich innerhalb weniger Tage[201] den Manichäern anschließt in der Erwartung, daß sie ihr Versprechen einer begründeten, rational verantworteten Wahrheitserkenntnis einlösen. Entscheidend ist nun, daß der Wahrheits- und Erkenntnisbegriff Augustins durch den Hortensius und andere philosophische Literatur geprägt ist, die er im Laufe seines Studiums kennengelernt hat. Dieser Erkenntnisbegriff ist bestimmt durch die rational argumentierende Denkweise griechisch-römischer Philosophie. Auf diesem

---

W.-P. Funk, Private Ausgabe Québec 1996. Ein Vorabdruck wurde mir durch Vermittlung von Siegfried Richter zugänglich gemacht, wofür an dieser Stelle gedankt sei.

[201] Vgl. duab. an. 1 (CSEL 25 p. 51,6-7).

Hintergrund hört Augustinus das manichäische Versprechen[202] von Wahrheitserkenntnis, und an diesem philosophischen Wahrheits- und Erkenntnisbegriff beginnt er ihren Anspruch zu messen. Diesen Kategorien kann aber die Denk- und Sprachwelt des Mythos nicht standhalten.[203] Zunächst räumt er den Manichäern einen Vertrauensvorschuß ein in der Erwartung, daß sie die versprochene Einsicht später bieten werden. Spätestens seit der Begegnung mit Faustus ist er aber desillusioniert. Zudem wird der auf den ersten Blick so überzeugenden rationalen Bibelkritik der Boden entzogen, als Augustinus in Mailand die Anwendung der allegorischen Methode auf die Heilige Schrift kennenlernt, mit der vor allem die Sperrigkeit und Anstößigkeit des AT beseitigt werden kann.[204] Er muß erkennen, daß die Manichäer ein Zerrbild katholischer Lehre vermittelt und ihn dadurch doppelt getäuscht haben.[205]

Damit hat sich der rationale Anspruch der Manichäer in beiden Bereichen als unhaltbar herausgestellt. So attraktiv dieser Anspruch auf Intellektuelle wie den jungen Augustinus und viele seiner Freunde wirkt, so gefährlich wird er, als er sich nicht einlösen läßt. Augustinus sieht sich vom manichäischen Versprechen vernunftbegründeter Einsicht getäuscht. Die Manichäer können nicht das bieten, was Augustinus nach der Hortensiuslektüre erwartet, nämlich begründete, sichere, umfassende Einsicht, die rational-begrifflich argumentierend gewonnen wird. Ihre Erkenntnis ist primär das geoffenbarte gnostische Wissen um die dualistische Struktur der Wirklichkeit, die in der erzählenden Sprache des Mythos mitgeteilt wird. Es liegen also unterschiedliche Wissens- und Einsichtsbegriffe zugrunde, die zu einem fundamentalen Mißverständnis führen.[206] Bei seiner ersten Annäherung an die manichäische Lehre war diese Unterschiedlichkeit für Augustinus allerdings wohl kaum erkennbar. Hinzu kommt, daß sich in der manichäischen Mission die Rationalität

---

[202] Immer wieder kennzeichnet Augustinus den manichäischen Anspruch als „polliceri/pollicitatio, promittere/promissum", vgl. Decret, L'Afrique 1,244-247; Feldmann, Einfluß 1,591-593.

[203] Vgl. Feldmann, Ratio 183-188. Ohne Bezug auf Augustinus Merkelbach, Religionssystem 35.

[204] Vgl. conf. 5,23-25; 6,6.

[205] Vgl. util. cred. 36 (FC 9 p. 192,5-7): Augustinus will mit seiner Schrift dem manichäischen Adressaten Honoratus „falsam opinionem de veris Christianis" austreiben, die ihnen beiden durch die Manichäer „malitiose aut inperite" vermittelt worden war.

[206] Vgl. Decret, L'Afrique 1,240-241.257.

in der Kritik an der katholischen Position und ihren Textgrundlagen
bewies. So ist es verständlich, daß Augustinus das manichäische Versprechen der Einsicht als kritisch-rationale Erkenntnis versteht.

Die eigentliche Grundlage des manichäischen Denkens, der
Mythos, stellt sich dann später für Augustinus als eine „fabula"[207]
(„fabella"[208]) oder Ansammlung von „fabulae"[209] und „phantas-
mata"[210] heraus, die nicht aus sich selbst heraus einsichtig sind und
die auch nicht einsichtig gemacht werden können. Erst aus der
Distanz erkennt er, daß der Mythos selbst eine Glaubensvorlage ist.[211]
Wenn Mani, wie er behauptet, eine direkte Offenbarung vom „spiritus sanctus" (d.h. von seinem himmlischen Zwilling) erhalten hat und
erleuchtet worden ist, dann ist er bestenfalls selbst zu einer sicheren
Erkenntnis gekommen. Wenn er aber das ihm Geoffenbarte verkündet, kann ihm der Hörer nur „glauben".[212] Denn der Hörer kann
keine eigene Anschauung davon gewinnen, welche Zustände in der
Urzeit herrschten, wie es zum Kampf gekommen ist, wie die Welt
entstand. Und selbst die Behauptungen über die Zustände der Gegenwart sind für den Hörer nicht einsichtig. Er „weiß" nicht, daß
es acht Erden und zehn Himmel gibt, daß Atlas die Welt trägt und
daß der Splenditenens das All in der Höhe aufspannt, weil er es nicht
„gesehen" hat.[213] Mani vermittelt keine Erkenntnis, sondern er verlangt Glauben gegenüber nicht einsichtigen Aussagen und damit
genau das, was der catholica vorgeworfen wird.[214] In seinem Kampf

---

[207] Vgl. z.B. c. ep. Man. 35 (CSEL 25 p. 241,3); c. Faust. 20,11 (CSEL 25 p.
551,16); c. Sec. 20 (CSEL 25 p. 937,13-14); 24 (p. 942,19). Vgl. Feldmann, Ratio
182-183 Anm. 21.
[208] Selbst schon pejorativ, häufig durch „Persica" (die Perser sind römische
„Erzfeinde") und andere Attribute weiter abgewertet, vgl. z.B. c. Sec. 2 (CSEL 25
p. 907,11-13).
[209] Vgl. z.B. util. cred. 13 (FC 9 p. 118,17); mor. 2,21 (CSEL 90 p. 106,13).
[210] Vgl. z.B. c. ep. Man. 18 (CSEL 25 p. 215,18); 24 (p. 222,8); c. Faust. 15,6
(CSEL 25 p. 427,15-16); 20,12 (p. 552,20-21). Augustinus versteht darunter falsche Vorstellungen ohne jede Realität, die durch die Körperwelt hervorgerufen
oder aus ihr abgeleitet worden sind, vgl. Hensellek/Schilling, SLA Lieferung 5
(1991) s.v. phantasma (3.5: Definitionen und Junkturen).
[211] Damit erfaßt Augustinus das Wesen des Mythos als Offenbarung und Er-
leuchtung, vgl. Decret, L'Afrique 1,265-267.
[212] Vgl. c. ep. Man. 14 (CSEL 25 p. 211,9-14).
[213] Vgl. c. Faust. 32,19 (CSEL 25 p. 780,29-781,4).
[214] Vgl. z.B. c. ep. Man. 14 (bes. CSEL 25 p. 210,8-9; 210,26-211,7; 211,13-
21.25-27; 211,27-212,1); c. Faust. 32,19 (CSEL 25 p. 781,3-8); conf. 5,6 (c. 3,64);
6,7 (c. 5,4-7). Wie sie es den catholici vorwerfen, „befehlen" die Manichäer den
Glauben, vgl. Decret, L'Afrique 1,252-254 mit weiteren Belegen.

gegen die Manichäer wird Augustinus nicht müde, die Unterschiede zwischen den beiden Glaubensvorlagen zu betonen: Die Glaubensvorlage der catholica läßt sich, sofern die intellektuellen und ethischen Vorbedingungen erfüllt sind, in begründete Einsicht überführen, sie erweist sich als vernunftgemäß, einsichtig und richtig („wahr"). Die Vorgabe der Manichäer dagegen stellt sich als haltlose Spinnerei heraus.

Diese Erfahrung hat Augustinus für das Problem der Methode von Wahrheitsaneignung sensibilisiert. Er ist zu der Überzeugung gelangt, daß das Glauben der erste notwendige Schritt auf dem Weg zur Wahrheitserkenntnis ist. Diese Position basiert auf philosophischen, insbesondere neuplatonischen Voraussetzungen, die Augustinus in Mailand gewonnen hat und die er durch biblische Aussagen bestätigt sieht; dies ist hier nicht weiter zu erörtern.[215] Gerade in den antimanichäischen Schriften betont er den Grundsatz des zeitlichen Vorrangs des Glaubens vor dem Einsehen mit besonderer Schärfe. Augustinus hält daran fest, daß die Erkenntnis, die Einsicht in die Wahrheit das eigentliche Ziel ist, doch ist ein Zugang zu dieser Einsicht nur über den Schritt des Glaubens möglich, der wiederum notwendig mit der Unterwerfung unter eine erkenntnisvermittelnde Autorität verbunden ist. Damit lehnt Augustinus ausdrücklich die manichäische Forderung ab, die Wahrheit zunächst allein auf dem Wege der „Erkenntnis" zu erfassen und ihr erst dann zuzustimmen (ihr zu „glauben"), wenn sie einsichtig geworden ist.[216] Zudem ist Augustinus durch seinen „Hereinfall"[217] auf die Glaubensvorgabe der Manichäer das hohe Risiko bewußt, das mit dem Glauben verbunden ist. Er zieht hieraus die Konsequenz, daß sehr genau zu prüfen ist, wem man Glauben schenkt. Er ist selbst zu dem Ergebnis gelangt, daß die catholica der Ort der Wahrheitserkenntnis ist. Daß die Wahrheitssuche bei ihr beginnen muß, begründet er gerade auch in antimanichäischen Schriften mit folgenden Überlegungen.[218] Wenn man sich bei der Wahrheitssuche notwendigerweise auf das Risiko

---

[215] Vgl. Hoffmann, Augustins Schrift 362-384.

[216] Vgl. neben util. cred. 2 (FC 9 p. 80,9-14); 21 (p. 136,21-24); 31 (p. 168,2-6) auch mor. 1,3.11-12; uera rel. 45; c. ep. Man. 14 (CSEL 25 p. 211,1-7).

[217] Augustinus verwendet für seine Bekanntschaft und seinen Anschluß an die Manichäer häufig das Verb „incidere". Über die herkömmliche Bedeutung „geraten an ..." scheint er hinauszugehen, wenn er in util cred. 20 (FC 9 p. 132,19-20) sagt: „(in sectam Manichaeorum) me incidisse *paenitebat*".

[218] Ausführlich in util. cred. 14ff., dazu Hoffmann, Augustins Schrift 171ff., bes. 206-238.385-438.

des Glaubens einlassen muß, muß man sich an eine allgemein an-
erkannte Autorität halten, die weithin in dem Ruf steht, die Wahrheit zu vermitteln, und die durch äußere Merkmale die Menschen
beeindruckt, an sich bindet und sie zu einem für die Menschen selbst
vorteilhaften Verhalten anleitet. Als vornehmliche Grundlage dieser Autorität nennt Augustinus die Wunder, die durch Christus und
in der Kirche gewirkt worden sind.[219] Hinzu kommen die hohen
sittlichen Leistungen, die gerade auch von den einfachen „Gläubigen" erbracht werden, der große Erfolg, der sich in der weltweiten
Verbreitung und der hohen Anhängerzahl zeigt, die ununterbrochene
Sukzession der Bischöfe von den Aposteln bis in die Gegenwart, durch
die die Unverfälschtheit der Tradition gesichert wird, damit verbunden das hohe Alter der Lehre und schließlich die Erfüllung von
Prophetien. Dies alles garantiert zwar nicht den Wahrheitsbesitz, aber
es spricht dafür, daß die Wahrheit hier am ehesten gefunden werden kann und deshalb die Wahrheitssuche hier beginnen sollte.
Augustinus steigert das Argument in c. ep. Man. zu der Aussage, daß
er dem Evangelium nicht glaubte, wenn ihn nicht die Autorität der
katholischen Kirche dazu bewegte.[220] Die Manichäer dagegen haben nichts derartiges zu bieten. Unter dem attraktiven Deckmantel
der Einsicht verlangen sie tatsächlich Glauben, ohne selbst irgendwelche Merkmale aufzuweisen, die diesen Glauben begründen könnten.[221] Im Vergleich zu ihnen ist die katholische Kirche bei weitem
glaubwürdiger. Wer sich ihr anvertraut, wird nach Augustins eigener Erfahrung feststellen, daß sie allein die ganze Wahrheit kennt
und vermittelt.

Das Autoritätsargument ist ein wichtiges Konzept im gesamten
Denken Augustins, und es hat ohne Zweifel auch großes Gewicht
in Augustins Abgrenzung gegenüber den Platonikern.[222] Dennoch
deutet die breite Verwendung, die ausführliche Entfaltung und
pointierte Stellung dieses Arguments in antimanichäischem Kontext auf seine enge Verbindung mit der manichäischen Vergangen-

---

[219] Vgl. hierzu und zum Folgenden neben util. cred. 34-35 uera rel. 47 (CCL
32 c. 25,24-34); c. ep. Man. 4 (CSEL 25 p. 196,11-25); c. Faust. 32,19 (CSEL 25
p. 781,8-12); 33,9 (p. 796,17-23). Zum Ganzen Lütcke 165-181; Hoffmann, Augustins Schrift 420-438.
[220] Vgl. c. ep. Man. 5 (CSEL 25 p. 197,22-23): „ego uero euangelio non
crederem, nisi me catholicae ecclesiae conmoueret auctoritas."
[221] Vgl. bes. c. ep. Man. 4 (CSEL 25 p. 196,25-197,5); util. cred. 13 (FC 9 p.
118,15-18); 31 (p. 170,1-5).
[222] Vgl. uera rel. 5-6.

heit Augustins hin. Die Manichäer hatten gegen die katholische Forderung, sich in der gläubigen Annahme ihrer Lehre der kirchlichen Autorität zu unterwerfen, polemisiert und dagegen einfache, sichere Einsicht versprochen. Augustinus mußte feststellen, daß sie ihr Versprechen nicht halten konnten. Gerade durch die von ihnen abgelehnte Autorität fand er den Zugang zu dem, was er für sich als die eine bleibende Wahrheit erkannte.

QUELLEN

Abkürzungen von Zeitschriften, Lexika und Reihen nach S.M. Schwertner Internationales Abkürzungsverzeichnis für Theologie und Grenzgebiete, Berlin[2] 1992

Augustinus

Die Schriften Augustins werden nach den gängigen Ausgaben des Corpus Christianorum Series Latina (CCL) bzw. des Corpus Scriptorum Ecclesiasticorum Latinorum (CSEL) zitiert, vgl. AL 2 (1996 ff.) XI-XXIV. Die Schrift util. cred. wird zitiert nach: Augustinus, De utilitate credendi. Über den Nutzen des Glaubens, hrsg. v. A. Hoffmann (Fontes Christiani 9), Freiburg 1992.

Cicero

Cicero, Hortensius, ed. A. Grilli, Mailand 1962
Cicero, Hortensius, hrsg. v. L. Straume-Zimmermann, in: M.T. Cicero, Hortensius, Lucullus, Academici libri, hrsg. v. L. Straume-Zimmermann, F. Broemser, O. Gigon, München/Zürich 1990, 6-111

Manichäische Quellen

Codex von Tebessa, ed. R. Merkelbach, in: P. Bryder (Hrsg.), Manichaean Studies. Proceedings of the First International Conference on Manichaeism (LSAAR 1), Lund 1988, 235-264
Epistula fundamenti, hrsg. v. E. Feldmann, in: ders., Die Epistula fundamenti der nordafrikanischen Manichäer. Versuch einer Rekonstruktion, Altenberge 1987, 10-23
Epistula ad Menoch, hrsg. v. M. Stein, in: Manichaica Latina 1 (PapyCol 27,1), Opladen 1998, 12-25

Kephalaia 1. Erste Hälfte (Lieferung 1-10), hrsg. u. übers. v. H.J. Polot-
    sky / A. Böhlig (Manichäische Handschriften der Staatlichen Museen
    Berlin), Stuttgart 1940
Kephalaia 2. Zweite Hälfte (Lieferung 11/12), hrsg. von A. Böhlig, Stutt-
    gart 1966
Der Kölner Mani-Kodex. Über das Werden seines Leibes. Kritische Edi-
    tion aufgrund der von A. Henrichs und L. Koenen besorgten Erst-
    edition hrsg. u. übers. v. L. Koenen/C. Römer (PapyCol 14), Opla-
    den 1988
A Manichaean Psalm-Book. Part 2, hrsg. v. C.R.C. Allberry (Manichean
    Manuscripts in the Chester Beatty Collection 2), Stuttgart 1938
Liber Psalmorum. Pars II Fasc. 1. Die Bema-Psalmen (CFM.C 2,1), ed.
    G. Wurst, Turnhout 1996
Liber Psalmorum. Pars II Fasc. 2. Die Herakleides-Psalmen (CFM.C 2,2),
    ed. S. Richter, Turnhout 1998
Secundinus Manichaeus, ad sanctum Augustinum epistula, ed. J. Zycha
    (CSEL 25,2), Prag/Wien/Leipzig 1892, 893-901

LITERATUR

Adam, A., Texte zum Manichäismus (KlT 175), Berlin[2] 1969
Baur, F.C., Das manichäische Religionssystem nach den Quellen neu untersucht
    und entwickelt, Tübingen 1831 (Nachdr. Göttingen 1928; Hildesheim 1973)
Böhlig, A. (Hrsg.), Die Gnosis 3. Der Manichäismus, Zürich/München 1980 (Nachdr.
    1995)
Böhlig, A., Die Bedeutung des CMC für den Manichäismus, in: L. Cirillo (Hrsg.),
    Codex Manichaicus Coloniensis. Atti del Secondo Simposio Internazionale
    (Cosenza 27-28 maggio 1988), Cosenza 1990, 35-56
Bös, G., Curiositas. Die Rezeption eines antiken Begriffes durch christliche Autoren
    bis Thomas von Aquin, Paderborn u.a. 1995
Colpe, C., Mythische und religiöse Aussage außerhalb und innerhalb des
    Christentums, in: H.-J. Birkner / D. Rössler (Hrsg.), Beiträge zur Theorie
    des neuzeitlichen Christentums, Berlin 1968, 16-36
Courcelle, P., Recherches sur les Confessions de Saint Augustin, Paris[2] 1968
Decret, F., Aspects du Manichéisme dans l'Afrique Romaine. Les Controverses de
    Fortunatus, Faustus et Felix avec saint Augustin, Paris 1970 (Aspects)
Decret, F., Le „globus horribilis" dans l'eschatologie manichéenne d'après les traités
    de saint Augustin, in: Mélanges d'histoire des religions offerts à Henri-Charles
    Puech, Vendôme 1974, 487-492 (= Essais 7-13) (Globus)
Decret, F., L'Afrique manichéenne (IVe-Ve siècles). Étude historique et doctrinale
    1-2, Paris 1978 (L'Afrique)
Decret, F., Adimantum Manichaei discipulum (Contra), in: AL 1 (1986-1994), 90-
    94
Decret, F., Mani „l'autre Paraclet", in: Aug. 32 (1992), 105-118 (Paraclet)
Decret, F., Le manichéisme présentait-il en Afrique et à Rome des particularismes
    régionaux distinctifs?, in: Aug. 34 (1994), 5-40 (Particularismes)

Decret, F., La christologie manichéenne dans la controverse d'Augustin avec Fortunatus, in: M. Simonetti / P. Siniscalco (Hrsg.), Studi sul cristianesimo antico e moderno in onore di M.G. Mara (Aug. 35), Rom 1995, Bd. 2, 443-455 (= Essais 269-280) *(Christologie)*

Decret, F., Essais sur l'Église manichéenne en Afrique du Nord et à Rome au temps de saint Augustin. Recueil d'études (SEAug 47), Rom 1995 *(Essais)*

Decret, F., Faustus de Milev, un évêque manichéen au temps de saint Augustin, in: Vescovi e pastori in epoca teodosiana 2 (Studia Ephemeridis Augustinianum 58), Rom 1997, 763-775 *(Faustus)*

Feldmann, E., Der Einfluß des Hortensius und des Manichäismus auf das Denken des jungen Augustinus von 373, Bd. 1-2, Diss. Münster 1975

Feldmann, E., Christus-Frömmigkeit der Mani-Jünger. Der suchende Student Augustinus in ihrem „Netz", in: E. Dassmann / K.S. Frank (Hrsg.) Pietas. FS B. Kötting (JAC.E 8), Münster 1980, 198-216

Feldmann, E., Die „Epistula fundamenti" der nordafrikanischen Manichäer. Versuch einer Rekonstruktion, Altenberge 1987

Feldmann, E., Sinn-Suche in der Konkurrenz der Angebote von Philosophien und Religionen. Exemplarische Darstellung ihrer Problematik beim jungen Augustinus, in: C. Mayer / K.H. Chelius (Hrsg.), Homo spiritalis. FS L. Verheijen (Cass. 38), Würzburg 1987, 100-117

Feldmann, E., Der Übertritt Augustins zu den Manichäern, in: A. van Tongerloo / J. van Oort (Hrsg.), The Manichaean ΝΟΥΣ. Proceedings of the international Symposium organized in Louvain from 31 July to 3 August 1991 (Manichaean Studies 2), Louvain 1995, 103-123

Feldmann, E., Der Begriff der Augustinischen „ratio" im existentiellen Vollzug innerhalb und außerhalb des manichäischen Mythos, in: R.E. Emmerick / W. Sundermann / P. Zieme (Hrsg.), Studia Manichaica. IV. Internationaler Kongreß zum Manichäismus, Berlin, 14.-18. Juli 1997, Berlin 2000, 179-206

Giuffré-Scibona, C., Funzione, denominazioni, carattere del ΝΟΥΣ nelle opere antimanichee di Agostino, in: A. van Tongerloo/J. van Oort (Hrsg.), The Manichaean ΝΟΥΣ. Proceedings of the international Symposium organized in Louvain from 31 July to 3 August 1991 (Manichaean Studies 2), Louvain 1995, 139-144

Hensellek, W. / Schilling, P., Specimina eines Lexicon Augustinianum, Wien 1987ff.

Hoffmann, A., Verfälschung der Jesus-Tradition. Neutestamentliche Texte in der manichäisch-augustinischen Kontroverse, in: L. Cirillo / A. van Tongerloo (Hrsg.), Atti del terzo congresso internazionale di studi „Manicheismo e oriente cristiano antico". Arcavacata di Rende – Amantea 31 agosto – 5 settembre 1993 (Manichaean Studies 3), Louvain 1997, 149-182

Hoffmann, A., Augustins Schrift „De utilitate credendi". Eine Analyse (MBT 58), Münster 1997

Klauck, H.-J., Gnosis als Weltanschauung in der Antike, in: WiWei 56 (1993), 3-15

Klauck, H.-J., Die religiöse Umwelt des Urchristentums II. Herrscher- und Kaiserkult, Philosophie, Gnosis, Stuttgart 1996

Klimkeit, H.-J., Die manichäische Lehre vom Alten und Neuen Menschen, in: G. Wießner / H.J. Klimkeit (Hrsg.), Studia Manichaica. II. Internationaler Kongreß zum Manichäismus 6.-10.8.1989 in St. Augustin-Bonn (Studies in Oriental Religions 23), Wiesbaden 1992, 131-149

Labhardt, A., Art. Curiositas, in: AL 2,1-2 (1996), 188-196

Lieu, S.N.C., Manichaeism in the Later Roman Empire and Medieval China (WUNT 63), Tübingen[2] 1992

Lim, R., Manichaeans and Public Disputation in Late Antiquity, in: RechAug 26 (1992), 233-272

Lütcke, K.-H., „Auctoritas" bei Augustin. Mit einer Einleitung zur römischen Vorgeschichte des Begriffs (TBAW 44), Stuttgart/Berlin/Köln/Mainz 1968

Merkelbach, R., Manichaica 5-6: 5. Das Credo des Manichäers Fortunatus. 6. Eine Stelle bei Serapion von Thmuis, Contra Manichaeos. Nachtrag zu Manichaica 3 Addas = Adeimantos, in: ZPE 58 (1985), 55-58

Merkelbach, R., Mani und sein Religionssystem (RhWAW.VG 281), Opladen 1986

Monceaux, P., Le Manichéen Faustus de Milev. Restitution de ses capitula, in: Mémoires de l'Institut National de France, Académie des Inscriptions et Belles-Lettres 43,1, Paris 1933, 1-111

Nagel, P., Der Parakletenspruch des Mani (Keph 14,7-11) und die altsyrische Evangelienübersetzung, in: Festschrift zum 150jährigen Bestehen des Berliner Ägyptischen Museums (MÄS 8), Berlin 1974, 303-313

O'Donnell, J.J., Augustine. Confessions, Bd. 1-3, Oxford 1992

Polotsky, H.J., Art. Manichäismus, in: PRE.S 6 (1935), 240-271 (= Collected Papers, Jerusalem 1971, 699-714; G. Widengren [Hrsg.], Der Manichäismus [WdF 168], Darmstadt 1977, 101-144)

Puech, H.-C., Der Begriff der Erlösung im Manichäismus, in: ErJb 4 (1936), 183-286

Ries, J., La Révélation dans la gnose de Mani, in: Forma futuri. Studi in onore del Cardinale Michele Pellegrino, Turin 1975, 1085-1096

Ries, J., La Gnose dans les textes liturgiques manichéens coptes, in: U. Bianchi (Hrsg.), The Origins of Gnosticism. Colloquium of Messina 13-18 April 1966. Texts and Discussions, Leiden 1967, 614-623

Ring, T.G., Auctoritas bei Tertullian, Cyprian und Ambrosius, Würzburg 1975

Rudolph, K., Die Gnosis. Wesen und Geschichte einer spätantiken Religion, Göttingen³ 1994

Rudolph, K., Intellektuelle, Intellektuellenreligion und ihre Repräsentation in Gnosis und Manichäismus, in: P. Antes / D. Pahnke (Hrsg.), Die Religion von Oberschichten. Religion – Profession – Intellektualismus, Marburg 1989, 23-34

Rudolph, K., Erkenntnis und Heil: Die Gnosis, in: C. Colpe / L. Honnefelder / M.L. Bachmann (Hrsg.), Spätantike und Christentum. Beiträge zur Religions- und Geistesgeschichte der griechisch-römischen Kultur und Zivilsation der Kaiserzeit, Berlin 1992, 37-54, hier zitiert nach: ders., Gnosis und spätantike Religionsgeschichte. Gesammelte Aufsätze (Nag Hammadi and Manichaean Studies 42), Leiden 1996, 14-33

Rutzenhöfer, E., Contra Fortunatum disputatio. Die Debatte mit Fortunatus, in: Aug(L) 42 (1992), 5-72

Woschitz, K.M., Der Mythos des Lichtes und der Finsternis. Zum Drama der Kosmogonie und der Geschichte in den koptischen Kephalaia: Grundmotive, Ideengeschichte und Theologie, in: K.M. Woschitz / M. Hutter / K. Prenner, Das manichäische Urdrama des Lichtes. Studien zu koptischen, mitteliranischen und arabischen Texten, Wien 1989, 13-150

Wurst, G., Bemapsalm Nr. 223. Eine liturgische Version der Epistula Fundamenti?, in: A. van Tongerloo / S. Giversen (Hrsg.), Manichaica selecta. Studies presented to Professor Julien Ries (Manichaean Studies 1), Louvain 1991, 391-399

Wurst, G., Untersuchungen zu Leben und Werk des Faustus von Mileve, masch. Lic. Fribourg 1998

WAS AUGUSTINE A MANICHAEAN?
THE ASSESSMENT OF JULIAN OF AECLANUM

MATHIJS LAMBERIGTS (LEUVEN)

Introduction

During his extended and wide ranging polemic against Augustine, the Pelagian Julian of Aeclanum[1] repeatedly maintained that the bishop of Hippo had never in fact been able to rid himself of his Manichaean background.[2] By so doing, Julian was returning to an objection first expressed by the Donatists.[3] While it ought to be recognised from the start that the polemical context encouraged Julian to employ terms such as Manichaeus or Traducianus invectively[4] –

---

[1] Concerning Julian's life and works, see, e.g., A. Bruckner, *Julian von Eclanum. Sein Leben und seine Lehre. Ein Beitrag zur Geschichte des Pelagianismus* (TU 15,3), Leipzig, 1897; G. Bouwman, *Des Julian von Aeclanum Kommentar zu den Propheten Osee, Joel und Amos. Ein Beitrag zur Geschichte der Exegese* (Analecta Biblica, 9), Rome, 1958; M. Lamberigts, *Julian of Aeclanum: a Plea for a Good Creator*, in *Augustiniana* 38 (1988) 5-24.

[2] As one would expect in such a polemic, Augustine countered Julian's assertions by insisting that the latter's negation of *natura vitiata* constituted an open door for Manichaeans, since they were hereby given the chance to advocate their doctrine of *mala substantia* as a solution for the problem of suffering.

[3] For a discussion of this reproach see, e.g., P. Courcelle, *Recherches sur les Confessions de saint Augustin*, Paris, 1968², pp. 238-245; W.H.C. Frend, *Manichaeism in the Struggle between Saint Augustine and Petilian of Constantine*, in *Augustinus Magister II*, Paris, 1955, pp. 859-866; É. Lamirande, *BA* 32, pp. 711-712; J. van Oort, *Jerusalem and Babylon. A Study into Augustine's City of God and the Sources of his Doctrine of the Two Cities* (Supplements to Vigiliae Christianae, 14), Leiden, New York, København, Köln, 1991, pp. 199-200 (English translation of his doctoral dissertation, entitled *Jeruzalem en Babylon. Een onderzoek van Augustinus' De stad van God en de bronnen van zijn leer der twee steden (rijken)*, 's-Gravenhage, 1986).

[4] This is evident, for example, when he puts Mani, Marcion, Faustus, Adimantus and Augustine on the same heretical level but, even in such case, Julian also tries to link Mani's doctrine of *mala substantia* to Augustine's doctrine of original sin; so, e.g., *Ad Florum* I,58-59, *CSEL* 95,1, pp. 55-56. That such reproaches are part of controversies at the time is demonstrated by I. Opelt, *Die Polemik in der christlichen lateinischen Literatur von Tertullian bis Augustin*, Heidelberg, 1980, esp. pp. 143-147. In fact, Augustine followed the same procedure when he accused Julian of supporting the Manichaean heresy; see A. Trapè, *Un celebre testo di Sant'Agostino sull' 'Ignoranza*

indeed, the same was also true for a number of the Donatists' pro-
pagandist accusations[5] – it should nevertheless be clear from what
follows that Julian, who was well aware of Augustine's past, employed
such terms for reasons which evidently extended beyond pure in-
vective.[6] It should also be noted that antagonism towards Manichaeans was only one of Julian's primary concerns.[7] During Julian's lifetime, moreover, Manichaeism was frequently condemned in the
western part of the Roman Empire. The fact that Manichaeans were
active in Italy and were considered a threat by the bishops of Rome
is widely attested.[8]

Over and above this, Julian was also in a position to turn to
Augustine himself for information on Manichaeism, given the fact
that the latter's anti-Manichaean works had been sent to, among
others, Paulinus of Nola, a man who belonged to Julian's circle of
friends.[9] Julian resorted, for example, to Augustine's anti-Manichaean
treatise *De duabus animabus*[10] for his definitions of sin and free will.

---

e la difficoltà (Retract. I,9,6) e l'Opus imperfectum contra Iulianum', in *Augustinus Magister*
II, Paris, 1954, pp. 795-803.

   [5] Cf. Frend, *a.c.*, p. 861 (for the controversy between Augustine and Petilian
of Constantine).

   [6] Against P. Brown, *Religion and Society in the Age of Saint Augustine*, London, 1972,
p. 202; Id., *Augustine of Hippo: A Biography*, London, 1967, pp. 369-371. See the
observations of G.R. Evans, *Neither a Pelagian nor a Manichee*, in *Vigiliae Christianae* 35
(1981) 232-244, p. 233.

   [7] Cf. T. Bohlin, *Die Theologie des Pelagius und ihre Genesis* (Acta Universitatis
Upsaliensis, 9), Uppsala-Wiesbaden, 1957; G. Bonner, *How Pelagian was Pelagius?
An Examination of the contentions of Torgny Bohlin*, in *Studia Patristica* 9, Berlin, 1966,
pp. 350-358, esp. p. 353.

   [8] See, e.g., Brown, *Religion and Society in the Age of Saint Augustine*, pp. 94-118; on
the various condemnations between 385 and 445, see, e.g., M. Tardieu, *Le manichéisme*
(Que sais-je, 1940), Paris, 1981, pp. 116-117. For the attitude of Siricius and Inno-
centius with regard to the Manichaeans, see Ch. Pietri, *Roma Christiana. Recherches
sur l'Église de Rome, son organisation, sa politique, son ideologie de Miltiade à Sixte III (311-
440)* (Bibliothèque des Écoles françaises d'Athènes et Rome, 224), Roma 1976,
vol. I, pp. 432.445; for Leo the Great, see A. Lauras, *Saint Léon le Grand et le Manichéisme
romain*, in *Studia Patristica* 11, Berlin, 1972, pp. 203-209; H.G. Schipper, *Paus en
ketters. Leo de Grotes polemiek tegen de Manicheeërs*, Heerenveen, 1997.

   [9] Cf. Evans, *Neither a Pelagian nor a Manichee*, p. 235; Van Oort, *Jerusalem and
Babylon*, p. 81. To illustrate the contacts between Paulinus and Julian's family, one
may mention that, on the occasion of Julian's marriage with Titia, Paulinus of Nola
wrote a wedding song, *Carmen 25*. For this song, see F.E. Consolino, *Cristianizzare
l'epithalamio: il carme 25 di Paolino di Nola*, in *Cassiodorus. Rivista di studi sulla tarda antichità*
3 (1997) 199-213 (with bibliography).

   [10] See *Ad Florum* I,44, *CSEL* 85,1, p. 31. Augustine was well-aware of the fact
that Julian used his anti-Manichaean writings; cf. *Opus imperfectum* VI,6, PL 45, col.
1510.

Indeed, the *Confessiones* also provided him with a source of information, among other things, on the fact that Faustus was one of Augustine's Manichaean mentors (*Conf.* V,7,13).[11] Adimantus is also considered to be a mentor of Augustine.[12]

It is worthy of note, furthermore, that Julian had visited Carthage, where he made acquaintance with the Manichaean Honoratus.[13] In addition, Julian was familiar with a translation of Serapion of Thmuis' work against the Manichaeans,[14] a treatise intended to warn Catholic Christians of the Manichaean heresy.[15] The work in question does not actually contain a systematic refutation of Manichaeism, its author simply wishes to make Catholic Christians aware of the fact that Manichaean dualism was in conflict both with the Scriptures and with reason. Julian found a source of ideas in the Latin translation of Serapion's work, among other things on Serapion's rejection of the notion that evil could be a substance, which conveniently served the purposes of his polemic against Augustine. Like Serapion, Julian was able to endorse his belief that evil was the result of an erroneous choice of the will. Serapion also insisted that the body, as a substance, was not to be considered corrupt; that a human person had only one soul; and that one should not speak of two eternal and independent principles whereby the devil was responsible for the body and God for the soul.[16] While the multiplicity of

---

[11] See *Ad Florum* I,25, *CSEL* 85,1, p. 22: "Faustus, quem in libris Confessionis tuae praeceptorem tuum loqueris ..."; cf. also I,69, *CSEL* 85,1, p. 76.

[12] *Ad Florum* I,25, *CSEL* 85,1, p. 22.

[13] *Ad Florum* V,26, PL 45, col. 1464; for Honoratus, see A. Mandouze *et al.*, *Prosopographie de l'Afrique chrétienne (303-533)* (Prosopographie chrétienne du Bas-Empire, 1), Paris, 1982, pp. 564-565.

[14] Julian wrongly attributed this work to Basil the Great; see N. Cipriani, *L'autore dei testi pseudobasiliani riportati nel C. Iulianum (I,16-17) e la polemica agostiniana di Giuliano d'Eclano*, in *Congresso internationale su S. Agostino nel XVI centenario della conversione* (Rome, 15-22 settembre 1986). Atti I (Studia Ephemeridis *Augustinianum*, 24), Rome, 1987, pp. 439-449.

[15] Serapion's knowledge of the Manichees is disputed. According to R.P. Casey, his knowledge was rather limited: "Serapion appears to have been content with the most meagre information about his opponents". Cf. *Serapion of Thmuis against the Manichees* (Harvard Theological Studies, 15), Cambridge, 1931, p. 16. A more positive evaluation can be found in A. Peeters, *Het Tractaat van Serapion van Thmuis tegen de Manichaeën*, in *Sacris Erudiri* 2 (1949) 55-94, esp. pp. 86ff.; W.W. Klein, *Die Argumentation in den griechisch-christlichen Antimanichaica* (Studies in Oriental Religions, 19), Wiesbaden, 1991, p. 35, and K. Fitschen, *Serapion von Thmuis: Echte und Unechte Schriften sowie die Zeugnisse des Athanasius und anderer* (Patristische Texte und Studien, 37), Berlin & New York, 1992, esp. pp. 56-57.

[16] Cf. Peeters, *Het Tractaat van Serapion van Thmuis tegen de Manichaeën*, passim.

Julian's sources of information about Manichaeism should warn us against reducing his knowledge of the subject to that provided by Serapion, the fact that he used this work makes it clear that he prepared his case with the necessary seriousness.

Confirmation of the seriousness with which Julian prepared his case can also be found in the fact that he had become acquainted with a Manichaean letter entitled *Epistula ad Menoch*.[17] This letter was sent to him by his friend Florus.[18] Even if it were a (Pelagian?) falsification, one must admit that the letter's author gave proof of "gute und gründliche Kenntnisse der manichäischen Lehre und, wie der Name Menoch doch wohl zeigt, der Schriften Manis".[19] The fact that the letter was apparently presented as written by Mani was probably intended to give the text a greater degree of authority. Augustine himself had been unaware of the existence of this letter.[20] In the letter, it is said that souls emanate from souls – the first soul from the god of light[21] – and that bodies emanate from other bodies.[22] Its author proceeds to argue that, just as God is the creator of

---

[17] The question of whether Mani himself was its author is still unanswered. While G.J.D. Aalders, *L'Épître à Menoch, attribuée à Mani*, in *Vigiliae Christianae* 14 (1960) 245-249, was convinced that the letter was not written by Menoch, recent research is more hesitant; see, e.g., M. Stein, in *Manichaica Latina. Band 1: Epistula ad Menoch*. Text, Übersetzung, Erläuterungen von M. Stein (Papyrologica Coloniensia, 27,1), Opladen, 1998, pp. 25-43 (detailed presentation of the problem), on p. 43: "Es spricht viel dafür, daß die ep. Men. nicht von Mani stammt, sondern im lateinischen Sprachraum entstanden ist, sei es, daß ein Manichäer sie verfaßt hat oder ein Pelagianer bez. jemand, der in ihrem Interesse arbeitete. Gänzlich ausschließen läßt sich die Möglichkeit, daß Mani der Autor der ep. Men. ist, allerdings nicht".

[18] *Ad Florum* III,166, *CSEL* 85,1, p. 469: "Sed quia post editionem illorum oratu tuo, beatissime pater Flore, apud Constantinopolim Manichei epistula inventa est atque ad has directa partes opera est aliqua eius inserere, ut intellegant omnes, unde haec pro traduce argumenta descendant".

[19] Stein, *o.c.*, p. 43.

[20] See his reaction in *Opus imperfectum* III,172, CSEL 85,1, p. 473; on Augustine's contacts with the Manichaeans during his youth, see J. van Oort, *Augustine and Mani on concupiscentia sexualis*, in J. Den Boeft & J. van Oort (eds.), *Augustiniana Traiectina. Communications présentées au Colloque international d'Utrecht, 13-14 novembre 1986* (Études augustiniennes), Paris, 1987, pp. 137-152; Id., *Mani, Manichaeism & Augustine: The Rediscovery of Manichaeism & Its Influence on Western Christianity* (Academy of Sciences of Georgia / The K. Kekelidze Institute of Manuscripts), Tbilisi 1998³, p. 42-43.

[21] See *Ad Florum* III,186, *CSEL* 85,1, p. 484.

[22] *Ad Florum* III,172, *CSEL* 85,1, p. 473: "Per quos et tu splendida (...) reddita es agnoscendo, qualiter prius fueris, ex quo genere animarum emanaveris, quod est confusum omnibus corporibus et saporibus et speciebus variis cohaeret. Nam sicut animae gignuntur ab animis, ita figmentum corporis a corporis natura digeritur".

souls, the devil is the creator of bodies *per concupiscentiam*.[23] If *concupiscentia* (the very root of evil) could be eradicated, human beings would become completely *spiritales*.[24] In order to emphasize the bitter struggle which was going on between the soul and the body, the letter referred to scriptural texts such as Gal. 5,17.19.22 and Rom. 9,16; 7,19, verses to which Augustine himself frequently referred during the Pelagian controversy.[25] The author then goes on to point to the fact that *concupiscentia* belongs to the nature of a human being; and that, as such, it is impossible to be free from it.[26] In an effort to prove that *peccatum naturale* really existed, the letter mentions the baptism of children which, it maintains, would only be necessary where evil was really present.[27]

It should be clear, therefore, that Julian obtained his knowledge of Manichaean thought through a variety of channels. At the same time, however, one is forced to inquire about the precise content of that knowledge.

1. *Julian's knowledge of Manichaeism*

In this section, I will try to answer the following questions: What precisely did Julian know about Manichaeism? How should his knowledge be evaluated? In the first place, it must be emphasized that Julian never gives the impression that he has precise information about Mani's origins.[28] For obvious reasons, he insists during

---

[23] *Ad Florum* III,172, *CSEL* 85,1, p. 475: "Sicut ergo auctor animarum deus est, ita corporum auctor per concupiscentiam diabolus est ut in viscatorio diaboli per concupiscentiam mulieris, unde diabolus aucupatur non animas, sed corpora". In his reaction, Augustine will insist that the devil is on the look out for souls, because he already possesses bodies; see *Opus imperfectum* III,172, *CSEL* 85,1, p. 475.

[24] *Ad Florum* III,175, *CSEL* 85,1, p. 475: "Tolle denique malignae huius stirpis radicem et statim te ipsam spiritalem contemplaris".

[25] See, e.g., *Ad Florum* III,176-177, *CSEL* 85,1, pp. 476-477.

[26] *Ad Florum* III,187, *CSEL* 85,1, p. 487: "Malum autem concupiscentiae, quia naturale est, antequam fiat, est, cum fit, augetur, post factum et videtur et permanet".

[27] See *Ad Florum* III,187, CSEL 85,1, p. 487: "Si peccatum naturale non est, quare baptizantur infantes, quos nihil per se mali egisse constat?"

[28] One must admit that nobody in the West seemed to know exactly where Mani was coming from and where he lived; even Augustine's information concerning Mani's origin is rather vague: "Manichaei a quodam Persa exstiterunt qui vocabatur Manis ..."; *De haeresibus* 46,1, *CCSL* 46, p. 312.

the controversy that the Manichaean danger came from Africa;[29] although we know that, historically speaking, the movement had already established roots in Italy at a relatively early period.[30] Julian informs us that, according to Mani, the god of light (who was not the creator of evil[31]) had engaged in a battle with the god of darkness. In order to save his kingdom, however, the god of light was forced to relinquish certain *membra*.[32] The Manichaeans, according to Julian, maintain the belief that Adam's nature is superior to that of his offspring,[33] although it still must be qualified as *malam naturaliter*.[34] Julian also says that the prince of darkness is responsible for the creation of the body.[35] *Concupiscentia* is likewise ascribed to evil

---

[29] *Ad Turbantium*, frg. 51, *CCSL* 88, p. 352: "Orandus est hic Deus (…) ut (…) Ecclesiam catholicam (…) a Manichaeorum constupratione in Africa vel ex Africa latrocinantium eruere non moretur".

[30] In this regard see, for example, E. De Stoop, *Essai sur la diffusion du manichéisme dans l'Empire romain* (Université de Gand. Recueil de travaux publiés par la Faculté de philosophie et lettres, 38), Ghent, 1909 (reprint 1987), pp. 120ff.; P. Brown, *Religion and Society in the Age of Saint Augustine*, 1972, pp. 94-118; Pietri, *Roma Christiana*, pp. 432-445.

[31] *Dicta in quadam disputatione publica*, *CCSL* 88, p. 336: "Hoc nec impiissimus profiteri ausus est Manichaeus, qui mali auctorem Deum non sentit nec profitetur, sed id proprium habere a sempiterno principium, propriam essentiam propriamque naturam, scelestissime flagitat". See also *Ad Florum* VI,5, *PL* 45, col. 1510.

[32] "Pugnasse quidem cum principe tenebrarum deum lucis Manichaeus finxit et crediidit addiditque eius captivam teneri in hoc orbe substantiam; sed tantam infelicitatem colore pietatis nititur excusare: affirmat cum quasi bonum pro patria dimicasse civem atque ideo obiecisse membra ne perderet regna"; *Ad Florum* I,49, *CSEL* 85,1, p. 41.

[33] "Sic etiam in illa ad Patricium epistola (=Epistula fundamenti) 'quasi de primae factum flore substantiae meliorem' dicit 'secutis'"; *Ad Florum* III,186, *CSEL* 85,1, p. 484.

[34] See *Ad Florum* VI,8, *PL* 45, col. 1513. It is unclear to me whether the following sentence reveals knowledge of Julian about Manichaean ideas concerning Eve or is to be ascribed to Augustine: "(Illud vero de alio libro meo, quod ad Marcellinum scribens dixi,) *filios mulieris quae serpenti credidit ut libidine corrumperetur, non liberari nisi per Filium virginis, quae angelo credidit ut sine libidine fetaretur* (ita posuisti atque ita voluisti accipi tamquam) dixerim, quod Evae serpens commixtus fuerit concubitu corporali, sicut Manichaei principem tenebrarum eiusdem mulieris patrem cum illa concubuisse delirant"; *Ad Turbantium*, frg. 306, *CCSL* 88, p. 392. This fragment is found in Augustine's *Contra Iulianum* VI,68, *PL* 44, col. 864. This is the only place where one can find a link between Eve and Manichaean ideas. See also E. Buonaiuti, *La prima coppia umana nel sistema Manicheo*, in *Saggi sul Cristianesimo primitivo*, a cura e con introduzione di F.A. Ferrari, Rome, 1923, pp. 150-171.

[35] See, e.g., *Ad Florum* VI,5-6, PL 45, col. 1508-1510; III,189, *CSEL* 85,1, p. 493; III,192, *CSEL* 85,1, p. 494; on this topic, see also H.-C. Puech, *Sur le Manichéisme et autres essais*, Paris, 1979, pp. 103-151. This doctrine seems to be more complicated than presented by Julian; see Van Oort, *Mani, Manichaeism & Augustine*, pp. 18-19.

corporeality and must be condemned.[36] Julian was also aware of the fact that, while the Manichaeans rejected the Old Testament law,[37] they observed the New Testament rather selectively.[38] Furthermore, Julian informs us that the Manichaeans held a docetic view of Christ,[39] although it should immediately be added that his interpretation of the details at this point is not always consistent. Indeed, Julian suggests elsewhere that the Manichaeans and their disciples, the Traduciani, maintained that Christ's corporeality differed from that of human persons.[40] Finally, reference is also made to Mani's recommendations concerning the eating of trees and plants in order to avoid tearing apart parts of his god. According to Julian, it would appear that Mani believed that his god could also be found in the bark of trees and plants.[41]

Although it must be admitted that Julian is aware of important issues of the Manichaean doctrine, it remains striking that he appears to be unaware of certain important aspects of Manichaean teaching. However, while detailed information on Manichaean cosmogony, *Jesus patibilis*, Nous as the revelation from the heavenly world which liberates the divine soul from evil materiality etc., are evidently

---

[36] "Sicut ergo auctor animarum Deus est, ita corporum auctor per concupiscentiam diabolus est ut in viscatorio diaboli per concupiscentiam mulieris, unde diabolus aucupatur non anima, sed corpora. (...) Tolle denique malignae huius stirpis radicem et statim te ipsam spiritalem contemplaris. Radix enim, ait scriptura (I Tim. 6,10), omnium malorum concupiscentia"; *Ad Florum* III,174-175, *CSEL* 85,1, p. 475.

[37] See *Ad Florum* III,33-34, *CSEL* 85,1, pp. 371-374; III,18-19, *CSEL* 85,1, p. 361. This idea is also present in Serapion's *Contra Manichaeos* 36ff., ed. Casey, p. 57.

[38] "De evangelio vel de apostolorum epistulis sententias rapientes et corrodentes, ut profanum dogma nominum auctoritate tuerentur"; *Ad Florum* I,25, *CSEL* 85,1, p. 22. See also Puech, *Sur le Manichéisme*, pp. 153-167.

[39] *Ad Florum* IV,81, *PL* 45, col. 1385: "Quod utrumque fecit Manichaeus, qui commentatus in carne malum esse naturaliter, dixit in Christo non fuisse carnem, ne confiteretur in eo fuisse iniquitatem"; see also, e.g., IV,50, *PL* 45, col. 1368; IV,58, *PL* 45, col. 1373. The same position is also found in Serapion's *Contra Manichaeos* 53. On the complexity of Manichaean Christology, see, e.g., E. Rose, *Die manichäische Christologie* (Studies in Oriental Religions, 5), Wiesbaden, 1979.

[40] *Ad Florum* VI,33, *PL* 45, col. 1586: "Certe hanc viam in disputando Apostolus non haberet, si secundum Manichaeos et eorum discipulos Traducianos, carnem Christi a naturae nostrae communione distingueret..."; See also Augustine's pertinent reaction in *Opus imperfectum* VI,33, *PL* 45, col. 1586: "Manichaei (...) sunt, (...) qui nullam carnem Christum habuisse contendunt".

[41] *Ad Florum* VI,20, *PL* 45, col. 1555: "Nisi forte et hoc secundum mysteria Manichaei, qui a decerptione pomorum et omnium nascentium manus cohibet, ne partem Dei sui laceret, quam corticibus et graminibus opinatur inclusam (...)". Compare with Augustine, *De haeresibus* 46,12, *CCSL* 46, p. 316-317. On this ques-

lacking, perhaps one should not expect such information from a polemicist. Reference should be made in this regard to Leo the Great, whose knowledge of Manichaeism was hardly spectacular.[42]

While Julian was to employ his occasionally somewhat imprecise knowledge of the Manichaean movement and its doctrines in his controversy with Augustine in support of his conviction that the latter still remained a Manichaean, one seeks in vain – with one possible exception[43] – for a systematic comparison between Augustine's position and that of the Manichaeans in Julian's writings.

2. *Julian's appropriation of Manichaean ideas in his controversy with Augustine*

Julian's conviction that Augustine remained a Manichaean is based, in the first place, on the latter's doctrine of *peccatum naturale*. Julian adopts Augustine's own terminology at this point. While it is true that the bishop of Hippo had employed the expression in his earlier writings, he tended more and more to avoid it in his discussions with the Manichaeans, giving preference to the expression *peccatum originale*.[44] According to Julian, however, the alternative expression *peccatum originale* was nothing more than playing with words, equivalent in terms of content to the original expression *peccatum naturale* which he believed to be Manichaean. In any case, both concepts imply that every human being is born with a burden of guilt and that the human body is under the power of the devil. Julian's use of

---

tion, see, e.g., A. Henrichs, *"Thou shalt not kill a tree"*: Greek, Manichaean and Indian Tales, in *The Bulletin of the American Society of Papyrologists* 16 (1979) 85-108, esp. pp. 92-97.

[42] Cf. Schipper, *Paus en ketters*, p. 179: "Van grondige kennis van manichese bronnen geeft de bisschop geen blijk". A similar judgement in A. Lauras, *Saint Léon le Grand et le manichéisme romain*, in *Studia Patristica* 11, Berlin, 1972, pp. 203-209.

[43] In *Ad Florum* III,142ff., Julian offers a systematic comparison of Augustine's view of concupiscence and that of the Manichaeans. Julian is comparing Augustine's *De nuptiis et concupiscentia* (I,7-8; I,13; I,26; II,36) with the *Epistula ad Menoch*.

[44] Julian is well-aware of Augustine's preference for the notion of *peccatum originale*; cf. *Ad Florum* V,9, *PL* 45, col. 1438: "Ergo iure dicitur, confitearis necesse est, naturale quod Manichaeus finxerat, sed tu nomine commutato originale vocas, interiisse peccatum". See also V,20, *PL* 45, col. 1452. On Augustine's evolution in this regard, see A. Sage, *Le péché originel dans la pensée de saint Augustin de 412 à 430*, in *Revue des études augustiniennes* 15 (1969) 75-112, pp. 80-81. On occasion, Julian will also use the term *peccatum originale*. See, for example, *Ad Florum* II,57, *CSEL* 85,1, p. 205; II,69, *CSEL* 85,1, p. 214; II,73, *CSEL* 85,1, p. 216.

the expression *peccatum naturale* serves his purposes well. Indeed, his concept of nature associates the latter with necessity and immutability; while the will, in contrast, is characterised by possibility and mutability.[45] At the same time, in Julian's mind at least, the expression *peccatum naturale* implied that evil belonged to the essence of human beings and excluded genuine virtue which is rooted in liberty.[46] Julian also speaks of the concept *tradux peccati*: an idea which clearly suggests that sin is transmitted from parents to their children; and that, ignoring even the most elementary form of justice, every person is guilty as such even before one begins to behave in a virtuous manner.

Julian's objections to the doctrine of original sin are rooted primarily in his fundamental conviction that the good God is the creator of a good world; and that, as creator of the human soul and body, the same good God had ensured that both were equally good.[47] Given such a good God, the notion of natural evil was out of the question: at least from an orthodox perspective.[48] It is in this context that Julian makes his accusation of Manichaeism.[49] Augustine is called the *haeres et suboles* of the movement;[50] because, like the Manichaeans, he defended the existence of *malum naturale* and as such

---

[45] Cf. F. Refoulé, *Julien d'Eclane. Théologien et philosophe*, in *RSR* 52 (1964) 42-84; 233-247.

[46] *Ad Florum* IV,92-93, *PL* 45, col. 1393: "Quidquid enim naturale est, voluntarium non esse manifestum est. Si ergo est naturale peccatum, non est voluntarium: si est voluntarium, non est ingenitum".

[47] See M. Lamberigts, *Julian of Aeclanum: a Plea for a Good Creator*, in *Augustiniana* 38 (1988) 5-24; Id., *Julian of Aeclanum and Augustine on the Origin of the Soul*, in *Augustiniana* 46 (1996) 243-260.

[48] Like Augustine, Julian calls the Manichaeans *haeretici*, i.e. he considers them to be (heretical) Christians; see e.g. *Ad Turbantium*, frg. 1, *CCSL* 88, p. 341; frg. 186, *CCSL* 88, p. 377; *Ad Florum* I,27, *CSEL*, p. 23. For Augustine, see, e.g., J. van Oort's extensive review of A. Hoffmann, *Augustinus, De utilitate credendi / Über den Nutzen des Glaubens*. Übersetzt und eingeleitet von A. Hoffmann (Fontes Christiani, 9), in *Vigiliae Christianae* 47 (1993) 288-291, esp. pp. 290-291.

[49] In *Ad Florum* I,1, *CSEL* 85,1, p. 5, Julian claims that he reacts against those "qui ex sententia Manichaeorum traducem peccati id est malum naturale diffunderent". He obviously has Augustine in mind. Julian considers himself to be the defender of the Catholic faith; cf. also I,2, *CSEL* 85,1, p. 6; III,29, *CSEL* 85,1, p. 367; III,166, *CSEL* 85,1, p. 469; IV,5, *PL* 45, col. 1343; IV,67, *PL* 45, col. 1377-1378; IV,71, *PL* 45, col. 1379; IV,94, *PL* 45, col. 1394; *Ad Turbantium*, frg. 304-305, *CCSL* 88, p. 392.

[50] *Ad Florum* VI,5, *PL* 45, col. 1508. For similar reproaches see, e.g., *Ad Florum* I,75, *CSEL* 85,1, pp. 90-91; II,102, *CSEL* 85,1, p. 233; III,21, *CSEL* 85,1, p. 363; III,35, *CSEL* 85,1, p. 374; IV,18, *PL* 45, col. 1411; IV,130, *PL* 45, col. 1427; V,2, *PL* 45, col. 1433.

considered human nature to be bad.[51] Of course, Julian was also aware that Augustine maintained that there was a difference between him and the Manichaeans. While Mani ascribed evil to the *princeps tenebrarum* – a substance as eternal as God – whereby the human person was the result of a *commixtio* of two natures,[52] Augustine maintained that evil was a result of the sin of the first human beings.[53] Actually, the outcome is still the same. Indeed, Julian devoted much attention to Augustine's statement in *De nuptiis et concupiscentia* II,48: "Nec ideo tamen, ex bono potuit oriri voluntas mala, quia bonum factum est a Deo bono, sed quia de nihilo factum est non de Deo".[54] Although Augustine believed that this distinction made any accusation of Manichaeism untenable, Julian concluded nevertheless that this *nihilum* possessed an eternal character. In other words, it was an eternal principle in which evil had its origin. What then, Julian maintained, is the difference with Manichaeism?[55] It is

---

[51] *Ad Florum* III,154, *CSEL* 85,1, p. 485: "Ambo igitur, tu et Manichaeus, pariter malum naturale firmatis, id est ambo malam naturam hominum aeque dicitis, sed ille fidelius, tu fraudulentius"; for other examples see III,195, *CSEL* 85,1, p. 495; III,197, *CSEL* 85,1, p. 496; *Ad Turbantium*, frg. 5, *CCSL* 88, p. 360.

[52] *Ad Florum* III,153, *CSEL* 85,1, p. 457: "Ille ergo dicit a principe tenebrarum, id est auctore mali, de duarum commixtione, bonae et malae creatam fuisse"; *Ad Florum* V,30, *PL* 45, col. 1468: "Cum iam quaeritur unde sit malum, Manichaeus, De natura, inquit, tenebrarum aeterna".

[53] *Ad Florum*, III,153, *CSEL* 85,1, p. 457: "Huic enim malo, quod inspiratum a diabolo visceribus humanis pariter arbitramini, nullius ortum ille subducit, tu autem, ut videaris aliquo distare, quod nullum est, solos ab eo duos homines conaris eximere..."; *Ad Florum* V,30, *PL* 45, col. 1468: "Quid Augustinus? Nimie, inquit, istud magister meus, qui putat malum nunquam coepisse: coepit per primi hominis voluntatem, imo iam per superioris naturae, id est, angelicae; sed ex eo tempore factum est naturale".

[54] See *Ad Florum* V,26ff., *PL* 45, col. 1464ff.

[55] The argument runs as follows: Augustine states that bad will in God's work of creation came into existence because both angels and human persons were created *ex nihilo*. Thus, the source of evil must be non-being (*nihilum*) (cf. *Ad Florum* V,31, *PL* 45, col. 1470). The *nihilum* can mean nothing other than non-existence. If Augustine states that evil came into existence because human persons were created *ex nihilo*, then, according to Julian, he ascribes a characteristic to this *nihilum*, namely eternity: "Si ergo ideo malum exortum est, quia conditio nihili praecedentis id exigit, hoc autem nihilum aeternum fuit"; *Ad Florum* V,31, *PL* 45, col. 1470. For the sake of clarity, it ought to be noted at this point that Julian bases his argument here on a misrepresentation of *De nuptiis et concupiscentia* II,48, *CSEL* 42, p. 303: "Nec ideo tamen ex bono potuit oriri voluntas mala, quia bonum factum est a bono Deo, sed quia de nihilo factum est, non de Deo". In *Ad Florum* V,31, however, Julian presents Augustine's opinion as follows: "Non ideo malum exortum est in homine, quia a Deo factum est, sed ideo quia de nihilo". By so doing, Julian overlooks two elements which are of vital importance to Augustine, namely, that evil came into

clear to Julian that, on this point at least, no difference can be established between Augustine and Mani: both maintain an inextricable
connection between an eternal origin and the *malum naturale*.[56]

From his own perspective on the goodness of God and his creation, Julian also harbours difficulties with Augustine's view of the
fall of Adam. In his opinion Augustine is prone to exaggeration on
this point,[57] an exaggeration which has serious consequences: the
possibility of living a good life is annihilated; free will is eliminated;
those born of Adam and Eve are subject to the compulsion to sin
and robbed of the possibility of living a good life or changing their
ways.[58] Here, too, Julian claims that Augustine is not far from the
Manichaean doctrine although he claims not to be a Manichaean.
Indeed, Mani himself had already stated that Adam's nature, composed from the *flos primae substantiae*, was better than that of his
children, even although the Manichaeans also styled Adam as 'bad'.[59]

---

existence in human persons, and that this was only possible because human nature was not of divine origin. This distortion on Julian's part is all the more re-
markable when one becomes aware of the fact that his quotation from *De nuptiis
et concupiscentia* in *Ad Florum* V,26, *PL* 45, col. 1464-1465 was in fact correct. Indeed, Julian returns to this very text in *Ad Florum* V,38, *PL* 45, col. 1472, where he
disputes the validity of the *posse*. In his opinion, the will came into existence within
the created *libertas arbitrii* and without any external compulsion. For Julian, the
nihilum could not possibly be the *causa liberi arbitrii*: "Si enim dixeris possibilitatem
te mali, non necessitatem, aeterni illius nihili viribus imputasse: nos referimus, quod
potuit oriri mala voluntas in homine, non est certe aliud quam arbitrium liberum:
ideo enim potuit oriri mala voluntas, ut oriri posset et bona"; *Ad Florum* V,38, *PL*
45, col. 1473.

[56] *Ad Florum* V,36, PL 45, col. 1472: "Dedisti igitur et primi naturam mali, sed
inaniorem quam Manichaeus, aeque tamen aeternam. Pugnandum super hoc non
est: claret omnino quia maneat inter vos foedus, quod naturalis mali et aeterni mali
catena connectit".

[57] See, e.g., *Ad Florum* VI,20, PL 45, col. 1555. According to Julian, Augustine's
emphasis on the gravity of Adam's eating of the fruit seems to refer to Manichaeism:
"Nisi forte et hoc secundum mysteria Manichaei, qui a decerptione pomorum et
omnium nascentium manus cohibet, ne partem Dei sui laceret, quam corticibus et
graminibus opinatur inclusam, tu quoque Adam graviter deliquisse, quia cum esu
pomi, Dei tui substantiam lacaveris, arbitraris". According to Julian, the name of
Adam means 'human being' and thus does not refer to the *tradux peccati*, "labis
manichaeae indicium"; cf. *Ad Florum* VI,31, *PL* 45, col. 1583; see also VI,36, *PL*
45, col. 1592. On the different positions of Julian and Augustine concerning Adam,
see M. Lamberigts, *Julien d'Éclane et Augustin d'Hippone: deux conceptions d'Adam*, in
Augustiniana 40 (1990) 393-435.

[58] *Ad Florum* VI,7, *PL* 45, col.1512.

[59] *Ad Florum* III,186, *CSEL* 85,1, p. 484: "Quod autem multum ad distinctionem
inter te et Manicheum tenendum valere existimasti, ut diceres bonam quidem, sed
primorum hominum tantum factam naturam, omnem autem deinceps per concupis-

A further problem is encountered in the doctrine of *tradux peccati*. If one maintains this doctrine, Julian argues, one can no longer profess that God is the creator of the human soul. Indeed, one would have to associate *tradux peccati* with *tradux animae*, a position condemned in both Tertullian and the Manichaeans.[60] It is apparent to Julian that this understanding of the transmission of the soul can certainly be found in Manichaean texts such as the *Epistula ad Menoch* in which it is explicitly stated that the soul emerges from the soul and the body from the body and that there is conflict between the two.[61] From Julian's creationist perspective, it is quite impossible that the creation of the soul has anything to do with sexual reproduction: each individual soul is created anew by God in each individual person and is the work of God alone. Otherwise, God must be held responsible for every sin of the soul; a notion which, of course, Julian could not tolerate.

To conclude, Julian firmly maintains that one can only speak of sin at the level of free will; and that sin cannot be inherent in created human nature. According to the bishop of Aeclanum, a fundamental distinction exists on this point between the specifically Catholic understanding and that of Augustine and the Manichaeans. Whereas Catholics locate the origin of sin in the freedom of the will, Augustine and the Manichaeans speak of a natural evil.[62] Healthy

centiam fuisse subversam, etiam Manichaeus ita disseruit: "Operae", inquit, "pretium est advertere, quia prima anima, quae a Deo luminis manavit, accepit fabricam istam corporis, ut eam freno suo regeret. (...) Quasi de primae factum flore substantiae meliorem" dicit "secutis". *Ad Florum* VI,8, *PL* 45, col. 1513: "Hoc certe est dogma vestrum, quod nos de Manichaei coeno testamur expressum, qui et ipsius Adae naturam, licet de primae concretam flore substantiae, multo meliorem secutis, tamen malam naturaliter opinatur". Other examples can be found in *Ad Florum* V,25, *PL* 45, col. 1462. Julian's description of the Manichaean position is not completely accurate. According to the Manichaeans, only the flesh is created by the devil, not the soul; cf. F. Decret, *Aspects du Manichéisme dans l'Afrique romaine. Les controverses de Fortunatus, Faustus et Felix avec saint Augustin* (Études augustiniennes), Paris, 1970, pp. 264-266. Because he is engaged in a polemic, Julian is probably exaggerating here.

[60] *Ad Florum* II,178, CSEL 85,1, p. 297: "Nam tali argumento praeter impietatem tuam nihil aliud indicatur, impietatem inquam, qua credis ita esse animarum traducem in Tertulliani olim et Manichaei profanitate damnatam...". On this question, see M. Lamberigts, *Julian of Aeclanum and Augustine on the Origin of the Soul*, in *Augustiniana* 46 (1996) 243-260.

[61] See *Ad Florum* III,172ff., *CSEL* 85,1, pp. 473ff.

[62] *Ad Florum* I,22, *CSEL* 85,1, p. 18: "Hoc semper fuit maximum inter Manichaeos catholicosque discrimen et limes quidam latissimus, quo a se mutuo piorum et impiorum dogmata separantur, (...), quod nos omne peccatum voluntati malae, illi vero malae conscribunt naturae".

Christian doctrine defends a person's ability to act virtuously and, as such, to be personally responsible. Based on the strictest dualism, Mani (according to Julian) supports the idea that the evil will is inspired by that nature which is unable to will the good; while the good will is inspired by that nature which cannot will what is evil. Augustine maintains, for his part, that the human person *per liberum arbitrium* cannot do other than sin; and he or she is not in a position to do otherwise. Since God is unable to will evil, He is obliged to have human nature participate in his *necessitas*. Therefore, both Mani and Augustine maintain that people do good or evil by necessity.[63] Furthermore, Julian is unable to understand how Augustine can maintain that a human being is free to sin but not free to do that which is good.[64] Genuine virtue presumes freedom;[65] and the notion of *naturalis reatus* implies the end of it.[66]

Julian's critique of Augustine's treatment of marriage, *concupiscentia* and children as the result of marriage is especially vehement. Marriage, for Julian, is an institution willed by God. On the physical level, the end or purpose of marriage is reproduction, a precondition of which is *concupiscentia*. Children are the result of marriage; at the physical level a result of the interaction between the Creator and the created; at the level of the soul God's work alone. Parents are simply fulfilling God's command to be fruitful and multiply and as such they remain blameless. Likewise, no blame can be attached to the one giving the command to be fruitful or to the result thereof.[67]

---

[63] *Ad Florum* I,97, *CSEL* 85,1, pp. 112-113: "Manicheus dicit voluntatem malam ab ea inspirari natura, quae bonum velle non potest, voluntatem vero bonam ab ea infundi natura, quae malum velle non potest; ita utique naturis singularum rerum imponit necessitatem, ut propriae voluntates non possit velle contrariara. (...) Dicis (Augustine) esse liberam voluntatem, sed ut malum tantummodo faciat, non autem esse in hoc liberam, ut malum desistat operari, nisi ei fuerit imposita necessitas volendi bonum ab ea natura, quae, ut tuis utar sermonibus, 'malum non potest velle' (*Contra duas epistulas Pelagianorum* I,7). Definis ergo genus hominum per liberum arbitrium nihil aliud quam peccare nec aliud posse facere. Per quod absolute pronuntias humanam naturam unum semper cupere quod malum est, et velle non posse contrarium, naturam autem Dei malum non posse velle et ideo, nisi necessitatis suae participem fecerit malam hominum naturam, bonum in ea actionis esse non posse".

[64] See *Ad Turbantium*, frg. 301, *CCSL* 88, p. 391; *Ad Florum* I,100, *CSEL* 85,1, pp. 117-118; II,105, *CSEL* 85,1, pp. 237-238; III,108, *CSEL* 85,1, p. 428; III,118, *CSEL* 85,1, p. 436; III,215, *CSEL* 85,1, p. 505.

[65] See *Ad Florum* I,104-105, *CSEL* 85,1, p. 121.

[66] Cf., for example, *Ad Florum* II,216, *CSEL* 85,1, pp. 326-327.

[67] *Ad Turbantium*, frg. 75, *CCSL* 88, p. 161: "Ecce enim et nos acquiescimus,

In Julian's opinion, it is also evident that one must either conclude
that there is nothing wrong with *concupiscentia carnis* or that one should
condemn God, marriage, physical parents and their offspring because
of *concupiscentia carnis*. For Julian, such a position is untenable and
further reason to accuse Augustine of having remained a disciple of
Mani.[68] In order to substantiate his accusation, Julian goes on to make
a careful comparison between the letter of Mani to Menoch and
Augustine's positions on the topic as he found them in *De nuptiis et
concupiscentia* I,7-8,[69] I,13,[70] I,26[71] and II,36.[72] In the passages in
question, Augustine states that lust (*libido*) came into existence after
sin (II,36). Lust, for Augustine, is a *malum* because the first humans
considered themselves obliged to cloth themselves after their sin (II,36)
as they were impaired (I,8). To this day, human beings are still
ashamed of this lust (II,36; I,8) and only express it in private (I,8).
Scriptural texts such as Rom. 7,17 also teach us that we are dealing
here with a *malum*; since the desire of lust is not obedient to the spirit
(I,7). The only proper use of lust is with a view to procreation within marriage (II,36; cf. also I,13). Lust, moreover, does not contribute to the good of marriage (I,13). On the contrary, it is because of
lust that every human being born is subject to the power of the devil
(I,26). Nevertheless, Augustine does not insist that nature itself is pure
malum; since it would not deserve to be saved and would not indeed
have been saved. At the same time, however, he continues to main-

---

quia peccatum opus est malae voluntatis vel opus est diaboli; sed per quid hoc
peccatum invenitur in parvulo? per voluntatem? at nulla in eo fuit; per formam
corporis? sed hac Deus tribuit; per ingressum animae; sed nihil debet semini corporali,
quae nova a Deo conditur; per nuptias? sed haec pertinent ad opus parentum, quos
in hoc actu non peccasse promiseras; quod si non vere id concesseras, sicut processus tui sermonis indicat, ipsae sunt exsecrandae, quae causam fecerunt mali?
verum illae substantiam propriam non habent, sed nomine suo personarum opus
indicant...".

[68] See, e.g., *Ad Turbantium*, frg. 62, *CCSL* 88, p.356; frg. 66b, *CCSL* 88, p. 357;
Ad Turbantium, frg. 78, *CCSL* 88, p. 360; frg. 184, *CCSL* 88, p. 377; frg. 186, *CCSL*
88, p. 377; *Epistula ad Romanos*, frg. 3, *CCSL* 88, p. 397; *Ad Florum* I,66, *CSEL* 85,1,
p. 64; II,33, *CSEL* 85,1, p. 186; IV,17, *PL* 45, col. 1346; IV,18, *PL* 45, col. 1346;
IV,71, *PL* 45, col. 1379; V,59, *PL* 45,col. 1492. It is worth repeating here that Julian's
accusation of Manichaeism is at times nothing more than a polemical argument;
at times a reference to clear parallellisms (at least according to Julian); and at times
a collective noun for all heresies. This is clearly the case in *Ad Florum* IV,76, *PL* 45,
col. 1382.

[69] *CSEL* 42, pp. 218-220.

[70] *CSEL* 42, p. 226.

[71] *CSEL* 42, p. 238.

[72] *CSEL* 42, pp. 290-291.

tain that there is a certain degree of evil in nature; because the very idea of salvation would otherwise have no meaning.[73]

In the letter of Mani to Menoch, Julian finds *concupiscentia* explicitly condemned. Indeed, it is through *concupiscentia* that the devil is the creator of the body over which he is master.[74] Mani concluded from the Scriptures that *concupiscentia* is the root of all evil (1 Tim. 6,10) and as such ought to be destroyed.[75] In Mani's opinion, the shame experienced in sexual intercourse is proof of the depravity of *concupiscentia*.[76] He too makes reference to a number of Pauline texts, namely Rom. 9,16; Gal. 5,19.22; Rom. 7,19,[77] from which he deduces that an opposition exists between the flesh and the spirit; or as Gal. 5,17 puts it: "Caro enim concupiscit adversus spiritum, spiritus autem adversus carnem". The flesh, the daughter of *concupiscentia*, is engaged in a struggle against the spirit, the son of the soul.[78] In this struggle, the soul finds her joy and power in everything that sours the flesh. The soul is thus enriched and strengthened when it radically rejects the desires of lust, while it forfeits its hard won vigour when it allows itself to be used by *concupiscentia*.[79]

Mani states unequivocally that anyone who maintains that the

---

[73] Julian quotes (parts of) I,7 in III,183, *CSEL* 85,1, p. 482; III,187, *CSEL* 85,1, pp. 486-487; I,8 in III,170, *CSEL* 85,1, p. 472; III,184, *CSEL* 85,1, p. 483; I,13 in III,170, *CSEL* 85,1, p. 471; II,36, in *Ad Florum* III,169, *CSEL* 85,1, p. 471; III,170, *CSEL* 85,1, p. 471; III,185, *CSEL* 85,1, p. 483; III,188, *CSEL* 85,1, p. 490; III,189, *CSEL* 85,1, p. 493; III,190, *CSEL* 85,1, p. 493; III,194, *CSEL* 85,1, p. 494; III,195, *CSEL* 85,1, p. 495; III,206, *CSEL* 85,1, p. 501. A reference to I,26 can be found in III,182, *CSEL* 85,1, p. 481.

[74] *Ad Florum* III,174, *CSEL* 85,1, p. 475: "Sicut ergo auctor animarum Deus est, ita corporum auctor per concupiscentiam est ut in viscatoria diaboli per concupiscentiam mulieris, unde diabolus aucupatur non anima, sed corpora...". See also III,180, *CSEL* 85,1, p. 480. It is correct to say that, for the Manichaeans likewise, sexuality had a negative connotation. Sexual desire is both sin and the punishment of sin. Sexual concupiscence is also typical of the Kingdom of Darkness; cf. Van Oort, *Augustine and Mani on concupiscentia sexualis*, pp. 137-152; Id., *Augustine on Sexual Concupiscence and Original Sin*, in E. Livingstone (ed.), *Studia Patristica* XXII, Leuven, 1989, 382-386.

[75] *Ad Florum* III,175, *CSEL* 85,1, p. 475.

[76] *Ad Florum* III,177, *CSEL* 85,1, p. 476.

[77] *Ibid.*, p. 477.

[78] *Ad Florum* III,175, *CSEL* 85,1, p. 476: "Caro enim adversatur spiritui, quia filia concupiscentiae est, et spiritus carni, quia filius animae est". Cf. also III,187, *CSEL* 85,1, p. 486.

[79] *Ad Florum* III,177, *CSEL* 85,1, p. 477: "Omnis enim amaritudo concupiscentiae suavis est animae, per quam nutritur anima et ad vigorem accitur. Denique cohercentis se ab omni usu concupiscentiae animus vigilat, ditatur et crescit, per usum autem concupiscentiae consuevit decrescere."

body is created by the good God is a fool and the product of the
spiritus concupiscentiae.[80] St Paul brushes aside such fools and their
promiscuous behaviour, asking himself what possible fellowship there
can be between light and darkness; believers and unbelievers; Christ
and Belial (2 Cor. 6,14-15). The poison of *concupiscentia* leads the fool
to such a degree of insanity that he is deluded into thinking that
everything is permitted by God. Mani's letter goes on to insist that
concupiscentia continues to be present because it is *malum naturale*. Thus,
as a datum of nature, *concupiscentia* is already a form of evil; which
grows to the extent that one surrenders to it; and is characterised
by its ongoing presence.[81] Mani concludes by introducing the practice of infant baptism as an argument for the existence of natural
sin.[82]

From his comparison of both positions, Julian deduces that Mani
and Augustine both maintain that *concupiscentia carnis* is woven into
the human body by the devil.[83] Both cast aspersions on the Catholic faithful because they suggest that *concupiscentia* is a part of human
nature, and that, because of *concupiscentia*, every human being is born
under the power of the devil or *princeps tenebrarum*. The Catholic vision,
by contrast, maintains that, in essence, human nature as a substance
is to be associated with God.[84]

In their treatment of the struggle between the flesh and the spirit, both Mani and Augustine give desire, *anima nolente*, its own au-
tonomy.[85] In both cases, reference is made to scriptural passages such
as Gal. 5,17 and Rom. 7,18-19.[86] Both argue that the experience of
shame endorses the depravity of *concupiscentia*,[87] while at the same

---

[80] *Ad Florum* III,176, *CSEL* 85,1, p. 476.

[81] *Ad Florum* III,187, *CSEL* 85,1, p. 487.

[82] *Ad Florum* III,187, *CSEL* 85,1, p. 487: "Si peccatum naturale non est, quare
baptizantur infantes, quos nihil per se mali egisse constat". On this question, see
Stein, *o.c.*, pp. 89-90. It seems that Julian has omitted part of the letter, for there
is a rupture between these two parts. The use of the term *peccatum naturale* comes
from Julian and is probably not present in the Manichaean text as such; because
a distinction is made there between *malum naturale* and *peccatum*.

[83] *Ad Florum* III,187, *CSEL* 85,1, p. 488.

[84] *Ad Florum* III,182, *CSEL* 85,1, p. 481.

[85] *Ad Florum* III,183, *CSEL* 85,1, p. 482; III,187, *CSEL* 85,1, pp. 486-487.

[86] See, e.g., *Ad Florum* III,175, *CSEL* 85,1, p. 476; III,178, *CSEL* 85,1, pp. 487-
489; III,180, *CSEL* 85,1, p. 480; III,185, *CSEL* 85,1, p. 483. According to Julian,
their argument lacks authority, because neither is able to understand that Paul is
speaking of bad human habits and not of human nature as such; cf. III,178, *CSEL*
85,1, pp. 478-479.

[87] *Ad Florum* III,184, *CSEL* 85,1, p. 479.

time criticising the faithful who treat this God given *concupiscentia* with respect.[88] Therefore, according to Julian, it is clear that both Augustine and Mani are defending the same doctrine.

Julian is merciless when it comes to Augustine's belief that the human nature is *natura vitita*.[89] Indeed, Julian is unable to understand how the work of a good creator could be substantially bad,[90] at least in the ethical sense of the word. In his opinion, natural human deficiencies were to be treated as *insana* and not as *mala*, since only then could one speak in ethical terms. It is evident that Julian's stance here is partly due to the fact that, at this stage, he no longer sees a relationship between the fall of Adam – *olim defunctus*[91] – and the physical and psychological deficiencies in our human nature.

Julian concludes that both Augustine and Mani ascribe *concupiscentia* to the devil. Mani, who according to Julian is more consistent than Augustine, condemns human nature in its entirety on this basis. Augustine, on the other hand, endeavours to save appearances by insisting that human persons are indeed created by God.[92] In giving the devil the right to claim this *opus divinum* for himself, however, he assigns the human person *de facto* to the devil.[93] Augustine, moreover, does not have any difficulty with the presence of *concupiscentia* in animals. With respect to human beings, which are *imagines Dei* and as such better than the animals, however, *concupiscentia* is indeed *malum naturale*. It is on the basis of such arguments that Julian applies the epithet *patronus asinorum* to Augustine.[94]

Elsewhere, Julian puts Augustine and Mani in the same category in light of their condemnation of sexual intercourse on the basis of *naturales motus*[95] – Augustine and the Manichaeans tended to speak rather of *motus inordinatus*, an idea unacceptable to Julian.[96] Both limit

---

[88] *Ad Florum* III,187, *CSEL* 85,1, p. 486; *Ad Florum* III,180-181, *CSEL* 85,1, p. 481.

[89] *Ad Florum* III,206, *CSEL* 85,1, p. 501.

[90] *Ad Florum* III,206, *CSEL 85*,1, p. 501; III,188, *CSEL* 85,1, p. 306.

[91] Cf. *Ad Florum* II,163, *CSEL* 85,1, p. 284.

[92] *Ad Florum* III,180-181, CSEL 85,1, pp. 480-481.

[93] See, for example, *Ad Florum* III,181-182, *CSEL* 85,1, pp. 480-481; III,201-202, *CSEL* 85,1, p. 499; III,215, *CSEL* 85,1, p. 505.

[94] *Ad Florum* IV,56, *PL* 45, col. 1372; IV,89, *PL* 45, col. 1390.

[95] On this question, see especially Van Oort, *Augustine and Mani on concupiscentia sexualis*, pp. 146-149.

[96] See, for example, *Ad Florum* V,25, *PL* 45, col. 1462; III,212-213, *CSEL* 85,1, p. 504; IV,23, *PL* 45, col. 1350; IV,67, *PL* 45, col. 1377-1378; IV,120, *PL* 45, col. 1413-1414; V,8, *PL* 45, col. 1438.

God's activity as Creator by ascribing corporeality to the devil because of *concupiscentia*.[97]

Julian was severely troubled by Augustine's apparent ambiguity on
this matter. On the one hand, the bishop of Hippo wanted to sal-
vage the goodness of human nature by virtue of its good Creator
(in order to present himself as Catholic); while, on the other hand,
he defended human nature's substantial depravity along with the
Manichaeans.[98] According to Julian, it would have been more correct if Augustine, like Mani, had condemned both human nature and
physical marriage. Now, Julian continues, Mani appears to be more
consistent than Augustine.[99]

Of course, the question of *concupiscentia* is also raised in the context of Julian's discussion of the essence of Christ. Given Julian's
conviction that Christ was truly human in every respect,[100] one is
left with the implication that Christ, like each one of us, also possessed *concupiscentia naturalis*.[101] Julian is likewise unable to follow
Augustine's argument that Christ was free of *concupiscentia carnis*
because the latter comes from the world and not from the Father (1
John 2,16). The bishop of Aeclanum considered this to be a depre-
cation of Christ's full humanity and accused Augustine on this point
of subscribing to a Manichaean form of Apollinarism.[102] Together
with Mani and Apollinaris, Augustine maintained that Christ's body
was free of *concupiscentia*.[103] So Julian considered himself justified in
questioning Christ's continued commendability.[104] If Augustine's

---

[97] *Ad Florum* III,102, *CSEL* 85,1, p. 423.
[98] Cf., for example, *Ad Florum* III,124, *CSEL* 85,1, p. 440.
[99] Cf. *Ad Florum* V,25, *PL* 45, col. 1462. *Ad Florum* IV,45, *PL* 45, col. 1365.
[100] See his very detailed argumentation in *Ad Florum* IV,45ff., *PL* 45, col. 1365ff..
[101] See *Ad Florum* IV,59, *PL* 45, col. 1374-1375; IV,61, *PL* 45, col. 1375.
[102] *Ad Florum* IV,47, *PL* 45, col. 1365: "Hic igitur ut adsit toto animo lector,
admoneo: videbit enim Apollinaristarum haeresim, sed cum Manichaei per te
adiectione reparari". For Julian's view of Apollinarism, see N. Cipriani, *Echi
antiapollinaristici e aristotelismo nella polemica di Giuliano d'Eclano*, in *Augustinianum* 21
(1981) 373-389.
[103] *Ad Florum* IV,50, *PL* 45, col. 1368: "Tu igitur coniice quid de te debeat iudicari,
qui commixtionem sexuum damnas, ut Manichaeus; naturam carnis Christi a
communione hominum sequestras, secundum Manichaeos; concupiscentiam carnis
accusas, iuxta praeceptoris tui dicta Manichaei; dicis concupiscentiam sensuum in
Christi corpore non fuisse, vel secundum Manichaeos, vel secundum Apollinaristas:
et tamen vis a nobis nec Apollinarista, nec Manichaeus vocari". See also Ad Florum
IV,58, PL 45, col. 1373.
[104] *Ad Florum* IV,49, *PL* 45, col. 1368: "Quae autem gloria castitatis, si virilitas

position were correct, what then would be the abiding value of Christ's example?[105] How could Christ be a meaningful model for the moral behaviour of human beings if he, and he alone, did not possess that concupiscence which, according to Augustine, caused so many difficulties?

From Julian's perspective, it was evident that at the physical level Christ was also *vir perfectus*,[106] whose moral excellence was the result of his *virtus mentis*.[107] Thus, by virtue of his participation in our identical human nature, and by this alone, it was possible for Christ to continue to be an example to humanity.[108] Julian then goes on to conclude that human nature must likewise be free of innate sin.[109] Appealing to the aforementioned text of Serapion of Thmuis,[110] Julian proposed that a substantially bad body could never become *corpus virtutis*.[111] In other words, any condemnation of the body necessarily implies that Christ's humanity was under question: a point of view only accepted by the Manichaeans and certainly not by the Catholics.

Julian goes on to conclude that any nature which was to be con-

---

magis aberat quam voluntas et quod putabatur fieri de vigore animi, veniebat de debilitate membrorum?"

[105] *Ad Turbantium*, frg. 218, *CCSL* 88, p. 382: "Non potuit exemplum dare natura dissimilis"; frg. 220, *CCSL* 88, p. 382: "Nolle exempli causam, tolletur et pretii, quod pro nobis factus est". See also J. Rivière, *Hétérodoxie des Pélagiens en fait de Rédemption?*, in *Revue d'Histoire ecclésiastique* 41 (1946) 5-43, pp. 15-16, who underlines that Julian does not want to question the objective value of Christ's suffering and death, but wishes to defend the subjective value of it for our own way of living.

[106] See, e.g., *Ad Florum* IV,53, *PL* 45, col. 1369; IV,54, *PL* 45, col. 1371.

[107] *Ad Florum* IV,53, *PL* 45, col. 1369-1370: "Qui etsi propter signum natus ex virgine est, et tamen ita aversatus non est sexum virilem, ut eius susciperet veritatem, integer per omnia viscerum, integer corporis, homo verus, vir perfectus...; intacta castitate conspicuus, et animum et oculos nunquam remisso cordis vigore custodiens, sed quod hoc totum virtute mentis, non carnis infirmitate perfecerit"; cf. also IV,54, *PL* 45, col. 1370.

[108] *Ad Florum* IV,57, *PL* 45, col. 1373: "Sed iustum erat ut qui dabat perfectionis exemplum, omnibus virtutum studiis antecelleret castitasque eius continua integritate celsa, nullo permota libidinis appetitu, et omnium sensuum domitrix animi magnitudo, et superatrix dolorum, cunctis fidelibus, et humanitate imitabilis et sublimitate mirabilis". At least on this point, one may say that Julian is in line with Pelagius; see Pelagius, *Epistula ad Demetriadem* 8, *PL* 30, col. 16-17.

[109] *Ad Florum* IV,60, *PL* 45, col. 1375; VI,35, *PL* 45, col. 1589.

[110] *Contra Manichaeos* VI, ed. Casey, pp. 31-32. According to N. Cipirani, *L'autore dei testi pseudobasiliani*, pp. 444-445, Serapion and Julian are defending the same position here.

[111] See *Ad Turbantium*, frg. 213 a-b, *CCSL* 88, pp. 380-381.

sidered *malum* was not really worthy of Christ's salvation. He also maintains that Augustine's suggestion that human nature would not be in need of salvation, if it did not contain some degree of evil,[112] was likewise an expression of Manichaean folly. In Julian's opinion, all evil present in nature is *congenitum*[113] and makes that nature bad.[114] Thus, anyone who maintains such a position is on the same line as the Manichaeans, whether they like it or not. While Augustine might continue to insist that a saviour is at hand for such a nature, what, however, might the abiding value of a saviour be who is also respected by Catholics as (co-)creator? Indeed, since it would appear that Christ's saving activity was unable to free us from *concupiscentia carnis*,[115] what then is the value of such a saviour? In addition, the idea of *peccatum naturale* presents problems for Christ's resurrection as the guarantee of our resurrection. Julian (wrongly) maintains that the Manichaeans, and their disciples, the Traduciani, maintained that Christ's flesh was distinct from our human flesh[116] While Julian is also aware that the Manichaeans deny any resurrection of the body, he insists that on this point they ignore the evidence of the Scriptures.[117]

In association with the themes of Christ's humanity and his competence as saviour, brief mention ought to be made of Julian's critique of Augustine's view of grace,[118] a view which, for Julian, implied the sacrifice of free will.[119] Here, too, Julian endeavours to establish connections with Mani[120] since, in his opinion, Augustine

---

[112] *De nuptiis et concupiscentia* II,36, *CSEL* 42, pp. 290-291. Julian quotes this text in *Ad Florum* III,188, *CSEL* 85,1, p. 490; cf. also III,194, *CSEL* 85,1, p. 494.

[113] *Ad Florum* III,191, *CSEL* 85,1, p. 493.

[114] *Ad Florum* III,192, *CSEL* 85,1, p. 494: "Si naturae inest ita malum, ut nascatur ex ea cum ipsis seminibus malum, mala sine dubitatione convincitur".

[115] See *Ad Florum* III,199, *CSEL* 85,1, p. 498; III,205, *CSEL* 85,1, p. 502.

[116] See *Ad Florum* VI,33, *PL* 45, col. 1588: "Certe hanc vim in disputando Apostolus non haberet, si secundum Manichaeos et eorum discipulos Traducianos, carnem Christi a naturae nostrae communione distingueret". See also Bruckner, *Julian von Aeclanum*, p. 156.

[117] *Ad Florum* VI,35-36, *PL* 45, col. 1589-1590.1592; VI,41, *PL* 45, col. 1604.

[118] On Julian's position concerning grace, see M. Lamberigts, *Julian of Aeclanum on Grace. Some Considerations*, in E. Livingstone (ed.), *Studia Patristica* 27, Leuven, 1993, pp. 342-349.

[119] *Ad Florum* I,94, *CSEL* 85,1, pp. 106-108. Here, Julian is reacting against *Contra duas epistulas Pelagianorum* I,2,4-7.

[120] Julian also establishes a link with Jovinianus; cf. *Ad Florum* I,96, *CSEL* 85,1, p. 111, but this is clearly a reaction to *Contra duas epistulas Pelagianorum* I,4, in which Augustine asserts that Julian, in line with Jovinianus, refers to Catholics as

maintained that a human being is compelled to do evil and can only do good if compelled by God to do so. In other words, there are two orders of compulsion, and this notion is also found among the Manichaeans.[121]

It will perhaps come as something of a surprise that Julian also accuses Augustine of Manichaeism when the latter speaks of the righteousness of God. One is given the impression here, more than before, that Julian's charge is rooted more firmly in polemic[122] and that there is little evidence of a well-founded accusation. In this context, Manichaeism becomes a collective term for all those who maintain that God is unjust; because He must take the blame for that for which we cannot be held responsible: such as infants born with *peccatum originale*.[123] Once again, of course, Augustine turns out to be worse than the Manichaeans.[124] Mani limits himself to the assertion that, during the struggle between the God of light and the Prince of darkness, a portion of God's substance had become imprisoned in this world, but that God's kingdom had not been lost beyond redemption. Augustine maintained that God himself had eradicated his own work by condemning the innocent.[125] Thus, while

---

Manichaeans. In *Ad Florum* IV,121, *PL* 45, col. 1415-1416, Julian correctly challenges the suggestion that Jovinianus referred to Ambrose as a Manichaean, a claim made by Augustine in *De nuptiis et concupiscentia* II,15, *CSEL* 42, p. 267 and in II,38, *CSEL* 42, p. 292. In this regard see, for example, A. De Veer, *Manichéisme et pélagianisme*, in *BA* 23, pp. 810-811.

[121] *Ad Florum* I,97, *CSEL* 85,1, p. 113: "Post haec itaque, utrum non multum ames Manicheum in cordis tui secreto Deus viderit; quantum tamen ex dogmatum germanitate monstratur, nihil aliud prorsus egisti, quam ut ordine commutato idem, quod ille affirmat, astrueres."

[122] See, for example, *Ad Florum* I,135, *CSEL* 85,1, p. 151; I,141, *CSEL* 85,1, p. 158; III,10, *CSEL* 85,1, p. 355; III,79, *CSEL* 85,1, p. 406. Julian considers himself as the apologist *pro Deo iusto*; see, for example, *Ad Florum* I,6, *CSEL* 85,1, p. 9; I,27, *CSEL* 85,1, pp. 22-23; I,57, *CSEL* 85,1, pp. 55-56; IV,89, *PL* 45, col. 1390; V,2, *PL* 45, col. 1433; V,55, *PL* 45, col. 1489; V,56, *PL* 45, col. 1489; VI,4, *PL* 45, col. 1508; *Ad Turbantium*, frg. 157, *CCSL* 88, p. 373. See also A.E. Mc Grath, *Divine Justice and Divine Equity in the Controversy between Augustine and Julian of Eclanum*, in *Downside Review* 101 (1983) 312-319, p. 315.

[123] See, for example, *Ad Florum* II,21, *CSEL* 85,1, pp. 175-176; IV,76, *PL* 45, col. 1302.

[124] *Ad Florum* I,32, *CSEL* 85,1, p. 24: "Quod si neutrum horum quae diximus facies et huic Deo te asseris credere, cuius institutis iniustitiam communiri aestimas, cognosce multo te novum antiquo Manicheo esse peiorem, qui talem Deum habeas, qualem Manicheus Dei sui est commentus inimicum". See also I,123, *CSEL* 85,1, p. 137.

[125] *Ad Florum* I,49, *CSEL* 85,1, p. 41: "Pugnasse quidem cum principe tenebrarum Deum lucis Manicheus finxit et credidit addiditque eius captivam teneri in hoc

Mani's doctrine of duality left room for salvation and more or less[126] protected the righteousness of the good God, Augustine's insistence on the one God implied that He permitted the creation of bad human persons and that all but a few exceptions were condemned to ruination. While Mani maintained a degree of hope, Augustine left no room for it.[127] In fact, Julian's critique on this matter turns once again around the unacceptable doctrine of *peccatum naturale* which, he maintained, called any positive view of God into question.[128]

3. *Conclusion*

What, then, is the value of Julian's accusations against Augustine? We have already noted that Julian's charge of Manichaeism frequently had its roots in polemical motivations. We have also established

---

urbe substantiam; sed tantam infelicitatem colore pietatis nititur excusare: affirmat eum quasi bonum pro patria dimicasse civem atque ideo obiecisse membra ne perderet regna. Tu qui haec didiceras, quantum ea vel ad tempus deserendo profeceris intuere: dicis Deum necessitatem non pertulisse belli, sed iniquitatem ammisisse iudicii nec tenbrosis hostibus, sed perspicuis subiacere criminibus, non impertisse postremo substantiam suam, sed aeternam violasse iustitiam. Quo quis vestrum peior sit, aliis aestimandum reliquo; illud tamen liquet ad unum vos opinionis nefas redire. Nam et Manicheus subscribit iniquitatem Deo suo, cum eum allegat damnaturum in ultimo die membra quae tradidit; et tu per hoc illum asseris infelicem, per quod corrumpit gloriam qua cluebat, et persequendo innocentiam, quam creavit, perdidit iustitiam, qua sacerrimus fuit. Tantum igitur haec quem tu inducis Deo ille, quem magister tuus commentus fuerat, antecellit, quantum excusabilius est proelio superatum esse quam vitio".

[126] In the text, quoted in the previous note, Julian suggests that even in Mani's system, God is unjust: "Manicheus subscribit iniquitatem Deo suo ... tradidit". Again, one has to admit, that, because of polemical reasons, Julian's accusations are not very consistent.

[127] See *Ad Florum* I,120, *CSEL* 85,1, p. 136: "Ille enim licet duos induxisset auctores, tamen spem salutis ex ea reliquit parte, qua dixit bonum deum esse alienissimum ab iniquitate et a crudelitate; tu vero unum bonum quidem deum, sed eundem malorum conditorem loquens ut reverentiam divinitatis, ita spem salutis funditus sustulisti".

[128] *Ad Florum* I,50, *CSEL* 85,1, pp. 42-43: "Amolire te itaque cum tali Deo tuo de Ecclesiarum medio: non est ipse, cui Patriarchae, cui Prophetae, cui Apostoli crediderunt, in quo speravit et sperat Ecclesia primitivorum, quae conscripta est in coelis (Hebr. XII,23): non est ipse quem credit iudicem rationabilis creatura; quem Spiritus sanctus iuste iudicaturum esse denuntiat. Nemo prudentium, pro tali Domino suum umquam sanguinem fudisset: nec enim merebatur dilectionis affectum, ut suscipiendae pro se onus imponeret passionis. Postremo iste quem inducis, si esset uspiam, reus convinceretur esse, non Deus; iudicandus a vero Deo meo, non iudicaturus pro Deo". See also I,51, *CSEL* 85,1, p. 45; V,64, *PL* 45, col. 1503.

the fact that, while his knowledge of Manichaeism was reasonable, it was far from being thorough. One is forced likewise to conclude that a number of his accusations against Augustine were simply unfounded. Moreover, Julian failed to understand basic ideas such as *natura vitiata*; Christian freedom as a result of the gift of grace; the possibility of overcoming the assults of *concupiscentia carnis*; etc. On all these points, Augustine reacted in a very detailed way. The limits of space prevent me, however, from examining these reactions in further detail here.

It becomes clear that Julian would (or could) not recognise the fact that to speak of human nature as *natura vitiata* cannot be equated with the Manichaean idea of bad substance. Augustine insisted, in fact, that nature in its createdness, in its very being, is good, and that evil is precisely an absence of being. As a consequence, to equate Augustine's view of the human being with that of Mani is simply incorrect. In contrast to the Manichaean *princeps tenebrarum*, the devil is not assigned a role at the level of creation, whatever Julian wishes to imply.[129]

On the other hand, one should not be blind to the fact that certain parallels are indeed evident. To assert that Adam's sin, as historical sin, is responsible for the presence of evil in human beings, changes little *de facto* since all human beings are affected by it and experience in themselves two tendencies, one towards the good (and then one is already *sub gratia*), the other towards evil, the latter being *sine gratia* for both Augustine and Mani. Whether one likes it or not, every human being is born either *sub peccato* (confirmed by the presence of the *concupiscentia carnis*) or in a dichotomous condition whereby evil and good are forced to struggle with one another. The struggle between good and evil is evident in both Mani and Augustine and its presence precedes every ethical decision.

Although Augustine, at the end of his life, admitted his ignorance on the creation of the soul, Julian nevertheless touches on a sensitive issue here: only the Manichaean *tradux animae* as attested by the *Epistula ad Menoch* provides a plausible explanation for the transmission of evil, whatever form it takes.

Parallels at the level of *concupiscentia carnis* are also striking, given that Augustine's *motus inordinatus* is also – and particularly – found in Manichaean sources. For both Augustine and Mani *concupiscentia*

---

[129] See *Ad Florum* III,181, *CSEL* 85,1, pp. 480-481.

is the work of a demonic or, if one prefers, mysterious power, and both appeal to the same source in support of their claim, namely Paul.

It should also be recognised that in both Mani and Augustine the human or, better, earthly essence of Christ is at least problematic. To what extent can one claim that Christ is fully human when, in comparison with the rest of humanity, he is in fact already "unique" in his humanity? Even though Augustine also insists on the point that Christ is fully human, it is clear from Julian's perspective that this "human person" is far from normal; as was also the case with the Manichaean Christ who did not even possess the "flesh".[130]

In spite of the evident exaggerations which perhaps depict Julian as a polemicist, it ought to be recognised that he detected striking similarities, conspicuous points of contact between Mani and Augustine and that, considered logically, a number of Augustine's positions may have tended in the same direction as found in Manichaeism. It is certainly true that, while defending God's justice, human freedom and responsibility, the goodness of nature and so forth,[131] Julian clearly considered Augustine's understanding of original sin to be a serious threat to orthodox Christian faith.[132]

---

[130] On the question of the Manichaean distinction between the flesh of Christ and the flesh of human beings, Julian's argument in *Ad Florum* VI,33, *PL* 45, col. 1588 is incorrect, while it is apparent from *Ad Florum* IV,81, *PL* 45, col. 1385 that he was aware that, for Mani, Christ did not posses real flesh. In his *Opus imperfectum* VI,33, Augustine rightly corrects him stating: "Manichaei non sunt, qui carnem Christi a naturae nostrae communione distinguunt; sed qui nullam carnem Christum habuisse contendunt". Clearly polemic plays a greater role here than correct argument.

[131] See the relevant remarks of J. Gross, *Entstehungsgeschichte des Erbsündendogmas. Von der Bibel bis Augustinus* (Geschichte des Erbsündendogmas: Ein Beitrag zur Geschichte des Problems vom Ursprung des Übels), München-Basel, 1960, p. 292.

[132] I wish to thank J. van Oort for his critical remarks and helpful suggestions.

LEXICOGRAPHICA MANICHAICA: *DICTIONARY OF MANICHAEAN TEXTS* VOL. 1, TEXTS FROM THE ROMAN EMPIRE (TEXTS IN SYRIAC, GREEK, COPTIC AND LATIN) – AN INTERIM REPORT AND DISCUSSION ON METHODOLOGY*

SAMUEL N.C. LIEU (SYDNEY)

Introduction

The idea of a comprehensive and multi-volume dictionary of either Manichaean Texts or of Manichaean Terms and Concepts was discussed and widely accepted as an essential tool for research as early as the First International Conference of Manichaean Studies held at Lund University in 1987. Essential to such an enterprise is the compilation of an electronic database of published Manichaean texts in all the languages in which Manichaean texts have survived and that in itself would be a gargantuan task unless collaboration and funding on a substantial scale could be found. Thankfully both became available in the years which followed the decision. A small *ad hoc* committee consisting of myself, Dr. Peter Bryder and Prof. Aloïs van Tongerloo secured the active collaboration of a number of Manichaean scholars who are in the habit of data-entering Manichaean texts among whom Dr. Paul Van Lindt. Prof. Nicholas Sims-Williams, Prof. Werner Sundermann and Prof. Lin Wushu deserve particular mention. An unprecedented series of three consecutive Major Research Grants from the British Academy backed by smaller grants from the Seven Pillars of Wisdom Trust, the Society of Antiquaries, the Spalding Trust and the Research and Innovation fund of Warwick University enabled a small team to work part-time under the direction of myself at Warwick University to data-enter the main

---

* Note of the editors: The first volume of the *Dictionary of Manichaean Texts* was duly published in 1999.

Middle Iranian texts published earlier in this century by Müller and Henning as well as those by more recent scholars like Boyce and Sundermann. Dr. Paul Van Lindt generously made available to us electronic versions of the published Manichaean texts in Coptic from Medinet Madi and citations from Greek and Latin were data-entered and word-indexed systematically by Mr. Mark Vermes at Warwick University. Dr. Erica Hunter (with the assistance of Ms. Caroline Lawrence) data-entered all the main citations of Manichaean texts in Syriac. When I moved to the (Ordinarius) Chair of Ancient History at Macquarie University in Sydney in 1996 in succession to Prof. Edwin Judge, the Database was more or less complete up to 1994 and many texts published in 1995 were also in the process of being data-entered. The fact that most Manichaean scholars now use computers makes the compilation of such databases much easier as in most cases it was a matter of electronic file conversion and integration rather than data entry *ab ovo*. A full account of the progress and content of the Database of Manichaean Texts is given in my article in the Festschrift for our Society's President, Prof. Kurt Rudolph[1] and a full contents list of texts included in the Database is now published in the second volume of my collected essays in Nag Hammadi and Manichaean Studies.[2] The Database, which is a text-only compilation, is available to all *bona fide* Manichaean scholars as a tool for personal research. It stores texts in commercial fonts available to the Apple-Macintosh computer which means a certain degree of font-conversion is required for scholars using IBM systems. The award of a Large Research Grant by the Australian Research Council to the project in 1997 has enabled the updating of the Database to be continued on a regular basis.

While the Database could be used for individual word-searches and the compilation of concordances, the idea of a dictionary of either Manichaean texts or of Manichaean terms and concepts in book format has not been forgotten. As early as 1991, the team at Warwick began to compile analytical word-lists giving dictionary-forms, textual references and text-specific meanings in English from the texts which were being data-entered. The result is that by 1996, a sub-

---

[1] 'Manichaean Studies in the Electronic Age: A Database of Manichaean Texts', in H. Preißler & H. Seiwert (eds.), *Gnosisforschung und Religionsgeschichte; Festschrift für Kurt Rudolph zum 65. Geburtstag* (Marburg: Diagonal-Verlag, 1994), pp. 155-66.

[2] *Manichaeism in Central Asia and China*, Nag Hammadi and Manichaean Studies 45 (Leiden: Brill, 1998), pp. 196-246.

stantial number of such lists covering at least six languages were available for research scholars. It was clear to myself and those working most closely with me in Australia and Europe that sufficient material is now available for a preliminary series of dictionaries which can also double-up as concordances for key terms and rare words. The Series Subsidia of the *Corpus Fontium Manichaeorum* provides the ideal venue for such a publication.

The combined Manichaean (Text) Database[3] and Dictionary of Manichaean Texts Project received a major boost in 1991 when Prof. Richard Sorabji, FBA – a distinguished scholar of classical philosophy, especially of Neo-Platonism, who was then Director of the Institute of Classical Studies of London University – agreed to provide space as well as some financial support for the *Dictionary* project. A base in London was an immense help for an international project like the *Dictionary*. Besides being able to draw on the talents of postgraduates and post-doctoral research fellows attached to London University, the project now has a convenient halfway-house between Oxford and Cambridge. To Prof. Sorabji's enthusiastic support the project owes more than its Directors can fully express in words and we were extremely pleased that Prof. Sorabji was able to attend the launch of the *Corpus Fontium Manichaeorum* at Turnhout representing both the British Academy and the Institute of Classical Studies.

Overall Plan of the Project

The close involvement of the Institute of Classical Studies was instrumental in our decision to plan the volumes of the *Dictionary* along regional rather than linguistic lines. A project based on Manichaean texts from the Roman Empire is much easier to justify in such a distinguished centre of Classical learning than one which covers all Manichaean texts from East and West. An important practical, and one may even say commercial, consideration is that scholars working on Manichaeism in the Roman Empire may wish to purchase a volume of the *Dictionary* solely relevant to their own research but they

---

[3] Texts in Middle Iranian from the Database are now circulated as part of the TITUS-project by University of Frankfurt under the direction of Prof. Jost Gippert. Text-only versions of the Database are available from me on request by research scholars under strict terms of reference.

(and specialist libraries devoted to Classical Studies and to Patristics) might not be so willing to purchase those volumes covering Manichaean texts in oriental languages and this would *mutatis mutandis* be true also of the Manichaean scholars (and libraries) specializing on Eastern Manichaean texts. A provisional plan of the *Dictionary of Manichaean Texts* therefore is as follows:

Vol. 1 Texts from the Roman Empire (Texts and citations in Syriac, Greek, Coptic and Latin)

Vol. 2 Texts from Mesopotamia and Iran (Texts and citations in East Syriac, Arabic, Pahlavi and New Persian)

Vol. 3 Texts from Central Asia (in four fascicles):
i.   Texts in Middle Persian and Parthian
ii. Texts in Sogdian, Tocharian and Bactrian
iii. Texts in Old Turkish (Uighur)
iv. Texts in Chinese

As one can easily deduce from this *schema*, the planned volumes fall more or less naturally into linguistic groupings even though they are, strictly speaking, geographically defined. The obvious and sole victim of this regional or geographical division is texts in Syriac in that Manichaean texts and citations in that language are covered in two volumes. To this problem I shall presently address myself when I introduce the Syriac Sections of Vol. 1 of the Dictionary. Since electronic word-lists of many of the Manichaean texts from Mesopotamia and Central Asia already exist in the Database of Manichaean texts, it is hoped that scholars who are lexicographically inclined may wish to volunteer to direct or collaborate on Vols. 2 and 3 of the *Dictionary* in the near future and thereby bring the entire project to completion within the next decade. While the printed-book remains the most convenient format for such a reference work, it is not impossible for interim up-dated versions to be made available in electronic form to facilitate quick word-searches.

The Sections of Volume One

The Syriac Sections (I and IIc)

As Syriac was the language of Mani, the compilation of the section of the Dictionary covering all known Manichaean texts and text fragments in that language was given early priority. The number of

Manichaean texts and citations is fortunately not large and the compilation was greatly helped by Dr. (now Prof.) John Reeves who kindly data-entered the citations of Manichaean texts found in the polemical writings of Ephraim[4] and of Severus of Antioch (trans. Jacob of Edessa) and Dr. Reeves also compiled a brief index of key terms. These two key term indices were substantially expanded by myself and Ms. Caroline Lawrence and later checked and further elaborated by Dr. Erica Hunter. Dr. Hunter, who had data-entered the important citations from Manichaean writings found in the *Liber Scholiorum* of Theodor bar Khoni, also compiled a detailed word-index to the citations. This had been much sought after by research scholars who got to know of it because of the great importance of the citations in Theodor's work to our knowledge of Manichaean cosmogony. However, the decision to divide the principal volumes of the Dictionary along regional lines as explained above means that this important word-index will appear in Volume Two along with word-indices to citations of Manichaean texts in Arabic and not in Volume One together with Manichaean texts in Syriac from the Roman Empire.

Two word-indices in Syriac are included in Volume One of the *Dictionary*, the first covering citations of Manichaean texts from the polemical works of Ephraim and from genuine Manichaean papyri found in Egypt, including those from Kellis recently published by Prof. Franzmann. Where the same word or term is also found in the citations of Theodor bar Khoni, this has been carefully noted. The second index is found in the Greek section as it covers terms from the anti-Manichaean writings of Severus of Antioch and of Titus of Bostra, both of which were originally composed in Greek. The separation of these terms from those abstracted from the genuine Manichaean writings in Syriac is deliberate and wherever we are more or less certain of the Greek original, the Greek term is given in parenthesis. The fact that Titus of Bostra, Theodoret of Cyr and Severus of Antioch all appear to have based their polemics on either the same or a similar Manichaean text is certainly a great help to our attempt to identify the Greek originals of the translated terms in Syriac. Ms. Lawrence's assistance enabled the compilation of a

---

[4] Now published in his admirable article, 'Manichaean Citations from the Prose Refutations of Ephrem', in P. Mirecki & J. BeDuhn (eds.), *Emerging from Darkness, Studies in the Recovery of Manichaean Sources*, Nag Hammadi and Manichaean Studies 43 (Leiden: Brill, 1997) pp. 217-88.

comparative index of the Manichaean citations in the two different
Syriac translations of *Homiliae Cathedrales* 123 – that of Jacob of Edessa
(the better known of the two) and of Paul of Callinicum (a version
known to only a few specialists).

The Greek Sections (IIa,b)

The decipherment of a Manichaean text as significant as the *Codex
Manichaicus Coloniensis* is inevitably followed by the publication of a
major concordance.[5] The work of Prof. Luigi Cirillo and his team
is justifiably admired as a convenient and comprehensive research
tool. However, Prof. Cirillo's *Concordanze* is based on the edition of
the text as published in four parts by Profs Henrichs and Koenen
in *ZPE* and this edition has now been surpassed by the more handy
edition of Koenen and Römer. For this reason, we have based the
first of the two Greek indices on this later edition and we have also
included a number of textual revisions as suggested in the numerous publications (mainly in *ZPE*) by Dr. Römer and others.[6] To the
words and references from the *CMC* we have added those from the
Greek Manichaean papyri from Kellis published by Dr. Geoffrey
Jenkins,[7] Dr. Iain Gardner and Dr. Klaas Worp.[8] We are grateful
to Dr. Jenkins for giving us access to the word-index to the 'Hymn
of the Emanations' long before it went to the press. As Prof. Cirillo
intends to publish an up-dated version of his Concordanze, we have
decided not to give more than brief meanings and mere textual
references to avoid unnecessary duplication of effort. A certain
amount of contextual material, however, is included in the second
Greek index – that of terms from Greek polemical writings. These
are as economical as possible to avoid unduly lengthening the volume. The excellent Greek-Latin word-index of C. H. Beeson's edi-

---

[5] L. Cirillo, A. Concolino Mancini & A. Roselli (eds.), *Codex Manichaicus Coloniensis,
Concordanze* (Cosenza: Marra Editore, 1985).

[6] For the years up to and including 1994, see J. van Oort, 'The Study of the
Cologne Mani Codex: 1970-1994. A bibliographical overview', *MSN* 13 (1996),
pp. 22-30.

[7] R. G. Jenkins, 'The Prayer of the Emanations in Greek from Kellis (T Kellis
22)', *Le Muséon*, 108/3-4 (1995), pp. 243-63.

[8] I. Gardner (ed.), *Kellis Literary Texts*, Vol. 1 (Oxford: Oxbow Books, 1996) and
I. Gardner and K. A. Worp, 'Leaves from a Manichaean Codex', *ZPE* 117 (1997),
pp. 139-55.

tion of the *Acta Archelai* in the GCS (Die griechischen christlichen Schriftsteller der ersten drei Jahrhunderte) series provides a solid core to the main vocabulary of this index. With the assistance of Mr. Ben Brown at Macquarie University I have added references to key terms and words of interest from Alexander of Lycopolis, Serapion of Thmuis and Titus of Bostra, as well as the Byzantine Abjuration Formulas. The treatment though not exhaustive nevertheless gives a user wishing to find out which Manichaean *technici termini* were of particular interest to the Greek polemicists a comprehensive overview. As I have already explained, a third section contains terms from Greek polemicists whose anti-Manichaean writings have survived in Syriac. In the case of Titus of Bostra, the treatment of the translated Greek *technici termini* into Syriac is justifiably sparse, as the part of his work which is directed against Manichaean cosmogony (hence the one containing the largest amount of *technici termini*) has survived in entirety in Greek and is well covered in Section III.b of the *Dictionary*. Similarly Latin translations of terms from the *Acta Archelai* (a work which has come down to us mainly in Latin) are given against the Greek original as preserved in the *Panarion* of Epiphanius, but these terms are given again in the Latin sections of the *Dictionary* (see below).

The Coptic Sections (IIIa-d)

As one could easily imagine, the sheer bulk of published Manichaean texts in Coptic is such that a full treatment of the vocabulary of Coptic Manichaean texts together with a full listing of the textual references will fill a very large volume, especially if the concordances were to be compiled along principles now followed by our colleagues at Laval (Quebec) for the Nag Hammadi texts. A Manichaean work like the published sections of the *Kephalaia* will require at least 4-5 volumes of the Nag Hammadi-style concordances to give it full coverage. On the other hand, both Allberry's edition of Part II of the *Psalm-Book* and Polotsky's edition of the *Homilies* contain good working word-indices. As comprehensive treatment of the Coptic was ruled out from the start, Dr. Dominic Montserrat undertook the task of merging the indices from these two works. His appointment to a University Lecturership at Warwick University early in the project meant that most of the task of compilation was undertaken and completed by (Mrs. now Dr.) Sarah Clackson (presently Lady Wallis Budge Research Fellow in Egyptology at Cambridge University). A computer-generated index of the Berlin-*Kephalaia* was made available to the project by Dr. Michael Browder. However, Dr. Clackson found so many problems with this index that in the end she had to begin the task of indexing the *Kephalaia* afresh. As there is no published index to the Berlin-*Kephalaia*, we have decided to cover its vocabulary as fully as possible in the *Dictionary*. This will inevitably create imbalance in our coverage of the three principal Manichaean works in Coptic. At this stage of preparation this imbalance is particularly felt where the listing of references to certain key but oft-occurring terms is not given in full by Allberry and Polotsky. We have noted more than 300 instances of *et cetera* in the listing of references by Polotsky and Allberry. Some of these can now be augmented by references found in Paul Van Lindt's useful monograph,[9] which the author has kindly made available to us in electronic format. Of course the *Database* could be utilized to fill out these *etc.*s but we seriously question the need to do so in a large number of cases. A complete listing will not only delay the publication of Volume One of the *Dictionary* but will also add considerably to the cost.

The subdivision of the Coptic sections is as follows:

(III.a) Coptic words of Greek origin
(III.b) Coptic words of Egyptian origin
(III.c) Coptic words of Latin origin
(III.d) Coptic words of Semitic origin
(III.e) Index of Proper Names

Sections IIIb and IIIc are very brief but Section IIId is by far the longest section of the entire Dictionary (over 65%) and there may be grounds for Section III (i.e. the Coptic indices) to be published as a separate volume by itself. This will certainly delight the Copticists among Manichaean scholars as such as *separatum* will be a major addition to the supplement to W.E. Crum's *Coptic Dictionary* by R. Kasser. However, our decision against such a separate publication can be defended on the grounds of a shared vocabulary among Manichaean texts from all the four main languages of the Late Roman Empire – a point to which I shall return in my comments

---

[9] *The Names of Manichaean Mythological Figures. A Comparative Study on Terminology in the Coptic Sources*, Studies in Oriental Religions, 26 (Wiesbaden: Harrasowitz, 1992).

on the English Index to the volume. Again, we are extremely grateful to the editor of Coptic Manichaean texts from Kellis, Dr. Iain Gardner, for allowing us to incorporate the Coptic word-indices to Volume One of *Kellis Literary Texts* ahead of publication. The fact that these were also compiled by Dr. Sarah Clackson who was one of the three chief editors of Volume One of the *Dictionary of Manichaean Texts* certainly made the task of incorporation very much easier.

The Latin Sections (IVa-b)

The only original Manichaean text which has come down to us directly (i.e. not through medieval manuscripts) is the *Tebessa Codex*. To this fragmentary text as edited by R. Merkelbach[10] the *Dictionary* has devoted a separate section, as no known word-index to this important text is available. With the voluminous anti-Manichaean texts of Augustine which contain citations from genuine Manichaean texts, the editors are faced with a very difficult decision. To include all citations, especially from the works and sayings of Roman Manichaeans like Faustus, Felix, Fortunatus, Secundinus and Adamantius, the *Dictionary* will be of indefinite length both in number of pages and years of preparation. It will also be academically questionable as many of the texts of Augustine's anti-Manichaean writings are available electronically on CLCLT / CETEDOC distributed by Brepols and this data-bank of Latin texts allows for easy word-searches. After much deliberation, it was decided that the *Dictionary* should cover only citations of Manichaean texts like the *Thesaurus*, the *Epistula Fundamenti*, the *Amatorium Canticum* (ap. *contra Faustum*) and the problematic *Epistula ad Menoch*. An exception however has been made for *De Haeresibus* XLVI on the grounds that many key Manichaean terms in Latin can only be found in this important compendium of Manichaeism and these were most likely to have been taken by Augustine from genuine Manichaean texts.

---

[10] 'Der manichäische Codex von Tebessa', in P. Bryder (ed.), *Manichaean Studies* (Lund: Plus Ultra, 1988) pp. 228-264.

Select index of (English) meanings and of Proper Names (V)

It is the belief of the editors of the first volume of the *Dictionary of Manichaean Texts* that a good number of users of the *Dictionary* will be students of history of religion, who are mainly interested in Manichaean concepts and terminology, rather than Classical and/ or Semitic philologists. Thus to make the work more accessible to a wider scholarly public, an index of meanings (needless to say in English) will be provided for each volume of the *Dictionary*. The user is warned that although the index may give the same English word or term as the meaning for a term or a word in the various different ancient languages, this does not necessarily mean that the Manichaeans worked along the same lines when translating and used these terms as equivalents unless it is clearly indicated in the main part of the *Dictionary* entries themselves (as in the case of paired words and phrases from the bilingual word-lists from Kellis). Despite its avowed limitations, the index should be of help to scholars who are researching into Manichaean techniques of translation so long as they are aware of the eccentricities and limitations of the English language.

Conclusion

A multi-lingual and multi-volume *Dictionary of Manichaean Texts*, therefore, is no longer a vague fantasy and subject of discussion at Board Meetings of the International Association of Manichaean Studies. The first volume of this reference tool as outlined above is within sight of publication and will be sold, I hope, at a price which will be affordable to most Manichaean scholars. A parallel work, the *Dictionary of Manichaean Terms and Concepts*, which will draw material, especially the textual references, from the *Dictionary*-project, is already at an advanced planning stage and will be presented by Gunner Mikkelsen (Aarhus) and Dieter Taillieu (Leuven) to major funding bodies in Europe for financial support. The quality of Manichaean lexicography is very dependent on close collaboration among Manichaean scholars and the generosity of funding bodies like the British Academy and the Australian Research Council for grants towards research and data-entry assistance. There is an old English saying that 'the proof of the pudding is in the eating'. The proof of the value of a specialist research tool is in its being used by specialists like the members of the present audience. It is the fervent hope of the editors of the first volume of the *Dictionary of Manichaean Texts* – viz. Dr. Sarah Clackson, Dr. Erica Hunter and myself – that once published the work will be widely used by Manichaean scholars and we will rely on the user to report to us omissions and errors which they have discovered in the course of using our work, as these will be vital for our revision and expansion of the work.

AUGUSTINS PRÄDESTINATIONSLEHRE UND DIE MANICHÄISCHEN QUELLEN

ALDO MAGRIS (TRIEST)

Augustin gilt in der Geschichte der christlichen Theologie als der Schöpfer der Prädestinationslehre, d.h. einer bestimmten, auf dem Gedanken der Erbsünde sich gründenden Anschauung des Verhältnisses zwischen dem Vorherwissen Gottes und der Errettung des Menschen. Wie befremdend diese radikal durchgeführte Gesamtkonzeption des christlichen Lebens auf den damaligen Stand der Theologie wirkte,[1] kann man besonders daraus erkennen, daß im Laufe des Pelagianischen Streits, der den gelegentlichen Rahmen zu ihrer Entfaltung lieferte, Augustin von seinen Gegnern vorgeworfen wurde, er hätte damit eher einen Rückschritt hinter seinen früheren Stellungnahmen gegen die Häretiker begangen, ja er wäre sogar der Wiederholung von einst bekämpften *manichäischen* Irrlehren verdächtig gewesen.[2] Diese Kritik fußte offensichtlich kaum auf einer näheren Kenntnis der manichäischen Religion;[3] nur durfte es den Pelagianern nicht entgangen sein, daß die Prädestinations- und Erbsündenlehre gerade zweien von Augustin selbst in seinen antimanichäischen Schriften oftmals vorgebrachten Argumenten zuwiderlief:[4] erstens der

---

[1] Vgl. A. von Harnack, *Lehrbuch der Dogmengeschichte*, 4. Aufl., III, 234; P.F. Beatrice, *Tradux peccati*, Mailand 1978, 114-116; 134-135; 191-218.

[2] Coelestius b. Augustin, *De perfectione justitiae hominis*, 6.14: "Si natura hominis bona est, quod nullus negare nisi Marcion aut Manichaeus audebit, quomodo igitur bona est, si malo ei carere non est possibile?"; Julianus b. Aug., *De nuptiis et concupiscentia*, II, 3.7: "Si quis aut liberum in hominibus arbitrium aut Deum esse nascentium conditorem dixerit, Coelestianus et Pelagianus vocatur. Ne igitur vocentur haeretici, fiunt Manichaei; et dum falsam verantur infamiam, verum crimen incurrunt."; *ib.*, II, 29.49: "Perfecte itaque Manichaeus est, qui malum originale defendit." Zu diesem Vorwurf s. A. Adam, *Das Fortwirken des Manichäismus bei Augustin*, ZKG 69 (1958) 1-25; R.F. Evans, *Neither a Pelagian nor a Manichee*, VigChr 35 (1981) 232-244.

[3] Wie man aus Julian b. Aug., *Contra duas epistulas Pelagianorum*, I, 2.4, klar herausliest: "Dicunt illi Manichaei quia primi hominis peccato, id est Adae, liberum arbitrium perierit et nemo iam potestatem habeat bene vivendi, sed omnes in peccatum carnis suae necessitate cogantur": die manichäische Lehre hat nirgends von einer Ursünde Adams gesprochen!

[4] Über die Kenntnis der antimanichäischen Schriften Augustins bei den Pelagianern und den Einfluß derselben auf ihr Denken s. T. Bohlin, *Die Theologie des*

entscheidenden Bedeutung des *liberum arbitrium*, zweitens der positiven Bewertung der *creatura*, also der göttlichen Weltschöpfung insgesamt und damit auch der moralischen Verfassung des Menschen. Aber in welchem Maß ist eine solche Angleichung des späten Augustin an den Manichäismus, wie sie die Pelagianer anvisierten, gerechtfertigt? Das wollen wir im folgenden anhand der uns zugänglichen manichäischen Originalquellen untersuchen.

Es sei zunächst daran erinnert, daß es in der Prädestinationslehre eigentlich um die göttliche *Gnade* als den wahren Urgrund für das Gelangen der Menschheit zum Heil und nicht – jedenfalls nicht primär – um die unter den griechischen Philosophenschulen längst debattierte Frage geht, ob der freie Wille selbständig wirke oder anderen Instanzen – etwa dem "Schicksal" u. ä. – untergeordnet sei. So ist eine Reduzierung des Prädestinationsgedanken auf die bloße Einschränkung bzw. Verneinung des *liberum arbitrium* von Anfang an verfehlt. Andererseits muß trotzdem die geschichtliche Tatsache festgestellt werden, daß die beiden aus ganz verschiedenen Zusammenhängen herkommenden Fragenkreise – der philosophische und der theologische – sich doch im frühchristlichen Denken miteinander verschmolzen haben, und zwar deswegen, weil die Kirchenväter in ihrer Polemik gegen die vermeintliche Geringschätzung der Ethik und die hochmütige Heilsgewißheit mancher gnostischen Sekten gerne auf das schulmäßige, vor Jahrhunderten gegen den stoischen Determinismus aufgestellte Argumentengerüst zurückgriffen und es für die eigene Sache anwendeten.[5] Es war daher vom Standpunkt der Großkirche üblich, jede Art von gnostischen "Häretikern" einfach als Deterministen zu betrachten.

Im gnostischen Bereich ist eine eigentliche Lehre von der Prädestination nur in seltenen Fällen ausdrücklich dargestellt worden,[6] doch kann die *Idee* der Prädestination m.E. immer dann vorausgesetzt werden, wenn eine gnostische Sekte von unabänderlich fixierten

---

Pelagius und ihre Genesis, Uppsala 1957, 45-56 u. P. Brown, *Pelagius and His Supporters*, JTS 19 (1968) 104. Natürlich haben Pelagius und seine Mitarbeiter den Manichäismus oft angegriffen: G. De Plinval, *Pélage*, Lausanne 1943, 151; Bohlin, a.a.O., 15.

[5] Dazu darf ich auf die Darstellung meines Buches *L' idea di destino nel pensiero antico*, Bd. II (Udine 1985), 817-849 verweisen.

[6] So etwa im *ApocrJoh*, NHC II 25-27 und besonders ausführlich bei den Valentinianern: *Excerpta ex Theod.*, 54 u. 56; 63-65; Irenaeus, I, 6-7; Tertullian, *Adv.Valentinianos*, 29.

Menschen*klassen* redet,[7] für deren Angehörige ein je verschiedenes endzeitliches Los *ihrer Natur nach* vorbestimmt ist.[8] Die Seelen also, die bloß von den kosmischen Mächten geschaffen wurden, müssen endlich mit dem Kosmos zugrunde gehen, während die "Söhne des Lichtes", einfach weil sie eben so verfaßt sind, unwiderruflich zum Himmelsreich gelangen werden.[9] Den gnostischen Prädestinations-begriff kann man allgemein mit der höchst prägnanten Formel fassen, die so oft in den Texten vorkommt: daß jeder *zu seinem ursprüglichen Ort* zurückzukehren hat.[10] Nun scheint gerade der Manichäismus den Voraussetzungen des gnostischen Prädestinationsgedanken nicht gänzlich zu entsprechen. Natürlich behauptet auch er, daß die gött-liche Substanz, die sich die bösen Archonten angeeignet haben, zu ihren ursprünglichen "Ort" zurückgewonnen werden soll;[11] doch ist diese Substanz in allen Lebewesen, sogar in allen Dingen dieser Welt unterschiedlos verstreut und vermag daher auch abgesehen vom Menschen über die dazu angestellten Naturmechanismen (die soge-

---

[7] Saturnin b. Iren., I, 24.2; Sethianer b. Epiphanius, *Pan.*, 39.2; *Corpus Hermet.*, IX, 5; *Pist.Soph.*, 7; *ParSem*, NHC VII 28-29; *ApocalPt*, NHC VII 75; *Zostr*, NHC VIII 73. Dazu gehört auch die Thematik, daß einige Menschen bloß von den "Ar-chonten" bzw. vom "Teufel" oder von der "Finsternis" gezeugt wurden: *ApocrJoh*, NHC II 24; *DialSalv*, NHC III 160; *ParSem*, NHC VII 35; *2TractSet*, NHC VII 69; *TestVer*, NHC IX 67; *Acta Andreae*, 8.

[8] Basilidianer b. Hippolyt, VII, 27 (Basilides selbst scheint indessen kein Ver-treter der Prädestination gewesen zu sein, da er die Verantwortlichkeit des Men-schen sogar für dessen vorangegangene irdische Existenzen behauptet: Frgm. 2 Förster); Iren., I, 7.1; *EvPhil*, NHC II 76 u. *SophJC*, NHC III 117 (Valentinianer); *Pist.Soph.*, 90 u. 106; *ParSem*, NHC VII 35.

[9] Es sind die sogenannten φύσει σωζόμενοιvon Klemens Alex., *Strom.*, III, 1.3; vgl. IV, 13.89 u. Origenes, *De princ.*, III, 4. Die Existenz einer gnostischen Prädestinationslehre, insbesondere der valentinianischen, ist neuerlich von man-chen Forschern angezweifelt oder gar verneint worden: gegen diesen nach meiner Ansicht irreführenden Versuch habe ich mich in meinen Arbeiten *Idea d.destino*, II, 801-812 und *La logica del pensiero gnostico* (Brescia 1997), 396-407 geäußert.

[10] *OrigMund*, NHC II 127 (aus: *The Nag Hammadi Library in English*, Leiden 1977): "Everyone must go to the place from which he has come. Indeed, by his acts and his knowledge each person will make his own nature known"; *EvThom*, NHC II, log. 49: "You will find the kingdom, for you has come from it and you will return there again"; *ApocalPau*, NHC V 23: "I am going to the place from which I came"; *ApocalPt*, NHC VII 75: "The place from which each of them is produces that which is like itself, but not every soul is of the truth, of the immortality"; *Scriptum sine titulo* (Codex Bruce, Ausg. Leiden 1978), 7: "Everything follows from its root"; *Pist.Soph.*, 86 97; *Kore kosmou* (*C.H.*, exc. 25), 5: ἑκάστη [φύσις] εἰς τὴν ἰδίαν χώραν" (dazu auch das Thema von der ἰδιότης, vgl. *C.H.*, I, 31; Herakleon, Frgm. 23 Förster; *2ApocalJac*, NHC V 55; *EpistPt*, NHC VIII 136).

[11] *Chin.Compendium* (Fragm. Pelliot), 109: "chacun des deux principes est reve-nu à son état antérieur" (franz. Übers. in: N. Tajadod, *Mani le Bouddha de Lumière*, Paris 1990, 65).

nannten "Räder"[12]) ins Lichtreich hinauf befördert zu werden. Weder von vorausbestimmten Menschenklassen noch von einer abgestuften eschatologischen Rangordnung wird in der manichäischen Lehre gesprochen.

Folgende Merkmale des Manichäismus wurden bisher in der Forschung als mögliche Andeutungen auf den Prädestinationsgedanken betrachet:[13]

1. Einige in den Texten oft vorkommende Wendungen, wo etwa behauptet wird, daß *"Anfang, Mitte und Ende"* der Heilsgeschichte von Gott selbst im voraus geplant[14] und folglich dem Apostel Mani alles geoffenbart wurde, *"was war, was ist und was sein wird"*;[15] außerdem, daß lediglich jene bestimmten Menschen die Heilsbotschaft empfangen werden, die ihr in ihrem Wesen *"angehören"* bzw. *"das offene Auge"* dafür haben, die anderen indessen nicht.[16] Es handelt sich aber hier um eine für jede Art von Verkündigung überhaupt typische Redeweise, die begrifflich nicht überfordert werden soll.

2. Die Präexistenz der ganzen manichäischen Kirche unter den Äonen des göttlichen Reiches.[17] Infolgedessen entspricht jedem

---

[12] Über die Funktion der "Räder" s. die *Kephalaia* 34, 35, 42 u. 43 (Ausg. Stuttgart 1940).

[13] S. zum folgenden A. Böhlig, *Gnosis und Synkretismus*, Tübingen 1989, I, 110-122; Verf., *Logica*, 407-411.

[14] *Psalmen*, S. 7 Allberry (Ausg. Stuttgart 1938). Damit hängt auch die Idee, die vorläufige Niederlage des Ersten Gesandten wäre von Gott vorweggenommen worden, zusammen (*Psalmen*, S. 204 f. Allberry; Turfanfragment M 10 in: W. Henning, *Geburt und Entsendung des manichäischen Urmenschen*, Berlin 1934). Über "Anfang-Mitte-Ende" in der manichäischen Denksprache s. *Codex Manichaicus Coloniensis* [*CMC*], S. 132 Henrichs-Koenen (Opladen 1988); *Compendium*, 101, S. 63 Tajadod.

[15] Turfanfragment M 17 in: F.W. Müller, *Handschriftenreste* (Berlin 1904), II, 26; vgl. *CMC*, S. 23 Henrichs-Koenen. Manis "Vorherwissen" darf aber nicht den Elekti übermittelt werden – so heißt es im *Keph.* 102, S. 255 ff. Böhlig (Ausg. Stuttgart 1966) –, damit sie nicht hochmütig werden. Das Verlangen nach "Vorherwissen" (πρόγνωσις, wahrscheinlich mit dem qumranischen Begriff der דעת Gottes verwandt) ist ein wichtiges, besonders im judenchristlichen Milieu vorfindliches Thema, s. Hippolyt, IX, 14 u. X, 29 (Elchasaiten); V, 26.1 (*Baruchbuch*). In anderen Zusammenhängen kommt die Bezeichnung Πρόνοια vor (*TractTrip*, NHC I 107; *Eugn*, NHC II 73).

[16] *Kephalaia* 38, S. 100 Polotsky-Böhlig: "Wer hat das offene und schauende Auge, dem wird er [der Licht-Nous] erscheinen. Wer jenes Auge nicht hat, dem wird er nicht erscheinen"; *Keph.*, 84, S. 207 Polotsky-Böhlig: "Wenn sie [die Weisheit] durch den Mund des Lehrers gepredigt wird, nehmen diese, die ihr angehören, sie auf und freuen sich ihrer; diese aber, die ihr fremd sind, freuen sich ihrer nicht (...) und nehmen sie nicht an".

[17] *Psalmen*, S. 133 f. Allberry. Die Kirche dürfte mit einem Bestandteil des

Gläubigen ein himmlischer Doppelgänger, eine *"Gestalt"*, die *"oben in der Höhe"* dasteht und selbstverständlich ihr irdisches Abbild davor hütet, daß es aus dem Weg zur Erlösung herausfallen kann.[18] Auch dieses Thema hat jedoch einen allgemein erbaulichen Charakter und keine spezifische prädestinatorische Bedeutung: die gleiche Metapher der präexistenten Kirche konnte gegebenfalls im katholischen Bereich verwendet werden.[19]

3. Die Parabel vom guten und vom schlechten Baum, mit welcher anscheinend die Darstellung des manichäischen Systems zu beginnen pflegte.[20] Dieses berühmte evangelische Gleichnis,[21] das

---

Gotteswesens (also des "Vaters der Größe") identifiziert sein, und zwar mit dem vierten (die "Weisheit"), da es eben vierfach gegliedert ist (τετραπρόσωπος), s. darüber R. Merkelbach, *Mani und sein Religionssystem*, Opladen 1986, 39. Zum Präexistenz-Gedanken in der Gnosis s. *TractTrip*, NHC I 57; *EvThom* log. 19, NHC II 36.

[18] *Keph.*, 90, S. 224 f. Polotsky-Böhlig: "Denn in dieser Weise ziemt es sich für dich, zu erkennen, daß die Seelen der Elekten und Katechumenen, die die Hoffnung Gottes empfangen haben und zum Land der Lebendigen gehen, damit ihre Gestalten in der Höhe erwählt werden (...) [Der Apostel Mani] erwählt die Gestalten seiner gesamten Kirche und macht sie frei, sei es die der Elekten, sei es die der Katechumenen. Wenn er nun erwählt die Gestalten der Elekten und der Katechumenen und sie frei macht von oben her, dann kommt er sogleich herab und erwählt sie. (...) Die Werke, die er [ein Manichäer] von den ersten Zeiten an getan hat, nicht ist einer durch sie in die Höllen gegangen wegen seiner Gestalt, die von Anfang an erwählt wurde, indem sie dasteht oben in der Höhe. Denn sie, seine Gestalt, sie erbarmt sich über ihn, nicht läßt sie seine Werke sich verirren. Wie seine letzten Werke, die er tut, nicht in die Höllen gehen wegen seines Glaubens, so steht es mit den ersten Werken, die er getan hat, da seine Gestalt am Anfang in der Höhe ausgewählt wird. Nicht gehen sie in die Irre, sondern kommen nur in die Seelenwanderung und Mühsal". Aus der Entsprechung zwischen Angehörigen der manichäischen Kirche und ewigen "Gestalten" dürfte man schließen, daß konsequenterweise die *Anzahl* der geretteten bzw. zu rettenden Seelen bereits vorbestimmt ist, also ganz ähnlich zu Augustin, der sagt (*Ench.*, 9.29; *De civ.dei*, XXII, 1.2), die Anzahl der Prädestinierten sei gleich derjenigen der gefallenen "Söhne Gottes" (*1Mos.*, 6.1). Das Zahlenmotiv kommt aus der jüdisch-apokalyptischen Vorstellung vom "Buch der Lebenden" her (*1Enoch*, 47 u. 106; *Jubil.*, 36) und wirkt auf die Gnosis weiter (*Pist.Soph.*, 125). Er besagt aber nur, wieviele "Plätze" im Paradies noch sozusagen frei zur Verfügung stehen und erklärt keineswegs, *welche* einzelnen Seelen vorbestimmt wurden, solche freien Plätze einzunehmen. Die Prädestination wird hingegen vorausgesetzt, wenn man statt von der "Zahl" eher von den "Namen" der Erlösten spricht, wie es z.B. im *EvVer*, NHC I 21-22, der Fall ist.

[19] Beispielsweise bei Ambrosius, *De Abrahamo*, II, 10.74: "Agnoscas in praedestinatione fuisse semper Ecclesiam Dei".

[20] Ps.Hegemonius, *Acta Archelai*, 5 u. 12; *Keph.*, 2, S. 17 u. 18, S. 58 Polotsky-Böhlig; *Psalmen*, S. 66 Allberry; Frgm. M 5966 (in: W. Sundermann, *Mitteliranische manichäische Texte kirchengeschichtlichen Inhalts*, Berlin 1981, Frgm. 4b.4); Aug., *C.Fortun.*, 14.

offensichtlich den dualistischen Ansatz des Manichäismus als "Lehre von den zwei Naturen" veranschaulichen sollte, hatte aber mit dem prädestinatorischen Gedanken der zwei Menschenklassen nichts zu tun: es wird nämlich darin nicht impliziert (wie es im Gegenteil bei der qumranischen Lehre von den zwei "Geistern" geschah), daß ein bestimmter Teil der Menschheit aus dem guten, ein anderer hingegen aus dem bösen "Baum" herstammt, sondern nur, daß die in gegenseitigem Verhältnis gleichzeitig bestehenden Substanzen (die lichte und die finstere) innerhalb des einzelnen Menschen ihre Kraft ausüben und miteinander kämpfen.[22]

4. Das Bild vom "Klumpen", d.h. vom βῶλος bzw. vom *globus horribilis*, in dem alle übriggebliebene böse Substanz unmittelbar vor der Zerstörung der Welt zusammengebündelt und verbrannt werden wird, darunter auch die sich zur Errettung untauglich erwiesenen Seelen.[23] Die Klumpentheorie könnte möglicherweise dadurch an eine gewisse Idee der Prädestination denken lassen, weil es aus manichäischen Texten, besonders aus dem wichtigen Turfanfragment M 2, hervorgeht, daß ein wenn auch kleinster Verlust an göttlicher Seelensubstanz von Anfang an schon in Kauf genommen wurde: als ob einige Seelen planmäßig der Verlorenheit überlassen worden wären. Im selben Fragment M 2 heißt es aber, daß die am Klumpen angeklebten Seelen selbst an der Möglichkeit ihrer Errettung gezweifelt hatten und daß gerade diese verneinende Haltung gegenüber der Erlösung den wirklichen Grund ihres Verlorenseins erhellt.[24] Dem-

---

[21] *Mt.*, 7.17 u. 12.33.

[22] Das versteht sich wohl aus der Erweiterung, die das Gleichnis von den zwei Bäumen in dasjenige von den *fünf* Bäumen erfährt (vgl. *Sermon des Licht-Nous*, 27-31, vgl. W. Sundermann, *Der Sermon des Licht-Nous*, Berlin 1992, 67): die fünf Bäume des Todes sind im inneren des alten Menschen vorhanden, aber nachdem der Licht-Nous sie gefällt hat, pflanzt er seine eigenen fünf Lichtbäume, d.h. die fünf Kardinaltugenden des neuen Menschen.

[23] *Keph.*, 2, S. 41, 17, S. 57, 24, S. 76 Polotsky-Böhlig (ⲕⲱⲗⲟⲥ, aus dem griechischen); Titus v. Bostra, *C. Manich.*, I, 30; Alexander v. Lycopolis, *C. Manich.*, 3; ps.Hegemonius, *Acta Arch.*, 13 (βῶλος); Aug., *C. Faustum*, XIII, 6; *De natura boni*, 42; *Commonitorium*, 6; *De Haeresibus*, 46; Evodius, *De fide contra Manichaeos*, 5 (*globus horribilis*). Zum Begriff s. *Angad Rošnan*, S. 163-165 Boyce (M. Boyce, *The Manichaean Hymn-Cycle in Parthian*, Oxford 1954); als bevorzugter Gegenstand der antimanichäischen Polemik: Aug., *C. Felicem*, 16 u. 22; Ephraem, *An Hypatius*, I, S. lxxi (C.W. Mitchell, *S. Ephraim's Prose Refutations of Mani, Marcion and Bardaisan*, London 1912-1921.

[24] Der Text lautet: "Allein, jene Lichtkraft, die mit der Finsternis derart vermischt ist, daß sie von ihr nicht wieder getrennt werden kann, ist diesem [der erretteten Lichtkraft] nicht wesensgleich; deshalb, weil sie von Anfang an voraus-

gemäß liegt der Knotenpunkt hinsichtlich des jenseitigen Heils der
Menschheit nicht in der Prädestination, sondern vielmehr im gut-
gesinnten, tatkräftigen *Willen*, der in erster Linie als der Wille zum
Glauben verstanden wird.

5. Die Abschwächung des freien Willens, da die Vermischung mit
der Materie, also die Leiblichkeit, das sündige Benehmen der Seele
mehr oder weniger notwendig veranlaßt. Das ist eine im manichäischen Lehrvortrag so oft wiederholte These,[25] daß es sich wohl ver-

---

sah, welche Existenz ihr bestimmt sei – daher heißt sie nicht wesensgleich. Und
ferner, jene fünf Lichten, welche während des Kampfes Gott Ohrmizd baten: «Laß
uns nicht im Körper der Finsternis, sondern schick uns Kraft und Helfer!», und
denen Gott Ohrmizd versprach: «Ich werde euch nicht bei den Kräften der Finsternis lassen!», das war also nicht die Kraft, welche wußte: «Für mich erreicht
die uranfängliche Vermischung mit der Finsternis eine derart schwer zu überwin-
dende Schädigung und Schwere, daß ich von der Finsternis nicht losgelöst und
getrennt werden kann». Vielmehr, das war jene Lichtkraft, welche wußte: «Meine Vermischung ist nur derart, daß ich mich durch die Hilfe des Gottes Ohrmizd
und seiner Brüder geläutert und erlöst werden kann». Und diese beteten nicht etwa
deshalb, weil sie dachten, daß Gott Ohrmizd ihnen nicht helfen würde, wenn sie
nicht beteten, vielmehr war dies Gebet ihnen eine Freude. Und des Gottes Ohrmizd Bürgerschaft und Versprechen vermehrten ihnen die Kraft derart, wie Käm-
pfern, denen es die Kraft vermehrt, wenn ihre Freunde ihre Stimmen und Herzen
mit Reinheit umkleiden. Und die Götter werden wegen des bißchen Licht, das mit
der Finsternis vermischt ist und nicht von ihr getrennt werden kann, nicht beküm-
mert; denn Kümmer ist ihnen nicht eigentümlich. Vielmehr, durch den Frieden
und die Fröhlichkeit, die ihnen von Grund aus eigentümlich ist, dadurch sind sie
frohen Sinnes, und auch deswegen, weil sie den Ahrmen samt der Feindseligkeit
bezwungen und gefesselt haben. Glücklich zogen sie für kurze Zeit nur innen das
Gewand der Freude an, während sie außen noch in waffenstarrender, kriegsmä-
ßiger Gestalt erschienen" (*Mitteliranische Manichaica aus chinesisch Turkestan* [Berlin
1934], III, 850-851 Andreas-Henning).

[25] *Keph.*, 88, S. 220 Polotsky-Böhlig: "Du hast gesehen, daß [die Heiligen] eine
große Last tragen und in dem Körper stehen, der nicht der ihre ist (...), darum
werden auch sie zornig und sprechen und reden harte Worte gegeneinander"; 108,
S. 262 Böhlig: "Die Menschen werden zur Sünde verleitet durch die Kraft der
Hyle"; *Brief des Sekundinus*, 2: "Carnis vero commixtione [homo] ducitur, non pro-
pria voluntate"; *Psalmen*, S. 135 Allberry: "While we are in the body we are far
from God"; *Chin.Hymnus*, 27 (dt.Übers. *Chinesische Manichaica* [Wiesbaden 1987],
13): "Aber wieder bereitet er [der Leib] mir Hindernisse und Schwierigkeiten, Hals-
ringe, Ketten, Gefangenschaft und Fesseln binden mich machtvoll ein, und er macht
mich wie verrückt und betrunken, so daß ich die drei Beständigen und die vier
stillen Körper verletze"; Frgm. T II D 173 (in: *Türkische Manichaica aus Chotscho*, I
[Berlin 1912], 9 Le Coq): "Darauf weil sie [die transmigrierenden Menschensee-
len] sich lange für den Körper gequält haben, erkrankt und gestorben sind, weil
sie allerorts bittere Qualen erduldet haben (...) infolge der von ihnen ausgestan-
denen Pein und Qual, einer mit dem anderen streiten sie und verschlingen sich
usw."; Frgm. T III 260 (in: *Mir.Man.*, I, 196 Andreas-Henning: nachdem *Az* den
ersten menschlichen Paar erschaffen hat "wurden in ihm hineingelegt ihre Gier

stehen läßt, wenn die Kirchenväter sie als eindeutiges Bekenntnis zum
Determinismus betrachteten und immer wieder bestritten.[26] Andererseits müssen wir nicht verkennen, daß die Bedingtheit der Seele
durch die Anwesenheit des Körpers und der sinnlichen Welt an und
für sich noch keine im strengen Sinne aufgefaßte deterministische
Anschauung des menschlichen Daseins bedeutet: ebensowenig wie
etwa in der Platonischen Philosophie, wo eine ganz ähnliche These
vertreten wurde.[27] Die Leiblichkeit und die aus der äußeren Welt
auf uns wirkenden Bedingungen stellen freilich die höchste *Gefahr* für
die Seele dar, der man aber durch die allmähliche Steigerung der
Erkenntnis entgegenwirken kann und soll.[28] In dieser Hinsicht ist es
geradezu folgerichtig, wenn die manichäische Lehre trotz der Anerkennung der anfänglichen Bedingtheit des Geistes durch die
Materie eine betont moralistische Gesinnung aufwies, die den
Ansichten sowohl der Platoniker als auch der voraugustinischen
christlichen Theologen sehr nahe hätte stehen können. So werden
das verantwortliche Hören des "Rufes", des heilsverkündenden
Appells empfohlen;[29] und Bekehrung und Buße, solange noch Zeit
ist, gefordert.[30] Die jenseitige Vergeltung der guten oder bösen Ta-
ten ist der Kerngedanke jeder manichäischen Predigt, nicht nur in

---

und Sinnlichkeit, Geilheit und Koitus, Feindseligkeit und Verleumdung, Neid und
Sündhaftigkeit, Zorn und Unreinheit usw.". Die Körperlichkeit verleitet auch darum
zur Sünde, weil jeder der einzelnen Körperteile eine spezifische Art von Lästern
hervorbringt: "Der Glanz, der auf den Knochen wuchs, bringt als Frucht den Haß
hervor; der finstere Verstand, der auf den Sehnen wuchs, bringt als Frucht den
Zorn hervor; das finstere Bewußtsein, das auf den Adern wuchs, bringt als Frucht
die Begehrlichkeit hervor; das finstere Nachdenken, das auf dem Fleisch wuchs,
bringt als Frucht die Tyrannei hervor; das finstere Sinnen, das auf der Haut wuchs,
bringt als Frucht die Unwissenheit hervor" (*Sermon vom Licht-Nous*, 9, S. 63 Sundermann; vgl. *Traktat Chavannes-Pelliot*, S. 529, in: *Chin.Man.*, S. 79).

[26] Dazu s. Aug., *De duabus animabus*, X, 12 f.; *C.Fortun.*, 20; *C.Secund.*, 19.

[27] Vgl. Platon, *Theaetetus*, 176a; (Mittel-) Platoniker in: *Doxographi Graeci*, S. 302
Diels; Harpokration und Kronius in: J. Stobaeus, I, 49, S. 375 Wachsmuth; Nu-
menius, Frgm. 32 Des Places; Plotin, III, 2.4.

[28] Nach Mani scheint die Vermischung mit der Materie in umgekehrtem
Verhältnis zu der jeweils erlangten Gnosis zu sein: "Ich habe in dieser Schrift an
vielen Stellen gezeigt, daß die [jeweils] größere und geringere Erkenntnisstufe der
[Menschen]seele die Ursache ist [für den Grad] der Vermischung, die sie trifft"
(M 9 in: *Mir.Man.*, II, 299 Andreas-Henning; vgl. T III 49 in: *Türk.Man.*, III, 6-7
v.Le Coq).

[29] M 4 in: Müller, *Hss.Reste*, II, 51. Über den "Ruf" im manichäischen Mythos s. *Keph.*, 75 u. Frgm. M 7 in: *Mir.Man.*, III, 872 Andreas-Henning.

[30] *Keph.*, 67, S. 150 Polotsky-Böhlig; 82, S. 199; *Psalmen*, S. 34 Allberry.

den "populärsten" Schriften;[31] die Lebensführung des vorbildlichen Manichäers gipfelt in der Befolgung der "Vorschriften" des Gesetzes;[32] vielleicht klingt in der iran. Selbstbezeichnung des östlichen Manichäismus (de῾n) das aram. Wort "Rechtsvollzug" nach.[33]

Aus dem Bisherigen hat es sich nach meiner Ansicht ergeben, daß in keinem der in der manichäischen Lehre angeblich vorhandenen "deterministischen" Zügen ein eigentlicher Glaube an die Prädestination nachgewiesen werden kann. Der Manichäer versteht sich nicht als Prädestinierter und darf sich auch nicht als ein solcher verstehen. Natürlich ist er am Gesamtvorgang der Zurückgewinnung des Lichtes wie jedes andere Seiende beteiligt, aber in *seinem* Fall ist eine besondere Anstrengung des Willens und beharrliche Verantwortung im Denken und Handeln erforderlich, ohne die er über keine Heilsgewißheit zu verfügen vermag.

Darüber hinaus müssen wir die Frage stellen, ob der Manichäismus dem Prädestinationsgedanken in der spezifisch augustinischen Fassung nicht nur fern steht, sondern ihm sogar diametral entgegengesetzt ist. In dieser Hinsicht ist Folgendes zu beobachten:

1. Nach der manichäischen Lehre werden *alle* Lichtpartikeln im Prinzip zur Rückkehr ins Paradies vorherbestimmt, nur äußerst wenige ausgenommen; bei Augustin hingegen wurde die *ganze* Nachkommenschaft Adams gerechtmäßig zur Verdammung bereits verurteilt,[34] mit Ausnahme der wenigen Menschen, die sich Gott

---

[31] *Keph.*, 41, S. 105 Polotsky-Böhlig: "Die Seelen aller Sünder [werden] verurteilt durch ihre Werke"; a.a.O., 59, S. 150 wird das verzweifelte Weinen der "Seelen, die für das Verderben bestimmt sind gemäß der Vergeltung der Werke" geschildert; a.a.O., 90, S. 224: "Jeder Mensch folgt seinen Werken, sei es zum Leben, sei es zum Tode"; *Psalmen*, S. 158 Allberry: "The life and death of each man is in his own hands". Über die Vergeltung von Gerechten und Frevlern vgl. ferner *Keph.*, 28, S. 80; *Psalmen*, S. 84; M 77 in: *Mir.Man.*, III, 41 f. Andreas-Henning; T II D 173 b 2, in: *Türk.Man.*, III, 11 v.Le Coq.

[32] *Psalmen*, S. 22, 40, 135 u. 157 Allberry (ⲉⲛⲧⲟⲗⲏ); die "Vorschriften" beinhalten das Fasten, Beten und Almosengeben, s. *Sermon vom Licht-Nous*, 70, S. 73 Sundermann; *Keph.*, 80; *Psalmen*, S. 91 Alberry. Das "*Gesetz*" (nom) im Frgm. T M 276 in: *Türk.Turfantexte* II (Berlin 1929), 10 v.Le Coq; III D 260 in: a.a.O., III (Berlin 1930), 14 v.Le Coq.

[33] Vgl. beispielsweise Frgm. M 2 in: *Mir.Man.*, I, 302 ff. Andreas-Henning und die a.a.O., II, S. 37 angeführten Texte; T II D II 134 in a.a.O, III, 859; M 5, a.a.O. III, 864 Andreas-Henning.

[34] *De natura et gratia*, 4.4; *De peccatorum meritis et remissione*, I, 12.15; *De praedestinatione sanctorum*, 8.14; *De correptione et gratia*, 13.42; *De dono perseverantiae*, 8.16; 12.28; *Enchiridion*, 25.90 u. 26.100. Würde die göttliche Gnade nicht eingreifen, und sich eine bestimmte Anzahl von Individuen auswählen, dann wäre die ganze Menschheit bloß *massa perditionis* (zum Terminus s. *De peccato originali*, 29.34 u. 31.36; *C.2*

erbarmungsvoll auserwählte.[35] Wir können daher vermuten, die Manichäer hätten zweifellos dem Vers *1 Tim.*, 2.4 – Gottes Wille sei es, daß alle Menschen gerettet werden – zugestimmt, welchen indessen Augustin aus seinem prädestinatorischen Gesichtspunkt her in so bedenklicher Weise gedeutet hat.[36]

2. Die manichäischen Elekti sind dauernd der Möglichkeit ausgesetzt, in die Sünde zurückzufallen,[37] während die Prädestinierten bei Augustin ohnehin das *donum perseverantiae* bekommen, wenn sie sich dessen auch nicht bewußt sind.[38]

3. Im Manichäismus hängt das ewige Heil von der richtigen Daseinshaltung des *Menschen* ab, und zwar in dem Maß, wie er am Glauben an die Grundsätze der Religion willentlich festhält;[39] bei Augustin setzt es einzig und allein die Wahl *Gottes* voraus, die der Allmächtige gemäß seinem Vorherwissen *ab aeterno* gefaßt hat.[40]

Die wichtigste Differenz kommt aber ans Licht, wenn wir den Begriff von "Natur" bzw. von der menschlichen Natur näher untersuchen. Augustin hat mehrmals und mit Recht hervorgehoben, daß die *"natura"* in seiner Prädestinationslehre überhaupt keine Rolle spielt;[41] gewiß ist nach ihm die jetzige Natur des Menschen korrupt, jedoch nicht als solche, sondern erst nachdem die Tat Adams, des einzigen wirklich wahlfreien Menschenwesens,[42] sie unheilbar verdorben hat. Andererseits rettet sich der Heilige gar nicht darum, weil eine ihm innewohnende göttliche Natur ihn zum ursprünglichen "Ort" hinaufzieht, sondern dank der unergründlichen Gnade Gottes, die mit ihm und mit wenigen anderen lediglich eine Ausnahme

---

Epistulas Pelagianorum, II, 7.13 u. 15; IV, 6.16; *De correptione et gratia*, 7.12; 9.35; *De dono perseverantiae*, 14.45; *C.Julianum*, V, 4.14; *C.Julian.opus imperfectum*, IV, 131).

[35] *De natura et gratia*, 4.4; *De peccatorum meritis et remissione*, I, 12.15.

[36] *De spiritu et littera*, 24.40; *De correptione et gratia*, 14.44; *De praedestinatione sanctorum*, 8.14; *Enchiridion*, 27.103; *C.Julianum*, V, 4.14.

[37] *Keph.*, 38, S. 98 Polotsky-Böhlig; *Sermon vom Licht-Nous*, 53, S. 71 Sundermann; vgl. *Traktat Chavannes-Pelliot*, S. 574. Dafür sind außerdem die mehreren Beichtgebete bezeichnend.

[38] *De dono perseverantiae*, 6.10: "de illa enim perseverantia loquitur, qua perseveratur usque ad finem; quae si data est, perseveratum est usque ad finem; si autem non est perseveratur usque ad finem, non est data". Der Erwählte weiß jedoch nicht, daß er von Gott prädestiniert wurde, damit die καύχησις vermieden sei: *De correptione et gratia*, 6.9; 9.24; 13.40; *De dono perseverantiae*, 8.19.

[39] Vgl. Turfanfragment M 2, oben Anm. 24.

[40] *De spiritu et littera*, 24.40; *De praedestinatione sanctorum*, 9.18; 10.19; *De dono perseverantiae*, 14.35; 17.41.

[41] *De peccato originali*, 40.46; *De nuptiis et concupiscentia*, I, 23.26.

[42] *C. 2 Epist.Pelag.*, I, 2.5.

hat machen wollen: sonst wäre der geeignete "Ort" für die ganze
Menschheit – wenn überhaupt – die Hölle! Im Manichäismus ist hingegen die Natur ein Kernbegriff. Zunächst wird sie negativ beurteilt, eigentlich nicht als verdorben, sondern als böse an sich, insofern sie mit Stoff und Körperlichkeit, mit der gegenseitigen
Gewalttätigkeit der Lebewesen und mit der Macht der sinnlichen
Begierden gleichgesetzt ist; aber die Manichäer hatten zugleich eine
eigentümliche Ehrfurcht vor der Natur, wie die häufigen Beichtformulare zeigen, indem in allen Naturdingen, darunter auch im Menschen
als Gebilde der Archonten, die leidende Lichtsubstanz eingekerkert
liegt.[43] Danach kann man es sich aus manichäischer Sicht wohl denken, daß nur die böse, sinnliche Natur das ewige Heil des Menschen
verhindert, während seine gute, in ihm ebenso vorhandene göttliche Natur, also sein eigentliches "Selbst", notwendigerweise erlösungsfähig ist, nur vorausgesetzt, daß die Seele sich dafür einsetzt. In beiden
Fällen scheint eine besondere göttliche Gnade, also eine Prädestination, letzten Endes überflüssig zu sein.

Da der Manichäismus zu der spätaugustinischen Theologie der
Gnade in so deutlichem Gegensatz steht, wird möglicherweise die
Frage nicht unberechtigt sein, ob er vielmehr mit dem *Pelagianismus*
einige Züge gemeinsam hat, auch abgesehen davon, daß die Grundsätze und die Absichten total verschieden sind.[44] Es ist zuerst auf-
fallend, daß sowohl bei den Manichäern als auch bei den Pelagianern die Erlösung des Menschen auf die Sammlung von ethischen
oder kultischen *Verdiensten* aufgebaut ist: es handelt sich daher im wesentlichen um eine *Selbst*erlösung.[45] Diese Selbsterlösung kommt nach

---

[43] Beichtformulare: *Chuastuanift*, S. 26 v.Le Coq (Berlin 1911); W. Henning,
Ein manichäisches Bet- und Beichtbuch (Berlin 1937) S. 33 ff. Damit hängt bekanntlich
die Idee, daß jedes Stück Erde "Fleisch und Blut des Herrn" ist (*CMC*, S. 96 f.
Henrichs-Koenen mit Verweis auf *Mt.*, 26.26 und *BBBuch*, S. 41 Henning), sowie
die Vorstellung des sog. *Jesus patibilis* (Aug., *C.Faustum*, XX, 2), zusammen. Zur
Vorstellung des in allen Naturdingen verstreuten, leidenden Erlösers s. auch *Brief
des Sekundinus*, 2; *Psalmen*, S. 155 Allberry; *Keph.*, 107, S. 260 Polotsky-Böhlig; Tur-
fanfragmente M 95 in: *Mir.Man.*, II, 319 Andreas-Henning und T II D 77 in: E.
Waldschmidt – W. Lenz, *Die Stellung Jesu im Manich.*, Berlin 1926, 74.

[44] Bekanntlich hat Augustin selbst eine solche Möglichkeit erwogen: *C.2 Epistulas Pelag.*, II, 2 u. IV, 4; vgl. auch Hieronymus, *Brief an Ctesiphon* (133), 1, 5, 6.

[45] Bezeichnenderweise hat die manichäische Lehre die Sammlung von guten
Werken, besonders von Almosen (oben, Anm. 32), der Sammlung des "Selbst",
d.h. des verlorengegangenen Lichts, angeglichen: aufgrund der Identität von Er-
löser und Erlöstem ist der Erwählte endlich durch das eigene "Selbst" gerettet.
Zum Thema der "Verdienste" im Pelagianismus s. Pelagius, *Brief an Demetrias*, 3,
S. 18 Migne (*PL* XXX); *De obduratione cordis Pharao*, 34, S. 175 De Plinval-Morin

beiden Lehren hauptsächlich durch eine beharrliche Lebensführung zustande, in der die *Vernunft* den Auftrag hat, auf die sinnlichen Instinkte aufzupassen und sie zu verdrängen.[46] Besonders aufschluß-reich ist ein Vergleich bezüglich des Begriffes von menschlicher "Natur". Die Pelagianer pflegten gegen die manichäische und an-geblich augustinische Verachtung der Natur die wesentliche Positi-vität derselben als der Schöpfung Gottes zu verteidigen. So nann-ten sie die Gnade eben nichts anderes als die *natura* bzw. die *creatura* selbst, nämlich insofern, da Gott die Menschen gerade dadurch erlösungsfähig geschaffen und ihnen seine Gnade erwiesen hat, in-dem er sie von Natur aus mit Vernunft, sittlichem Bewußtsein und freiem Willen ausgestattet aus seinen Händen entstehen ließ.[47] Aber

---

(in: G. De Plinval, *Essai sur le style et le langage de Pélage*, Freiburg 1947); *In Ep.Rom.*, S. 64, 69 u. 74 Souter (Ausg. Cambridge 1926) = 1147, 1150 u. 1153 Hamman (*PL*, Suppl. I); *In Ep.Cor.*, S. 142 Souter = 1189 Hamman; Aug., *De gestis Pelagii*, 14.30; *C. 2 Epistulas Pelag.*, I, 3.6; I, 19.37; II, 7.15; IV, 6.13. Sollte die Gnade menschliche Verdienste voraussetzen, dann würde sie nicht *gratis* geboten und wäre der Mensch selbst der eigentliche Urheber seines Heils – das hat Augustin uner-müdlich den Vertretern der *praevisa merita* entgegengehalten: *De natura et gratia*, 4.4; *De gratia Christi*, 22.23; 23.24; 31.34; *C. 2 Epist. Pelagian.*, I, 19.37; II, 5.10; 7.15-16; *De gratia et libero arbitrio*, 5.12; 6.13-15; 8.20. Eine Theorie der Erlösung bzw. Verdammung *post praevisa merita* ist im manichäischen Gebiet sowohl für die Prä-existenz der Kirche (oben, Anm. 18) als auch für die Verlorenheit der wenigen Lichtteile im Klumpen (oben, Anm. 24) zu vermuten: die Verdienste der künfti-gen Gläubigen und der schwache Wille der verlorenen Seelen wurden vorausge-sehen.

[46] Der manichäische Licht-Nous wirkt als Wächter der Sinnestore: *Keph.* 56, S. 142 Polotsky-Böhlig; er läutert die Seele und verdrängt die sinnlichen Triebe: *Keph.*, 38, S. 96; 86, S. 215 Polotsky-Böhlig; *Sermon vom Licht-Nous*, 15, S. 65 Sund-ermann = *Traktat Chavannes-Pelliot*, S. 534 ff. Damit hängt natürlich der Wille zum Glauben und die Hoffnung auf die Erlösung (Frgm. M 2, oben, Anm. 24) zusam-men. Auch bei Pelagius ist die *bona voluntas* höchst bedeutend (*An Demetrias*, 2; *In Ep.Philem*, p. 538 Souter = 1374 Hamman; *In Ep.Rom.*, S. 53 u. 62 = 1141 u. 1146; *In Ep.Cor.*, S. 226 = 1234; *In Ep.Gal.*, S. 336 = 1285; *Qualiter*, 2-4, S. 1459-1461 Hamman; *Honorificentiae*, S. 1689 Hamman). Der Begriff Wille ist jedoch stark rationalistisch geprägt, vgl. Pel., *An Demetrias*, 3; Julian b. Aug., *C.Julian. opus im-perf.*, I, 94 u. 116; Pelagius' Appell an den freien Willen wird gewöhnlich in echt sokratischer Weise durch dialektische Argumente ausgeführt, s. *Qualiter*, 2, S. 1461 Hamman; Coelestius übt das typisch pelagianische Räsonnieren bei Aug., *De per-fectione justitiae hominis*, 2-3. Über die pelagianische Moral als "christlicher Sokra-tismus" vgl. Verf. *Idea d.destino*, II, 853-855.

[47] Pelagius b. Aug., *De gestis Pelagii*, 3.5; 10.22; 17.41 (hier *gratia=creatura*); 23.47; *De natura et gratia*, 11.12; 45.53; 51.69; *De gratia Christi*, 3.335.38; *De gratia et libero arbitrio*, 13.25; Coelestius b. Aug., *De gestis Pelagii*, 14.30; Julian b. Aug., *C.Julian.opus imperf.*, I, 94 u. 116. Außerdem war die Gnade nach der pelagianischen Lehre auch in der Vergebung der Sünden, im Vorbild Christi, im Gesetz und in der Tradi-tion (*doctrina*) gegenwärtig.

die manichäische Konzeption kam ihrerseits zu einem sehr ähnlichen Ergebnis. Denn, die eigentliche "Natur" des Menschen ist hier keineswegs die äußerliche, materielle und teuflische sondern eben die *Lichtnatur*, die in ihm verborgen liegt. Als Träger göttlicher Substanz, ja als *"pars dei"*,[48] ist der Mensch auch in manichäischer Sicht von Natur aus gut und dieses sein naturhaftes, innerlich gutes Wesen bekundet sich ebensosehr in den entsprechenden, vom Nous geleiteten und durch den Willen verwirklichten sittlichen Werken.

Der Heilsvorgang wird also hauptsächlich von der "Natur" bestimmt, nachdem man zwischen einer unsittlich-äußerlichen, der Erlösung widrigen, und einer sittlich-innerlichen, die Rettung ermöglichenden Sphäre scharf unterschieden hat.[49] Bei Augustin hingegen ist die Natur infolge der vom ersten Menschen *willentlich* begangenen Übertretung vollständig außer Kraft gesetzt, da sie als solche weder die Verlorenheit noch das Gerettetwerden der Seelen verursacht und die letzte Erklärung davon in Gottes entweder gerechtem oder gnadenvollem Ratschluß (d.h. in der Prädestination) gefunden werden soll. So ist die *Erbsünde* der Hauptpunkt den weder die Pelagianer[50] noch die Manichäer[51] anzuerkennen bereit waren und den Augustin gewissermaßen gegen die ganze Tradition des inner- und außerkirchlichen Christentums durchzusetzen vermochte. Aus diesem Grundgedanken allein, der seiner eigenen religiösen Erfahrung in so eigentümlicher Weise entsprach, hat er die Prädestinationslehre entworfen und ihre abgründigen Probleme unserem Nachdenken überlassen.

---

[48] Augustin hat sich mit der Frage, daß die menschliche Seele *pars dei* nach dem manichäischen Mythos ist, mehrmals auseinandergesetzt: *C.Fortun.*, 11-12; *C.Fel.*, II, 15-22; *C.Secund.*, 5 u. 12; darüber s. F. Decret, *Aspects du manichéisme dans l'Afrique romaine*, Paris 1978, 217 f.; H.-Ch. Puech, *Sur le manichéisme*, Paris 1979, 32.

[49] Das war vermutlich auch bei Pelagius der Fall, vgl. *An Demetrias*, 11; Aug., *De gratia Christi*, 3.4; *De natura et gratia*, 16.17.

[50] Die Sünde Adams hat nach der pelagianischen Deutung nur ihn selbst betroffen (Pel., *In Ep. Rom.*, S. 1112 Hamman; Coel. b. Aug., *De gestis Pelagii*, 11.23; *De peccato originali*, 11.12; *De meritis et remissione peccatorum*, I, 2.2); er gilt lediglich als schlechtes Beispiel der sündigen Menschheit (Pel. b. Aug., *De peccato originali*, 15.16; *De meritis et remissione peccatorum*, I, 9.9-10).

[51] Der manichäische Mythus übernimmt aus seinen gnostischen Vorlagen die Vorstellung, daß die Schlange gar nicht ein Verführer, sondern der Erleuchter selbst war (Keph., 28, S. 159 Polotsky-Böhlig; *Psalmen*, S. 57 Allberry; Aug., *C.Faustum*, I, 3; *De haeres.*, 46) und deswegen hat Adam das Verbot mit vollem Recht übertreten. Vgl. in der gnostischen Literatur *HA*, NHC II 89; *OrigMund*, NHC II 118 f.; Epiph., *Pan.*, 26.2; Orig., *C.Cels.*, VI, 28. Augustin hat die These von der Erbsünde bereits gegen die Manichäer behauptet (*C. Fortun.*, 22).

SECUNDINI MANICHAEI EPISTULA: ROMAN MANICHAEAN 'BIBLICAL' ARGUMENT IN THE AGE OF AUGUSTINE

JOHANNES VAN OORT (UTRECHT & NIJMEGEN)

> Auch die **Epistula Secundini ad Augustinum** ist ein schätzbarer Ueberrest der Schriften der Manichäer.
> (F.C. Baur, *Das manichäische Religionssystem*, Tübingen 1831, 8 n. 8)

Among the very few Manichaean documents in Latin, the *Epistula* of a certain Secundinus to Augustine of Hippo stands out. It is one of the most comprehensive primary sources in the Latin West, in fact only superseded in length by Faustus' *Capitula*. Surprisingly, however, this genuine Manichaean document is still an almost virgin field of study.[1]

---

[1] The Letter is quoted from J. Zycha's edition in *CSEL* 25, 893-901, which is based upon one surviving manuscript, the codex Carnutensis from the tenth century. This edition has many deficiences, but it is still the only one which we have.

Apart from a reproduction of Zycha's text with a translation and brief commentary in the *Bibliothèque Augustinienne* (*BA* 17, Paris 1961), in the *Obras completas de San Agustín* (*BAC* 487, Madrid 1986) and in the Nuova Biblioteca Agostiniana (*NBA* XIII/2: *Sant'Agostino, Polemica con i Manichei: Contro Adimanto. Contro l'Epistola del Fondamento di Mani. Disputa con Felice. Contro Secondino*, Testo latino dell'edizione maurina confrontato con il Corpus Scriptorum Ecclesiasticorum Latinorum, Introduzioni e note illustrative di G. Sfameni Gasparro, Traduzioni di C. Magazzù, in the press), the *Ep. Sec.* seems to have been the subject of a topical study only once: J. Stroux, 'Augustinus und Ciceros Hortensius nach dem Zeugnis des Manichäers Secundinus', *Festschrift Richard Reitzenstein...*, Leipzig-Berlin 1931, 106-118. In addition, there are a few linguistic proposals of R. Merkelbach, 'Zum Text der antimanichäischen Schriften Augustins', in: A. van Tongerloo & S. Giversen (eds.), *Manichaica Selecta* [FS Ries], Lovanii 1991, 233-241 (234-236). An overview of the Letter's contents with brief discussion in: F. Decret, *L'Afrique manichéenne (IVe– Ve siècles)*, Paris 1978, I, 141-150 (II, 'Notes', 99-104). In several of his other writings, Decret mentions the *Ep. Sec.* as well; see e.g. 'L'utilisation des Épitres de Paul chez les Manichéens d'Afrique' (1989), reissued in: F. Decret, *Essais sur l'Église manichéenne en Afrique du Nord et à Rome au temps de saint Augustin*, Roma 1995, 55-106, esp. 78. See also G. Sfameni Gasparro's study which focuses on *Contra Secundinum* elsewhere in this congress volume. As might be expected, several comprehensive general studies of Manichaeism (and of Augustine) make note of *Ep. Sec.*, but all of

In order to draw due attention to this interesting text and, if possible, to bring up some of its peculiar contents for discussion among the rapidly increasing number of students of Manichaeism,[2] we focus on one of its most striking aspects, *viz.* Secundinus' knowledge and use of 'Biblical' literature. The study of this aspect may contribute to the theme 'Augustine and Manichaeism in the Latin West' and, at the same time, constitute a small but authentic element in the history of Biblical interpretation.[3] Moreover, an analysis of this Manichaean Letter may provide a glimpse into Augustine's 'hidden years' as a Manichaean.[4]

When, precisely, this Letter was written, seems to be difficult to establish. In any case, about its (presumable) date there is consider-

---

them do so in passing. In A. Böhlig's collection of translated Manichaean documents (*Die Gnosis*, III, *Der Manichäismus*, Zürich-München 1980), Secundinus' letter is lacking; A. Adam's famous *Texte zum Manichaismus*, Berlin 1969[2], 47, includes a small fragment: 'Secundinus über den unendlichen Wert der Seele'.

[2] Cf. e.g. G. Mikkelsen, *Bibliographia Manichaica. A Comprehensive Bibliography of Manichaeism through 1996*, Turnhout 1997 (= Corpus Fontium Manichaeorum, Subsidia I).

[3] In historical studies of Biblical exegesis, the Manichaean Christian interpretation has often been passed over in silence. See e.g. W.E. Gerber, 'Exegese III: NT u. Alte Kirche', *RAC* 6(1966)1211-1229; *The Cambridge History of the Bible*, I, Cambridge 1970; B. de Margerie, *Introduction à l'histoire de l'exégèse* I-III, Paris 1980-1983; K. Froehlich, *Biblical Interpretation in the Early Church*, Philadelphia 1984; J. Fontaine *&* Ch. Pietri (eds.), *Le monde latin antique et la Bible*, Paris 1985; A.-M. la Bonnardière (ed.), *Saint Augustin et la Bible*, Paris 1986; J. van Oort *&* U. Wickert (eds.), *Christliche Exegese zwischen Nicaea und Chalcedon*, Kampen 1992; M. Simonetti, *Biblical Interpretation in the Early Church: An Historical Introduction to Patristic Exegesis*, Edinburgh 1994; F.M. Young, *Biblical Exegesis and the Formation of Christian Culture*, Cambridge 1997. The same seems to apply to the future *Handbook of Patristic Exegesis*, Leiden 2001 or 2002, although it claims to present 'an overall view of the reception, transmission, and interpretation of the Bible during the first 500 years of Christianity'. Among the exceptions, the most notable modern ones are the studies by J. Ries, 'La Bible chez saint Augustin et chez les manichéens (I)', *REA* 7(1961)231-243; (II), *ibid.* 9 (1963)201-215; (III), 10(1964)309-329 (reissued in J. Ries, *Les études manichéennes. Des controverses de la Réforme aux découvertes du XXe siècle*, Louvain-la-Neuve 1988, 125-207) and M. Tardieu, 'Principes de l'exégèse manichéenne du Nouveau Testament' in: M. Tardieu (ed.), *Les règles de l'interprétation*, Paris 1987, 123-146. Other important material in e.g. the studies by H.-J. Klimkeit, 'Die Kenntnis apokrypher Evangelien in Zentral- und Ostasien, in: *Man. Sel.* (n. 1) 140-175; 'Der Gebrauch heiliger Schriften im Manichäismus', in: G. Schöllgen *&* C. Scholten (eds.), *Stimuli. Exegese und ihre Hermeneutik in Antike und Christentum* [FS Dassmann], Münster 1996, 191-199.

[4] For other aspects of these hidden years (c. 373-385), cf. W.H.C. Frend, 'Pythagoreanism and Hermetism in Augustine's "Hidden Years"', *SP* XXII, Leuven 1989, 251-260.

able divergence among the specialists running from 399 as far as 411.[5]
A more or less definite solution would require a thorough analysis
of the Letter's entire contents and, moreover, of Augustine's answer
Contra Secundinum and its intriguing place in his *Retractationes*.[6] Though
important in itself, in this context these and related questions do not
need further examination.[7] The same goes for such interesting issues as Secundinus' provenance, his peculiar style and, for instance,
his knowledge and use of the (Latin) classics.

Before concentrating on his 'Biblical' argument, however, a few
remarks on his knowledge and use of *Manichaean* writings and doctrines seem to be required. The fact that Secundinus was, indeed, a
Manichee is indicated by his references to Mani in statements like:
'This is what Paul testifies, and this is what Manichaeus himself
testifies'.[8] Similarly, Mani is mentioned on other occasions; and, in
one instance, he rather strangely and unexpectedly is referred to as
a certain *idem*: 'Or again what he [the *idem*, Manichaeus] also says
about the new age...'.[9] We may deduce from these testimonies that,

---

[5] Cf. e.g. P. Courcelle, *Recherches sur les Confessions de saint Augustin*, Paris 1950
(1968[2]), 236 ('vers l'an 405'); H.-I. Marrou, *St Augustin et l'augustinisme*, Paris 1955,
186 ('après 404'); P. Brown, *Augustine of Hippo. A Biography*, London 1967, 370 ('in
405', but cf. p. 184: *Contra Sec.* is dated to 399); F. Decret, *Aspects du Manichéisme
dans l'Afrique romaine*, Paris 1970, 28 ('vers l'année 405'); *idem, Afrique Manichéenne*, I
(n. 1), 141 (with regard to the Letter *and* Augustine's response: '... entre la *disputatio*
avec Felix, en décembre 404, et la Conférence de Carthage en 411'; cf. *ibid.*, 125-
126 and e.g. *NBA*, XIII,1, Roma 1997, xlv); W. Geerlings, 'Augustinus', *Lexikon der
antiken christlichen Literatur*, Freiburg-Basel-Wien 1998, 72 (399). S. Lancel, *Saint Augustin*,
Paris 1999, 388, claims that *Contra Secundinum* is Augustine's final work in a series
of writings against the Manichaeans; on p. 742, however, the work is dated to 399.

[6] Cf. *Retract.* II, 10 (37).

[7] In 895, 8-9, Secundinus says that he has read 'aliquanta scripta' written by
Augustine; from the contents of his Letter it may be inferred that he was acquainted
with (passages from) Augustine's *Conf.* and, probably, other writings like *C. ep. Fund.*,
De mor., *De duab. an.* After Courcelle's preliminary remarks (*Recherches*, 236-238) the
question of Secundinus' readings – the solution of which may contribute to a more
precisely dating of the *Ep. Sec.*- requires further study.

[8] *Ep. Sec.* 894, 9: 'Hoc Paulus, hoc ipse testatur Manichaeus'.

[9] *Ep. Sec.* 899, 22: '... necnon etiam de saeculo novo quod idem memorat...'.
Other references to Mani e.g. in 895, 19 and 896, 12. It is noteworthy that
Secundinus' text always reads 'Manichaeus'; on the occurrences of (and, some-
times, significant differences between) the names 'Manis', 'Manes' and 'Man(n)i-
ch(a)eus' in Latin sources, see J. van Oort, 'Mani and Manichaeism in Augustine's
De haeresibus. An Analysis of *haer.* 46,1' in: R.E. Emmerick *et al.*(eds.), *Studia Manichaica.
IV. Internationaler Kongreß zum Manichäismus, Berlin, 14.-18. Juli 1997* (Berichte und
Abhandlungen der Berlin-Brandenburgischen Akademie der Wissenschaften,
Sonderband 4), Berlin: Akademie Verlag 2000, 451-463, esp. 455-457. In accord-

in any case to a certain extent, Secundinus was familiar with Mani and his writings.[10] He could refer and appeal to them, and even in some rather unexpected cases Mani and his (canonical) writings turn out to be in the forefront of his mind.

But the wellspring of his religious existence not only consists in the writings of Mani. Secundinus is also a (Manichaean) *Christian* and hence his evident knowledge and use of the Christian writings. It would be a serious mistake to claim that the Christian content in the Letter is only accidental and casual because a Catholic bishop is being addressed. What we actually see here is a Manichaean *auditor* who is trying to recall a former *auditor* back to the Manichaean fold. And, characteristically, he does so by constantly appealing to 'Biblical' texts.[11]

Which texts does Secundinus quote? Which texts is he (consciously or unconsciously) alluding to? Is it possible to find a certain pattern in his quotations and allusions? An analysis of the Letter's most relevant passages may provide a (provisional) answer to these and other related questions. Moreover, it may reveal a *Manichaean Christian* mode of argumentation which must have been well known to (and once practiced by) Augustine. An effort to sketch some characteristic features of the Roman Manichaean Secundinus is, to a considerable extent, an attempt to describe the former Manichaean Augustine as well.

Our analysis may start with the first and less complex question: where, in fact, does Secundinus quote Biblical texts? In Joseph Zycha's edition, nearly all of these obvious 'quotations' – *i.e.*, the more or less literal and, at the same time, the more or less deliberately made references to Biblical texts – are indicated. The first distinct one can already be found in the Letter's first section: 'That (evil)

---

ance with common (and well-founded) practice, and when not quoting others, we speak of 'Mani'.

[10] From his Letter it is evident that, generally speaking, he knows about Mani's cosmogony, his rôle in the final judgement, his claim to be the Paraclete, and e.g. the place of Christ in Manichaean myth and piety. When Augustine, in his answer (909, 19-21; cf. 935, 23-26), quotes some passages of Mani's *Fundamental Letter*, he does not give the impression of communicating new things to his addressee; moreover, the trinitarian prologue of Secundinus' Letter may be reminiscent of the prologue of Mani's *Ep. Fund.*

[11] As will become evident, we construe 'Biblical' in its broadest sense, including not only the Old and the New Testament writings, but also e.g. Tatian's Diatessaron, the Gospel of Thomas and the so-called *Old* and *New Testament Apocrypha*.

spirit's every assault is spread abroad by means of those princes against whom the Apostle states in his letter to the Ephesians that he has entered the battle. For he says that *he is battling not against flesh and blood, but against princes and powers, against the spiritual forces of evil that exist in the heavens*.[12] Context and intention of the quotation are apparent: the evil spirit (*atrox spiritus*), elsewhere in the Letter indicated as the devil (*diabolus*),[13] assaults; and this attack (*inpetus*) is set in motion by means of the *principes* mentioned by the apostle Paul in *Eph.* 6:12.[14] In the same context, Secundinus takes over a typical Pauline expression, when he states: 'so the precepts of salvation are *the weapons of righteousness*'; here, as indicated by Zycha, *arma iustitiae* is a clear allusion to *Rom.* 6:13.[15]

Still according to Zycha, Secundinus' next quotations of (or, in any case, clear allusions to) Biblical texts are on p. 896. They can be identified as deriving from Matthew 7:13; Romans 14:12; Hosea 1:2; Genesis 24:2 and 47:29; Acts 10:13; Gen. 1:28; Daniel 6:16; Gen. 12:13; 20:2; 32:24 sq.; Joshua 10:5 and, finally, Gen. 7. The Old Testament texts in this list will not concern us further: they are clearly meant to demonstrate the Old Testament's oddity or even bizarreness and, as a matter of fact, they make the impression of being part of a kind of *florilegium*.[16]

---

[12] *Ep. Sec.* 894, 3-5: 'dicit enim se non contra carnem et sanguinem habere certamen, sed adversus principes et potestates, adversus spiritalia nequitiae, quae sunt in caelestibus'.

[13] Cf. *Ep. Sec.* 894, 26. Here, and in this context, the designation 'sinistra manus' (894, 24) is typical; cf. e.g. *Ps. Clem., Hom.* XX, 3 for the concept of the devil being God's left hand.

[14] The same text is quoted by Fortunatus in *C. Fort.* 22; cf. e.g. *De agone chr.* 4: 'Sed eligunt [sc. Manichaei] capitula de Scripturis quae simplices homines non intelligunt; et per illa decipiunt animas imperitas, quaerendo unde sit malum. Sicut in isto capitulo faciunt, quod ab Apostolo scriptum est, *rectores harum tenebrarum et spiritalia nequitiae in coelestibus*'.

[15] *Ep. Sec.* 894, 8-9: 'ita salutaria praecepta arma iustitiae'.

[16] Decret, *L'Afrique manichéenne* (n. 1) I, 148. Closer examination reveals that Zycha passed over in silence the very curious quotation 'Non lavabis manus post coitum coniugis'; as did Augustine in his reply. The same applies to the translations with brief commentaries in *BA* and *BAC* (cf. n. 1). The 'quotation' as it runs according to Zycha's text is very odd indeed; reference to e.g. Lev. 15:16 (cf. P. Alfaric, *L'Évolution intellectuelle de Saint Augustin*, I, Paris 1918, 181) does not convince. In fact, one must say that the actual text runs counter to all Old Testament and Jewish practice; see e.g. *Lev.* 15 and, moreover, later Jewish legislation in which the washing (of hands) was *prescribed* (cf. e.g. G. Alon, 'The Bounds of the Laws of Levitical Cleanness', in: *id., Jews, Judaism and the Classical World*, Jerusalem 1977, 190-234, esp. 191-205). Immersion in water *post coitum* was also required in Mandaean

On the next page, the final sentences on Jesus' Passion caused
Zycha to refer indiscriminately to the Passion stories in the Gospels
according to Matthew, Luke, and John. At first sight one may agree;
but, a closer look at the context and exact wording of these sentences,
gives rise to a number of questions. Secundinus states that the devil
in his rage 'forced Him (*i.e.*, 'our Lord', 'Jesus') first to be crowned
with thorns and then given vinegar to drink, to be pierced with the
soldier's spear and then to suffer blasphemy from the lips of the
robber on His left'.[17] The reason why Zycha excludes Mark from
his quite general references to the (canonical) Gospels is not clear.
In any case, Mark's Gospel, too, makes mention of the crown of
thorns and the vinegar; and, moreover, from Augustine's *Contra
Adimantum* we learn that Adimantus (and the other Manichaeans)
more than once referred to words that we find in this Gospel.[18]
Furthermore, the fact that mention is made of Jesus being pierced
by the soldier's spear *before* his death may refer to Tatian's *Diatessaron*.[19] Finally, the information that the robber on Jesus' left side [the

---

(e.g. *Book of John* 92,18-19 Lidzbarski), Ebionite (e.g. Epiphanius, *Pan.* 30,2,4) and
other Jewish-Christian circles; in Ps. Clem., *Hom.* VII,8,2 (Rehm-Irmscher-Paschke
120, 11) such an immersion is laid down as being a Christian rule. Did Secundinus
(or the Manichaean circles from which these quotes may stem) know about this
rule? Or about a similar one in which especially the washing *of the hands* was prescribed? In any case, the text as edited by Zycha does not make sense. We therefore propose as a plausible emendation: '*Nam* lavabis...'. This (or a very similar)
reading would then imply that Manichaean (here, Secundinus') polemics were not
only directed against the so-called Old Testament, but -by and then- also against
later Jewish religious law and custom. This fits well with e.g. Faustus' remarks in
C. Faust. XIX, 4 that he knows about actual Jewish and Jewish-Christian law and
practice; cf. e.g. Augustine in *C. Faust.* XIX, 17, where he states about the
Symmachians or Nazareans: 'hi sunt ... qui usque *ad nostra tempora iam* quidem in
exigua, sed *adhuc* tamen vel in ipsa paucitate perdurant'. See also n. 25 below.

[17] *Ep. Sec.* 897, 21-23: '... quin immo insaniens hinc coegit spinis coronari, illinc
aceto potari; hinc militum lancea percuti, illinc sinistri latronis ore blasphemari'.
Zycha's reference to line '23' is rather loose; in fact he must have had in view lines
21-23.

[18] E.g. *C. Adim.* 13, 1; 15, 1; 18, 2.

[19] Although we know that, in an interpolation after Mt. 27:49, some Vetus Latina
manuscripts of Matthew's Gospel (MSS r[2] 30 [Gatianus]) and no less than 7 Vulgate
manuscripts make mention of the piercing of Jesus' side *before* his death (cf. e.g.
W.L. Petersen, *Tatian's Diatessaron. Its Creation, Dissemination, Significance, and History
in Scholarship*, Leiden-New York-Köln 1994, 58), we see no reason to suppose that
Secundinus based himself on these or similar manuscripts. In line with the other
evidence, the most obvious source is Tatian's Diatessaron. It may be noted, moreover, that Secundinus' particular order is in accordance with the sequence given
in a passage in the Manichaean *Homilies*; cf. H.J. Polotsky (ed. and transl.), *Manichäische
Homilien*, Stuttgart 1934, 68, 24-30. According to C. Peters, *Das Diatessaron Tatians*,

sinister latro] is the one who is blaspheming may have been derived from some *Acts of Pilate*.[20]

On the following two pages, Zycha indicates references to 1 Timothy[21] and to Paul's letter to the Philippians.[22] His final reference, then, is to Matthew 25.[23] Here, Zycha will have had in mind Matthew 25:31-46, the passage on the last Judgment which was so well-known already to Mani and, for instance, has such a prominent place in the Coptic *Sermon on the Great War*.[24]

This rather circumstantial enumeration is, nonetheless, only the result of a first and, in point of fact, rather superficial 'tour d'horizon'. One may provisionally conclude that Secundinus had a certain knowledge of the *Corpus Paulinum* (Ephesians, Romans, 1 Timothy, Philippians) *and* of the Gospel in one form or another; besides, that he evidently was able to reproduce, for polemical reasons, a number of texts from the Old Testament and, maybe, from the also dismissed (canonical) Acts of the Apostles.[25]

Digging deeper in Secundinus' Letter, however, one may discover an underlying *stratum* that is quite revealing. It turns out that a lay Manichaean, a Roman *auditor* according to the information given by Augustine in his *Retractationes*,[26] had a considerable knowledge of

---

Roma 1939 (repr. 1962), 128-129, this passage in the *Hom.* is based on Tatian's Diatessaron.

[20] In any case, none of the Gospels, none of the remnants of Tatian's Diatessaron, nor any of the other Manichaean texts or so-called *New Testament Apocrypha* make mention of this detail, except for the *Acts of Pilate* and e.g. the medieval *Narrative of Joseph of Arimathea*. Cf. J.K. Elliot, *The Apocryphal New Testament*, Oxford 1993, 220; W. Schneemelcher, *Neutestamentliche Apokryphen*, I, Tübingen 1990, 406 n. 8.

[21] *Ep. Sec.* 898, 5-6: '... quatenus Hymenaeum, quatenus Alexandrum deceperit'; cf. 1 Tim. 1:20.

[22] *Ep. Sec.* 899, 6-7: '...quae putat commoda, contempsit ut stercora, ut Christum lucrifaceret...'.

[23] *Ep. Sec.* 900, 21: '... venite ac recedite...'; 'Matth. 25'.

[24] Cf. M. Hutter, 'Mt 25:31-46 in der Deutung Manis', *NovTest* 33(1991) 276-282 and, in particular, N.A. Pedersen, *Studies in The Sermon on the Great War*, Aarhus 1996.

[25] *Ep. Sec.* 896, 20: '... macta et manduca...'. But, is this expression really taken from the (Catholic) canonical *Acta apostolorum*? That Secundinus would have had easy access to these *Acta* may be taken as a matter of fact. A quotation from Acts in the given context, however, is eye-catching. Maybe that here, too (cf. n. 16), Secundinus draws his information from another (*i.e.*, Jewish and / or Jewish-Christian) tradition; cf. e.g. the information given by Epiphanius (*Pan.* I, 30) on the 'Ebionites'.

[26] *Retract.* II, 10 (37): 'Secundinus quidam, non ex eis quos Manichaei electos, sed ex eis quos auditores vocant...'.

the Christian Bible. Moreover, this knowledge seems to be, in any case to a considerable amount, *by heart.*

In order to indicate this, we will focus on some examples. At the beginning of the Letter, immediately after his impressive 'trinitarian' prologue (which has clear allusions to the Epistle to the Colossians, *e.g.* Christ as the *primogenitus* and the *rex omnium luminum*),[27] Secundinus speaks of the nature of evil. Evidently with reference to the opinion of his addressee, he first states that evil is 'not the one which is nothing or which is produced by the strife and passion of mortals'. Then, he continues with the noteworthy remark: '*but (evil) is the one which has been made ready to come; woe to him who shall have offered himself as its opportunity*'.[28] This turns out to be a quotation which derives from Tatian's *Diatessaron*, the same (or a very similar) reference that is also found in one of the Manichaean *Bêma Psalms*.[29] Hence, whether Secundinus quotes the *Diatessaron* directly or indirectly must remain open to further question; what is evident is that, also here, he is using 'Biblical' language when warning Augustinus Apostata. The same we find in the following sentences where the lapsed Augustine is addressed as the one who still 'really is a lantern which the right hand of truth has placed in the lampstand of your heart, (but who) has to stop the inheritance of your treasure being despoiled by the arrival of the thief. They (*i.e.,* the persons of the Manichaean 'Trinity') should order that your house should stand without collapsing, as you have built it not upon the sand of error, but on the rock of knowledge'.[30] The words about the lantern (*lucerna*) and the lampstand (*candelabrum*) could be reminiscent of, *e.g.,* Matthew 5:15. Here, however, Secundinus explicitly says that the right hand of truth[31] *has placed (posuit)* the lantern in the lampstand,

---

[27] *Ep. Sec.* 893, 6-7. The same concepts are well known from Manichaean sources like the *Keph.* and the *Psalm-Book.*

[28] *Ep. Sec.* 893, 15-16: '... sed quod paratum est, ut veniat. Vae autem illi, qui se eidem praebuerit occasionem'.

[29] *Ps. Bk.* 39,27-28 Allberry. According to C. Peters, 'Nachhall außerkanonische Evangelienüberlieferung in Tatians Diatessaron', *Acta Orientalia* [Leiden] 16(1939)258-294 (129), this is a logion originating from the Diatessaron; cf. W.D. Stroker, *Extracanonical Sayings of Jesus*, Atlanta 1989, 79f.

[30] *Ep. Sec.* 893, 18-22: 'vere lucerna, quam in cordis tui candelabro dextera posuit veritatis, ne furis adventu thesauri tui dilapidetur patrimonium, iubeantque sine lapsu illam manere domum, quam tu non super erroris harenam, sed super scientiae lapidem conlocasti'.

[31] It is not easy to establish who (or what) is meant by the *dextera (veritatis).* In Manichaean texts, the right hand (of light, peace etc.) turns out to be both a desig-

a turn of phrase which brings to mind both Tatian's *Diatessaron* and the *Gospel of Thomas*.[32] The immediately following words about the thief who is trying to break through and to steal the treasure may refer to Matthew 24:43 and 6:19-20.[33] It is noteworthy, though, that we pre-eminently find the full imagery (the thief, his arrival, his digging through, the treasure) in Thomas' Gospel.[34] What is said about the house built upon sand or on the rock is reminiscent of Matthew 7:24-27. The same goes for the narrow path (*angustus trames*) mentioned in the following sentence: 'so as to divert souls from the narrow path of the Saviour'. This particularly reminds us of Matthew 7:13-14.[35]

Much more than one might have expected, and in any case to a much larger extent than noted by its still one and only editor Joseph Zycha, this Manichaean Letter displays an intimate knowledge of Biblical Literature. To a certain extent one may even say that it is *permeated* by quotations from and reminiscenses of Biblical texts.

---

nation of the Living Spirit (or Mother of Life or Great Spirit) and of the very complicated Christ-figure; cf. e.g. H.Ch. Puech, *Sur le manichéisme et autres essais*, Paris 1979, 372-373; E. Rose, *Die manichäische Christologie*, Wiesbaden 1979, 159 and 194; E. Feldmann, *Die Epistula Fundamenti der nordafrikanischen Manichäer. Versuch einer Rekonstruktion*, Altenberge 29-30 (to the texts discussed by them might be added *Acta Archelai* V, p. 5-6 Beeson). In Augustine's Christian understanding, the Manichaeans' *dextera (luminis)* seems to be interpreted as being Christ; cf. e.g. *C. ep. fund.* 11 and *C. Fel.* 1,16.

[32] E.g. J.-É. Ménard, *L'Évangile selon Thomas*, Leiden 1975, 22-23 and 130-132.

[33] Cf. e.g. Luke 12:39 and 33; in the context of Secundinus' Letter, however, references to Matthew seem to be more likely than references to Luke (see below).

[34] Cf. *logia* 21, 103 and 76. There is, moreover, a striking parallelism between the imagery of this passage of Secundinus' letter and the new letter P 92.18 from Kellis; cf. I. Gardner, 'Personal Letters from the Manichaean Community at Kellis' in L. Cirillo and A. van Tongerloo (eds.), *Manicheismo e Oriente Cristiano Antico*, Lovanii –Neapoli 1997, 90-91 (who refers only to Matthew 6:19-20 and 24:43 and to some parallels in the Manichaean *Psalm-Book*). On the other hand, it may be remarked that, generally speaking, Secundinus' *thesauri patrimonium* seems to have a gnostic ring; cf. e.g. the famous Hymn of the Pearl in the *Acts of Thomas* (108-113).

[35] *Ep. Sec.* 893, 24: 'ut animas avertat ab angusto tramite salvatoris'. The *trames angusta* has a parallel in the Tebessa Codex col. 9 (III 1): 'et per artam viam incedunt et angusto tramiti destinati sunt' (cf. R. Merkelbach, 'Der manichäische Codex von Tebessa', in P. Bryder, ed., *Manichaean Studies*, Lund 1988, 240). The question of whether this is a Diatessaronic reading (cf. G. Quispel, 'A Diatessaron Reading in a Latin Manichean Codex', *VC* 47(1993)374-378) requires further study. In the Manichaean texts we find quotations which strongly remind us of Mt. 7 (e.g. *Psalm Book* 170, 28 Allberry) *and* expressions which might remind us of Tatian's Diatessaron (e.g. *Kephalaia* 13, 28-29 Polotsky-Böhlig). If the latter is indeed the case, then several of Augustine's quotations (e.g. *En. in Ps.* xliii, 17; lxxxv, 19; cxix, 35; *s.* 111, 1; *ep. ad cath.* xiv, 36) reflect the Diatessaron as well.

On the next page, we first come across Ephesians and Romans. But, in addition to the evident quotation from Ephesians and the strong Pauline expression *arma iustitiae*, the subsequent section seems to be a kind of practically applied exegesis of Matthew 25 in particular. Secundinus' words about the inheritance of 'the kingdom to which the Lord invites us' are clearly reminiscent of Matthew 25:34;[36] from this very Chapter derives the remark about 'the foolish virgin that will be excluded'.[37] The same goes for the words on the sinful soul 'that, then, will be the heir of the left hand'.[38] The ensuing comment upon the *anima peccatrix* 'that then (once again: *tunc*) will be driven by the Lord from the wedding banquet because of its black clothing' turns out to be reminiscent of the parable of the wedding feast in Matthew 22.[39] The immediately following phrase 'to where there will be weeping and gnashing of teeth' can be found, once again, in Matthew 25.[40] And the same goes for the concluding remark: 'it (*i.e.*, that sinful soul) shall go with the devil to the fire of its own origin'.[41]

An indepth analysis of the whole of this Manichaean document is not intended here.[42] In this contribution, our sole purpose is to highlight some of the 'Biblical' elements that a close reading of the Letter may uncover. The first lines of the next page: 'Why in that case shall the just reign? Why shall apostles and martyrs be crowned?',[43] might be reminiscent of, *inter alia*, 2 Timothy 4:8. Reference to precisely this text may be justified; because this very

---

[36] *Ep. Sec.* 894, 14-15: ' [anima] possidebit regnum, ad quod dominus noster invitat'.

[37] *Ep. Sec.* 894, 23-24: 'tunc [anima peccatrix] excludetur, tunc virgini stultae conparabitur'; cf. Mt. 25:1-13. The fact that mention is made of the 'virgo stulta' (singular) is, of course, occasioned by Secundinus' comparison with 'anima' (singular). Other examples of free rendering and adaptation of Biblical texts, so typical for the Manichaeans, will be discussed below.

[38] *Ep. Sec.* 894, 24: 'tunc [anima peccatrix] heres erit sinistrae manus'; cf. Mt. 25:33 and 41.

[39] *Ep. Sec.* 894, 24-25: 'tunc a domino pelletur ex convivio nuptiarum nigrarum causa vestium'; cf. Mt. 22:11f.

[40] *Ep. Sec.* 894, 25-26: 'ubi fletus erit et stridor dentium'; cf. Mt. 25:30 in particular.

[41] *Ep. Sec.* 894, 26-27: 'ibitque cum diabolo ad ignem originis eius'; cf. Mt. 25:41.

[42] In a future edition with commentary in the *Corpus Fontium Manichaeorum*, there will be space to indicate all (more or less evident) references and allusions to classical, Biblical and Manichaean sources.

[43] *Ep. Sec.* 895, 1-2: 'Cur igitur regnabunt iusti? cur apostoli et martyres coronabuntur?'

same text seems to be alluded to in the Manichaean *Sermon on the Great War*.[44] As an evident matter of fact, themes of that eschatological Sermon crop up time and again in Secundinus' Letter which, in its repeated threatening of the lapsed Augustine, also has a strong eschatological ring. It should not be excluded, therefore, that this Manichaean Sermon, in which passages from Matthew 25 have such a prominent place, may have inspired Secundinus.[45] However, his Letter reveals much Biblical material that is *not* found in this Sermon, nor in the other Manichaean sources as we have them. Above all, Secundinus appears to be an independent student of Biblical material.

Some final facts may testify to this Biblical training *and* to its Manichaean peculiarities. At the end of page 895, it is said that Augustine must not be 'the spear of error with which the Saviour's side is pierced'.[46] We mentioned already the lance or spear that pierced Jesus' side *before* his death: the Manichaeans may have read about it in Tatian's *Diatessaron*. Here, the Biblical *lancea* signifies the act of blaspheming by which the cosmic *Jesus patibilis* is pierced. A person who blasphemes, *i.e.*, who does not keep the seal of the mouth (*signaculum oris*), attacks the divine Majesty and, in this way, is acting as once has been done under the devil's inspiration.[47] Secundinus speaks here of the 'lancea *erroris*'; a typical Manichaean addition to the Biblical text.

As already indicated, the next page 896 of the Letter in Zycha's edition is full of Biblical material. Although it seems to be possible to add to Zycha's references some important new ones,[48] we finally concentrate on two significant passages in the remaining part of the Letter. The first passage runs in a fairly literal translation: 'I know that you have always loved great things, that quit the earth, and seek the heavens, that mortify the body and give life to the soul. So who

---

[44] Polotsky, *Manichäische Homilien* (n. 17), 9. Cf. A. Böhlig, *Die Bibel bei den Manichäern*, Diss. Münster 1947 (typed), 39.

[45] As far as I can see there is no indication that Mani's *Šābuhragān*, which is an important source of the *Sermon*, was known to Secundinus. For Mani's *Šābuhragān*, see D.N. MacKenzie, 'Mani's *Šābuhragān*', *BSOAS* 52(1979)500-534; *BSOAS* 53(1980)288-310.

[46] *Ep. Sec.* 895, 24-25: 'noli esse erroris lancea, qua latus percutitur salvatoris'.

[47] Cf. e.g. *De mor. Man.* 11, 20.

[48] The *vanae incusationes* (896, 2) are reminiscent of *Eph.* 5:6; the *superfluae controversiae* (896, 2-3) bring to mind *Col.* 2:4-8.

is it that has suddenly changed you?'.[49] Both the contents of the
passage and, *e.g.*, a word like *repente* seem to indicate that Secundinus is referring here to the episode of Augustine's reading of Cicero's *Hortensius* as he relates it in the *Confessiones*.[50] But, Secundinus is
referring to this episode in the wording of the Letter to the *Colossians*! The phrase 'things that quit the earth and seek the heavens'
strongly reminds one of *Col.* 3:1-2. About the mortification of the
body St. Paul (or his disciple) is speaking in verse 5: 'Mortify therefore your members which are upon the earth'. And in *Col.* 3:4, Christ
is mentioned as *vita nostra*. Moreover, the remaining part of this same
page, which first describes the work of the devil (the one who has
suddenly changed Augustine!) and after that gives a short account
of Christ's Passion, contains nearly a dozen Biblical references. Most
of them can be tracked down to Matthew's Gospel; at least one has
an evident parallel in the Gospel of Thomas as well.[51]

Apart from the section in which Secundinus reproaches Augustine for accepting the 'oddities' of the Jewish Bible, no less than six-
ty-five or even more Biblical references can be found. In such a
number, the synoptic ones do not figure double or triple; the Gospel quotations and allusions can be traced back to one most likely
(and sometimes even evident) source: the Gospel according to Matthew. From this Gospel come some thirty quotations and allusions,
mostly from Matthew 7; 24; 25; 26 and 27. Besides, one gains the
strong impression that, even to a Roman Manichaean at the turn
of the fourth and fifth century, readings from Tatian's *Diatessaron* and
the *Gospel of Thomas* were well-known.

At the end of this exploratory enquiry into the Biblical aspect of
Secundinus' Letter, at least three provisional conclusions may be
drawn:

1. The language, style and imagery of Secundinus' Letter are, to
a large extent, directed and even permeated by Biblical literature;
and it is pre-eminently in this way that he tries to convince his former
co-religionist Augustine;

---

[49] *Ep. Sec.* 897, 3-6: 'Novi ego haec te semper odio habuisse, novi ego te semper
magna amavisse, quae terras desererent, quae caelos peterent, quae corpora
mortificarent, quae animas vivificarent. Quis igitur ille est, qui te repente mutavit?'.

[50] *Conf.* III, 4,7.

[51] *Ep. Sec.* 897, 13-14: 'ut domino *optimum* semen seminanti illi zizania miscuerit'.
Cf. *logion* 57 of the Gospel of Thomas.

2. Secundinus' Bible appears to consist mainly of the *Corpus Pauli-num* and the Gospel according to Matthew; moreover, his Letter seems to provide further evidence of the fact that the Manichaeans also knew Tatian's Diatessaron and the Gospel of Thomas;

3. Secundinus uses and interprets his Biblical sources in a typical Manichaean way by additions and omissions. This Manichaean 'twist' in his hermeneutics we find, for instance, in expressions like 'the right hand *of truth*' (893, 19); 'the lance *of error*' (895, 24-25); 'the rock *of knowledge*' (893, 22).

BEMERKUNGEN ZU VERSCHIEDENEN „JESUS-FIGUREN" IM MANICHÄISMUS

S.G. RICHTER (MÜNSTER)

Auf einem Symposium unter dem Titel „Augustine and Manichaeism in the Latin West" können Bemerkungen zu verschiedenen Jesus-Figuren im Manichäismus, auch wenn sie nicht die lateinischen Quellen ins Zentrum rücken, doch mit einigem Wohlwollen als Beitrag zur Augustinus-Forschung verstanden werden. Dies um so mehr, da Erich Feldmann in seinem Artikel „Christus-Frömmigkeit der Mani-Jünger. Der suchende Student Augustinus in ihrem ‚Netz'" als Conclusio festhielt, daß Augustinus mit großer Wahrscheinlichkeit „bei seiner ersten Begegnung mit der manichäischen Gemeinde von deren Christusfrömmigkeit beeindruckt wurde".[1] Die räumliche Nähe zu Ägypten erlaubt es, einen Bogen zum koptischen Psalter zu schlagen, um der Erscheinungsform manichäischer Christus-Frömmigkeit, wie sie sich Augustinus dargeboten haben könnte – die Psalmen waren sicher in der zweiten Hälfte des vierten Jhs. in Gebrauch –, ein Stück näherzukommen. Da es sich bei den Psalmen um Übersetzungsliteratur aus dem Griechischen oder auch aus dem Syrischen handelt, war ihre Verbreitung nicht auf Ägypten und die koptische Sprache beschränkt und muß auf dem Weg nach Westen nicht in Ägypten Halt gemacht haben.[2]

Bezüglich der Jesus-Verehrung werden häufig die von Allberry so genannten Jesus-Psalmen, die nun als Ausgangspsalmen bezeichnet werden, angeführt (PsB II 49,1–97,13). Die Gemeinsamkeit der 35 Psalmen dieser Gruppe besteht nicht nur im häufigen Vorkommen des Namens Jesu, sondern auch in der Thematik, die um die Sterbestunde, den Tod und den Seelenaufstieg kreist. Schon mehrfach wurde betont, daß mit der aktuellen Schilderung der „Stunde der Not", den Rechtfertigungs- und Vertrauensaussagen sowie anderen Elementen Hinweise auf eine Verwendung in Zusammenhang mit

---

[1] Feldmann 1980: 216.
[2] Zur Entstehung der koptischen manichäischen Psalmensammlung, der Problematik der Datierung sowie der Herkunftssprache s. zum Überblick Wurst 1995: 52–55, 61–83.

Totenbräuchen vorlägen.[3] Das gleiche gilt für mehrere andere Einzelstücke oder Gruppen des Psalmenbuches, so für eine Gruppe von Herakleidespsalmen auf den Seiten 97,14 bis 110,16, deren Texte als Repertoire einer Seelenmesse dienten.[4]

In der zuletzt genannten Gruppe von zehn Psalmen wird auffälligerweise Jesus Christus mindestens viermal eine zentrale Rolle als Erlöserfigur eingeräumt,[5] in den Ausgangspsalmen mindestens 22mal.[6] Der Umstand, daß gerade in den Psalmengruppen, die thematisch eng um Tod und Seelenaufstieg kreisen und die der Gattung der Aufstiegspsalmen zuzurechnen sind,[7] die Erlöserfigur Jesus eine solche Rolle spielt, kann direkt auf die Funktion dieses Erlösers im Seelenaufstieg zurückgeführt werden.

So beginnt Psalm 3Her 277 (PsB II 97,14–98,33) aus den Herakleidespsalmen in Str. 0 mit einer Bitte um den Beistand Christi: „Christus, steh mir bei." Nach einer langen Reihe von Rechtfertigungsaussagen, die die Würdigkeit der Seele zum Aufstieg bekunden sollen, heißt es ab Str. 17 bis D 1:

> [Entrei]ße mich dem widerwärtigen Haufen der Däm[on]en, damit sie nicht meinen Weg hindern und meinen Nous verwirren. So wie er es mir von Anfang an versprochen hat, er, dein Apostel, winke du mir zu und gib mir die drei Lichtgaben. Sieg sei dir, meinem Erlöser, dem Helfer der Seelen.

Es handelt sich hierbei um eine Bitte an Jesus, vor den Dämonen zu beschützen, die zu Beginn des Seelenaufstieges eine Gefahr für die Seele darstellen. Jesus soll hier als seelenführende Gestalt fungieren, die die drei Lichtgaben überreichen soll, wird also auf eine für die Erlösung der individuellen Seele konkrete Funktion hin angerufen.

Als Beispiel aus den Ausgangspsalmen kann Psalm Nr. 244 (PsB II 51,3–52,14) genannt werden. In der Anrufung „Komm, mein Erlöser Jesus, verlaß mich nicht" und auch im Refrain „Jesus, verlaß mich nicht" wird er um Beistand gebeten. Neben Negativschil-

---

[3] S. zu der Gruppe und ihrer Bezeichnung Nagel 1994 und Richter 1997: 105–110.

[4] Richter 1997.

[5] Psalmen Nr. 277, 280, 281, 284.

[6] Psalmen-Nr. 244, 245, 247, 248, 249, 250, 251, 252, 253, 255, 261, 263, 264, 267, 268, 269, 270, 271, 272, 273, 274, 275.

[7] Zur Charakterisierung der Gattung s. Richter 1997: 97 ff.

derungen der Welt, Aussagen zur Selbstrechtfertigung der Seele und
einer Strophe, die im Ich-Stil von der Begegnung mit dem Richter
im Aufstieg berichtet, wird mit den Worten „denn dies ist die Stunde der Furcht, in der ich dich nötig habe" (51,27 f.) die Todesstun-
de thematisiert und Jesus als Helfer angerufen: „Jetzt rufe ich zu dir
in der Bedrängnis für meine Seele, daß du dich meiner erbarmst"
(51,23 f.).

Die Psalmen beider Gruppen rufen in erster Linie den Erlöser Jesus
in konkreten, auf den Aufstieg der Seele bezogenen Kontexten an.
Diese erlösende Funktion, die Jesus gerade in den Aufstiegspsalmen
beigemessen wird, erklärt sich insgesamt aus der manichäischen
Vorstellung oder Lehre vom Seelenaufstieg.

Soweit sich diese bislang aus den koptischen Quellen hat rekonstruieren lassen, begegnet die Seele nach dem Verlassen des Körpers, noch bevor sie vor den Richter tritt, einer göttlichen Gestalt,
die an dieser Stelle des Weges entweder ein Apostel des Lichtes (belegt
sind Mani oder Jesus), die Lichtgestalt oder der Zwilling sein kann.
Begleitet wird diese Gestalt oftmals von drei Engeln. Diese Auswahl
an möglichen Begegnungen ist nicht zufällig, sondern im manichäischen System wohlbegründet. Denn insgesamt liegt dem Seelenauf-
stiegsweg das Prinzip zugrunde, daß der vom Licht durch die verschiedenen Berufungen der Lichtgottheiten beschrittene Weg wieder
in anderer Richtung zurückgelegt werden muß. Dies zeigt eine
Betrachtung des Kephalaion Nr. 7, wo der Licht-Nous als vierter
Vater erscheint, der den Apostel des Lichtes, die Lichtgestalt und
den Zwilling beruft. Die Lichtgestalt wiederum beruft die drei Engel. Es ist offensichtlich, daß die aufsteigende Seele also ihren Weg
mit den Lichtgottheiten beginnt, die vom vierten oder fünften Vater, in der Folge der Berufungen also am Ende, berufen wurden.[8]

In dieser Beobachtung dürfte der Grund dafür zu finden sein, daß
mit dem Jesus der Aufstiegspsalmen zuvorderst Jesus der Apostel des
Lichtes angesprochen sein dürfte, der seine Funktion auf der Stufe
1 des Seelenaufstieges wahrnehmen soll. Daß gerade Jesus und nicht
etwa ein anderer Lichtapostel oder der Zwilling in der bislang ge-
fundenen koptischen Psalmenliteratur für diese Aufgabe bevorzugt
wird, findet eine Erklärung zum einen darin, daß er eine Sonder-
rolle unter den anderen Aposteln besaß, zum anderen, daß überhaupt
die christliche Verwurzelung vieler dieser Texte zur Bevorzugung
Jesu führte. Wenn hier, nebenbei bemerkt, auf die bestimmte Funk-

---

[8] S. die Erläuterung des Gesamtsystems bei Richter 1997: 30–59.

tion ein besonderes Augenmerk gelegt wird, so schließt dies keines-
falls eine gleichzeitig eingeschlossene allgemeine Bitte an die Erlöserfunktion Jesu aus.

Schlußfolgerung aus diesen Beobachtungen ist aber, daß wir es
mit dem Jesus der Aufstiegspsalmen nicht etwa mit einer eigenen
Jesusgestalt, also etwa Jesus dem Seelenführer oder Jesus dem Helfer der Seelen zu tun haben, sondern nach Kephalaion 7 mit dem
Apostel Jesus. Nach dem Berufungsschema von Kephalaion 7 existieren zwei Lichtgrößen, die den Namen Jesus tragen, zum einen Jesus
der Glanz, zum anderen unter den Aposteln des Lichtes, die zu ihrer
Zeit erscheinen, Jesus.[9]

Für das möglicherweise enge Verhältnis dieser beiden zueinander lassen sich einige Indizien anführen. Aus Kephalaion 7 wird
bereits ersichtlich, daß sie in einem durch den Lichtnous gewissermaßen unterbrochenen Vater-Sohn Verhältnis stehen.

Zunächst ist bedingt auf Keph 61,17–28 zu verweisen, wo es heißt,
daß „Jesus [der Glanz] sich den Engeln ähnlich machte" und „in
das Plasma des Fleisches herabkam" (s. u.). Die Unsicherheit dieses
Beleges besteht darin, daß der Ausdruck „der Glanz" ergänzt ist, die
Ergänzung sich allerdings gut in den Gedankengang des Kapitels fügt.
Der Zusatz, daß „die Erden und Fügungen errichtet wurden", deutet insgesamt auf ein Geschehen bei der Weltentstehung.

Als Indiz, das in dieser Frage schwerer wiegen könnte, läßt sich
ein Beleg aus Kephalaion 126 (Keph 302,17–303,15) aus der zweiten Hälfte der Berliner Kephalaia anführen.[10] Das Kephalaion trägt
den Titel „Über Jesus, die Jungfrau und den Lichtnous". Auf S.
302,25-27 heißt es:

I̅H̅C̅ ⲙⲉ[ⲛ ⲡⲛⲣ̅]ⲓ̈ⲉ ⲡⲉⲧⲁϥⲉⲓ ⲁϥⲟⲩⲱⲛϩ ⲁⲃⲁⲗ ϩⲙ̅ ⲡⲕⲟ-
ⲥⲙⲟⲥ ⲁⲩ[ⲥⲧⲁⲩ]ⲣⲉ ⲙ̅ⲙⲁϥ ϩⲓⲧⲛ̅ ⲡϫⲁϫⲉ ⲉⲧⲁϥⲧⲱⲕ ⲁⲣⲉⲧϥ̅
ⲟⲩⲃⲏϥ

---

[9] Wenn in manichäischen Schriften der ntl. Jesus gemeint ist, wird in der Sekun-
därliteratur oftmals vom „historischen" Jesus der Manichäer gesprochen, was aber
nicht nur wegen der Anwendung gerade dieses Begriffes, sondern auch deswegen
irreführend ist, da es sich ja bei dieser Gestalt um das einer manichäischen Interpretation unterzogene aus dem NT und anderen schriftlichen und mündlichen
Überlieferungen gewonnene Bild Jesu handelt. Da dieser nun in die Reihe derer
gezählt wird, die im Dienste des Lichtes vor Mani als Apostel auf die Welt gesandt
wurden, scheint die Bezeichnung *Jesus der Apostel* oder *Jesus der Apostel des Lichtes*
treffender.

[10] Lesung nach der limitierten Privatausgabe von W.-P. Funk, Kephalaia (1).
Zweite Hälfte. Alle restlichen Seiten. Québec 1999. Inzwischen ist die Stelle in
Funk 1999 erschienen.

Jesus [der Gla]nz ist es, der kam und sich in der Welt offenbarte und
von dem Feind, der gegen ihn aufstand, ge[kreu]zigt wurde.

Die Buchstaben ⲥ, ⲧ, ⲁ, ⲩ von ⲁⲩⲥⲧⲁⲩⲣⲉ sind zwar ergänzt,
bieten aber sozusagen die manichäisch einleuchtende Ergänzung.[11]
Die Aussage spräche für die Möglichkeit, daß Jesus der Glanz in oder
als Jesus der Apostel des Lichtes „gekreuzigt" wurde, zumindest
verbindet sie die beiden Gestalten.

Der fließende Übergang von Jesus dem Glanz zu Jesus dem Apostel
des Lichtes kann auch in der Psalmenliteratur beobachtet werden.
So wird im Mittelteil des Psalmes 4 Her 6 (PsB II 193,13–197,8),
dem Hymnus auf den Sohn des lebendigen Gottes, die Lebensge-
schichte von Jesus dem Apostel des Lichtes erzählt. Bemerkenswert
sind insbesondere die Identitätsaussage zu Vater und Sohn in Str.
2, der Descensus-Bericht über ein transzendentes göttliches Wesen
ab Str. 13 sowie die Aussagen zur Menschwerdung Gottes in Str.
17–19. In der Ausdrucksweise zeigt der Descensus-Bericht eine
deutliche Ähnlichkeit mit einigen Formulierungen innerhalb der oben
genannten Stelle aus Kephalaia 61,17–28.

Keph 61,21–23:
ⲁϥϫⲓ ⲡⲉⲓⲛⲉ.......[....]ⲧⲉ ⲁϥⲧⲛⲧⲱⲛϥ̅ ⲁⲛⲁⲅⲅⲉⲗⲟⲥ ϧⲛ̅
ⲛ..... ϣⲁⲛⲧⲉϥⲙⲁϧⲉ ⲛϥ̅ⲉⲓ ⲁⲡⲓⲧⲛⲉ ⲁⲡⲗⲁⲥⲙⲁ ⲛ̅ⲧⲥⲁⲣⲝ̅

er nahm das Bild an [– – –] er machte sich den Engeln ähnlich [–
– –] bis er ging und herabkam in das Plasma des Fleisches

4Her 6, Str. 13–19:
ⲁϥⲭⲱⲃⲉ ⲛ̅ⲛⲁⲣⲭⲏⲩ ϧⲛ̅ ⲡ‹ⲧ›ⲣⲉϥϫⲓ ⲡⲟⲩⲉⲓⲛⲉ ⲁϥⲥⲱⲃⲉ
ⲛ̅ⲛⲉϧⲟⲩⲥⲓⲁ ϧⲛ̅ ⲡⲧⲣⲉϥⲧⲛ̅ⲧⲱⲛϥ̅ ⲁⲣⲁⲩ ⲛ̅ϭⲁⲙ ⲙⲛ̅
ⲙ̅ⲙⲛ̅ⲧϫⲁⲓⲥ ⲁϥⲧⲙ̅ⲧⲱⲙⲟⲩ ⲧⲏⲣⲟⲩ ⲁϥⲣ̅ⲛⲉⲓ ϧⲓ ⲡϫⲓⲥⲉ
ⲉϥⲟⲩⲁⲗⲉ ϧⲛ̅ ⲙ̅ⲡⲏⲩⲉ ⲁϥⲕ[ⲱ]ⲧ .ⲙ[ⲉⲓ]ⲛⲉ ⲛ̅ⲧⲥ[ⲁ]ⲣⲝ̅
ⲡⲥⲭⲏⲙⲁ ⲛ̅[ⲧⲙⲛ̅ⲧⲣⲱⲙⲉ] ⲁⲡⲛⲟⲩⲧⲉ ⲣ̅ⲣⲱⲙⲉ ⲁϥⲕⲱⲧⲉ ϧⲛ̅
ⲡⲧⲟ ⲧⲏⲣϥ̅ ⲁϥϫⲓ ⲟⲩⲉⲓⲛⲉ ⲛ̅ⲣⲱⲙⲉ ⲟⲩⲥⲭⲏⲙⲁ ⲛ̅ϭ[ⲁ]ⲟⲩⲁⲛ

Er passierte die Mächte, als er ihr Aussehen annahm. Er verspottete
die Gewalten, als er sich ihnen anglich. Die Kräfte und die Herr-
schaften, er hat sie alle verdunkelt. Er tat dies in der Höhe, als er in

---

[11] Vgl. die Epistula fundamenti, frg. 10: „inimicus quippe, qui eundem saluatorem
iustorum patrem crucifixisse se sperauit, ipse est crucifixus, quo tempore aliud actum
est atque aliud ostensum." „Der Feind freilich, der hoffte, eben diesen Erlöser, den
Vater der Gerechten, gekreuzigt zu haben, der wurde selbst gekreuzigt, denn zu
jener Zeit war ein anderes, was (wirklich) geschah, und wieder ein anderes, was
sich dem Blick darbot" (nach Feldmann 1987: 20 f.).

den Himmeln schwebte (?). Er [bildete] das Bil[d] des [Flei]sches, die
Gestalt des [Menschseins]. Gott wurde Mensch, und er streifte im
ganzen Land umher. Er nahm eine Menschengestalt an, die Gestalt
eines Knechtes.

Das Spezifische dieser Vorstellung von der Menschwerdung ist laut
Hymnus die Annahme eines σχῆμα, welches das Leiden des Licht-
apostels ermöglicht, ohne daß er in einer Geburt einen fleischlichen
Leib hätte annehmen müssen.[12] Die manichäische Lehre von Jesus
dem Apostel des Lichtes ist also als eine Zwei-Naturen-Konzeption
zu verstehen, wie sie uns in vielen Schriften aus Nag Hammadi begegnet, und nicht als reiner Doketismus, wie dies immer wieder
behauptet wurde.[13]

Für einen Gläubigen wäre es kein Problem gewesen, in diesem
Psalm in dem genannten Vater den Licht-Nous (nach Kephalaion
7) oder aber Jesus den Glanz zu sehen (nach den beiden oben zitierten Kephalaia-Stellen). Nach dem manichäischen Prinzip der
Identität, nach dem alle Lichtgrößen wesenseins sind und dem Vater
entstammen, kann hier im Vater natürlich auch der Vater der Größe gesehen werden. Bei Betrachtung christologischer Aussagen innerhalb der koptischen Manichaica sollten somit zwei Grundsätze
beachtet werden:

1) Wird in den koptischen Texten Jesus genannt, so sind in der
überwiegenden Mehrheit der Fälle entweder Jesus der Glanz oder
Jesus der Apostel des Lichtes gemeint.

2) Diesen beiden herausragenden Erlösergestalten wird ein sehr
enges Verhältnis zugeschrieben, das nach den hier angeführten Stellen so aussehen könnte, daß prinzipiell eine Wesensgleichheit besteht
und ein Unterschied erst im Erscheinen auf der Erde, nach dem
zitierten Hymnus also der Annahme eines σχῆμα, zum Tragen
kommt. Aus der Sicht des Gläubigen konnten die beiden Lichtgrößen als eng zusammengehörig aufgefaßt werden, was ja allein schon
der gleiche Name nahelegt.

Sicherlich bieten die christologischen Auffassungen der einzelnen

---

[12] Daß Jesus der Glanz in Menschengestalt erschienen sei, wird auch von der
großen griech. Abschwörungsformel und den sieben Kapiteln gegen die Manichäer
bestätigt (Migne PG 1464 D); vgl. Lieu 1983: 182f.
[13] S. Richter 1994: 266–272 und Richter 1996. Die Ausführungen von Heuser
zu christologischen Fragen (1998: 50–68), die im Prinzip kritiklos den Stand von
Polotsky und Rose referieren, tragen leider nur zur Tradierung überholter Ansichten
bei.

Quellengruppen zunächst einen Aussagewert für einen begrenzten kulturellen Rahmen, da sich innerhalb der manichäischen Religion in verschiedenen Raum- und Zeitgefügen auch unterschiedliche Lehren über Christus ausgeprägt haben können.[14] Aber von dieser Basis ausgehend besteht ein nächster Schritt darin zu prüfen, ob und wie sich erarbeitete Blickpunkte mit der Darstellung manichäischer Christologie insgesamt in Übereinstimmung bringen lassen. Daß die Blickrichtung an dieser Stelle von den koptischen Quellen ausgeht, rechtfertigt sich nicht nur wegen ihres Alters und ihrer Originalität, sondern auch wegen der Art ihrer bisherigen Beachtung im „lateinischen Westen". Die klassische Studie von E. Rose über die manichäische Christologie jedenfalls verzichtet in ihrer Systematisierung darauf, den koptischen Originalquellen von Medinet Madi, deren Texte immerhin ab dem Ende des 3. Jahrhunderts, also in der Frühzeit des Manichäismus, entstanden sind, einen adäquaten Platz einzuräumen. Obwohl die Texte durchaus benutzt werden, wird ihr Wert für die manichäische Christologie mit vernichtend negativen Urteilen bedacht.[15]

Ein charakteristisches Kennzeichen für den neuzeitlichen Umgang mit manichäischen Aussagen zu Jesus besteht in der Aufreihung verschiedener Jesus-Figuren, so daß der Eindruck erweckt wird, als gäbe es auf gleichem Niveau und mit gleicher Wichtigkeit unabhängig und nebeneinander existierende Gottheiten, gleichberechtigte Erscheinungen, Aspekte oder ähnliches.

Unterschieden werden unter anderem Jesus der Glanz, der sog. „historische Jesus" – der vielleicht doch besser wie oben im manichäischen Sinne „Jesus der Apostel des Lichtes" genannt werden sollte, nicht zuletzt, um einer Überschneidung mit dem modernen theologischen Begriff aus dem Wege zu gehen –, als weiteres werden unterschieden Jesus patibilis, der eschatologische Jesus, Jesus das Kind, Jesus [der Mond] und andere wie der kosmische Jesus oder Jesus der Richter. Die Zahl der Figuren schwankt von Untersuchung zu Untersuchung von etwa fünf bis sieben, gleichzeitig wird in un-

---

[14] Der Begriff Christologie, wie er traditionell in der Manichäismusforschung gebraucht wird, bezeichnet im weitläufigen Sinne die Ansichten der Manichäer zur Gestalt Christi. Daß es tatsächlich bewußte Reflexionen über diese Thematik gab und christologische Fragestellungen bekannt waren, zeigt ein Kapitel der Dubliner Kephalaia, auf das W.-P. Funk (1990: 528) aufmerksam machte. Es enthält eine Reihe von christologischen Ansichten, die verschiedenen Glaubensgruppen zugeschrieben werden.

[15] Rose 1979: 27–29.

terschiedlicher Art und Weise versucht, die Figuren unter einer
Einheit zusammenzufassen.[16]

Rose faßte zum Beispiel Jesus den Glanz und Jesus patibilis als
„Zwitterwesen von reinster gnostischer Prägung"[17] auf und wollte
in diesen beiden Aspekten den eigentlichen manichäischen Christus
erkennen, der auch seinen wohlbegründeten Platz im Mani-Glau-
ben besessen habe: „Jesus als reines Gottwesen ist als Glanz-Jesus
der aktive Erlöser, als Jesus patibilis, Jesus das Kind, als Licht-Kreuz,
als passiver Gott die Gesamtheit der Seelen, die erst erlöst werden
soll".[18]

Das Problem einer solchen Formulierung liegt in der dürftigen
Bezeugung des Jesus patibilis, der nur in den lateinischen Quellen
als solcher belegt ist und dessen Nichtexistenz zum Beispiel in den
koptischen Quellen schon H.-J. Polotsky in seinem RE-Artikel daran zweifeln ließ, ob er dem ursprünglichen System zuzurechnen sei.[19]

In seinem Vortrag auf dem Internationalen Kongreß zum Manichäismus in Berlin hat Gregor Wurst versucht zu zeigen, daß der
sogenannte Jesus patibilis der lateinischen Quellen wahrscheinlich
gar keine eigene Lichtgottheit darstellt, sondern eher als eine ad hoc
Formulierung aus einem Diskussionsgang heraus aufgefaßt werden
muß.[20] Soweit bekannt, gibt es tatsächlich in keiner bekannten manichäischen Schrift ein Anzeichen dafür, daß ein Jesus patibilis
in irgendeiner Form verehrt worden wäre oder andere Kennzeichen
einer Gottheit trüge. Im Gegensatz dazu gibt es, wie anhand der
koptischen Quellen versucht wurde zu zeigen, für Jesus den Glanz
oder Jesus den Apostel des Lichtes eine Vielzahl an Belegen, sowohl
was theologische Diskurse als auch direkte Belege aus der kultischen
Verehrung anbelangt, unter der auch das Singen von Psalmen zu
verstehen ist.

Sicherlich muß das Leiden des Lichts in der Finsternis als Grund-
vorstellung des Manichäismus betrachtet werden, die sich in vielfäl-
tigen Formen ausdrückte. Aber das Belegmaterial reicht nicht aus,
um eine Achse „Jesus der Glanz – Jesus patibilis" auf der Ebene der
Lichtgottheiten anzunehmen. Somit ist dieser Versuch von Rose, die

---

[16] S. die Literatur in Richter 1996: 118 Anm. 6.
[17] Rose 1979: 63.
[18] Rose 1979: 63.
[19] Polotsky 1935: 268.
[20] Wurst 2000.

von ihm aufgestellten „fünf verschiedenen Modi, die im Manichäismus den Christus- bzw. Jesus-Namen tragen",[21] mit dem Begriff
des „erlösten Erlösers" zu verbinden, sehr in Frage zu stellen.[22] Mit
der Lichtgottheit Jesus der Glanz liegt nach dem Belegmaterial
qualitativ eine gänzlich andere Gestalt vor als mit dem Begriff Jesus
patibilis, dessen namentliche Bezeugung auch quantitativ weit zu-
rücksteht.

In den Coptica existiert eine Lichtgröße auf der Ebene des Rich-
ters, die koptisch ⲀⲖⲞⲨ genannt wird, was mit „Kind" oder „Knabe" übersetzt werden kann, und als Jesus das Kind gerne als eine
Art Vorläufer des Jesus patibilis angesehen wird. Der Knabe ist aber
a priori nicht identisch mit dem ebenfalls auftauchenden Jesus dem
Kind. Dies zeigen allein schon die Thomaspsalmen 4 und 17, also
Texte, die möglicherweise in das dritte Viertel des dritten Jhs. zu-
rückreichen, und in denen der Knabe als Sinnbild für die leidende
Seele oder das gefangene Licht fungiert.[23] Es gibt in diesen Psal-
men keine Indizien, daß Jesus das Kind gemeint sein könnte. Ke-
phalaion 7 nennt ebenfalls nur den „Knaben" und nicht Jesus das
Kind, allerdings ist der Text etwas verderbt. Im Rahmen von Ke-
phalaion 19 heißt es in Keph 61,26 f., daß Jesus das Kind durch
Jesus den Glanz gebildet wurde, was zum einen wiederum die enge
Verknüpfung der Jesus-Figuren zeigt, zum anderen aber auch die
Möglichkeit verstärkt, daß das Kind in der Berufungsreihe mit diesem identifiziert wurde. Ohne hier auf weitere Texte einzugehen,
bleibt festzuhalten, daß die Beleglage für Jesus das Kind sehr dürf-
tig ist und in der Bedeutung hinter Jesus dem Glanz oder Jesus dem
Lichtapostel zurückliegt.

Bei Betrachtung der koptischen Quellen kann meines Erachtens
grundsätzlich ausgesagt werden, daß die beiden Lichtgestalten Jesus der Glanz und Jesus der Apostel des Lichtes die Achse der
manichäischen Christologie bilden. Gleichzeitig wurde auf die an-
gelegte Möglichkeit eines nahtlosen Ineinanderfließens der beiden
Gestalten hingewiesen. Indizien sprechen sogar dafür, daß sich Jesus der Glanz durch einen Gestaltwandel in Jesus den Apostel des
Lichtes verwandelte. Nach dem oben angeführten Zeugnis aus
Kephalaion 19 wurde auch Jesus das Kind durch Jesus den Glanz
gebildet.

---

[21] Rose 1979: 61.
[22] S. den Gedankengang in Rose 1979: 57–63.
[23] S. dazu Richter 1997: 171–173.

Um dieses Plädoyer für eine Dezimierung der Jesus-Gestalten im Manichäismus auszudehnen, könnte man auch auf Jesus den Mond zu sprechen kommen. Im Text 3.4 der „Mitteliranischen manichäischen Texte kirchengeschichtlichen Inhalts" heißt es: „. . . und gegen Abend, als Jesus sich erhob, verharrte Gabryab vor Jesus im Lobpreis", womit das Erscheinen des Vollmondes in der Monatsmitte angesprochen ist.[24] Auch damit ist Jesus der Glanz gemeint, der auch schon nach den koptischen Texten als Lichtgottheit der Ebene des dritten Vaters wie der Urmensch in Beziehung zum Schiff des lebendigen Wassers steht. Erhebt sich also der Mond, so erhebt sich gleichzeitig Jesus der Glanz, was der Anbetung des Sonnengottes bei Aufgang der Sonne entspricht, die im gleichen Text beschrieben wird.

Faßt man diese Spurensuche nach der manichäischen Christologie zusammen, so geben die koptischen Quellen nach meiner Interpretation zwei Dinge zu bedenken. Erstens sollte die künstlich anmutende Jesus betreffende Darstellungsweise verschiedener Figuren oder Aspekte nicht zu der Ansicht verführen, daß die manichäische Christologie oder gar die Christusfrömmigkeit mit einer Art „Lehre von den zahlreichen Figuren Jesu" erfaßt werden könne. Zweitens könnte die Suche nach einer Einheitlichkeit, zumindest nach den koptischen Quellen, in der bereits genannten Achse gefunden werden, die von Jesus dem Glanz und Jesus dem Apostel des Lichtes gebildet wird. Nicht nur vom Standpunkt der Frömmigkeit aus ist die Aussage erlaubt, daß in den Anrufungen gerade der eingangs genannten Psalmen Jesus der Glanz und Jesus der Apostel des Lichtes als der „eine Jesus" von den Gläubigen verehrt wurden.

BIBLIOGRAPHIE

PsB II 1–234   Allberry, Charles R.C. Manichaean Psalm-Book. Part 2. With a contribution by Hugo Ibscher (Manichaean Manuscripts in the Chester Beatty Collection 2). Stuttgart 1938.

PsB II 1–47   Wurst, Gregor. Die Bema-Psalmen (The Manichaean Coptic Papyri in the Chester Beatty Library. Psalm Book, part 2, fasc. 1; Corpus fontium manichaeorum. Series coptica 1. Liber psalmorum, pars 2, fasc. 1). Turnhout 1996.

PsB II 97,14–110,16; 187,1–202,26
                 Richter, Siegfried G. Die Herakleides-Psalmen (The Manichae-

---

[24] Nach Sundermann 1981: 47; Text 3.4, 541–542.

an Coptic Papyri in the Chester Beatty Library. Psalm Book, part 2, fasc. 2; Corpus fontium manichaeorum. Series coptica 1. Liber psalmorum, pars 2, fasc. 2). Turnhout 1998.

Keph 1–244   Polotsky, Hans Jakob und Alexander Böhlig. Kephalaia. 1. Hälfte. Lieferungen 1–10 (Manichäische Handschriften der Staatlichen Museen Berlin 1). Stuttgart 1940.

Feldmann, E.   Christus-Frömmigkeit der Mani-Jünger. Der suchende Student
  1980   Augustinus in ihrem „Netz"?. In: E. Dassmann/K. Suso Frank (Hg.). Pietas. Festschrift für Bernhard Kötting. JbAC Erg.-band 8:198–216.

  1987   Die „Epistula Fundamenti" der nordafrikanischen Manichäer. Versuch einer Rekonstruktion. Altenberge.

Funk, W.-P.   Zur Faksimileausgabe der koptischen Manichaica in der Ches-
  1990   ter-Beatty-Sammlung, I. In: Orientalia. Pontificium Institutum Biblicum 59: 524–541.

  1999   Kephalaia I. 2. Hälfte. Lieferung 13/14 (Seite 291-366) (Manichäische Handschriften der Staatlichen Museen Berlin 1). Stuttgart 1999.

Heuser, M. 1998   The Manichaean Myth According to the Coptic Sources. Translated by M. Franzmann. In: M. Heuser und H.-J. Klimkeit. Studies in Manichaean Literature and Art. NHMS 46. Leiden etc: 3–108.

Lieu, S.N.C.   Manichaeism in the Later Roman Empire and Medieval Chi-
  1992   na (WUNT 63). 2. Aufl., Tübingen.

Nagel, P. 1994   Der ursprüngliche Titel der manichäischen „Jesupsalmen". In: H. Preißler/H. Seiwert unter Mitarbeit von H. Mürmel. Gnosisforschung und Religionsgeschichte. Festschrift für Kurt Rudolph zum 65. Geburtstag. Marburg: 209–216.

Polotsky, H.-J.   Manichäismus. In: RE. Suppl. 6: 241–272; zitiert nach H.J. Po-
  1935   lotsky. Collected Papers. Jerusalem 1971: 699–714.

Richter, S. G.   Exegetisch-literarkritische Untersuchungen von Herakleide-
  1994   psalmen des koptisch-manichäischen Psalmenbuches (ASKÄ 5). Altenberge 1994.

  1996   Christology in the Coptic Manichaean Sources. In: BSAC 35: 117–128.

  1997   Die Aufstiegspsalmen des Herakleides. Untersuchungen zum Seelenaufstieg und zur Seelenmesse bei den Manichäern. SKCO 1. Wiesbaden.

  1998   Die Herakleides-Psalmen. CFM series coptica 1. Liber psalmorum pars 2, fasc. 2. Turnhout 1998.

Rose, E. 1979   Die manichäische Christologie (Studies in Oriental Religions 5). Wiesbaden.

Sundermann, W.   Mitteliranische manichäische Texte kirchengeschichtlichen In-
  1981   halts. Mit einem Appendix von Nicholas Sims-Williams. (Schriften zur Geschichte und Kultur des Alten Orients. Berliner Turfantexte 11). Berlin.

Wurst, G.   Das Bêmafest der ägyptischen Manichäer (ASKÄ 8). Alten-
  1995   berge.
  2000   Bemerkungen zum Glaubensbekenntnis des Faustus von Mileve (Augustinus, Contra Faustum 20,2). In: R.E. Emmerick, W. Sundermann & P. Zieme (Hg.) Studia Manichaica. IV. Internationaler Kongreß zum Manichäismus. Berlin: 648–657.

JÉSUS SAUVEUR DANS LA CONTROVERSE ANTI-MANICHÉENNE DE SAINT AUGUSTIN

JULIEN RIES (LOUVAIN-LA-NEUVE)

Introduction

Mani s'est présenté comme fondateur d'une économie du salut basée sur l'initiation et sur l'illumination gnostiques (*CMC* 84,9b-16a). Conscient de l'appel divin, il s'est considéré comme l'instrument de la Révélation définitive et comme le sceau des Messagers du salut. La preuve nous en est fournie par le *Kephalaion 1* dans lequel il expose sa double mission: restaurer l'Église de Jésus et réaliser la promesse du Paraclet. Aussi, dans l'ordonnance gnostique du salut manichéen, Jésus occupe une place de choix si bien que Mani proclame que son Église est la véritable Église de Jésus.[1]

Converti en 387 après plus de neuf années passées dans le manichéisme, Augustin prend conscience du danger que celui-ci représente pour l'Église catholique. Comme laïc d'abord, puis comme prêtre et enfin comme évêque d'Hippone, il va mener jusqu'en 404 un combat sans répit contre les doctrines de Mani, contre ses Écritures, contre ses disciples. De sa quinzaine de *Traités anti-manichéens* nous prenons ici en considération le *Contra epistulam fundamenti* (396-397), le *Contra Faustum* (quelque peu postérieur), le *Contra Secundinum* (396) et le *Contra Felicem* (404). Un seul aspect de sa controverse retiendra notre attention: Jésus dans sa mission de Sauveur.[2]

1. *Réfutation de l'*incipit *de l'*Epistola fundamenti

Au début de son *Contra Epistolam Manichaei*, Augustin estime qu'il faut traiter avec égard ses coreligionnaires d'hier, qu'il s'agit de part et

---

[1] Fr. Decret, Mani et la tradition manichéenne, Paris, Seuil, 1974, Coll. Maîtres spirituels. M. Tardieu, Le manichéisme, Paris, PUF, 1981, Coll. Que sais-je ?

[2] R. Jolivet et M. Jourjon, Six traités anti-manichéens, Bibliothèque augustinienne, vol. 17, Paris, DDB, 1961.

d'autre dans la controverse de bannir l'arrogance, mais cela ne doit pas empêcher de voir la vérité dans toute sa lumière (I-IV).

Augustin va s'attaquer à l'*incipit* de cette lettre appelée «Épître du fondement, qui contient presque tout ce que vous croyez» (V,6). Il en cite le texte: «Mani, apôtre de Jésus-Christ par la Providence de Dieu le Père». Ensuite il prépare son adversaire en lui expliquant que le terrain sur lequel se tient Mani n'est pas très ferme et il formule en bloc son objection.

> Pourquoi l'épître de Mani commence-t-elle ainsi "Mani, apôtre de Jésus-Christ" et non par ceci: Le Paraclet apôtre de Jésus-Christ ? Mais si le Paraclet, envoyé par le Christ a envoyé Mani pourquoi lisons-nous: "Mani, apôtre de Jésus-Christ" et non pas plutôt Mani apôtre du Paraclet ? Si tu me dis que le Christ lui-même est aussi le Saint-Esprit tu vas contre l'Écriture elle-même où le Seigneur déclare: *Je vous enverrai un autre Paraclet?* Estimes-tu que Mani emploie à juste titre le nom du Christ, non parce que le Christ est aussi celui qui est dit Paraclet, mais parce qu'ils sont tous deux de même substance, c'est-à-dire, non pas parce qu'ils ne font qu'une seule personne, mais qu'ils ne sont qu'une seule substance ? Dans ce cas, l'apôtre Paul aurait pu dire Paul apôtre de Dieu le Père puisque le Seigneur a dit *Mon Père et moi sommes un.* Or nulle part il ne s'est exprimé ainsi et aucun des apôtres ne s'est appelé apôtre du Père. Que signifie donc cette nouveauté?

Dans ce texte dense se trouve l'essentiel de la réponse d'Augustin à la position incohérente de Mani qui ose se proclamer apôtre de Jésus-Christ mais en même temps Paraclet et que l'*Epître* place dans la mouvance du Père. Reprenant ensuite en détail son argumentation, notre controversiste va développer un schéma articulé en cinq points.

1. Augustin met en évidence l'audace et la supercherie de Mani qui l'ont amené à se considérer «comme assumé par l'Esprit Saint que le Christ a promis». De la sorte Mani serait lui-même l'Esprit Saint promis et envoyé par Jésus. Paul ne s'est jamais présenté comme apôtre du Paraclet mais comme apôtre du Christ. Voilà que Mani se considère non seulement comme envoyé par l'Esprit Saint mais il se met en parallèle avec l'homme Jésus-Christ assumé comme Fils de Dieu en se disant assumé par l'Esprit Saint: «de telle façon qu'il passât pour le Paraclet lui-même». Augustin a bien compris la pensée de l'Église manichéenne: en affirmant que Mani est apôtre de Jésus-Christ elle annonce qu'il est envoyé par Jésus-Christ, lequel avait

promis d'envoyer l'Esprit Saint. «Quelle singulière audace et quel indicible sacrilège» s'exclame Augustin (VI,7).

A présent nos sources manichéennes nous livrent des informations relatives à cette identification du Fondateur avec l'Esprit Saint. Dans le *Codex Mani* (14,3 à 17,7) Baraïès le Didascale, un des grands théologiens de la première génération décrit de façon brève mais claire la mission de Mani devenu Paraclet en vue du salut des âmes. Dans ce but il est venu dans un corps, sanctuaire du *Noûs*. Un autre texte du *Codex* (*CMC* 66, 4 à 68, 5), début du fameux *Évangile* de Mani non encore retrouvé, commence par ces mots: «Moi Mani, apôtre de Jésus-Christ par la volonté du Père de la Vérité duquel je suis né moi aussi». Ici comme dans l'*incipit* de l'*Épître du Fondement,* nous avons l'amalgame «apôtre du Christ et Fils du Père» avec la précision Père de la Vérité, ce qui indique la mission du Paraclet que le Père lui confie. Le *Kephalaion 1* est entièrement consacré à la mission, aux messagers du salut et à la venue de Mani. En 14, 7-10, citant Jn 16, 8-11, le Prophète de Babylone parle de sa venue conformément à la promesse de Jésus d'envoyer le Paraclet à ses Apôtres. L'influence des lettres pauliniennes sur Mani est prouvée à l'heure actuelle.[3]

Dans le *Contra Faustum,* Augustin fait remarquer que toutes les lettres de Mani commencent par *Manichaeus apostolus Jesu Christi* (*C. Faust.* XIII, 4)

La réfutation augustinienne de cette revendication de Mani tend à mettre en évidence un véritable détournement du sens paulinien du titre *apostolus Jesu Christi* puisque le Prophète de Babylone y fait «un amalgame Jésus-Christ Saint-Esprit»: *audacia et sacrilegium* dit Augustin.

2. Une deuxième étape de la réfutation précise et réfute la façon dont Mani a passé auprès des siens pour le Saint-Esprit (VII,8). Augustin a eu l'occasion de connaître la christologie manichéenne marquée par le gnosticisme et par le docétisme. Mani rejette le mystère de l'Incarnation du Verbe et il refuse d'admettre la réalité du corps de Jésus car toute chair est souillée par le Royaume des Ténèbres (*C.*

---

[3] H.D. Betz, Paul in the Mani Biography, dans L. Cirillo, A. Roselli, Codex Manichaicus Coloniensis, Atti del Simposio 1984, Cosenza, Marra ed., 1986, pp. 215-234. J. Ries, Saint Paul dans la formation de Mani, dans J. Ries, F. Decret, W.H.C. Frend, M.G. Mara, Le epistole paoline nei manichei, i donatisti e il primo Agostino, Roma, Istituto Patristico Augustinianum, 1989, pp. 7-27. L. Koenen et Cornelia Römer, Der Kölner Mani-Kodex, Kritische Edition, Opladen, Westdeutscher Verlag, 1988.

Faust. XX, 11, 2). Or Mani qui prétend être l'Esprit Saint a un père et une mère alors qu'il refuse à Jésus une vierge immaculée comme mère. Augustin estime qu'il n'est pas possible d'accepter les prétentions de Mani relatives à sa génération et à sa naissance. Qu'il prétende être envoyé ou être assumé par le Paraclet, sa prétention mène à l'absurdité. Au préalable, il devrait admettre que «le Verbe de Dieu n'a pas été souillé en naissant de la vierge Marie».

3. Le controversiste d'Hippone progresse et en arrive à la seconde partie de l'*incipit* qui dit «envoyé par la providence du Père». Il reprend son idée de la *fallacia* déjà soulignée. En disant qu'il est l'apôtre de Jésus-Christ et qu'il est envoyé par le Père, il fait croire qu'il est la troisième personne, le Saint-Esprit (VIII, 9). Dans son argumentation Augustin en appelle à son expérience. Il a interrogé à ce sujet des disciples du Prophète qui lui ont répondu que «par le fait que Mani est appelé apôtre, le Saint-Esprit se trouve aussi nommé puisqu'il a daigné venir en lui». Ainsi en incluant l'Esprit Saint dans sa titulature *apostolus Jesu Christi*, il trompe ses fidèles dit Augustin.

4. Les discussions relatives à la figure du Paraclet dans la vie de Mani ainsi qu'au problème de l'incarnation du Verbe de Dieu et à la question du corps de Mani conduisent Augustin à la pratique liturgique de l'Église dualiste. Il a eu l'expérience de la célébration de Bêma, la fête pascale manichéenne. Il en tire un argument dont il fait une nouvelle preuve de la *fallacia* du Fondateur. «Mani qui se sert du nom du Christ pour avoir accès aux âmes des ignorants a voulu se faire adorer comme s'il était le Christ lui-même» (VIII, 9). Pour développer son argumentation, Augustin relate la célébration de la fête de Bêma et souligne qu'elle éclipsait la Pâque chrétienne parce que l'Église de Mani honorait celui qui avait souffert la Passion alors que le Christ qui n'avait qu'une chair simulée avait seulement feint de subir la Passion.[4] Une nouvelle fois Augustin stigmatise la supercherie de Mani qui avait détourné à son profit la solennité pascale chrétienne.

5. Redoutable controversiste, le jeune évêque d'Hippone a gardé en

---

[4] G. Wurst, Das Bêmafest der ägyptischen Manichäer, Altenberge, Oros Verlag, 1995. J. Ries, La fête de Bêma, solennité pascale de l'Église de Mani, dans Acta Orientalia Belgica X, Bruxelles, 1997, pp. 135-145.

réserve un argument décisif contre la prétention de Mani qui s'est dit le Paraclet promis et envoyé par Jésus. L'Église gnostique prétend se référer aux Écritures de son Fondateur. Augustin livre le texte des *Actes des Apôtres* qui relate la venue de l'Esprit Saint le jour de la Pentecôte (*Ac* I,1-8 et II,1-13) et il déclare à ses coreligionnaires d'hier que ces textes sont tellement clairs, proposés à tous les peuples, prêchés à la postérité qu'il n'y a plus de place pour l'erreur (IX, 10). Il achève sa réfutation par un recours à l'*Évangile* de Jean qui montre que la venue du Saint-Esprit a suivi la glorification du Seigneur (X, 11). Et il en a terminé avec la réfutation de l'*incipit*.

En conclusion nous pouvons dire que la réfutation d'Augustin se concentre sur la revendication par Mani du titre *Apostolus Jesu Christi* qui lui a servi de justificatif de sa doctrine et de sa mission. En l'interprétant dans le sens johannique de la promesse de Jésus d'envoyer le Paraclet, Mani a détourné et faussé à son profit le sens du titre emprunté à Paul. Le schéma augustinien de la réfutation de l'*incipit* est dressé contre cette supercherie. Augustin rejette l'interprétation de Mani. Il souligne à diverses reprises l'absurdité des prétentions de ce faux Paraclet qui s'attribue une mission reçue du Père de la Vérité alors qu'il nie l'incarnation du Verbe. Il montre comment il a substitué la fête de Bêma à la Pâque chrétienne afin de devenir le prétendu fondateur de l'Église de Jésus. En définitive, à l'imposture de Mani il y a une réponse: le fait historique de la venue de l'Esprit Saint le jour de la Pentecôte.

2. *Jésus le seul Sauveur*

Dans le *Psalmbook* copte, un hymnaire manichéen découvert à Medinet Mâdi en 1930, trente-sept hymnes sont consacrées à Jésus. Chaque chant développe un thème de salut dans lequel se compénètrent la christologie dualiste et la doctrine néotestamentaire. Sur les trente-neuf emplois du titre Jésus-Sauveur, vingt-six fois nous avons la formulation par l'emprunt du vocable grec *sôter*, onze fois précédé du pronom possessif copte *pa*, «Jésus mon Sauveur», ce qui montre l'intimité entre le Christ et le fidèle qui l'invoque. Le vocable *sôter* n'est pas appliqué à Mani; il semble vraiment réservé à Jésus. Treize fois le titre Sauveur donné au Christ est rendu par la locution copte *parĕfsôtĕ*, «celui qui me sauve», accolée deux fois au nom de Mani appelé «fils du Christ». Cette formulation présente dans les *Kephalaia* coptes est proche de la pensée gnostique dualiste et fait allusion au mécanisme de la lumière arrachée de sa prison de la matière. Jésus est vu comme le Sauveur lumineux, libérateur des âmes.[5]

Au cours de ses années manichéennes le jeune Augustin avait chanté ces hymnes. A présent il comprend le danger de cette liturgie et de son influence sur les chrétiens. Il n'est pas étonnant qu'il soit vigilant à propos de tout ce qui concerne la christologie.

2.1. *Jésus Sauveur et mythe de l'Homme Primordial*

Au manichéen Félix qui lui a posé la question: «pourquoi Dieu a-t-il envoyé son Fils?» l'évêque d'Hippone explique les raisons de l'incarnation du Verbe qui a assumé l'humanité sans rien perdre de sa divinité (*C. Fel.*, II, IX). Après avoir montré que la Passion du Christ ne vient pas d'une nécessité mais de la miséricorde de Dieu, il se tourne vers ce qu'il appelle *pars dei vestri*, votre morceau de Dieu, «qui est descendu pour être détenu, ficelé, éclaboussé et débarbouillé plus indignement qu'il n'avait été ficelé». Nous avons ici un parallèle suggestif entre l'incarnation de Jésus qui vient prendre la nature humaine pour le salut de l'humanité et le mythe de l'Homme Primordial, émanation du Père de la grandeur venue combattre le Prince des Ténèbres qui finit par l'enchaîner. Au mythe manichéen, Augustin oppose la beauté du mystère de l'incarnation.[6]

Battu sur le terrain de l'incarnation, Félix passe à la question de la crucifixion de Jésus que l'Église de Mani n'accepte pas puisqu'elle enseigne que Jésus n'avait qu'un corps apparent. Il se dit troublé par le texte de Gal 3,13: «Le Christ nous a délivrés de la malédiction de la loi, car il est écrit: maudit quiconque est pendu au bois». Augustin répond par un bref traité sur le démon séducteur, sur le péché et la liberté, sur la faute d'Adam, sur le Christ Sauveur venu prendre place au milieu des mortels en vue de détruire la mort (*C.Fel.*, II, XI). En prenant chair de la vierge Marie, il nous a apporté la pénitence, l'espérance et la résurrection.

---

[5] H.J. Polotsky et A. Böhlig, Kephalaia, Stuttgart, Kohlhammer, 1940 et A. Böhlig, Kephalaia (11-12), Stuttgart, Kohlhammer 1966. C.R.C. Allberry, A Manichaean Psalmbook, Part II, Stuttgart, Kohlhammer, 1938.

[6] J. Ries, Économie du salut et rôle des sauveurs selon les textes manichéens occidentaux, dans Le sauveur et l'économie du salut chez les gnostiques (IIe-Ve s.). Mélanges de sciences religieuses, 55, Lille, 1998, pp. 49-68.

Félix commence à fléchir. Augustin lui explique encore la création de l'univers par le Verbe, la restauration du cosmos et de l'homme par le mystère de l'incarnation, la façon de comprendre l'humanité du Christ qui n'est pas à assimiler au modèle «de la portion de Dieu» de l'Homme Primordial du mythe gnostique. L'âme non plus n'est pas à comprendre comme «une portion de Dieu» (*C. Fel.*, II, XX-XXI). Félix finit par se convertir.

2.2. *Fils premier-né et Sauveur*

Un auditeur manichéen du nom de Secundinus a envoyé à l'évêque d'Hippone une lettre déférente mais dans laquelle l'ironie n'est pas absente. A la suite d'un exposé sur l'Ancien Testament, il parle du Christ Sauveur spirituel; puis il invite Augustin à se convertir. La réponse de l'évêque est devenue un Traité, le *Contra Secundinum Manichaeum*.

a) La lettre débute par ces mots: «Je rends grâces à l'ineffable et très sainte Majesté et à Jésus-Christ, son premier-né roi de toutes les lumières». En partant de ce texte, Augustin écrit une longue réfutation de la doctrine dualiste des deux royaumes ainsi que du processus émanationiste de la mythologie gnostique (*C.Secund.* III). A Secundinus il démontre que Jésus est le roi des lumières parce qu'il est le créateur: dès lors, elles ne lui sont pas égales mais subordonnées.

Après un bref Traité sur la création, Augustin s'attache à l'expression «premier né» utilisée par son correspondant. A la théorie émanationiste de Mani, Augustin oppose le Prologue de Jean qui parle de la gloire que le Fils tient du Père et explique que ce Fils est consubstantiel au Père et existe avant toute créature. Ensuite il aligne une série de textes pauliniens qui traitent de l'adoption des fils, ce qui est une preuve que Jésus-Christ est le premier-né.

Augustin profite de l'occasion qui lui est donnée pour faire un enseignement sur l'incarnation, la question cruciale qui sépare les catholiques et les manichéens. Il réfute le prétendu mélange charnel que constituerait l'incarnation du Verbe selon les manichéens et explique que le Verbe de Dieu est resté à l'abri de toute souillure (*C.Secund.* IX).

b) Le Sauveur spirituel: Mani ou Jésus ? Dans sa lettre, Secundinus n'a pas manqué de présomption en écrivant à propos du démon: «Nous lui avons échappé en suivant un Sauveur spirituel car l'audace de Satan est allée si loin que si Notre Seigneur avait été charnel, toute notre espérance en eût été coupée dans sa racine», et il continue en développant la théorie manichéenne de la Passion simulée du Christ.

Augustin va d'abord reformuler en plus clair cette objection de l'Église de Mani avant de donner une réponse à la mesure de l'outre-cuidance de son correspondant qui vient d'affirmer «que hormis Mani, il ne peut y avoir aucun Consolateur et Sauveur» et que les manichéens sont libérés parce qu'ils ont suivi un Sauveur spirituel. Augustin met Secundinus en face de Jésus qu'il traite de menteur et de Mani qu'il considère comme le véritable Sauveur. Jésus a montré sa chair, sa mort, sa résurrection, la place de ses blessures et de ses clous à ses disciples hésitants; si le comportement de Jésus fut une supercherie, alors Mani a raison et le Christ est un menteur. Mais si le Christ a manifesté une vraie chair et par suite une vraie mort, une vraie résurrection et de vraies cicatrices, alors Mani est un menteur. «Voilà ce qui nous sépare» dit Augustin qui considère, preuves à l'appui, que Jésus a dit la vérité. Il faut en conclure que Mani qui prêche le Christ et se dit son apôtre est un menteur et il se trahit en louant et en prêchant un menteur. Devenant de plus en plus cinglant, il retourne l'argument de Secundinus contre son auteur, lui demande de fuir Mani et son imposture car les fidèles de Mani sont des fidèles «des doctrines des démons imposteurs» (*C. Secund.* XXV) .

3. *Jesus patibilis, l'âme du monde*

Dans son premier Traité, le *De moribus manichaeorum*, le jeune converti avait abordé la question de l'âme du monde traitée dans le contexte du *signaculum manuum* (XVII). Les *Kephalaia* coptes et le *Codex Mani* nous ont apporté quantité de renseignements sur cette théorie manichéenne.[7]

> Dans le *Contra Faustum*, Augustin pose une interrogation: «Que répondre à ces mots: c'est par la force du Saint-Esprit et par suite de son effusion spirituelle que la terre a conçu et enfanté un *Jesus patibilis* qui est la vie et le salut des hommes, suspendu à tout bois» (XX, 11).

---

[7] Voir Kephalaia 79, 80, 85 et pour le Codex les Actes du Simposio de Cosenza; cfr. note 3.

Notre controversiste va donner trois réponses. La première met en garde contre le verbiage insensé des manichéens (*vestra vaniloquia*). Autrefois leur dialectique l'avait entraîné à leur suite. Sans hésiter il va au vif du sujet, à savoir le mystère de l'incarnation. Ces gnostiques refusent à la Vierge Marie la possibilité de concevoir et d'enfanter Jésus et voici qu'ils proclament que la terre est capable de le concevoir par la force de l'Esprit Saint. C'est mettre une nouvelle fois le doigt sur l'absurdité de leurs croyances et sur leur supercherie.

Dans une deuxième réponse, il insiste sur le côté ridicule de leur façon de présenter le salut des parcelles de lumières. Ce *Jesus patibilis* est pendu aux arbres, il est dans les fruits, il est souillé par les êtres qui se nourrissent de chair et il ne sera purifié que par le secours des estomacs manichéens. Les arbres sont la croix de ce *Jesus patibilis*. Nous savons que les catéchumènes devaient préparer aux élus un substantiel repas végétarien quotidien ce qui permettait de libérer une certaine quantité de lumière qui remontait vers les Hauteurs. Augustin compare la foi catholique qui proclame que le Fils de Dieu s'est revêtu de chair sans se souiller.

Enfin l'évêque d'Hippone leur pose la question: combien de Jésus comptez-vous ? Il y a celui que la terre a conçu du Saint-Esprit et enfanta passible; il est suspendu aux arbres et étendu à la végétation. Il y a celui que les Juifs ont crucifié sous Ponce Pilate. Il y aurait un troisième, celui que vous partagez entre le soleil et la lune. Augustin fait allusion au Christ cosmique. Il leur pose la question: un ou trois ? Pourquoi ne pas les étendre, les multiplier ? Il y aurait le Splenditenens, l'Atlas, le Roi d'honneur, l'Esprit puissant, l'Homme primordial ? Tout le ch. XII est consacré à la mythologie manichéenne qu'Augustin considère comme des élucubrations d'hommes qui perdent la raison.

Conclusion

Cette brève recherche nous a permis de dégager quelques éléments de la polémique augustinienne contre l'Église manichéenne très active en Afrique du Nord au IVe siècle et au début du Ve siècle.

Du point de vue doctrinal le thème du salut faisait recette. Les manichéens entretenaient un climat délibérément confus afin d'attirer à leur Église les fidèles peu instruits de la foi chrétienne. Augustin savait que des formules ambiguës comme *apostolus Jesu Christi* parvenaient à couvrir des doctrines hérétiques de Mani. C'est la raison pour laquelle il revient sans cesse sur le mystère de l'incarnation du Verbe de Dieu, sur la conception virginale de Jésus, sur la réalité de son corps, sur le fait de sa Passion et de sa Résurrection. La supercherie de Mani se présentant comme le Paraclet est aussi un point fort dans sa polémique. N'oublions pas qu'à l'époque d'Augustin, les discussions christologiques restaient vives.

Dans ses arguments l'Évêque d'Hippone oppose aux affabulations mythiques la doctrine catholique qu'il estime solidement établie dans son Église. Il se fonde sur les textes du Nouveau Testament dont il souligne la valeur du point de vue des témoins et il rejette les documents de Mani en montrant que ce dernier n'est pas crédible. Il tente de le prendre en défaut le plus souvent possible afin de mettre en évidence sa supercherie (*fallacia*) à laquelle il oppose la *veritas* de l'Église catholique. Le fait de déceler à diverses reprises la manipulation opérée par Mani et par certains de ses disciples devait être payant. Tout en exprimant un certain respect à l'égard de ses coreligionnaires d'hier, Augustin se montre sans pitié pour Mani qui à ses yeux n'est qu'un imposteur.

MELOTHESIA: A CHAPTER OF MANICHAEAN ASTROLOGY IN THE WEST

H.G. SCHIPPER (UTRECHT)

1. *Introduction*

Astrology has always puzzled people's minds with respect to its ethical and scientific merits.[1] In classical Antiquity, it had opponents like Carneades, whose main objection was directed towards the supposed fatalism that astrological divination brought about.[2] Therefore, the great astronomer and astrologer, Ptolemy of Alexandria, felt obliged to defend his astrological doctrines against such an objection. He argued that the stars provide the first, natural cause of events and human behaviour; however, people are able to change the course of events by using their free will. Foreknowledge by means of astral prognostication gives us the essential information concerning what is bound to happen, unless we should actively interfere. Hence astrology, far from pushing us towards fatalism, enables us to act as truly free agents.[3]

The scientific merits of astrology have been disputed from the days of old. As a young man, Augustine of Hippo was an adherent of astrology. He frequently consulted astrologers, as he reveals in *Conf.* IV, 4. Later, however, he would present himself as a vigorous opponent of astrological practices. According to Augustine, the validity of predictions can easily be contested, as was the case of the twin-brothers whose lives developed in completely different ways (*Conf.* VII, 8-10). For the rest of his life, Augustine felt obliged to combat

---

[1] For the history of astrology, see e.g. W. Gundel, *Sternglaube, Sternreligion und Sternorakel. Aus der Geschichte der Astrologie*, Heidelberg 1959; F. Boll, C. Bezold & W. Gundel, *Sternglaube und Sterndeutung. Die Geschichte und das Wesen der Astrologie*, Darmstadt 1966; J. Tester, *A History of Western Astrology*, Woodbridge 1987.

[2] See especially D. Amand, *Fatalisme et liberté dans l'Antiquité grecque. Recherches sur la survivance de l'argumentation morale antifataliste de Carnéade chez les philosophes grecques et les théologiens chrétiens des quatre premiers siècles*, Amsterdam 1973.

[3] See Ptolemy, *Tetrabiblos* I, 2; edition and translation by F.E. Robbins, *Ptolemy – Tetrabiblos*, Cambridge, Massachusetts & London 1980 (= *LCL* 435).

astrology, though he never considered the observation of the stars to be completely superstitious.[4]

After a revival during the Renaissance, astrology would loose many adherents. As a consequence of the introduction of the Copernican world-view, the earth could no longer be treated as the centre of the universe; and therefore all astrological schemes had lost their significance. Nevertheless, astrology remained alive; and nowadays it has even gained a renewed popularity among people tired of rationalism. For the new believers, the theory of 'fields of force' is a central tenet. These 'fields' are used to explain how the stars exert influence on human life. In this way, ancient astrology is based on modern physics.

Recently, I came across the subject of Gnostic-Manichaean astrology by studying a letter, which St. Leo the Great wrote to a fellow-bishop, Turribius of Astorga.[5] Properly speaking, this letter deals with the Priscillianists, named after their religious leader, Priscillian. For Leo and Turribius, however, those enthusiasts are very much akin to the Manichaeans. Therefore, the correspondents easily apply their knowledge of Manichaeism to the followers of Priscillian. Indeed, the Priscillianists were open to various Gnostic ideas, of which many had a Manichaean flavour. In any case, Leo's Fifteenth Letter deals as much with Manichaeism as it does with the Priscillianist movement.[6]

In this document, the Pope mentions the stars' putative influence on the body and the soul of the human person. He informs Turribius in chapter 11 that 'they [the Priscillianists] are of the opinion that both human souls and bodies are bound to fatal stars'. The next chapter points out that 'they describe the soul's parts as being under some powers, and the body's limbs under other powers. The qualities of internal presidents they locate in the names of the patriarchs. In opposition to these they place sidereal signs to the powers

---

[4] For Augustine's attitude towards astrology, see D. Pingree, 'Astra', in: *Augustinus-Lexikon*, Vol. 1, 482-90. Cf. L.C.P.J. de Vreese's Dutch doctoral thesis: *Augustinus en de astrologie*, Maastricht 1933.

[5] *Epistula* XV; text in *PL* 54, col. 677-672; J. Campos, *La epístola antipriscillianista de S. León Magno*, in: *Helmantica* XIII (1962), 269-308; B. Vollmann, *Studien zum Priszillianismus*, St. Odilien 1965. For an extensive discussion of Leo's testimonies on Priscillian and Manichaean astrology, see my Ph.D.-thesis *Paus en ketters. Leo de Grotes polemiek tegen de manicheeërs*, Heerenveen 1997.

[6] Similarities and dissimilarities have been lengthily discussed in *Paus en ketters*, 49-55 and 112-15.

of which the bodies would be subjected'. Again, in Chapter 14, Leo discusses the subject of astrology. This time he attacks the scriptural basis upon which the Priscillianists claim their views. 'They are said to think of the status of the body, that it is kept by the power of stars and signs, because its quality is earthly. So, in the holy scriptures, many proofs pertaining to the external man could be found, that in the same scriptures a certain contrast exists between divine and earthly natures'. As might be expected, Leo objects to these views and the fatalism they are supposed to implicate. Sin has come into our world, not through the constellations of the stars, but through human dereliction of duty, so the Pope argues.

In this paper, I would like to focus on the correspondence between astral signs and human limbs. A scheme of this correspondence is called a *melothesia* (from the Greek *melos* and *thèsis*). The scheme of the Spanish Gnostics, to which Leo alludes in his letter to Turribius, may be gathered from the *Commonitory* that Orosius of Braga wrote to Augustine.[7] In this memorandum, the Spanish priest thus informs him about *melothesia* according to Priscillian: 'He hands down that the signs of heaven are located in the limbs of the body in this way: Aries in the head, Taurus in the neck, Gemini in the arms, Cancer in the breast, etc.'.[8] Unfortunately, Orosius interrupts his enumeration, but he is still able to give us sufficient information to compare this scheme with the *melothesia* that is expounded in *Kephalaion* LXX.[9] In that chapter, the Apostle of the Light is quoted as follows: 'Again, they [the twelve signs of the zodiac] occur like this, these that we have recited, one after another in this body. They are counted / by order and number from the head to the / feet. Its head is Aries. Its neck and shoul/ders are Taurus. Its two arms Gemini. Its upper torso is Cancer. Its stomach is / Leo. Its belly is Virgo. The v[er]tical spine / and its intestines (?) are Libra. Its genitals / [S]corpio. Its

---

[7] Text in *CSEL* 18 and *CCL* 49.

[8] Chapter II. Cf. Augustine, *De haer.* LXX,1, where he breaks off at the same point as Orosius, but mentions the last melothesian couple: Pisces and the feet.

[9] Text and German translation of this *Kephalaion* in: H.J. Polotsky & A. Böhlig, *Kephalaia I, 1. Hälfte (Lieferung 1-10)*, (Manichäische Handschriften der Staatlichen Museen Berlin, 1), Stuttgart 1940, 169-75. Here, the English translation by I. Gardner, *The Kephalaia of the Teacher*, Leiden 1995, will be quoted. — Since it is an open question to what extent the teaching of the *Kephalaia* is identical with the one given by the historical Mani (cf. Gardner, XIX f.), the reader should bear this uncertainty in mind. For clarity's sake, I shall occasionally speak of 'the teacher' or 'the Mani of the *Kephalaia*'.

loins are / Sagittarius. Its knees ar[e / Capri]corn. Its shin-bones
are Aquarius. The soles of its feet are Pisces'.[10] As one can see, the
four connections mentioned by Orosius are consonant with this
scheme. This indicates the existence of a tradition relative to *melothesia* among the practitioners of astrology.

Usually, scholars pass over such astrological doctrines in silence.
Although no one denies the significance of astrology for the Manichaean cosmology, few scholars concentrate on the phenomenolog-
ical background of its astrological tenets. Iain Gardner, for example, declares in the introduction to his translation of the *Kephalaia*:
'The work illustrates a fascination, probably Mani's own, with all
the aspects of the natural world, with astrology and the worlds of
gods and demons'.[11] The reader of Gardner's book, however, will
look in vain for any systematic commentary on the astrology, which
the *Kephalaia* expound. Hence, in this article, I would like to contribute to the lack of commentary in as much as *melothesia* is concerned.

It will be useful to elucidate this doctrine from a more general
point of view. That is, through the eyes of an astronomer who did
not belong to any religious school. Thereafter, it will be profitable
to investigate the astronomical basis of the Manichaean *melothesia*.
Finally, I will briefly discuss the question of its sources.

2. *Ptolemy of Alexandria and* melothesia

One may wonder which effect a sidereal sign can have on any part
of our body. Do astrologers offer some rational explanation for their
schemes; or do they just indulge in mythological fantasy? In which
context is *melothesia* applied? For such questions, one can best turn
to the work of Ptolemy of Alexandria. He is widely accepted as the
most scientific astrologer of classical Antiquity. Ptolemy's reputation
is due to the fact that, first and foremost, he was an astronomer. As
is well known, in those days the line between astronomy and astrology was only vaguely drawn. In Ptolemy's view, astrology is 'pro-

---

[10] *Keph.* LXX, 173-4; Gardner, 183. Polotsky and Böhlig also have doubts about
the limbs that correspond to Libra: 'Das Rückgrat der Substanz (?) und sein Zwerchfell
(?) ist die Waage'.
[11] Gardner, *Kephalaia of the Teacher*, XX.

gnostication through astronomy'.[12] Furthermore, astral divination was stimulated by the Stoic acceptance of stellar causality in particular. They believed that since our universe is pervaded and held together by a cosmic sympathy, the courses of the stars are reflected in sublunary events. For its scientific reputation, Ptolemy's *Tetrabiblos* was regarded as the 'Bible' by those who practised astrology. Many commentaries were written on this book, and W. Gundel even speaks of a 'Ptolemean orthodoxy'.[13]

In the second book of his *Tetrabiblos*, Ptolemy deals with prognostication (*prorrèsis* - II, 1). Prognostication can be a universal phenomenon or it can relate to individuals. The general inquiry concerns entire races, countries and cities, whereas the so-called *genethlialogy* inquires into the fate of individual persons. It is interesting to see which terms Ptolemy uses to describe the influence of constellations on general and individual destinies. The signs of the zodiac are said to have 'familiarity' (*synoikeiósis*) with the several climes, while heavenly bodies have 'significance' (*episèmasis*) in their 'houses', or 'terms', at a given time. Ptolemy promises to 'explain the natural reason for the aforesaid sympathies (*sympatheiai*), and at the same time, survey the bodily and ethical peculiarities (*sómatikai te kai èthikai idiotropiai*)'. These terms, especially the word 'sympathies', indicate Stoic elements in ancient astrology.

Every planet has its 'characteristic active powers' (*poiètikai idiotropiai*), especially to be exerted when the planet gains 'dominance' (*oikodespotia* – II, 8). Furthermore, Ptolemy indicates 'the peculiar natural powers' of the signs (*ta physika idiomata* - II, 10). In this manner, he applies several terms to express the general influence of the heavenly bodies.

In III, 12, Ptolemy discusses bodily injuries and diseases. The position of the planets, both beneficial and malefic, is of primary importance for the susceptibility to physical afflictions. The signs of the zodiac help to identify the *part* of the body that a portent will concern, 'and whether the part indicated can suffer an injury or a disease or both'. Ptolemy then proposes his own *melothesia*, which I shall not discuss here. This is because it is based on the influences of the planets, and not on the connections between the fixed stars

---

[12] Ptolemy, *Tetrabiblos* I, 1.
[13] Gundel, *Sternglaube*, 65.

with the parts of the human body, as in Priscillian's and Mani's astrological schemes.

It is more interesting to follow Ptolemy's reasoning on the subject (*ibid.*). He states that 'injuries occur when the significant malefic planets are rising, and diseases, conversely, when they are setting. The reason for this is that these two things are distinguished thus – an injury affects the subject once and for all and does not involve lasting pain, while disease bears upon the patient either continuously or in sudden attacks'. 'Malefic planets' are Saturn and Mars, while the ancients regarded Jupiter and Venus as beneficent, due to their balanced mixture of hot and moist. Though Ptolemy's *melothesia* proper is of a planetary character, he mentions the astral configurations as significant for the purpose of ascertaining particular events and characteristics. He adds that the relevant configurations 'have been specially observed, by means of the events which generally accompany such positions of the stars'. Here, Ptolemy seems to introduce a statistical criterion for astrological veracity.

As may be expected from the foregoing section, *melothesia* has its proper place in medicine. This astral medicine, strange as it may sound to modern readers, enjoyed a widespread authority in the ancient world. The technical name for this practice is *iatromathematica*. As we note, in later Latin, the word *mathematica* is equivalent to 'astrology'. Astral prognostication was considered to be essential to the success of medical treatment, because each limb needed to be treated on its own day.

We may now establish the most important principles of *melothesia*. Between the heavenly bodies and the human body, many connections exist. The astrologer may invoke the Stoic cosmology according to which every part of the world 'sympathises' with the other parts. Terms like 'familiarity' and 'sympathy' serve to express the correspondences. The proper place of *melothesia* is in medicine, since it indicates the appropriate days for medical treatment. In particular, the position of beneficial and malefic planets is important to establish the medical calendar. In individual cases, the other stars help to determine the desirability of an operation on a certain day.

The *Tetrabiblos* distinguishes itself in that it attempts to give a rational explanation of its tenets.[14] Ptolemy lengthily argues that, like

---

[14] Cf. Robbins, 394-5 n. 1: 'It is characteristic of him [Ptolemy] to prefer scientific explanations to those based on mythology or fancy'.

the sun and the moon, the other planets influence climates, and nations as well (I, 1). Modern people will deny the effects of Saturn, Jupiter, Mars, Venus and Mercury because they stand 'too far' from the earth. But who will tell us exactly beyond which line a planet is powerless? Secondly, Ptolemy subscribes to the Aristotelian theory of the 'fifth element'. The ether forms the 'ambient' (*periechon*), the outer sphere where the fixed stars are established (III, 1). It is plausible to say that once this theory is accepted, the fifth element may affect the other four, just as they affect each other. Finally, the Stoic elements in Ptolemy's description of the sidereal powers offer another justification for his astrological views.

3. *The scheme of* Kephalaion *LXX*

We will now return to the *melothesia* of *Kephalaion* LXX, in order to see what ancient scientific basis we may find. The chapter opens with the affirmation of the parallel between the microcosm and the macrocosm, a common idea in Antiquity, which was especially elaborated by the Stoa. In *Kephalaion* LXX, 169-70, we read: 'Again, on one of the occasions, the apostle is sitting do/[w]n among the church in the midst of the congregation. He says to his / disciples: This whole universe, above and below, [re]flects the pattern of the hum[an] body; / [as the f]ormation of this body of flesh accords to the pattern of the universe. (...) Now, this is how / the small body corresponds to the macro-/cosmos in its firmaments, in its orderings, in its / mountains, its walls and its vessels. As I have made clear to you!' As for the philosophical background, we must confine ourselves to the parallel between the microcosmic and macrocosmic levels. Furthermore, it may be remarked that the listeners are addressed as a 'believing crowd'.

The same manner of addressing the Manichaean hearers is found in *Keph.* LXX, 172: 'Once more, understand this other (truth): There exist four worlds i[n th]is body of the f[lesh], / and there exist countless times seven rulers [in the b]ody [of the four] / worlds!' The description of the cosmic man is offered as a revealed truth. In the following manner the *melothesia* proper is introduced (173): '[O]nce more the enlightener speaks to his hearers etc.'. Then follows an enumeration of the twelve signs of the zodiac, and the statement that 'they were appointed and made leaders / [...] on the sphere beneath

the heaven that is the wheel of the [stars]'. After the scheme of
melothesia, which I have quoted earlier in this article, there follows a
very short depiction of the manner limbs correspond to celestial signs
(174): 'Behold, these / are also distributed one after another. They
exist in this body, / as if turned to the side and bent to the pattern
of the twelve signs of the zodiac. / They too are thus, arranged one
against another, head / to tail, a[s] they occur on the wheel [...]'.
And again: 'So, we have proclaimed that these are turned to the side,
bent, and spread / out'. The word 'proclaim' reminds us that we
are dealing with a revelational text, not a philosophical tractate.

At the end of the chapter, the teacher indicates the medical significance of *melothesia* (175). 'Rulers made chief' or 'house-dwellers'
represent the stars that affect the human body. The astrologically
trained doctor will recognise the parts of the body subject to the stars
in charge, and treat the patient appropriately.

We must conclude, then, that the apostle does not deign to give
us much scientific explanation about the truth revealed. His authority
must suffice to win our approval. To gain more insight into the
principles of *melothesia*, we have to turn elsewhere. Though not unaware of the astrological schemes of his days, and their medical
application, Mani of the *Kephalaia* does not join in the scientific and
philosophical discussions on astrology. We find ourselves in the world
of myth, not of reasoning.

4. *The sources of the Kephalaian scheme*

The revelational setting of *Kephalaion* LXX has implications for the
investigation of its sources. Most probably, Mani was inspired by
other religious teachers in the Gnostic tradition. Recently, F.S. Jones
has tried to gain more insight in the sources of Mani's astrology.[15]
Instead of a 'tradition', the author prefers to speak of a 'trajectory'
that might connect Elchasai, Bardaisan, and Mani. I shall now con-

---

[15] F.S. Jones, 'The Astrological Trajectory in Ancient Syriac-Speaking Chris-
tianity (Elchasai, Bardaisan, and Mani)', in: L. Cirillo & A. van Tongerloo (eds.),
Manicheismo e Oriente Cristiano Antico, Lovanii & Neapoli 1997, 183-200. See in the
same collective volume: A. Panaino, 'Visione della volta celeste e astrologia nel
Manicheismo', 249-95; esp. 290-4. Older literature: F. Boll, C. Bezold & W. Gundel,
Sternglaube und Sterndeutung, 54-5; 134 f.; F. Boll, *Sphaera. Neue Griechische Texte und
Untersuchungen zur Geschichte der Sternbilder*, Hildesheim 1967 (reprint), 471-2.

fine myself to a reflection on Jones' views, with particular attention
to melothesian elements.

Jones mentions a text written by Elchasai, which can be found in
Hippolytus' *Refutation of All Heresies*.[16] This text is characterized by
the use of astrological terms, and deals with determining whether a
particular moment (or day, in this case) is appropriate for commenc-
ing an action. This type of astrology is called 'catarchic'. Days which
are dominated by Saturn or Mars are unfit for baptising or com-
mencing any work. Here, we are strongly reminded of the medical
use of the melothesian scheme.

The testimonies of Bardaisan's astrology are quite scattered; therefore, his views are not easy to reconstruct.[17] If we take for granted,
however, that the *Book of the Laws of the Countries* (*BLC*) reflects his
teachings, we find some important evidence about his view concerning the mechanics of fate. The so-called governors 'affect the mind
as it descends to the soul and again the soul as it descends to the
body'. Whatever the precise identity of these 'governors', they are
related to the planets. Malefic influences should be avoided, and
beneficent influences sought. In this, the position of the stars is significant. Again, we can regard such astrological teachings as bear-
ing upon the schemes of *melothesia*.

According to Jones, 'there can be no doubt that Mani saw a trajectory that included both Elchasai and Bardaisan'.[18] With regard
to our subject, *Kephalaion* XLVIII, 122 is of special importance. Here,
Mani's disciples argue that all events in human life, including sick-
ness and health, happen according to the zodiac.[19] Jones concludes
that 'there is thus clear evidence that the astrological tradition among
the Syriac / Aramaic-speaking Christians continued in Mani'. However, Mani did not imitate his forerunners in every aspect. 'The major
difference from Elchasai and Bardaisan', Jones points out, 'is that
all the planets – not just Mars and Saturn, as in the *Book of Elchasai*
and the *BLC* – are considered malefic (the sun and the moon are
excepted; they are declared to be actually completely foreign to the
planets)'.

---

[16] See Jones, 185 f.
[17] See Jones, 189 f.
[18] Jones, 194.
[19] See Jones, 196 f.

5. *Conclusion*

One may safely conclude that Mani's astrology is firmly rooted in the tradition of Aramaic / Syrian Christianity. It is a desideratum, however, to find out more exactly the sources of Mani's astrological teaching. As for F.S. Jones' sigh that 'reconstruction of the Manichaean understanding of the mechanics of astrological influences (e.g. on the human person) is an open field',[20] I have tried to shed some light on the principles of *melothesia* as they were understood in classical Antiquity.

Although the Mani of the *Kephalaia* does not show a thorough knowledge of astronomically motivated texts, he certainly does not contradict the astrological tenets of the Hellenistic world. For example, one may note the scanty differences of his scheme from that of Manilius, a Latin astrological poet from the first century AD.[21] Among astrologers, the series of limbs subject to astral signs was rather fixed,[22] and the Manichaeans do not seem to have disdained the astrological insights of their time. In this respect, their attitude concurs with that of other Gnostics.[23] We may, therefore, assume that the principles of *melothesia*, as I have expounded them on the basis of Ptolemy's *Tetrabiblos*, are valid for the scheme in *Kephalaion* LXX as well.

---

[20] Jones, 198.

[21] *Astronomica* II, 453-65; IV, 701-710. Ed. G.P. Goold, *Manilius - Astronomica*, Cambridge, Massachusetts & London 1977 (= *LCL* 469).

[22] See Boll, *l.c.*, for further evidence.

[23] In view of the Gnostic Marc, Boll states (471): 'Aber im Übrigen lieferte das Material, wie so oft in der Gnosis, wieder die Astrologie'. After comparing Marc's anatomical scheme with those of Paul of Alexandria and Manilius, the author concludes (472), 'daß der Gnostiker die Grundlage für seine Anatomie schon bereitet fand'.

L'*EPISTULA FUNDAMENTI* À LA LUMIÈRE
DES SOURCES MANICHÉENNES DU
FAYOUM

MADELEINE SCOPELLO (PARIS)

Dans l'ouvrage d'Augustin *Contra epistulam Manichaei quam vocant fundamenti*,[1] deux voix se font entendre, celle d'Augustin et celle de Mani. Cet ouvrage est en effet composé de deux œuvres distinctes: d'une part, le *Contra epistulam fundamenti*,[2] traité de polémique de l'évêque d'Hippone, d'autre part, l'*Epistula fundamenti* de Mani, dont Augustin fournit un certain nombre d'extraits.

La présente étude porte sur l'*Epistula fundamenti*. Toutefois, avant de rentrer dans le vif du sujet, une présentation du *Contra epistulam fundamenti* s'impose. La première partie de ce travail lui est consacrée.

1. *Le* Contra epistulam fundamenti *d'Augustin*

La date et le destinataire du traité

Ce traité fut le premier qu'Augustin composa après son élection au siège épiscopal d'Hippone; il fut en effet écrit entre 396 et 397. Au cours de cette œuvre Augustin s'adresse souvent à un inter-

---

[1] *Pour les huit ans de mon enfant, Ruggero-Carlo Hubert.*
    Texte édité par I. Zycha, *Sancti Aureli Augustini, Contra epistulam Manichaei quam vocant fundamenti*, Corpus scriptorum ecclesiasticorum latinorum, vol. XXV/1, Praga-Wien-Leipzig, 1981, pp. 193-248. Une traduction, accompagnée du texte latin, d'une introduction et de notes de commentaire, est fournie par R. Jolivet et M. Jourjon, *Six traités antimanichéens*, Bibliothèque Augustinienne, Œuvres de St. Augustin, 17, Paris, 1961, pp. 377-507 (notes complémentaires: pp. 780-787). C'est cette traduction que nous suivons ici, mis à part quelques changements. Une étude très documentée de ce texte est due à E. Feldmann, *Die Epistula Fundamenti der nordafrikanischen Manichaër: Versuch einer Rekonstruktion*, Altenberge, 1987.
[2] Nous abrégeons ainsi, au cours de cette étude, le titre complet (*Contra epistulam Manichaei quam vocant fundamenti*).

locuteur[3] qui n'est point nommé, mais dont on devine néanmoins l'appartenance au manichéisme. Pressé de questions sur la doctrine de Mani, et sur les contradictions qu'aux yeux d'Augustin elle contient, il y répond par la voix même du docteur d'Hippone. Toutefois, Augustin s'adresse plus généralement aussi, tout au long du traité, à l'ensemble de ses anciens coreligionnaires. L'emploi du 'tu' n'est peut-être qu'un procédé de rhétorique, mais on ne peut exclure qu'Augustin visait un personnage aux contours précis. L'examen très critique qu'il lui présente de l' *Epître du fondement* constituait en ce cas un moyen efficace pour le détacher de la doctrine des deux principes.

A cette époque, Augustin avait déjà composé plusieurs traités *Contra Manichaeos*: le *De moribus* (388), le *De Genesi contra Manichaeos* (388-390), le *De duabus animabus* (391), la *Disputatio contra Fortunatum* (392) et encore le *Contra Adimantum* (entre 393 et 396). Il avait ainsi formulé, de différentes façons, ses critiques au manichéisme, que ce soit dans une controverse orale avec un manichéen de son temps, Fortunat, ou en contestant les exégèses d'un auteur du passé, Adimantum (Adda), ou encore en écrivant des traités de nature théologique ou éthique. Par rapport à l'ensemble de ces œuvres, le *Contra epistulam fundamenti* aborde d'une façon nouvelle la polémique contre le manichéisme: Augustin bâtit en effet un texte en s'inspirant des propres paroles de Mani. Le prophète de Babylone n'apparaît presque jamais dans les écrits augustiniens. Mani est mort depuis plus d'un siècle (276 ou 277), et ce sont les manichéens, et non le fondateur de leur doctrine, contre lesquels l'Eglise catholique fourbit ses armes.

Les années au cours desquelles Augustin a rédigé son *Contra epistulam fundamenti* ne nous ont pas conservé d'autres ouvrages patristiques sur les manichéens. Le document le plus proche dans le temps est constitué par la notice 61 du catalogue d'hérésies de Filastre de

---

[3] Augustin s'adresse par le 'tu' à ce mystérieux personnage à partir du chapitre V, 6 du *Contra epistulam Fundamenti*; le chapitre contient une série d'arguments qu'Augustin lui attribue et qu'il réfute ponctuellement. Le chapitre 6 s'ouvre sur une question précise (VI, 7) à laquelle on semble exiger une réponse tout autant exacte. Laissant place au 'vous', le 'tu' revient sur scène au chapitre IX, 10, ensuite, à partir du chapitre XIII. Au cours du chapitre XIV, ce personnage anonyme est accusé de ruiner la foi du Christ. Le chapitre XXI révèle l'étendue des connaissances de ce manichéen en ce qui concerne la cosmogonie. Du chapitre XXIII au chapitre XXIX, Augustin s'adresse en revanche à l'ensemble des manichéens. On retrouve au chapitre XXX l'emploi insistant du 'tu', puis aux chapitres XXXVII, XXXVIII et XL (*in fine*). La dernière attestation apparaît en XLI.

Brescia:[4] il ne s'agit toutefois que d'une compilation faite à partir des *Acta Archelai*.[5] Il faut remonter à 376 pour retrouver une œuvre à part entière contre la religion de la lumière – la notice 66 du *Panarion* d'Epiphane de Salamine[6] – et encore d'une dizaine d'années pour lire les quatre livres *Contra Manichaeos*[7] de Titus de Bostra et la version latine des *Acta Archelai*.

La législation impériale s'est-elle penchée sur le problème des manichéens au moment de la rédaction du *Contra epistulam fundamenti*? En 389, l'édit de Valentinien II (en réalité Théodose I) condamne à l'exil les manichéens de Rome; ce n'est qu'en 405 qu'Honorius confirme les mesures légales prises à leur égard par ses prédécesseurs.[8] Il n'y a donc pas un rapport direct entre la composition du *Contra epistulam fundamenti* et un édit impérial, comme cela est advenu, à quelques reprises, dans l'histoire de la controverse ecclésiastique envers les disciples de Mani.

Augustin et l'héritage de l'hérésiologie

Dans le *Contra epistulam fundamenti*, Augustin se comporte en hérésiologue confirmé, héritier de toute une chaîne de chasseurs d'hérésies qui ont traqué d'abord les gnostiques puis les manichéens.

Aux hérésiologues, Augustin emprunte une méthode qui a fait ses preuves: citer, d'abord, des extraits d'une œuvre de l'adversaire afin de les réfuter, puis présenter en opposition sa propre doctrine. Ainsi

---

[4] Filastre de Brescia, *De Haeresibus* LXI; cf. LXXIV; LXXXVIII; CXV; CXXIX (ed. F. Heylen, *Filastrii episcopi Brixiensis, Diversarum Hereseon Liber*, Corpus Christianorum, Series Latina, 9, Turnhout, 1957, pp. 207-324).

[5] Les *Acta Archelai* constituent la première réfutation chrétienne d'envergure contre le manichéisme. Attribués à un certain Hégémonius, ils furent écrits en grec vers 345, puis traduits en latin vers 365. Le texte grec est perdu, mis à part un certain nombre de citations conservées par Epiphane dans la notice 66 du *Panarion*. Les *Acta Archelai* ont influencé une bonne partie de la controverse occidentale *contra Manichaeos*. La version latine, complète, a été éditée par Ch. Beeson, *Hegemonius, Acta Archelai*, GCS 16, Leipzig, 1906. Sur ce texte, voir M. Scopello, «Hégémonius, les *Acta Archelai* et l'histoire de la controverse anti-manichéenne», *Studia Manichaica. IV. Internationaler Kongreß zum Manichäismus, Berlin, 14.-18. Juli 1997*, ed. R.E. Emmerick, W. Sundermann & Peter Zieme, Berlin, 2000, pp. 528-545.

[6] Edité par K. Holl, GCS 25, 1915 et GCS 31, 1922. Cf. la traduction anglaise de F. Williams, *The Panarion of Epiphanius of Salamis*, Book I-II (Nag Hammadi and Manichaean Studies 35 et 36), Leiden 1987 et 1994.

[7] Edité par P.A. de Lagarde, *Titus Bostrenus syriace et graece*, Wiesbaden, 1967 (réédition des deux éditions de 1859, texte grec et texte syriaque).

[8] Cf. M. Tardieu, *Le manichéisme*, Que sais-je? n°1940, Paris, deuxième édition corrigée, 1997, p. 115.

la pensée que l'on estime fausse est immédiatement mise en contraste avec la *veritas* de celui qui la réfute. Cette méthode polémique, citer pour mieux réfuter, a été souvent utilisée par les Pères de l'Eglise dans leur lutte contre les maîtres de la gnose. Clément d'Alexandrie, Origène, Irénée ou encore le Pseudo-Hippolyte ont tous transcrit et cité, certains plus que d'autres, des fragments ou même de longs extraits d'ouvrages gnostiques, afin de les critiquer de façon ponctuelle. Il nous ont ainsi fourni une précieuse documentation qui autrement aurait été perdue.[9] La même méthode se dégage des écrits de quelques écrivains antimanichéens, même si cette façon de procéder ne fait pas l'unanimité. Quelques controversistes, en effet, ne font que résumer la doctrine et le mythe manichéens – il en va ainsi, par exemple, pour l'auteur des *Acta Archelai*. D'autres, en revanche, citent littéralement des extraits des livres de Mani. C'est le cas de Sévère d'Antioche qui, au début du VIe siècle, intégra des fragments de la *Pragmateia* dans son *Homélie cathédrale* 123;[10] du nestorien Théodore Bar Konai[11] aussi, lequel, dans son *Liber Scholiorum*, écrit en 791, fournit de précieux compléments sur la *Pragmateia*. A ces auteurs s'ajoutent deux controversistes musulmans: Ibn Al Nadim,[12] au chapitre IX du *Fihrist*, œuvre achevée en 987, présente un ensemble de citations de textes de Mani et Al Biruni,[13] au XIe siècle, bâtit, sur une connaissance directe des sept livres du Babylonien, un exposé très complet de sa doctrine.

Augustin est donc le premier, dans l'ordre chronologique, à rendre compte de citations de l'œuvre de Mani. Il ne le fait d'ailleurs

---

[9] Ces documents furent les seuls connus jusqu'aux découvertes du Codex de Londres (1750), d'Oxford (1773), de Berlin (1896) et enfin de la bibliothèque de Nag Hammadi (1945).

[10] Homélie traduite et commentée par F. Cumont et M. Kugener, *Recherches sur le manichéisme, II. Extraits de la CXXIIIe Homélie de Sévère d'Antioche* (Recherches sur le manichéisme, II), Bruxelles, 1912. Voir aussi M. Brière, éd. et trad., *Les homélies Cathédrales de Sévère d'Antioche, traduction syriaque de Jacques d'Edesse CX à CXXV*, PO 29, 1961.

[11] Cf. F. Cumont, *Recherches sur le manichéisme, I. La cosmogonie manichéenne d'après Théodore bar Khôni*, Bruxelles, 1908. Une édition récente est due à R. Hespel et R. Draguet, *Theodorus bar Koni. Livre des Scolies (recension de Seert)*, première partie, CSCO 431; Syr 187, Turnhout-Louvain, 1981; deuxième partie, CSCO 432; Syr 188, *ibid.*, 1982.

[12] Voir B. Dodge, *The Fihrist of al-Nadîm. A Tenth Century Survey of Muslim Culture*, I-II, New York, 1970.

[13] Edité par C.E. Sachau, *Chronologie orientalischer Völker, von Albêrûnî*, Leipzig, 1878. Une anthologie commentée est proposée par G. Strohmaier, *Al Biruni. In den Gärten der Wissenschaft*, Leipzig, 1988, pp. 139-143; pp. 145-147.

pas que dans le *Contra epistulam fundamenti*: il cite en effet des passages du *Trésor* dans le *De natura boni* 44 et dans le *Contra Felicem* II, 5. Dans le *De natura boni* il insère également de nouveaux fragments de l'*Epistula fundamenti*.[14] Il en alla de même pour Evode: le *De fide contra Manichaeos*[15] conserve des extraits du *Trésor* et de cette même *Epistula Fundamenti*, qu'Augustin n'a pas repris dans l'œuvre qui nous intéresse ici.

Une nouvelle façon d'aborder le problème manichéen

Par rapport aux autres traités augustiniens *contra Manichaeos*, le *Contra epistulam fundamenti* innove sous quelques points de vue. En citant une source directe, l'*Epistula fundamenti*, l'évêque d'Hippone porte le débat sur les écritures manichéennes elles-mêmes. Dans ses autres traités, en revanche, il focalisait son attention sur l'exégèse manichéenne des Ecritures chrétiennes, à laquelle il opposait sa propre interprétation. Ainsi que l'a bien noté F. Décret,[16] Augustin a choisi de réfuter ici un document de nature mythologique, car c'est bien dans ce domaine qu'il pouvait exercer au mieux ses talents de polémiste. Le scénario mythique mis en place par Mani constituait une aubaine pour les critiques sarcastiques des Pères de l'Eglise, à l'affût de théories et de pratiques qui pouvaient leur permettre de taxer d'hérésie, et d'immoralité, la *secta manichaea*.

Augustin hérésiologue

1) L'argumentation hérésiologique

Dans le *Contra epistulam fundamenti*, Augustin se sert d'une série d'arguments, auparavant employés par d'autres hérésiologues. Ces arguments lui permettent de répondre aux manichéens qui se prétendaient les seuls vrais interprètes du message du Christ – message que Mani aurait porté à sa plénitude[17] – et qui, par conséquent, s'estimaient les seuls vrais chrétiens.

---

[14] *De natura boni* 42 et 46.

[15] Evode, *De fide contra Manichaeos* 5 et 14-16 pour les fragments du *Trésor*.

[16] F. Decret, *L'Afrique manichéenne (IVe et Ve siècles)*, Etudes Augustiniennes, Paris, 1978, I, p. 114: «avec cette fantasmagorie délirante... l'épître de Mani était la bienvenue».

[17] Mani se proclame le Paraclet annoncé par le Christ et le sceau de la prophétie: ce thème est abordé dans l'*Evangile Vivant* de Mani – dont des citations sont conservées par al Biruni – de même qu'au début du *Shabuhragan*, toujours selon al Biruni. Cf. M. Tardieu, *Le manichéisme...*, pp. 20-21.

Au ch. IV, 5 de notre traité, Augustin affirme que «c'est une autorité (celle de l'Eglise) fondée sur des miracles, nourrie par l'espérance, accrue par la charité, affermie par son antiquité; c'est la succession des pasteurs à partir du siège même de l'apôtre Pierre, à qui le Seigneur, après sa résurrection, a confié le soin de paître ses brebis, jusqu'à l'évêque qui occupe ce siège aujourd'hui».

Le premier argument d'Augustin est celui de la *diadoké*, de la succession légitime et apostolique de la Grande Eglise. Cette *diadoké* trouve son fondement dans le Christ qui l'a constituée en une chaîne ininterrompue débutant par Pierre. Le raisonnement de l'évêque se lit en filigrane: les manichéens, en tant qu'hérétiques, n'appartiennent ni à cette *traditio* ni à cette *successio*. A la chaîne apostolique s'oppose en miroir la chaîne de l'erreur des hérétiques.[18] Selon les controversistes, elle a débuté avec Simon le Magicien, s'est enrichie en route de plusieurs figures appartenant au gnosticisme et s'est poursuivie sans interruption jusqu'à culminer avec la venue de Mani. De cet argument hérésiologique en découle un autre: ce n'est qu'au sein de la succession apostolique que l'exégèse scripturaire est autorisée. L'évêque seul – Augustin en est un – est investi de cette charge.

Le deuxième argument avancé par Augustin est celui de l'*antiquitas* de l'Eglise: à cette antiquité, synonyme de stabilité, il oppose le caractère incertain et chronologiquement plus récent[19] de l'hérésie. Cet unique fait montre à lui seul la supériorité de la première sur la seconde.

L'argument le plus puissant qu'avance Augustin est le troisième dans l'ordre: les manichéens n'ont pas le droit de revendiquer le nom de chrétien, car ils ne font, en aucun cas, partie de l'Eglise: «(ce qui me maintient dans le sein de l'église catholique) c'est enfin le nom d'église catholique, qu'elle seule et non sans raison a obtenu au milieu de tant d'hérésies, car lorsqu'un étranger demande à ces hérétiques, qui veulent tous se dire catholiques, où est le lieu de réunion de l'église catholique, aucun d'eux n'ose montrer son temple ou sa maison. Ce sont donc ces liens très chers du nom chrétien (*nomini christiani carissima vincula*), si nombreux et si forts, qui retiennent justement le croyant dans l'Eglise catholique, même quand la faiblesse de son intelligence ou son état moral l'empêchent encore de voir la vérité dans toute sa lumière» (*Contra epistulam fundamenti* IV, 5).

---

[18] Sur cette opposition, voir A. Le Boulluec, *La notion d'hérésie dans la littérature grecque, IIe et IIIe siècles*, I-II, Paris, 1985, p. 89.

[19] Voir A. Le Boulluec, *La notion d'hérésie...*, index à 'nouveauté'.

Tous ces arguments, et surtout le dernier, montrent qu'Augustin pratique une attitude d'exclusion vis-à-vis de l'adversaire: l'hérétique est rejeté au-delà des frontières de l'Eglise. Aucun lien ne peut être établi entre lui et la communauté des fidèles. La polémique autour du nom de chrétien trouve un précédent dans la tradition hérésiologique: elle concerna en effet les gnostiques, surtout les valentiniens, qui faisaient valoir leur appartenance au christianisme.[20] De plus, les manichéens se proclamaient les 'vrais chrétiens', accusant les membres de la Grande Eglise de n'être que des *semi christiani*, argument polémique développé dans le *Contra Faustum*.[21] Dans le *Contra epistulam fundamenti* VIII, 9, Augustin estime que «Mani lui-même, se servait du nom du Christ pour avoir accès aux âmes des ignorants». Il en va de même pour ses adeptes. Ce thème est un classique de l'hérésiologie: Mani et les siens furent accusés de mettre en avant le nom du Christ pour s'infiltrer dans les communautés chrétiennes[22] et persuader les gens à adhérer à la foi de leur maître, présentée comme étant la réalisation authentique de la parole du Christ. Leur propagande, selon les Pères, s'adressait en premier lieu aux *simpliciores*, proie facile de ces habiles prédicateurs qu'étaient les manichéens.[23]

L'utilisation du nom de chrétien et de celui du Christ n'est toutefois pas qu'un leurre. Certes, le manichéisme avait eu l'habileté de se conformer aux traditions religieuses de l'endroit où il voulait s'implanter – songeons à l'intégration de Bouddha dans le manichéisme d'Extrême Orient. Certes, le nom du Christ dut favoriser des conversions en terrain chrétien. Néanmoins, la signification du Christ est à tel point ancrée dans la pensée de Mani qu'il apparaît même

---

[20] Voir A. Le Boulluec, *La notion d'hérésie...*, index à 'nom' ('nom des chrétiens') pour les principales références.

[21] Lire à ce propos, M. Tardieu, «La foi hippocentaure» dans P. Ranson (ed.), *Saint Augustin (Les dossiers H)*, Paris, 1988, pp. 52-60; Idem, «Une définition du manichéisme comme secta christianorum», dans A. Caquot et P. Canivet (ed.), *Ritualisme et vie intérieure; religion et culture*. Colloques 1985-1987, Société Ernest-Renan, Histoire des religions, Paris, 1989, pp. 167-177.

[22] A ce sujet, on peut lire les *Acta Archelai* XLII, § 8 où l'évêque Archélaüs décrit ainsi Mani: «Il tourne ici et là et s'insinue dans les maisons, cherchant à abuser les âmes appesanties par le péché» (traduction M. Scopello). Dans la *Vita Porphyrii* de Marc le Diacre, on parle en de termes analogues de la missionnaire Julie qui fit à Gaza, au début du Ve siècle, propagande pour la doctrine de Mani: voir M. Scopello, «Julie manichéenne d'Antioche (d'après la *Vie de Porphyre* de Marc le Diacre, ch. 85-91)», *Antiquité tardive* 5 (1997), pp. 187-209.

[23] Par exemple, dans la *Vie de Porphyre* 85 on raconte que la missionnaire Julie s'adressait de préférence aux *neôfotistoi*, ceux qui n'avaient pas encore reçu le baptême.

dans les sources destinées à la diffusion de cette religion dans des contrées non chrétiennes.[24]

2) Un parallèle hérésiologique: les *Acta Archelai*

Nous avons retrouvé dans les *Acta Archelai* la trace précise des arguments utilisés par Augustin au ch. IV du *Contre l'épître du fondement*. Dans la fiction littéraire de ces actes, un évêque, Archélaüs de Carchara (Mésopotamie romaine) fait face à Mani l'hérétique. Archélaüs alerte sa communauté du danger de la propagande de ce dernier. Le but de l'homme d'église est d'exclure Mani du christianisme, en soulignant, tout au long de son œuvre, son altérité.[25] Selon Archélaüs, Mani est le plus dangereux représentant de la *diadoké* de l'erreur:[26] il doit être privé du nom de chrétien qu'il revendique pour lui-même et les siens.[27] L'évêque mésopotamien met l'accent sur le nom qui, tout comme chez Augustin, est symbole de cohésion et de reconnaissance à l'intérieur de la communauté. Du nom de chrétien, Archélaüs vient à traiter du nom du Christ. De ce nom, Mani se sert pour attirer les gens: mais ce nom – affirme-t-il – n'a rien à voir avec le système dualiste échafaudé par l'hérésiarque.[28] Et il ajoute: «Mani fit semblant d'adopter ce nom (du Christ) afin qu'à travers chaque ville les gens, en entendant le saint et divin nom du Christ, ne maudissent pas ses disciples et ne les chassent pas».[29] Quant à l'hérésie manichéenne, poursuit-il, elle montre sa faiblesse et son inconsistance du fait même qu'elle est plus récente que l'Eglise. Mani était-il aux côtés du Christ? L'avait-il assisté le long du chemin de croix? L'avait-il entouré de sa piété au moment du trépas? Etait-il compté au nombre des apôtres? Les réponses sont, de toute évidence, entièrement négatives. De plus, Mani n'a pas accompli de miracles. En revanche ceux du Christ ont été nombreux.[30]

L'argumentation hérésiologique d'Augustin s'accompagne d'un

---

[24] Voir l'article de W. Sundermann, «Christianity, 5. Christ in Manichaeism», *Encyclopaedia Iranica* 5, 5 (1991), pp. 535-539.

[25] Voir *Acta Archelai* XLIII § 5: «Mani défendait des idées différentes et étrangères à la tradition de leur pères (*id est* des chrétiens)» et XLVI § 2: «Mani voulait répandre une doctrine autre que celle qui est apostolique et ecclésiastique».

[26] *Acta Archelai* XLII, § 1: «Et moi – dit Archélaüs – je dis bienheureux Marcion et le Valentinien, et Basilide et les autres hérétiques, si je les compare à cet individu».

[27] C'est ce qui ressort des *Acta Archelai* LXI § 7.

[28] *Acta Archelai* LXV § 4-5.

[29] *Acta Archelai* LXV § 5 *in fine*.

[30] *Acta Archelai* XXXIX § 8-9.

langage qui fut déjà celui des chasseurs d'hérésies. Ce langage parcourt les champs sémantiques de l'erreur, de la tromperie et de la *vanitas*, termes définissant, à ses yeux, l'essence des doctrines manichéennes. Contes de vieille femme,[31] elles séduisent les plus simples. Les premiers chapitres du *Contra epistulam fundamenti* sont tout particulièrement imprégnés de ce langage: on y évoque l'erreur, le royaume de l'erreur qu'est l'enseignement de Mani (I, 1), ses pièges et ses filets. La tromperie est l'erreur où sont plongés les manichéens (II, 2), leurs opinions fallacieuses créent des vaines imaginations et un épais brouillard qui offusqua pour un temps l'esprit d'Augustin (III, 3). Pure invention (*figmenta*), ces théories enchaînent en des liens pesants celui qui s'y laisse prendre. On notera que ce cortège d'images et de métaphores est également courant dans la littérature manichéenne de première main où il est mis au service de la polémique contre les *dogmata* des adversaires. Le Psautier copte[32] du Fayoum en donne plusieurs exemples, dont se dégage une angoisse existentielle traduite en poésie. La lecture des œuvres composées par les manichéens a pu influencer Augustin dans le choix de ses images. Si brouillard, chaînes et liens lui remémorent son passé, ils lui rappellent également la situation où se trouvent encore ses anciens compagnons. C'est leur rédemption qu'il souhaite ardemment, ainsi que l'indiquent les premières pages du *Contra epistulam fundamenti*.

3) Augustin et les manichéens dans le *Contra epistulam fundamenti*
Au-delà du langage polémique, en partie dicté par le genre hérésiologique, Augustin s'adresse avec douceur à ses camarades d'antan: il a en effet partagé leur même expérience (*Contra epistulam fundamenti* III, 3). Leur anxiété dans la recherche de la vérité lui est connue, il est conscient de la peine avec laquelle on la trouve et de la difficulté avec laquelle on évite l'erreur (*ibid.*, II, 2). Ces arguments lui permettent d'affirmer «qu'il est plus soucieux de votre correction que

---

[31] Il se peut qu'on fasse allusion à la propagande des femmes manichéennes, déjà connue à l'époque de la *Lettre pastorale* attribuée à Théonas d'Alexandrie (vers 280). L'expression est tirée de la *Première lettre à Timothée* 4, 7 et apparaît souvent chez Irénée (appliquée aux mythes gnostiques), puis chez Epiphane, dans les *Acta Archelai*, chez Sévère d'Antioche, Titus de Bostra et Marc le Diacre (appliquée aux écrits manichéens).

[32] Edité par C.R.C. Allberry, *A Manichaean Psalm-Book*, Part II (Manichaean Manuscripts in the Chester Beatty Collection, 2), Stuttgart, 1938. Voir aussi G. Wurst, *Die Bêma-Psalmen* (The Manichaean Coptic Papyri in the Chester Beatty Library, Psalm-Book Part II, CFM, Series Coptica I, Fasc. I), Turnhout, 1996.

de votre ruine (*subversio*) car si Dieu, par le moyen de ses serviteurs, anéantit les royaumes de l'erreur, quant aux hommes eux-mêmes, il veut qu'on les amende plutôt que de les perdre» (*ibid*. I, 1). Leur guérison et non leur destruction (*interitum*) est le but ultime du dessein divin (*ibid*.). Au-delà des réminiscences néotestamentaires,[33] les paroles d'Augustin visent, selon nous, une situation précise: la *subversio* et l'*interitus* dont il est question font allusion au danger effectif qu'encourent les manichéens, menacés par les lois impériales. Les dernières lignes de ce même chapitre I vont dans le même sens: c'est la correction et non la persécution des manichéens qu'envisage Augustin, rappelant implicitement que, en tant qu'évêque, il a entre ses mains le sort des hérétiques.

2. L'Epistula fundamenti *de Mani*

> Ista enim Epistula fundamenti est quia continet initium, medium et finem (*Contra Felicem* II, 1).

Cette affirmation concernant *l'Epître du fondement* est du docteur manichéen Félix. Dans sa concision, la formule est exacte: *initium, medium et finem* sont les trois points fondamentaux de l'enseignement de Mani que lui même d'abord, ses disciples ensuite, définissaient comme la «doctrine des deux principes et des trois temps». Les deux principes sont le bien et le mal, les trois temps, ceux dans lesquels s'articulent leurs rapports: au temps des origines les deux principes sont séparés, au temps médian ils sont mélangés dans la lutte et au temps final leur séparation se réalise à nouveau, le bien l'ayant emporté sur le mal. La formule qu'adopte Félix pour résumer la pensée de son maître est d'ailleurs une constante dans les textes manichéens de première main, quels que soient leur époque et leur milieu.[34]

A cette affirmation de Félix fait pendant celle d'Augustin qui, au ch. V du *Contre l'épître du fondement*, admet que «cette épître contient

---

[33] Le thème de la correction est abordé en *Hébreux* 12.

[34] On la retrouve dans le traité chinois Chavannes-Pelliot comme dans le *Psautier* et les *Kephalaia* coptes. Par exemple, *Psaume du Bêma* 223: «Honneur et victoire à notre Maître, à Mani, l'Esprit de vérité, l'envoyé du Père. C'est Mani qui nous a révélé le Commencement, le Moyen et la Fin». Sur ce thème, voir F. Decret, *L'Afrique manichéenne*, tome I, p. 123.

presque tout ce que vous croyez».[35] Ces quelques mots confirment l'importance de ce document, auquel Augustin voulut consacrer un traité polémique.

Augustin ne transcrivit ni ne réfuta l'épître de Mani tout entière. Il n'en eut pas le temps, dit-il dans les *Retractationes*, et se borna à examiner le seul début de la lettre. Il avait toutefois songé à une analyse critique du texte dans son intégralité et, dans ce but, il avait annoté son exemplaire de l'épître de Mani.[36] Les quelques passages de l'*Epistula fundamenti* que l'évêque d'Hippone cerne de près sont le point de départ d'une réflexion théologique qui se déroule sur plusieurs chapitres. Augustin revient à quelques reprises sur ce traité de Mani, au cours de son œuvre littéraire, soit en en recopiant d'autres extraits, soit en reprenant des passages déjà cités dans son *Contra epistulam fundamenti*. Ceci confirme l'importance qu'il attribuait à cet écrit de Mani.[37]

Les renseignements d'Augustin sur l'Epistula fundamenti

Augustin affirme, déjà dans le titre de son traité, que l'*Epistula fundamenti* est une lettre écrite par Mani lui-même («*epistulam Manichaei quam vocant fundamenti*»). Félix, qui tient cette épître en grande estime, le soutient également (*Contra Felicem* I, 1). Il en va de même pour Evode, qui en cite deux passages. Cette lettre toutefois n'est pas connue par les sources directes, qui nous sont parvenues en plusieurs langues. On peut se demander si ce texte faisait partie de la collection de lettres de Mani, retrouvées au Fayoum, qui furent malheureusement détruites au cours d'un bombardement sur Berlin, pendant la deuxième guerre mondiale. Cette question n'a pas de réponse.

Il faut donc s'adresser à Augustin et tirer, de la lecture attentive de son traité polémique, le maximum d'informations[38] sur l'*Epistula fundamenti* .

---

[35] *Contra epistulam fundamenti* V, 6: «Voyons donc ce que m'enseigne Mani. Considérons avant tout le livre que vous appelez Epître du fondement, qui contient presque tout ce que vous croyez. En effet, lorsque, pour notre malheur, on nous en fit la lecture, nous étions, disiez-vous, illuminés».

[36] *Retractationes* II, 28 (*ed. cit.*, p. 134): «*Liber contra epistolam Manichaei quam vocant Fundamenti, principia eius sola redarguit, sed in ceteris illius partibus, adnotationes ubi videbatur affixae sunt, quibus tota subvertitur, et quibus commoveri si quando contra totam scribere vacavisset*».

[37] Cf. *Contra Felicem* I, 1 (= *Contra epfund* V, 6 et XI, 12); I, 16 (= *Contra epfund* XI, 13); I, 17 (= *Contra epfund* XIII, 16); I, 19 (= *Contra epfund* XV, 19). Cf. *De natura boni* 42; 46.

1) L'*Epistula fundamenti* est largement diffusée parmi les manichéens d'Afrique. C'est la plus connue des lettres de Mani: «*istas ipsas, de quibus nunc agitur, epistulae fundamenti, quae fere omnibus, qui apud vos illuminati vocantur, solet esse notissima*» (*Contra Epistulam fundamenti* XXV, 28).

2) Cette épître était lue pendant les réunions de la secte: «*ipsa enim nobis illo tempore miseris quando lecta est*» (*Contra Epistulam fundamenti* V, 6).

3) Quelles sont les conséquences de la lecture de cette épître sur les membres de la secte? Augustin dit, sur un ton polémique: «*inluminati dicebantur a vobis*» (*ibid.*).

4) En outre cette lettre contient «*ubi totum pene quod creditis*» (*ibid.*)

L'affirmation relevée au point n° 1 – «à sa lecture nous étions, disiez-vous, illuminés» – mérite un commentaire. Le terme latin *inluminati* correspond au grec *fôtizomenoi*: la lumière de la connaissance envahissait l'adepte à l'écoute de la parole du Messager de la lumière. Cette expression se retrouve dans les sources directes. Dans les *Kephalaia* coptes[39] elle est exclusivement utilisée par Mani au terme des explications qu'il fournit à ses disciples sur des points de sa doctrine. Parmi de très nombreux exemples, citons le *Kephalaion* 55 (p. 135, 25) où Mani dit: «Je vous ai illuminés en ce qui concerne la réponse à la question que vous avez posée». Mani est aussi très souvent appelé dans les *Kephalaia* l'Illuminateur, *Fôster*.[40]

En réunissant les informations fournies par Augustin, on en déduit que l'*Epistula fundamenti*, synthèse de la doctrine de Mani – elle contient presque tout ce que vous croyez – était lue aux auditeurs, dont Augustin avait fait partie. F. Decret a souligné qu'il devait s'agir d'une sorte de *compendium* de la doctrine, d'un catéchisme destiné aux

---

[38] F. Decret a relevé une bonne partie de ces points dans son *Aspects du manichéisme...*, pp. 107-109.

[39] Ed. H.J. Polotsky et A. Böhlig, *Kephalaia* I, 1. Hälfte (Lieferung 1-10), (Manichäische Handschriften der Staatlichen Museen Berlin, 1), Stuttgart, 1940. Cf. la traduction anglaise de I. Gardner, *The Kephalaia of the Teacher* (Nag Hammadi and Manichaean Studies XXXVII), Leiden, 1995.

[40] Voir *Kephalaion* 57 (p. 144, 15 et p. 146, 16); *Kephalaion* 58 (p. 147, 23). Le titre de *Fôstêr* est omniprésent dans les *Kephalaia*. Du côté chrétien, le terme de *fôtizomenoi* ou de *fôtistoi* indique ceux qui, prêts à obtenir le sacrement du baptême, entament l'itinéraire de l'initiation. On peut rappeler pour mémoire, à ce sujet, les *Catecheseis ad illuminandos (fôtizomenon)* de Cyrille de Jérusalem, dont la sixième (prononcée en 348) est consacrée à la polémique contre les gnostiques et les manichéens.

adeptes. Nous ne savons toutefois pas qui faisait la lecture commu-
nautaire de cette lettre: un élu? un auditeur âgé?

Augustin ne se limita pas à une connaissance orale de l'*Epistula
fundamenti*: il eut entre les mains également sa version écrite, puisqu'il
annota la lettre tout entière.[41] De plus, il parle de ce document
comme d'un *librum*: «*consideremus librum quem fundamenti epistolam dicitis*» (*Contra Epistulam fundamenti* V, 6). Ceci nous invite à considérer
l'*Epistula fundamenti*, non comme une lettre, mais plus vraisemblable-
ment, comme un traité dogmatique d'une certaine ampleur, qui a
gardé quelques éléments du genre littéraire de l'épître: s'adresser à
un destinataire; répondre à une question soulevée par celui-ci.

Augustin affirme aussi que l'*Epistula fundamenti* a été transcrite dans
un *codex*. On l'apprend du *Contra Felicem* I, 1: «Ayant donc sorti l'épître
de Mani qu'ils appellent du fondement, Augustin demanda à Félix:
si dans le *codex* que tu me vois tenir, je lis l'épître de Mani que vous
appelez du fondement, peux-tu reconnaître qu'il s'agit bien d'elle?».
Compte tenu du contexte, – Félix avait affirmé qu'il pouvait défendre sa loi, si on lui restituait les œuvres de Mani – on peut penser
que d'autres écrits de Mani étaient également consignés dans ce
même *codex*.

Ces quelques remarques nous permettent de mieux cerner les
contours de l'*Epistula fundamenti*. Il faut maintenant se pencher sur
sa structure.

Pourquoi une lettre?

Mani eut constamment, tout au long de sa vie itinérante, un exemple devant les yeux: celui de Paul. Comme Paul, il voyagea sans
relâche, comme Paul, il se présenta tel l'apôtre du Christ et comme
Paul, enfin, il eut une activité épistolaire très intense. Nous n'avons
que des fragments de cette correspondance que M. Tardieu a défini comme la plus féconde de l'époque sassanide.[42] Mani s'adressait,
par de textes d'ampleur différente, soit à un disciple en particulier,
soit à des communautés lointaines qu'il avait fondées. Il traitait aussi
bien de points de doctrine que de problèmes de nature pratique. Al
Biruni[43] a conservé les titres de soixante-seize lettres de Mani (il avait

---

[41] Voir la note 36.
[42] M. Tardieu, *Le manichéisme...*, pp. 62-64.

une connaissance approfondie d'une cinquantaine d'entre elles). Son catalogue rend compte de titres permettant de classer les lettres de Mani selon l'ordre que voici: lettres qui indiquent déjà dans leur titre leur contenu, lettres qui portent le nom de la ville ou de la personne à qui elles s'adressent; lettres, enfin, qui mentionnent aussi bien le nom du destinataire que le thème qu'elles vont aborder.

Le problème du titre de l'Epistula fundamenti

Une étude de l'*Epistula fundamenti* commence par l'analyse de son titre. Il ne suffit pas de dire 'Epître du fondement', il faut essayer de comprendre ce que ce terme signifie et à quoi il fait allusion. Remarquons tout d'abord que ce titre, comme l'épître tout entière, est le résultat d'une traduction en langue latine. L'original de la lettre fut écrit très probablement par Mani en syriaque. Toute sa production littéraire fut composée en cette langue, à l'exception du *Shabuhragan*, écrit en pehlevi pour des raisons d'opportunité politique. De nombreuses pièces de l'épistolaire de Mani ont été traduites en copte (que l'on songe au *codex*, perdu, du Fayoum), et certainement en grec. Le travail des scribes dans les communautés manichéennes était intense, plusieurs témoignages en font foi.[44] On peut supposer, avec une certaine vraisemblance, que la version latine de l'*Epistula fundamenti* se fonde sur une traduction du grec, basée à son tour sur un original syriaque.

Mais que signifie *fundamentum*? Les dictionnaires nous livrent quelques significations: fondement, racine, source, origine. Si l'on s'interroge sur l'équivalent grec de *fundamentum*, on trouve le substantif *themelios*. Ce terme, signifiant fondement/fondation, est usité dans les cas suivants:

1) *themelios* est le fondement de la volonté divine en ce qui concerne la création (1*Clementis* 33, 3).

2) *themelios* est appliqué au Christ, en tant que fondement de la connaissance (Clément d'Alexandrie, *Stromates* 7,9).

---

[43] Al Biruni, *Chronologie*, ed. Sachau, p. XXXVIII. Cf. P. Alfaric, *Les écritures manichéennes*, II, *Etude analytique*, Paris, 1918-1919, pp. 68-75. Les titres ont été probablement attribués aux lettres par la tradition manichéenne.

[44] La récente découverte des documents de Kellis semble prouver que dans cette oasis il y avait un centre de traduction manichéen.

3) *themelios* concerne les apôtres, les prophètes et Pierre (Origène, *Sur Jean* 10, 39).

4) *themelios* se dit des vertus, fondement de la vie spirituelle.

Quant à la forme verbale *themelioo*, elle a deux significations principales: 1) fonder, établir a) référé à la création, b) appliqué au Christ, c) à l'Eglise, basée sur la foi des apôtres. 2) confirmer. C'est bien la première signification qui nous intéresse ici.

Nous avons vérifié en premier lieu si le terme *themelios / themelioo* était présent dans la littérature manichéenne du Fayoum: les mots grecs, avec une signification technique, théologique et philosophique, y sont fréquents. Les résultats de cette enquête ont été positifs.

Une attestation de *themelios* se trouve dans le *Psaume copte d'Héraclide* (Allberry p. 188, 27), où Jésus est appelé «celui qui opère le fondement (*themelios*)».

Le dossier s'étoffe si l'on considère l'équivalent copte de *themelios*, c'est-à-dire le substantif *CNTE*.

Dans le *Psaume du Bêma* 222 (p. 8, 9 Allberry), *CNTE* indique le *bêma*, fondement de la douce victoire, rempli de toute sagesse.

Dans le *Psaume à Jésus* 245 (p. 53, 22 Allberry), *CNTE* est appliqué à la tour, fondée sur le roc du Christ, dans un contexte qui reprend, en les pastichant, *Luc* 6, 48 (les fondations sur le roc) et *Luc* 14, 28 (les fondations de la tour).

Néanmoins c'est le *Psaume d'Héraclide* (p. 188, 27ss-189, 29 Allberry) qui est, à notre avis, le plus intéressant: le terme grec *themelios* et son équivalent copte, *CNTE*, apparaissent au cours de la même phrase. Articulé autour du thème des constructeurs et des fondements, ce psaume est illustré par un certain nombre d'allusions néotestamentaires, comme il arrive souvent dans la littérature hymnique manichéenne. Voici un extrait de ce psaume:

> Appelez les constructeurs en disant: venez, construisez rapidement. Construisez rapidement car les temps sont mûrs. Nous avons posé le *fondement* (*CNTE*): c'est le Christ qui est le *fondement* (*themelios*). C'est lui qui a de l'or pour la construction – laissez-lui construire la virginité –. C'est lui qui a de l'argent pour la construction – laissez-lui construire la continence. C'est lui qui a des joyaux pour la construction, – laissez-lui construire des prières. Ne construisez rien d'autre sur le *fondement* ... N'amassez pas du foin et de la paille. Mangez et buvez dans le nom du Seigneur. N'amoncelez pas les roseaux sur la construction, glorifiez le nom du Seigneur. Vous avez trouvé des roseaux vides et creux. Ne vous ornez pas à l'extérieur pour que l'on vous découvre vides à l'intérieur. Ne construisez pas avec du bois sur la

construction, mais recevez le sceau de la croix. Ne recevez pas le sceau à l'extérieur, quand le voleur s'empare des maisons édifiées pendant la nuit. La nuit est le temps du corps, le jour, c'est la manifestation.... Tu logeras dans ce que tu as construit pendant le jour. Si tu t'es préparé à construire, prend d'abord de quoi mesurer, car si tu construis sans mesurer, ton édifice s'écroulera. La construction est le commandement (*entolê*), la mesure est la profession de foi. Ne t'enivre pas et ne t'endors pas, sinon tu tomberas du haut du bâtiment. Construis la maison, munis-la d'étages et d'un toit, rends-la parfaite. Le commandement (*entolê*) est la connaissance, et le toit, l'amour du Père. Gloire et honneur à mon Sauveur, le fondement qui ne peut être éradiqué.

Notons, dans ce passage, une référence précise à *I Corinthiens* 3, 12: «Que l'on bâtisse sur ce fondement (*themelios*; Vg.: *fundamentum*) avec de l'or, de l'argent, des pierres précieuses, du bois, du foin ou de la paille, l'œuvre de chacun sera mise en évidence, car le jour du Seigneur la fera connaître». Le point central de l'interprétation manichéenne, à partir de ce texte de Paul, est que «la construction est l'*entolê*, le commandement». Terme technique du manichéisme, l'*entolê* désigne l'enseignement de Mani que tout un chacun doit respecter. Cet enseignement est fondé sur les cinq commandements et les trois sceaux[45] ainsi que sur l'obligation de diviser constamment, en tout acte de la vie quotidienne comme dans son esprit, ce qui est bien de ce qui est mal, lumière de ténèbre.

Le *Psaume d'Héraclide*, avec son allusion à *I Corinthiens* 3, 12 centrée sur *themelios*, nous invite à reconsidérer attentivement le dossier des épîtres pauliniennes. Ce même terme se trouve également en *I Corinthiens* 3, 10 («comme un bon architecte j'ai posé le fondement») – l'architecte est une autre métaphore importante du manichéisme – et en *I Corinthiens* 3, 11 («quant au fondement, nul ne peut en poser un autre que celui qui est en place, c'est-à-dire Jésus Christ»). La *Deuxième Épître à Timothée* 2, 9 utilise également l'image de *themelios*: «le fondement solide jeté par Dieu demeure stable». On peut verser aussi au dossier *Ephésiens* 2, 20 («le fondement des apôtres et des prophètes») et *Hébreux* 6, 1 («le fondement de la pénitence»).

Mani a pu, à notre avis, tirer le terme de *themelios* de la lecture des épîtres pauliniennes, qu'il appréciait particulièrement, et plus précisément de *I Corinthiens* 3. Il en a fait le point de départ d'une réflexion personnelle, allant jusqu'à bâtir une épître dogmatique autour de *themelios*. Ceci constitue une preuve supplémentaire de

---

[45] Cf. l'*Hymne aux apôtres* M 801, en pehlevi, et le *Psaume du Bêma* 235.

l'attachement de Mani pour Paul, non seulement au niveau humain mais aussi au niveau littéraire.

L'épître de Mani pouvait s'appeler, en grec, *epistole peri tou theme-liou* ou, en copte, *EPICTOLE ETBE TCNTE*, «la lettre concernant le fondement». En syriaque, la formule *igertha samaktha* ou *igertha stasta* avait pu être retenue.

Le fondement est la doctrine manichéenne des deux principes et des trois temps. C'est sur ce fondement que se construisent l'éthique et le comportement des adeptes manichéens. Augustin confirme cette interprétation, sous un mode polémique, dans le *Contra Felicem* I, 14: «Elle est là cette épître de Mani que vous appelez du fondement ! Le début (*initium*) dans un édifice n'est rien s'il n'est le fondement. A quoi bon donc chercher le reste de la construction de Mani, si je te montre que du fondement même, il a fait une ruine?».

*Le problème du destinataire de l'*Epistula fundamenti

Le ch. XII, 14 du *Contra epistulam fundamenti* conserve un extrait de l'*Epistula fundamenti* où le nom du destinataire de cette lettre est mentionné: «Tu m'as dit, mon cher frère Patticius, que tu désirais savoir comment sont nés Adam et Eve».

Nous ne dirons que quelques mots sur l'identité de Patticius, le problème ayant déjà été abordé et résolu par plusieurs chercheurs.[46]

Le Patticius dont il est question ici n'est pas à identifier avec le père de Mani, Patig, Patek, Pattikios en grec,[47] comme on le fit dans le passé, avant la découverte des sources directes: en effet, pourquoi Mani aurait-il appelé son père 'frère'? Pourquoi, si le nom de Patticius se référait au père, ce dernier, si proche de la pensée de son fils, lui aurait-il demandé des éclaircissements? Plutôt, le Patticius de l'*Epistula fundamenti* doit être identifié avec Pattig, qui fut le compagnon d'Adda – l'Adimantum cité souvent par Augustin – dans l'œuvre de propagande missionnaire du message de Mani.

Selon le fragment M2 de Tourfan, en moyen perse, «Sur la venue de l'Envoyé aux nations», – on entend par là l'empire romain, le Khorasan et l'empire Koushan – on parle des difficultés qu'eurent Pattig et Adda dans la diffusion de la doctrine en Egypte (entre 244

---

[46] Voir F. Decret, *L'Afrique manichéenne...*, tome I, pp. 119-123. Voir aussi S.N.C Lieu, *Manichaeism in Mesopotamia and the Roman East*, Leiden, 1994, p. 89.
[47] Selon le *Codex manichéen de Cologne*.

et 261). Après avoir passé une année en ce pays, Pattig retourna auprès de Mani, pour lui demander conseil. Mani envoya alors trois scribes à Adda et trois écrits, dont seul le premier est mentionné, l'*Evangile Vivant*, pour étayer leur enseignement.[48] Quels étaient les deux autres écrits? L'*Epistula fundamenti* faisait-elle partie des documents envoyés aux disciples en difficulté? Ou fut-elle éventuellement écrite pour éclairer Pattig/Patticius sur quelques points de la doctrine? Ces deux dernières questions restent pour l'instant sans réponse.

Notons, quant à nous, que le titre de frère qui accompagne le nom de Patticius («mon cher frère Patticius») dans l'extrait de *l'Epistula fundamenti* transmis par Augustin (ch. XII, 14) indique, selon les règles de la correspondance épistolaire chrétienne, que l'on s'adresse à quelqu'un que l'on considère un égal. Mani tenait donc Patticius en haute estime, un frère en religion, et le croyait capable de comprendre les subtilités de sa doctrine.

L'occasion de l'Epistula fundamenti: *une question complexe*

Le frère Patticius a dû poser à Mani une question ponctuelle. On le déduit de la réponse du Maître, rapportée par Augustin dans le *Contra epistulam fundamenti* XII, 14: «Tu m'as dit, mon cher frère Patticius, que tu désirais savoir comment sont nés Adam et Eve, s'ils ont été créés par une seule parole ou si ces premiers hommes sont nés de la chair. Je vais te donner la réponse qui convient. Là-dessus nous trouvons, dans les diverses écritures et révélations, des choses fort différentes. Aussi la plupart des peuples et même les hommes qui ont longtemps et abondamment discuté, ignorent la vérité sur ce point. Car s'ils avaient réussi à connaître indubitablement le mode de génération d'Adam et d'Eve, ils ne seraient jamais sujets à la corruption et à la mort. Il y a plusieurs choses à rappeler d'abord, si l'on veut arriver sans ambiguïté à la connaissance de ce mystère».

Le point de départ de l'*Epistula fundamenti*, après les formules d'introduction usuelles,[49] est une question précise sur l'origine d'Adam et d'Eve.

---

[48] Voir F. Decret, *L'Afrique manichéenne...*, tome I, p. 121.

[49] Ces formules du début de l'*Epistula fundamenti* sont consignées dans le *Contra epistulam fundamenti* V, 6: «Mani, apôtre de Jésus-Christ par la providence de Dieu le Père. Voici les paroles salutaires qui viennent de la source vivante et éternelle». La suite de la citation se trouve dans le *Contra epistulam fundamenti* XI, 12: «Celui qui les écoutera, qui les croira d'abord et ensuite gardera ce qu'elles auront insinué

On remarquera, en premier lieu, l'utilisation d'un procédé rhétorique: celui des questions-réponses. Ce procédé reflète la méthode d'enseignement que Mani privilégiait. Les disciples, ou l'un d'entre eux, posaient une brève question à laquelle Mani répondait longuement, en la cadrant dans le paysage général de la doctrine.

On remarquera, en deuxième lieu, que la question porte sur la génération d'Adam et d'Eve. Nous sommes à une étape centrale du mythe, à partir de laquelle Mani pouvait remonter au temps des origines (les deux principes coéternels et ennemis) ou s'aventurer vers le temps de la fin. Adam et Eve se situent, en effet, au moment crucial et médian de la *mixis, commixtio*, du mélange entre lumière et ténèbre. La question sur Adam et Eve est ainsi un prétexte pour un plus ample développement de la doctrine, comme le montrent les extraits suivants de l'*Epistula* transcrits par Augustin; ceux-ci abordent, dans l'ordre, le problème du temps primordial, les deux principes et leurs territoires respectifs.[50]

Mani évoque deux possibilités, quant à la création d'Adam et d'Eve, en rapportant la question du disciple Patticius: s'ils sont *utrum verbo iidem prolati an primogeniti ex corpore.*

Plaçons-nous dans le contexte de la doctrine manichéenne: la première possibilité évoquée est une création à partir de la parole, *verbum.* Nous relevons une allusion précise à la façon selon laquelle, dans le mythe, s'effectuent la première et la deuxième créations, c'est-à dire par une série d'''appels'. C'est ainsi que le Père de la Grandeur appelle à l'être quelques entités, destinées à contrer le Roi de la Ténèbre.[51] La création d'Adam et de sa compagne n'advient toutefois pas de la sorte. Mani indique, en mentionnant la question de

---

en lui, ne sera jamais sujet à la mort, mais jouira de la vie éternelle et glorieuse. Car il faut assurément estimer bienheureux celui qui sera muni de la divine connaissance, puisque, délivré par elle, il sera établi dans la vie sans fin». Suite de la citation en *Contra epistulam fundamenti* XI, 13: «Que la paix du Dieu invisible et la connaissance de la vérité soit avec les frères très saints et très chers qui croient aux divins préceptes et qui les observent... mais que la Droite de la Lumière vous protège et vous garde de toute invasion du mal et des pièges du monde». Pour des formules introductives analogues, voir la lettre de Mani à Marcellus selon les *Acta Archelai* V.

[50] Ces arguments sont traités aux chapitres suivants: XII, 15 (le combat); XIII, 16 (les deux principes; le Père de la lumière et ses membres); XV, 19 (la terre de ténèbre et ses cinq natures).

[51] A ce propos, on peut lire le récit de Théodore bar Konai, fondé sur la *Pragmateia*, concernant la première création (le Père de la Grandeur appela la Mère des vivants, celle-ci appela l'Homme primordial, ce dernier appela ses cinq fils) et la

son disciple, une deuxième possibilité, entendons une génération *ex corpore*, du corps, de la matière, de la chair. C'est bien cette deuxième solution qu'adopte Mani.[52]

Mani affirme, en outre, qu'il n'y a pas de consensus sur ce problème, et signale 'diverses écritures et révélations' qui ont proposé des solutions différentes. Il fait référence, selon nous, tout d'abord à la tradition vétérotestamentaire, dont il se démarque fortement. Selon celle-ci, la création d'Adam provient d'un *verbum*, une parole: «Et Dieu dit: Faisons l'homme à notre image, selon notre ressemblance» (*Genèse* I, 26). La formule «et Dieu dit» scande tout le récit de la création, et se lit dix fois dans les LXX et onze fois dans le texte massorétique.

Parmi les autres écritures et révélations, Mani pourrait faire allusion à l'*Evangile de Jean* 1, 13; 8, 25 où le *Verbum* est le Fils auprès du Père.

Le Maître de Babylone s'oppose ainsi aux deux interprétations de la création, celle de l'Ancien Testament et celle proposée par Jean. En effet, dans le système de Mani, Adam et Eve sont le fruit d'une génération démoniaque. Néanmoins, l'intervention de Jésus-Splendeur éveille Adam et chasse de lui le démon séducteur.[53]

La connaissance du mode de génération d'Adam et d'Eve, selon Mani, «libère de la corruption et de la mort»: les religions auxquelles, selon nous, il se réfère (judaïsme et christianisme) ne sont pas en mesure de proposer à l'homme le salut. Ce salut découle – on peut le déduire de son discours – du fait de reconnaître que la création du monde et de l'homme est un mélange de bien et de mal, de lumière et de ténèbre.

La prise de conscience constitue le premier pas vers le salut. Adam, engourdi dans le sommeil, entame son rachat en se rendant compte de sa déchéance.[54] Il en va de même pour l'homme manichéen qui

---

deuxième création (le Père de la Grandeur appela, deuxième appel, l'Ami de la lumière, celui-ci appela le Grand architecte, qui appela l'Esprit vivant, qui appela ses cinq fils). A ce sujet, voir la traduction de M. Tardieu, *Le manichéisme*..., pp. 94-95.

[52] C'est la conséquence de l'anthropophagie, puis de l'union de Nébroël et Ashaqlun, enfantant Adam et Eve, selon le récit de Théodore bar Konai (cf. M. Tardieu, *Le manichéisme*..., p. 99).

[53] Ceci est conté par Théodore bar Konai, voir M. Tardieu, *Le manichéisme*..., p. 100.

[54] Le récit de Théodore bar Konai dit: « (paroles d'Adam) Malheur, malheur au créateur de mon corps et au lieur de mon âme et aux maraudeurs qui m'ont fait esclave !» (trad. M. Tardieu, *Le manichéisme*..., p. 100).

échappe à l'emprise des archontes, en se souvenant de ses origines divines.

La connaissance que l'on obtient de la génération des *primogeniti* est, selon les propres paroles de Mani, un *mysterium* auquel l'on parvient seulement après avoir rappelé un certain nombre d'arguments doctrinaux (XII, 14 in fine).[55]

Ces quelques lignes de l'*Epistula fundamenti*, reprises par Augustin dans son *Contra epistulam fundamenti*, acquièrent un sens précis si on les compare aux sources directes du manichéisme.

On doit se demander tout d'abord si le procédé rhétorique des 'questions-réponses' est attesté dans la littérature directe manichéenne. Nous pouvons affirmer qu'il est bien connu, surtout dans les *Kephalaia* coptes.

Le parallèle avec les *Kephalaia* va d'ailleurs au-delà de ce point spécifique, en effet quelques éléments pour éclairer l'*Epistula fundamenti* y sont consignés.

Si les *Kephalaia* n'ont pas été écrits par Mani, ainsi que l'estimaient les premiers manichéisants,[56] en se fondant sur le faux tétrateuque mis en place par les *Acta Archelai*,[57] ils portent toutefois la trace de débats entre Mani et ses disciples. Chacun des cent-vingt-deux *Kephalaia* conservés au Fayoum est articulé sous la forme d'une question (brève) et d'une réponse (complexe).

Le ou les disciples qui interrogent le Maître ne sont jamais appelés par leur nom – on précise, parfois, s'il s'agit d'un catéchumène ou d'un élu – et aucun Patticius n'est présent dans les *Kephalaia*. Dans un seul cas, au *Kephalaion* 57, le disciple qui pose la question est défini par sa provenance ethnique: c'est un catéchumène de Babylone. C'est sur ce texte que portera d'ici peu notre attention.

Les Kephalaia *et l'*Epistula fundamenti

Dans l'extrait de l'*Epistula fundamenti* transmis par Augustin, Mani définit la génération d'Adam et d'Eve comme un mystère, dont la

---

[55] Citation de l'*Epistula fundamenti* dans *Contra epistulam fundamenti* XII, 14: «Il y a plusieurs choses à rappeler d'abord, si l'on veut arriver sans ambiguïté à la connaissance de ce mystère».

[56] Par exemple, Sébastien Lenain de Tillemont, *Mémoires pour servir à l'histoire ecclésiastique des six premiers siècles*, Paris, 1693-1712, tome IV, article VI (sur l'hérésie des manichéens), p. 380.

[57] *Acta Archelai* LXII § 6 (*Mystères, Kephalaia, Evangile vivant, Trésor*). Sur ce problème,

connaissance libère de la mort et de la corruption. Le terme de *mysterium* est technique. Si l'on se réfère au *Kephalaion* 1, p. 15, 1-19, l'on trouve une énumération de douze mystères, noyau de la révélation de Mani. Le septième mystère (*ibid.*, p. 15, 11) porte sur la création (*plassein*, façonner) d'Adam. Mani soutient que chaque mystère lui a été révélé par le Paraclet, son double céleste, qui lui ouvrit les yeux sur ces secrets.

Par ailleurs, le problème d'Adam et Eve est traité dans quelques *Kephalaia*: dans ces textes on note l'emploi des termes *plassein/plasma*, ce qui renvoie non au premier récit de la création (*Genèse* 1, 26) mais au deuxième (*Genèse* 2, 7). Ces *Kephalaia* expliquent la façon selon laquelle Adam et Eve furent façonnés, non par le Dieu de la lumière mais par l'Archonte de la ténèbre et ses acolytes.[58] Ces entités s'attellent à une contre-création, dans le but de reproduire une forme semblable à l'image céleste du Messager qu'ils avaient entrevue. Sa beauté avait en effet allumé leur désir. Les foetus des fils de la ténèbre sont engloutis par Ashaqlun et par Nébroel, sa compagne. S'étant ainsi nourris, ils s'accouplent et donnent naissance à Adam et Eve.[59]

L'acte de la création d'Adam et d'Eve est pour Mani la cheville entre ce qui advint dans le monde des dieux et ce qui adviendra dans le monde des hommes. La lutte entre les deux principes se poursuit en effet dans le genre humain et dans l'âme de chaque homme, jusqu'à ce que la dernière parcelle de lumière ne soit extraite de la sphère de la matière et ne soit réintégrée dans l'Homme Parfait, colonne de gloire montant vers le ciel.

Un triptyque sur la création d'Adam et d'Eve

Trois *kephalaia* se prêtent tout particulièrement à une comparaison avec l'*Epître du fondement*: il s'agit des *Kephalaia* 55, 56 et 57.

Le *Kephalaion* 55 est intitulé «Sur la façon dont Adam et Eve furent façonnés (*plassein*)». Quelques disciples de Mani, dit le texte, pensent que l'assemblage du corps humain a eu l'approbation de Dieu: en effet, même si Adam et Eve ont été façonnés par les archontes du

---

P. Alfaric, *Les écritures manichéennes*, II, p. 9. Positions récentes chez M. Tardieu, *Le manichéisme...*, p. 64-67 (pentateuque ou heptateuque).

[58] On peut lire à ce sujet les *Kephalaia* 10, p. 42, 29; 16, p. 54, 5. 7 et p. 56, 23-26; 18, p. 59, 28; 38, p. 93, 2. 30. 34; 73, p. 179, 6. 8; 112, p. 268, 2.

[59] Ceci est toujours conté par Bar Konai (cf. M. Tardieu, *Le manichéisme*, p. 99).

mal, ils l'ont toutefois été à partir de la divine image du Messager. Mani explique à ses disciples que leur croyance est fausse. L'image de lui-même que le Messager a laissée entrevoir, avait comme but de libérer l'âme de la matière. Or, l'image humaine n'est qu'une copie très imparfaite de celle de Dieu: cette copie ne fut pas faite selon la vérité, mais seulement selon l'imitation. Mani poursuit en disant que «les archontes façonnèrent Adam et Eve selon la ressemblance du Messager, mais sans le consensus du Père de la Grandeur». C'est ainsi que Mani conclue son explication: «Je vous ai illuminés par la réponse à votre question. Souvenez-vous de mon explication» (p. 135, 24-26). Notons la coïncidence avec les paroles, ironiques, d'Augustin dans le *Contra epistulam fundamenti* XXV, 28: les manichéens étaient illuminés par la lecture de l'épître de Mani. Par ailleurs, l'acte d'illuminer implique un Illuminateur, un *Fôster*, titre donné à Mani dans les *Kephalaia*.

Le *Kephalaion* 56 «Sur Saklas et ses archontes» reprend le discours sur Adam et Eve. Les disciples disent au maître: «Tous ces avortons, parmi lesquels il y a Saklas et sa compagne et ceux qu'ils ont servi [ ] ce sont bien eux qui ont façonné (*plassein*) Adam et Eve. Comment ont-ils fait pour trouver cette belle image posée sur leur modèle (*plasma*), du moment que, quand cette image fut manifestée à leurs parents, ils n'existaient pas encore? Jamais ils ne virent l'image du Messager ! De quelle façon s'emparèrent-ils du sceau de l'image du Messager? Ils l'ajoutèrent, en effet, au moment de façonner Adam et Eve». Mani, l'Illuminateur, explique aux disciples de quelle façon le chef des archontes dit à ses acolytes: «Venez ! Donnez-moi de votre lumière et je construirai pour vous une image selon la ressemblance de Celui qui est exalté». C'est d'Adam et d'Eve dont il s'agit. Selon l'auteur du *Kephalaion*, «ils ont été façonnés (*plassein*) à travers l'action (*energeia*) du péché qui était entré en eux à travers les fruits de l'arbre». Cette affirmation est en réalité un enseignement, comme le montrent les paroles de Mani: «Attention, je vous ai appris cette leçon».

Le *Kephalaion* 57 est intitulé «Sur la génération d'Adam». D'une façon claire, Mani explique à un catéchumène de Babylone quelques points du mythe. «Le catéchumène de Babylone interrogea l'Illuminateur en disant: Parle avec moi, Maître, instruis-moi sur Adam, le premier homme. Quand fut-il façonné (*plassein*), comment fut-il modelé (*zographein*)? ou alors, comment fut-il engendré? Ou bien, dis-moi, vint-il au monde de la même façon que le genre humain?

en est-il ainsi ou pas? Quelle différence y-a-t-il entre sa naissance et la nôtre?».

Les questions du catéchumène de Babylone sont un écho des paroles prononcées par Mani dans l'*Epître du Fondement*: «Tu m'as dit, mon cher frère Patticius, que tu désirais savoir *de quelle façon* sont nés Adam et Eve, s'ils ont été créés d'une seule parole ou s'ils sont nés de la chair».

Le catéchumène de Babylone fait également remarquer que si Adam fut grand aussi bien de taille que d'années, il en va autrement pour les hommes nés après lui: leur vie est plus courte, leur taille, plus petite. Il demande en effet: «Pourquoi donc, à notre époque, la naissance est différente par rapport à celle des premiers hommes?». Mani – selon les paroles du *Kephalaion* – dans sa profonde sagesse et sa grande compréhension, explique au disciple que cinq pouvoirs et cinq lieux ou positions existent dans la sphère du zodiaque. Le premier lieu est l'année, le deuxième, le mois, le troisième, le jour, le quatrième, l'heure, le cinquième, l'instant. Chacun de ces lieux est dominé par un chef. Il y a le chef de l'année, suivi par celui du mois et du jour, en dernier viennent les chefs de l'heure et de l'instant. L'humanité naît sous l'emprise de ces pouvoirs. Et si, au commencement des temps, c'étaient les chefs de l'année qui régnaient – ce qui explique que les hommes étaient grands de taille et vivaient longtemps – peu à peu ils laissèrent le pouvoir aux mains des chefs des mois, puis à ceux des jours et ainsi de suite, jusqu'à l'arrivée des chefs de l'instant. La vie des hommes devint ainsi de plus en plus courte, jusqu'à tendre vers le néant.

Dans ces trois *kephalaia* ainsi que dans l'*Epître du Fondement*, Mani explique l'avènement d'Adam et d'Eve en faisant un grand pas en arrière: «Ecoute – dit Mani à Patticius dans l'*Epistula fundamenti* XII, 15 – ce qui advint avant la constitution (*constitutio*) du monde, comment, en ce temps-là, un combat fut engagé. A partir de là, tu seras en mesure de distinguer la nature de la lumière de celle de la ténèbre».

Cette *constitutio* est également un *fundamentum*, les mots grecs à l'arrière plan pouvant tout aussi bien être *ktisis* que *katabole* ou *themelios*, le mot copte *CNTE* pouvant revêtir ces différents sens tout à la fois.

On observera qu'Augustin ne commente pas l'épisode de la naissance des *primogeniti* dans le *Contra epistulam fundamenti*. Le temps lui manque. Il sait toutefois parfaitement de quoi il s'agit et va reprendre ailleurs cet argument. Dans le *De moribus Manichaeorum*, au chapitre XIX, 73, il réagit ainsi à ce point précis du mythe de Mani: «Telle est en effet votre opinion sur Adam et Eve: longue fable dont je toucherai juste ce qui suffit présentement. Donc Adam, selon vous, a été engendré par ses parents, avortons des princes de ténèbres, de telle manière qu'il avait en son âme une très grande partie de lumière et une très petite partie de la race adverse. Bien qu'il vécut saintement à cause de cette surabondance de bien, la partie adverse l'entraîna à se dégrader dans l'union charnelle. C'est ainsi qu'il tomba et pécha, mais ensuite il vécut plus saintement». Dans le *De natura boni* 46, Augustin fait également allusion à cet épisode du mythe, tout comme dans le *De haeresibus* 46. Mais c'est dans le *De Genesi contra Manichaeos* que l'évêque d'Hippone aborde la grande question de la création, en disant que «les manichéens s'agitent beaucoup à propos de la création de l'homme à l'image de Dieu» (I, XVII, 27). C'est à ce problème capital qu'il fournit une réponse en réaction aux thèses manichéennes.[60]

Nous voudrions conclure cette étude sur l'*Epistula fundamenti* par une question que nous laissons, pour l'instant, ouverte: faut-il identifier son destinataire, Patticius, avec le catéchumène de Babylone du *Kephalaion* 57? Si tel était le cas, ceci ne ferait que confirmer ultérieurement l'intérêt d'étudier, d'une façon concomitante, les traités *contra Manichaeos* d'Augustin et les sources manichéennes du Fayoum.

---

[60] Voir l'étude de J. Ries, «La création de l'homme et l'histoire du salut dans le *De Genesi contra Manichaeos* de saint Augustin», dans *De Genesi contra Manichaeos, De Genesi ad litteram liber imperfectus di Agostino d'Ippona*, Lectio Augustini, Settimana Agostiniana Pavese VIII, Palermo, 1992, pp. 65-98.

AU CŒUR DU DUALISME MANICHÉEN: LA POLÉMIQUE AUGUSTINIENNE CONTRE LA NOTION DE «MUTABILITÉ» DE DIEU DANS LE *CONTRA SECUNDINUM*

GIULIA SFAMENI GASPARRO (MESSINA)

«Un nommé Secundinus, qui n'était pas de ceux que les Manichéens appellent élus, mais de ceux qu'ils nomment auditeurs et que je n'avais jamais vu, m'écrivit comme à un ami, pour me reprocher respectueusement d'attaquer par écrit cette hérésie. Il me demanda de ne pas le faire, mais il m'exhorta d'embrasser plutôt la secte et de prendre sa défence en attaquant la foi catholique. Je lui ai répondu; mais comme je n'ai pas mis en tête de cet opuscule les noms de son destinataire et de son auteur, qu'on le compte non parmi mes lettres mais parmi mes livres. Au début de cet écrit, a été aussi copiée la lettre de Secundinus. Le titre de mon volume est *Contre Secundinus le manichéen*. A mon avis, je le préfère à tous ceux que j'ai pu écrire contre ce fléau».[1]

Augustin, en parcourant à la lumière de la mémoire et d'une mûre réflexion son itinéraire littéraire et humain, fournit des éléments fondamentaux pour l'évaluation historique de son œuvre. On apprend donc qu'un auditeur manichéen de Rome prit un jour l'initiative d'écrire à l'ancien compagnon de foi, désormais évêque d'Hippone, renommé dans toute l'Église catholique pour sa science théologique et scripturaire et pour l'activité polémique très vigou-

---

[1] *Retract.* 2, 10 (37) ed. et trad. G. Bardy, *Œuvres de Saint Augustin* 12, 1re Série: *Opuscules. Les Révisions*, BA 12, Paris 1950, p. 468 s.; ed. G. Madec-U. Pizzani, *Sant'Agostino. Ritrattazioni*. Introduzione generale di G. Madec. Traduzione, note e indici di U. Pizzani, Nuova Biblioteca Agostiniana [NBA] II, Roma 1994, p. 166 s.: *Secundinus quidam, non ex eis quos Manichaei electos, sed ex eis quos auditores vocant, quem ne facie quidem noveram, scripsit ad me velut amicus, honorifice obiurgans quod oppugnarem litteris illam haeresim, et admonens ne facerem, atque ad eam sectandam potius exhortans, cum eius defensione et fidei reprehensione catholicae. Huic respondi, sed quia in eiusdem opusculi capite non posui quis cui scriberet, non in epistolis meis, sed in libris habetur. Illic ab exordio concripta est etiam eius epistula. Huius autem mei voluminis titulus est Contra Secundinum manichaeum; quod mea sententia omnibus quae adversus illam pestem scribere potui, facile praepono.*

reuse menée par la parole et l'écrit précisément contre l'hérésie manichéenne.

Il ne faut pas penser que Secundinus aurait vraiment cru à la possibilité de ramener son correspondent à une nouvelle «conversion» à la religion de Mani. Aussi bien, on perçoit dans le ton apparemment déférent de son langage, le sarcasme sinon une volonté claire de décrier celui qui a «trahi» le don de salut apporté par le Paraclet. Il s'agit plûtot d'un défi lancé à un personnage bien connu et de grande autorité, afin de le pousser à la discussion sur les thèmes essentiels du message manichéen que l'auditeur romain semble très bien connaître et défendre avec une dialectique très habile.

En même temps Augustin nous surprend par son affirmation: il juge en effet que sa réponse à la lettre de Secundinus est la meilleure des argumentations qu'il a proposées dans ses nombreux écrits de réfutation du manichéisme. Bien que la datation de ce texte ne soit pas sûre,[2] l'œuvre est de toute façon postérieure aux grands traités anti-manichéens d'Augustin, très riches en doctrine théologique et exégetique, par rapport auxquels le petit texte en question apparaît à première vue assez modeste.

Pourtant, l'analyse du document[3] fait ressortir le bien-fondé du jugement de l'évêque. Il a perçu avec lucidité que dans cet écrit il a identifié le centre névralgique du message dualiste et a su l'atteindre par des arguments très pertinents.

En effet, dans le discours de Secundinus une série de thèmes font surface, qui révèlent clairement le propos d'éclairer et de défendre contre les attaques polémiques d'Augustin le noyau du message manichéen, c'est-à-dire la structure dualiste sur laquelle est bâti le système doctrinal tout entier.

Après avoir rendu grâce «à l'ineffable et très sainte Majesté et à

---

[2] Cfr. F. Decret, *L'Afrique manichéenne (IVe-Ve siècles). Étude historique et doctrinale*, Paris 1978, vol. 1, p. 123 s., p.141. L'auteur propose une date de composition entre 404 et 411 (cf. e.g. *NBA*, XIII,1, Roma 1997, xlv). La date de l'an 400 envisagée par G. Bardy 1950, p. 579 et acceptée par R. Jolivet-M. Jourjon, *Œuvres de Saint Augustin* 17, 2e Serie: *Dieu et son œuvre, Six traités anti- manichéens*, BA 17, Paris 1961, p. 531 nous semble peu probable. P. De Luis, *Obras completas de San Agustin*, vol. XXX *Escritos antimaniqueos (I°)*, BAC 487, Madrid 1986, p. 543 propose une datation postérieure à l'an 402.

[3] Cfr. l'introduction à la nouvelle édition du texte avec traduction italienne dans NBA XIII/2 (*Sant'Agostino. Polemica con i Manichei*, XIII/2 *Contro Adimanto. Contro l'Epistola del Fondamento di Mani. Disputa con Felice. Contro Secondino*, Testo latino dell'edizione maurina confrontato con il Corpus Scriptorum Ecclesiasticorum Latinorum, Introduzione generale, introduzione particolari e note illustrative di G. Sfameni Gasparro, Traduzioni di C. Magazzù, A. Cosentino), Roma 2000.

Jésus-Christ son premier né, roi de toutes les lumières et ausssi... au Saint Esprit»,[4] formule qui fait écho au salut de Mani dans l'*Épître du Fondement*, l'auteur introduit le thème fondamental du mal, de sa nature et de son origine. Il prie la divinité «d'éloigner le mal, non pas celui qui n'est rien ou qui naît des œuvres ou des passions des mortels, mais celui dont l'avènement a été préparé».[5]

Dans cette affirmation on perçoit clairement l'allusion à la conception augustinienne du «mal» comme *defectus boni*, produit par la volonté mauvaise de l'homme et fruit des passions, à laquelle Secundinus oppose nettement la conception ontologique manichéenne, qui établit à côté de Dieu un principe mauvais indépendant, constitutif de l'être cosmique et humain.

Il tisse une trame de citations scripturaires, puisées surtout aux lettres de Paul et à l'évangile de Matthieu, pour démontrer la thèse de l'existence de deux principes irréductibles et ennemis. L'enseignement de son maître et celui du Christ Sauveur,[6] dont Paul est le témoin le plus sûr, concordent donc parfaitement: *Hoc Paulus, hoc ipse testatur Manichaeus*, conclut-il.[7]

Après avoir ainsi solidement établi le fondement de son discours, c'est-à-dire l'autorité convergente de Mani et du Jésus de Paul, l'auditeur romain met en relation étroite la vision dualiste des principes au plan anthropologique, entendu comme le domaine privilégié de leur rencontre dramatique. Il sait qu'il y a un «esprit mauvais qui

---

[4] *Ep.Sec.* 1: *Habeo et ago gratias ineffabili ac sacratissimae Maiestati, eiusque primogenito omnium luminorum regi Iesu Christo, habeo gratias et supplex sancto refero Spiritui...* Ed. R. Jolivet-M. Jourjon 1961, p. 510 s. Une formule de foi «trinitaire» est proposée aussi dans le débat de Fortunatus avec Augustin: «Nous croyons à ces choses, et la raison de notre foi, c'est d'obéir, selon les forces de notre esprit, à ses préceptes, en confessant d'une seule foi la Trinité du Père et du Fils et du Saint-Esprit» (ed. R. Jolivet-M. Jourjon 1961, p. 138 s.).

[5] *Ep.Sec.* 1: *eripiantque ab illo malo, non quod nihil est, aut quod factione passioneque mortalium gignitur, sed quod paratum est ut veniat* (ed. R. Jolivet-M. Jourjon 1961, p. 510 s.).

[6] Le rôle fondamental du Christ dans la religion manichéenne est bien connu. Il suffit de rappeler les études de E. Waldschmidt-W. Lentz, *Die Stellung Jesu im Manichäismus*, APAW Phil.-hist. Kl. Nr. 4, Berlin 1926; E. Rose, *Die manichäische Christologie*, Wiesbaden 1979; I. Gardner, *Manichaean Christology: the historical Jesus and the suffering Jesus, with particular reference to Western Texts, and illustrated by comparison with Marcionism and other related Movements*, Manchester 1983.

[7] *Ep.Sec.* 1 ed. R. Jolivet-M. Jourjon 1961, pp. 510-513. Il cite *Eph.* 6, 12 et donne une suite d'allusions scripturaires à l'évangile de Matthieu: la figure du voleur (6, 19-22), l'image des deux maisons, construites respectivement «sur la sable de l'erreur» et «sur le roc de la science» (Mt. 7, 24-28), et de la voie étroite du Sauveur (Mt. 7,14).

insinue dans les hommes la crainte et le mensonge...dont toute la violence s'exerce par les princes contre lesquels l'Apôtre, dans son *Épître aux Éphésiens*, avoue qu'il a dû engager le combat». Et il conclut: «Il s'agit donc d'un combat où s'affrontent, non des armes mais des esprits utilisant ces armes». Si les corps des hommes sont «les armes du péché» tandis que «les préceptes du salut sont les armes de la justice», l'enjeu des esprits c'est l'âme: «car ils combattent en vue des âmes»: *Horum in medio posita est anima*.[8]

Dans les paroles de Secundinus on a une présentation très précise du cadre anthropologique et sotériologique, avec son fondement dualiste et sa conception de la connaturalité divine de l'âme, tel qu'il était compris par un personnage de culture latine, rempli de science scripturaire. Il souligne la composante éthique du cadre du combat, étant donnée la nécessité d'une participation active de l'âme dans la lutte pour son salut,[9] mais il pose au premier plan la motivation ontologique de toute cette vicissitude.

En effet, il reconnaît qu'à l'âme *a principio natura sua dedit victoriam*.[10] On peut évaluer tout le poids de cette déclaration en considérant les termes *principium* et *natura*: il s'agit d'affirmer l'idée de la consubstantialité divine de l'âme, à laquelle la «victoire» sur les puissances du mal est assurée *a principio*, c'est-à-dire de façon première et primordiale, sur la base d'une ontologie qui s'enracine dans l'*ousia* même de la divinité.[11]

Sous le voile d'un langage d'allure chrétienne, c'est le cœur même de la théologie manichéenne qui frémit dans toute sa puissance tragique: cette *anima* qui est la proie des puissances mauvaises dans la lutte acharnée des deux principes, c'est la partie de la substance lumineuse qui «au commencement» s'est livrée aux ténèbres pour évincer leur puissance de destruction et de mort. Elle est l'objet du «mélange» et la protagoniste du «temps médian», c'est-à-dire de la

---

[8] *Ep.Sec.* 2 ed. R. Jolivet-M. Jourjon 1961, p. 512 s.

[9] Il est superflu de souligner l'importance capitale du thème du péché et de la nécessité de la «confession» dans la spiritualité des Manichéens. Cfr. Jes P. Asmussen, *Xuastvanift. Studies in Manichaeism*, Copenhagen 1965: H.-Ch. Puech, *Sur le manichéisme et autres essais*, Paris 1979, pp. 169-178.

[10] *Ep.Sec.* 2 ed. R. Jolivet-M. Jourjon 1961, p. 512 s.

[11] Sur la conception manichéenne de la «prédestination» comparée à celle des chrétiens, voir A. Böhlig, *Zur Frage der Prädestination in Manichäismus und Christentum*, dans Perspektiven der Philosophie 14 (1988), pp. 11-30 réimpr. dans Id., *Gnosis und Synkretismus. Gesammelte Aufsätze zur spätantiken Religionsgeschichte*, Tübingen 1989, vol. 1, pp. 103-126.

phase actuelle de la vie cosmique et humaine, dans l'atteinte de la
libération eschatologique du «temps de la fin», lorsque la séparation
des substances réalisera la victoire du bien.

Avec une dialectique habile et une connaissance assurée de toutes les nuances de la vision anthropologique complexe et articulée
dont il est l'interprète, l'auteur manichéen dessine le tableau où l'âme
joue la partie de son salut ou de sa ruine. C'est dans ce cadre que
tensions éthiques et présupposé ontologique fusionnent; néanmoins
le second élément prévaut et définit la véritable signification de la
conception de l'homme et de sa destinée. Secundinus déclare en effet
que l'âme «si elle agit de concert avec l'esprit des vertus, elle aura
avec lui la vie éternelle et elle possédera le royaume auquel Notre-
Seigneur l'appelle. Si elle commence par se laisser entraîner par
l'esprit des vices et lui donne son consentement, puis, après avoir
consenti, manifeste du repentir, elle trouvera la source de l'indul-
gence pour ses souillures».[12]

La dimension ontologique de ce cadre, où jusqu'ici la composante éthique se manifeste prédominant sinon exclusive, apparaît bientôt
au grand jour: «Car la conduite de l'âme résulte du mélange charnel et non de sa propre volonté».

La *carnis commixtio* est en réalité le mélange des substances, la
substance lumineuse-bonne et la substance ténèbreuse-mauvaise, dans
lequel l'élément divin est enchaîné et subit l'assaut du *spiritus vitio-
rum*, qui lui procure des *sordes*, des souillures dont il n'a pas une
responsabilité morale réelle. Le *consensum* donné par l'âme au mal
dans cette première rencontre peut être pardonné si intervient une
poenitudo, un «repentir», dont cependant on dévoile aussitôt la signification proprement «gnostique»: « Mais si, après s'être connue elle-
même, elle consent au mal et ne s'arme pas contre l'ennemi, elle
pêche par sa volonté même. Vient-elle de nouveau à avoir honte de
son égarement, elle trouve encore prêt l'auteur des miséricordes».[13]

Il s'agit en effet d'un retour de l'âme, c'est-à-dire de la substance
divine, à la connaissance de soi-même qui est -selon la formule
éclairante du texte du CMC- un *chorismòs*, une séparation radicale
de la lumière et de la ténèbre, de la mort et de la vie.[14]

---

[12] *Ep.Sec.* 2 ed. R. Jolivet-M. Jourjon 1961, p. 512 s.

[13] *Ibidem*: *At si cum se ipsam cognoverit, consentiat malo, et non se armet contra inimicum,
voluntate sua peccavit. Quam si iterum pudeat errasse, paratum inveniet misericordiarum auctorem.
Non enim punitur quia peccavit, sed quia de peccato non doluit.*

[14] CMC 84, 12-16 edd. L. Koenen-C. Römer, *Der Kölner Mani-Kodex. Abbildungen*

Dans l'affrontement acharné des deux principes, l'âme individuelle, et donc chaque homme, joue un rôle fondamental: elle doit se tourner à nouveau sur elle-même pour retrouver la conscience de la consubstantialité divine de son être véritable, en refusant la composante matérielle.[15] Elle partage ainsi le destin de la nature lumineuse, souffrante dans la phase cosmique actuelle, mais active dans le combat contre les puissances mauvaises. Le péché est donc l'abandon inerte à l'assaut de l'adversaire («..si...elle...ne s'arme contre l'ennemi...») et la perte de conscience de sa dignité propre d'être divin, plutôt qu'une défaillance d'ordre éthique. «Car ce n'est pas d'avoir péché qu'elle est punie, mais de ne pas éprouver la douleur d'avoir péché» – affirme Secundinus.

En effet, pour le manichéen le péché a l'épaisseur ontologique de la chute de la substance lumineuse vers son contraire, c'est-à-dire la nature des ténèbres qui l'enveloppe avec ses spirelles inextricables.

Cette conception du mal et du péché, spécifiquement liée aux fondements dualistes de la doctrine manichéenne, trouve un parallèle et une confirmation dans les déclarations du *presbyter* Fortunat au cours de sa dispute avec Augustin. Il avait en effet défendu la foi des deux principes en des termes tout à fait conformes à l'argumentation de Secundinus. À l'évêque qui le pressait de déclarer sa pensée, Fortunat répondit: «J'ai parlé des substances et non du péché qui est en nous. En effet, s'il n'y avait pas une cause à l'origine de la pensée que nous avons de faire le mal, nous ne serions pas con-

---

und *Diplomatischer Text* (Papyrologische Texte und Abhandlungen 35), Bonn 1985, p. 58 s.

[15] Augustin donne une solution très radicale au problème du conflit des deux principes à l'intérieur de l'âme. Dans le traité *De duabus animabus*, il affirme en effet que selon les Manichéens il y a deux âmes, l'une bonne et l'autre mauvaise, dans chaque homme. En particulier cfr. *de duab. an.* 12, 18-13, 19 et 14, 22 ed. R. Jolivet-M. Jourjon 1961, pp. 102-107; 110-113; ed. A. Pieretti dans *Sant'Agostino. Polemica con i manichei. I costumi della Chiesa cattolica e i costumi dei Manichei. Le due anime. Disputa con Fortunato. Natura del bene.* Testo latino dell'edizione maurina confrontato con il Corpus Scriptorum Ecclesiasticorum Latinorum, Introduzione generale di F. Decret, Traduzioni e note di L. Alici e A. Pieretti, NBA XIII/ 1, Roma 1997, pp. 248-257. Voir aussi *De vera rel.* 9, 16 ed. J. Pégon, *Œuvres de Saint Augustin 8*, 1re Série: *Opuscules*, VIII. *La foi chrétienne. De vera religione. De utilitate credendi. De fide rerum quae non videntur. De fide et operibus*, BA 8, Paris 1951, p. 46 s.: «...ils tiennent que le corps a deux âmes: l'une issue de Dieu et qui par nature est ce qu'est Dieu lui-même; l'autre, de la race des ténèbres...». Sur ce sujet cfr. U. Bianchi, *Sur la question des deux âmes de l'homme dans le manichéisme*, dans *A Green Leaf. Papers in Honour of Professor J.P. Asmussen*, Acta Iranica. Hommages et Opera Minora XII, Leiden 1988, pp. 311-316.

traints d'en venir au péché ou au mal. Car c'est parce que nous
péchons malgré nous et parce que nous subissons la contrainte d'une
substance qui nous est contraire et ennemie que nous parvenons à
la science des choses. Avertie par cette science et rendue à la mémoire du passé, l'âme reconnaît de qui elle tire son origine, dans
quel mal elle se trouve, puis, corrigeant par l'amendement de ses
fautes au moyen des bonnes œuvres, le mal qu'elle a fait sans le
vouloir, elle voit par quels biens elle peut obtenir le mérite de sa
réconciliation avec Dieu par la médiation de notre Sauveur, qui nous
apprend à faire le bien et à fuir le mal».[16]

Dans sa réponse, Augustin néglige toute la composante person-
nelle du débat pour aborder résolument la discussion sur les thèmes
doctrinaux proposés par la lettre reçue. Au préalable, il déclare
vouloir réfuter l'erreur de Mani uniquement sur la base des arguments mêmes de Secundinus.[17]

Le premier est fourni par la formule d'action de grâces enoncée
par l'Auditeur romain, où Jésus le Christ était défini en même temps
primogenitus («premier-né») et *omnium luminum rex* («roi de toutes les
lumières»).[18] Augustin analyse cette définition avec ampleur et va-
riété d'arguments, en dévoilant tout entier son épaisseur théologique. Sous une forme en apparence anodine, cette formule exprime
la conception typiquement manichéenne d'une homogénéité totale
de la substance divine. Au-delà des nombreuses figures qui peuplent
le royaume de la lumière et agissent avec des fonctions différentes
dans le tableau bigarré et mouvant du drame mythique,[19] cette
substance s'avère absolument compacte et homogène dans toutes ses
manifestations.[20]

---

[16]   *C.Fort.* 20 ed. R. Jolivet-M. Jourjon 1961, pp. 166-169: *De substantiis dixi,
non de peccato quod in nobis versatur. Si enim originem non haberet quod cogitamus delicta facere;
non cogeremur ad peccatum venire, vel ad delictum. Nam quia inviti peccamus, et cogimur a
contraria et inimica nobis substantia, idcirco sequimur scientiam rerum. Qua scientia admonita
anima et memoriae pristinae reddita, recognoscit ex quo originem trahat, in quo malo versetur,
quibus bonis iterum emendans quod nolens peccavit, possit per emendationem delictorum suorum,
bonorum operum gratia, meritum sibi reconciliationis apud Deum collocare, auctore Salvatore
nostro, qui nos docet et bona exercere, et mala fugere.* Sur le motif du «dialogue gnostique
du salut» voir J. Ries, *Le dialogue gnostique du salut dans les textes manichéens coptes,* dans
Miscellanea in honorem Josephi Vergote, Leuven 1975, pp. 509-520.
[17]   *C.Sec.* 3 ed. R. Jolivet-M. Jourjon 1961, p. 544 s.: *Nec alia documenta tibi proferam,
quibus Manichaei error apparet, quam ex epistula tua.*
[18]   *C.Sec.* 3 ed. R. Jolivet-M. Jourjon 1961, p. 544 s.
[19]   Cfr. P. Van Lindt, *The Names of Manichaean Mythological Figures. A Comparative
Study on Terminology in the Coptic Sources,* Wiesbaden 1992.
[20]   Cfr. U. Bianchi, *Omogeneità della luce e dualismo radicale nel manicheismo,* dans

L'évêque d'Hippone montre une conscience claire de cette réalité et au cours de sa polémique pénètre jusqu'au nœud vital de la théologie manichéenne, en contestant de façon ponctuelle l'idée de «roi de toutes les lumières», plutôt que celle de *primogenitus*. Il nie que le Christ ait la possibilité d'assumer une position de prééminence par rapport à des êtres qui ne sont pas «créés» mais plutôt «engendrés». Dans cette condition, en effet, ces êtres lui sont tous égaux.

Augustin prend à témoin l'*Épître du Fondement* pour souligner le parallélisme exact entre les deux royaumes de la lumière et des ténèbres, où les habitants sont tous d'une parfaite égalité selon l'enseignement du Prophète. En particulier, Augustin affirme que Mani, «en parlant de Dieu le Père (a dit): 'Dans ses royaumes, il n'y a ni indigent ni infirme'».[21] Il décèle alors la contradiction logique de cette notion: «Mais partout où il y a des royaumes, qui est assez aveugle pour ne pas voir qu'il est absolument impossible que les rois soient les égaux de ceux sur qui ils règnent?».[22]

En progressant dans sa démonstration, Augustin met en évidence une notion très spécifique du manichéisme lorsqu'il constate que, étant donnée la nécessité de sauvegarder l'immutabilité de la substance divine, la manifestation d'entités différentes mais participant toutes au même titre à cette nature a été indispensable pour lutter contre les ténèbres. Il pose alors à son correspondant une question dans laquelle un postulat fondamental de la théologie manichéenne est énoncé avec clarté: «Est-ce parce qu'il fallait que les lumières sortent de cette nature pour combattre la nature des ténèbres que tu donnes le nom de 'générations' à ces émanations que tu considères comme créées dans le temps en vue d'un combat qui devait se produire dans le temps?».[23]

M. Görg (ed.), *Religionen im Erbe Ägyptens. Beiträge zur spätantiken Religionsgeschichte zu Ehren von A. Böhlig*, Wiesbaden 1988, pp. 54-64; Id., *Essenza ed esistenza (o logos e mythos) nel pensiero gnostico manicheo*, dans Compostellanum 35 (1989), pp. 223-227; Id., *Sur le dualisme de Mani*, dans A. Van Tongerloo-S. Giversen (edd.), *Manichaica selecta. Studies presented to Professor Julien Ries on his seventieth Birthday*, Lovanii 1991, pp. 9-17; Id. *Sur la théologie et l'anthropologie de Mani*, dans P. Bilde-H.K. Nielsen-J. P. Sørensen (edd.), *Apocryphon Severini presentet to Søren Giversen*, Aarhus 1993, pp. 19-28.

[21] *C.Sec.* 3 ed. R. Jolivet-M. Jourjon 1961, p. 548 s.: *Quandoquidem in ipsa epistola ruinosi Fundamenti cum de Deo Patre loqueretur «Nullo, inquit, in regnis eius aut indigente aut infimo constituto».*

[22] *Ibidem: Ubi autem regna sunt, quis tam caecus est qui non intelligat, aequales reges iis quibus regnant omnino esse non posse?*

[23] *C.Sec.* 6 ed. R. Jolivet-M. Jourjon 1961, p. 556 s.: *An quia oportebat inde adver-*

Il n'est pas possible d'exposer d'une manière plus précise la doctrine de Mani concernant les manifestations successives des entités
lumineuses, qui s'exprime souvent par une «évocation» ou un «appel» du Père de la Grandeur. Ces manifestations ont pour fonction
nécessaire de repousser la menace des ténèbres et d'agir au niveau
cosmogonique et sotériologique, sans faire intervenir l'idée d'une
«décadence» et d'une «fragmentation» de la substance divine, idée
qui est au contraire fondamentale dans de nombreux systèmes gnostiques.

Augustin a donc perçu avec une intelligence aiguë et a mis à nu
avec des arguments dialectiques très habiles la consistence spécifique de la perspective dualiste de son adversaire, c'est-à-dire l'idée
d'homogénéité parfaite qui existe à l'intérieur des deux principes,
qu'on les appelle «natures» ou «royaumes». À cette conception il
oppose, comme la vérité au mensonge, la doctrine biblique de la
création, qui seule permet de distinguer le Créateur des créatures,
lesquelles sont bonnes mais inférieures à Lui. Cette doctrine donne
légitimité à la souveraineté et au pouvoir du gouvernement de Dieu
en tant que «roi» sur ses sujets. Secundinus cessera d'être manichéen,
lorsqu'il reconnaîtra que la créature est distincte du Créateur: «Je
pense que tu saisis maintenant- déclare Augustin dans la conclusion
de sa démonstration- qu'il ne te convient pas de dire que Jésus-Christ
est le premier-né de la secrète et ineffable Majesté et le roi de toutes les lumières, à moins de cesser d'être manichéen et de distinguer
entre créature et Créateur».[24]

Le deuxième thème, en continuité parfaite avec le premier, concerne la nature de l'âme et du péché. Il attire l'attention d'Augustin, qui s'arrête longuement sur ce problème où les lignes fonda-
mentales de l'anthropologie, de l'éthique et de la théodicée
s'entremêlent et s'influencent mutuellement. En effet, il pose la
question décisive de la nature et de l'origine du mal, c'est-à-dire le
noyau même du différend entre la solution ontologique des manichéens et la certitude désormais solide d'Augustin que le mal n'est
qu'un *defectus boni*, par rapport à la mutabilité, prérogative constitutive de la créature.

---

sus tenebrarum gentem lumina progredi, progressiones ipsas generationes vocas, quas temporaliter
factas putas, ut temporaliter pugnaretur?
    [24] *C.Sec.* 7 ed. R. Jolivet-M. Jourjon 1961, p. 560 s.: *Perspicis itaque iam, ut arbitror,*
non tibi congruere ut dicas primogenitum secretissimae atque ineffabilis maiestatis, et omnium
luminum regem Iesum Chistum, nisi manichaeus esse destiteris, ut creaturam a Creatore discernas.

L'auteur reprend les arguments de Secundinus sur l'âme placée au milieu des deux esprits, à laquelle sa propre nature «dès l'origine...a donné la victoire», mais qui est entraînée vers le péché en raison du «mélange» avec la chair, sans sa volonté. Augustin oppose à cette notion tout le bagage de sa science théologique et de son habileté dialectique, pour démontrer la consistance éthique du mal. Ce qui nous intéresse pourtant est la distinction établie entre «corruption» (*corruptio*) et «corruptibilité» (*corruptibilitas*) et la question posée à son interlocuteur. «Car je ne demande pas d'où vient la corruption – dit-il à Secundinus –: tu réponds qu'elle vient du corrupteur, à savoir de ce corrupteur dont tu affirmes qu'il est je ne sais quel principe de la nation des ténèbres... Mais je demande d'où vient la corruptibilité, précisément avant que le corrupteur n'intervienne».

Avec une perception claire du nœud logique du problème, l'évêque continue: «sans cette corruptibilité, ou bien il n'y aurait pas de corrupteur, ou bien nulle intervention de celui-ci ne serait à même de nuire». Et il conclut son argumentation en formulant la question primordiale: «Ainsi donc, d'où vient, dans la nature bonne, cette corruptibilité, avant qu'elle ne soit corrompue par la nature contraire, ou du moins si tu ne veux pas parler de corruption, d'où vient cette mutabilité, avant que la nature bonne ne soit changée par l'effet de l'attaque ennemie?».[25] La possibilité même d'un changement, en effet, présuppose dans la substance du Bien une mutabilité intrinsèque, incompatible avec la vraie notion de Dieu.

Avec cette objection,[26] Augustin atteint le point le plus sensible

---

[25] *C.Sec.* 19 ed. R. Jolivet-M. Jourjon 1961, pp. 600-603. Pour la notion de «corruption» cfr. F. De Capitani, *"Corruptio" negli scritti antimanichei di Sant'Agostino. Il fenomeno e la natura della corruzione*, dans Rivista di Filosofia Neoscolastica 72 (1980), pp. 640-669; 73 (1981), pp. 132-256; pp. 264-282.

[26] L'évêque d'Hippone a maintes fois posé cette question à ses adversaires pendant la confrontation polémique. Les différentes réponses reflètent la difficulté du problème pour les manichéens. Voir en particulier *De mor.man.* 2, 12, 25 ed. B. Roland-Gosselin, *Œuvres de Saint Augustin 1. Introduction générale* par F. Cayré et F. Van Steenberghen, 1re Serie: *Opuscules. I. La morale chrétienne. De moribus ecclesiae catholicae. De agone christiano. De natura boni*, BA 1, Paris 1949, p. 292 s.: «Dans cette question il s'est trouvé l'un des vôtres pour dire que Dieu n'avait pas voulu se soustraire au mal, ou n'avait pas pris garde à lui, mais que par bonté naturelle il avait voulu rendre à cette nature inquiète et perverse le service de la mettre en ordre». *Ibidem* § 26: «Mais on n'avait pas encore dit ce que j'ai naguère entendu à Carthage. Un homme... que cette question mettait dans le même embarras, osa dire que le royaume avait des frontières exposées aux attaques de la race adverse mais que Dieu était absolument invulnérable». Cfr. *C.Fort.* 34 ed. R. Jolivet-M. Jourjon 1961, p. 190 s.; ed. A. Pieretti 1997, p. 318 s.: *naturae contrariae modum imponere*. Cette réponse manichéenne est

de toute formule dualiste. Celle-ci, en attribuant au mal l'être propre, à savoir une consistence ontologique, conçoit le principe du Bien
capable de fragmentation et de chute ou bien susceptible de subir
l'assaut du mal, soit dans sa substance même, soit dans ses œuvres.
La première possibilité est réalisée dans les systèmes du gnosticisme, tandis que le manichéisme et le zoroastrisme admettent l'agression (projetée seulement ou bien accomplie) des puissances mauvaises contre la nature divine.

Augustin impose à l'interlocuteur manichéen de reconnaître les
conséquences que l'axiome dualiste entraîne sur le plan théologique:
«Cherche donc et dis-moi, si tu peux, d'où vient cette mutabilité,
qui n'a pas surgi subitement, mais qui s'est manifestée quand le
moment en fut venu. Car l'ennemi lui-même ne pouvait faire que
la nature changeât, si elle ne pouvait absolument pas changer. Mais
puisqu'elle l'a pu, elle a prouvé par là qu'elle n'était pas immuable».[27]

Dans la vision dualiste, en effet, le Bien, premier principe, quoique supérieur au Mal dans le sens axiologique en raison des valeurs
éthiques et ontologiques qu'il exprime, trouve une limite objective
et infranchissable dans son adversaire. Qui plus est, la logique du
système impose justement d'admettre, de façon implicite mais réelle, une mutabilité intrinsèque au premier principe, sans laquelle le
«second» ne pourrait pas constituer pour lui une menace. Et à
Augustin de conclure: «Cependant, cette mutabilité, tu crois qu'elle
était dans la substance du souverain bien, à savoir dans la substance de Dieu».[28]

L'ancien manichéen, dans l'effort lucide et perspicace de détruire la construction solide du système dualiste, a donc perçu nettement
toutes les implications de la notion ontologique du mal. Il démas-
que ainsi la conséquence inévitable de cette notion, à savoir l'insta-
bilité constitutive du principe positif lui-même, dont le pouvoir est
conditionné par une réalité «seconde» qui est pourtant à son tour
efficace au niveau ontologique.

---

connue aussi de Titus de Bostre, *C. Man.* 1, 12-13 PG 18, col. 1085 A-C; ed. P. De
Lagarde, *Titus Bostrenus syriace et graece*, Berlin 1859 (réimpr. anast. Wiesbaden 1967),
§ 17, p. 9, 16-38.

[27] *C.Sec.* 19 ed. R. Jolivet-M. Jourjon 1961, p. 602 s.: *Quaere atque responde, si
potes, unde ista mutabilitas, quae non inventa, sed prodita est, cum mora accederet? Mutari enim
nec ab hoste posset, si mutari omnino non posset. Cum autem potuit, non se fuisse incommutabilem
demonstravit.*

[28] *Ibidem* ed. R. Jolivet-M. Jourjon 1961, p. 602 s.: *Haec ergo mutabilitas cum esse
in substantia summi boni, hoc est, in substantia Dei creditur....*

Augustin oppose encore une fois à cette doctrine l'enseignement biblique de la création, qui sépare foncièrement Dieu de ses produits sur le plan de la substance. Dans cette perspective l'origine du mal est due à l'initiative de la créature rationelle et libre qui s'éloigne de Dieu par un acte volontaire, délibéré. A ce propos il fait appel à la définition proposée par Secundinus lui-même, selon laquelle «l'âme, quand elle s'est connue elle-même, si elle consent au mal, pèche par sa volonté». La conclusion lui semble irréfutable: «Voilà – s'écrie-t-il – d'où vient le mal, à savoir de la propre volonté de l'âme».

Toutefois, Augustin souligne aussitôt avec clarté la différence entre les deux visions théologiques et anthropologiques qui s'affrontent. A cette fin, il fait valoir le troisième corollaire du dualisme manichéen, c'est-à-dire la notion de la consubstantialité divine de l'âme: «Mais, cette volonté de pécher, tu penses qu'elle ne peut être mise en mouvement que par un autre mal que tu considères comme une nature, et une nature que Dieu n'aurait pas créée, et tu affirmes que cette âme est la nature de Dieu. Mais il s'ensuit que cette je ne sais trop quelle nature du mal, quand elle détermine en l'âme, par ses conseils, la volonté de pécher, est victorieuse de Dieu et le précipite dans le péché».[29]

Augustin dévoile ainsi le lien étroit qui renferme dans un cercle solide tous les postulats de la doctrine dualiste et les oppose à la notion biblique. L'idée d'une homogéneité foncière de la substance divine, conjuguée à la dichotomie radicale des natures, avec l'affirmation d'un mal ontologique et de la qualité divine de l'âme, conduit à reconnaître une déficience intrinsèque de Dieu et son pechant à la chute. Il y a donc dans la substance divine une voie ouverte à l'incursion du principe du mal qui peut en atteindre le cœur et le sommet, à savoir Dieu lui-même.

Pour confirmer ces conclusions, Augustin se réfère encore une fois au texte qui à ses yeux est le témoin le plus fidèle et complet du message de Mani, à savoir l'*Épître du Fondement*, par laquelle un jour éloigné mais pas oublié il a été lui-même «illuminé».[30] «Voilà –

---

[29] *Ibidem* ed. R. Jolivet-M. Jourjon 1961, p. 604 s.: *Hanc tu peccati voluntatem moveri non putas in anima, nisi ex alio malo quod credis esse naturam, quam non fecerit Deus, eamque animam naturam Dei esse contendis: ac per hoc ista Mani nescio quae natura, si hanc in anima peccati suadendo facit, in peccatum victus deiicitur Deus.*

[30] *C.Epist.Fund.* 5, 6 ed. R. Jolivet-M. Jourjon 1961, p. 398 s.: *Ipsa enim nobis illo tempore miseris quando lecta est, illuminati dicebamur a vobis.*

s'exclame-t-il – de quelle impiété, de quels criminels et horribles blasphèmes tu ne veux pas te défaire, en plaçant la vie, la sensibilité, la parole, la mesure, la beauté, l'ordre et tant d'autres biens dans la nature que Dieu n'a pas faite, et en plaçant dans la nature de Dieu, avant tout mélange de mal, la mutabilité même par laquelle il devenait vulnérable et qui le forçait à craindre, "en voyant qu'une grande souillure et une grande dévastation menaçaient ses siècles saints, s'il ne leur opposait quelque divinité éminente et illustre et d'une grande puissance"».[31]

L'évêque ne mentionne pas la source de la dernière affirmation, décisive pourtant pour démontrer le danger mortel de la *labes* et de la *vastitas* que la menace des ténèbres a introduit à l'intérieur du royaume céleste. Augustin sait bien que cette *Épître* de Mani était connue de son interlocuteur.

Après avoir encore discuté le thème de la corruptibilité de Dieu, présupposé inéluctable de l'existence d'un principe autonome du mal, il évoque le cadre manichéen du mélange des deux natures. Il pose une question qui résume dans une formule dense et efficace le noyau vital de la foi dualiste, qui ne se soustrait pas au risque d'une défaite de Dieu: «Et pour aboutir à quoi (c'est-à-dire Dieu engage-t-il la lutte avec les puissances mauvaises), sinon à ce que cette nature et substance de Dieu tienne l'ennemi subjugué si bien enchaîné qu'en péchant elle le subisse, même attaché, que, purifiée, elle n'arrive pas à se défaire entièrement de cet ennemi vaincu et que, condamnée, elle le conserve en elle?».[32]

---

[31] *C.Sec.* 20 ed. R. Jolivet-M. Jourjon 1961, p. 606 s.: *Ecce quanta impietate, quam nefariis horrendisque blaphemiis te non vis exuere, ponendo in natura quam non fecit Deus, vitam, sensum, sermonem, modum, speciem, ordinem, et alia innumerabilia bona; et ponendo in ipsa Dei natura ante ullam commixtionem mali, ipsam mutabilitatem qua capi poterat, et cui timere cogebatur,* «videns magnam labem ac vastitatem adversus sua sancta impendere saecula, nisi aliquid eximium ac praeclarum et virtute potens numen opponeret».

[32] *Ibidem*: *Et utquid hoc totum, nisi ut illa Dei natura atque substantia sic implicatum teneat hostem subiectum, ut peccans perferat et ligatum, nec totum evadat purgata iam victum, et ut damnata servet inclusum?*

DAS MANICHÄISCHE KREUZ DES LICHTS UND DER *JESUS PATIBILIS*

EUGENIA SMAGINA (MOSKAU)

Es ist bekannt, daß die Figur des *Jesus patibilis* in der Exposition der manichäischen Doktrin bei Augustinus den in der Materie gefesselten oder „gekreuzigten" Teil der göttlichen Lichtsubstanz bezeichnet. Wie G. Wurst in seinem Vortrag für die Konferenz der IAMS im Juli 1997 gezeigt hat, ist die Person vom „Gekreuzigten" in der materiellen Welt, also *Jesus patibilis*, eine sekundäre Entwicklung des Bildes vom kosmischen „Lichtkreuz".[1] Es entstehen eine Reihe von Fragen: warum eben dieses Mythologumenon den Namen vom „Kreuz" trägt, was es genau bezeichnet und wie es mit Jesus verbunden ist.

Zuerst muß man den genauen Inhalt des Begriffs „Kreuz des Lichtes" bestimmen. Die ganze Lichtsubstanz, die im materiellen Kosmos gefesselt ist, trägt im Manichäismus die Benennung „Lebendige Seele" . Diese Wendung stammt offensichtlich von einer biblischen Exegese ab: in Gen 1: 20-24 heißt נפש חיה (LXX ψυχὴ ζῶσα) die ganze Einheit der lebendigen Wesen, die am Anfang der Welt aus der Erde und dem Wasser durch das Wort Gottes hervorgebracht worden sind.

Häufig identifiziert man das Lichtkreuz mit der Lebendigen Seele.[2] Aber beim aufmerksamen Lesen der Texte (z. B. der koptischen Manichaica) kann man feststellen, daß die Begriffe „Lebendige Seele" und „Lichtkreuz" nur teilweise zusammenfallen. Im Grunde genommen sollte die Wendung „Lebendige Seele" nach ihrer Herkunft nur das in den lebendigen Wesen gefesselte Licht bezeichnen: נפש חיה bezeichnet in der *Genesis* nur die Tierwelt. Aber aus dem Kontext, in dem die Wendung „Lichtkreuz" in den koptisch-manichäischen Texten vorkommt, können wir folgern, daß „Lebendige Seele" die

---

[1] G. Wurst, Bemerkungen zum Glaubensbekenntnis des Faustus von Mileve (Augustinus, contra Faustum 20,2), in: R.E. Emmerick, W. Sundermann, P. Zieme (Hgg.), Studia Manichaica, Berlin 2000, 648-657.
[2] I. Gardner. The Manichaean Account of Jesus and the Passion of the Living Soul. *Manichaica Selecta*, S. 71–86. S. bes. S. 80–82.

ganze gefesselte Substanz und „Lichtkreuz" nur einen bestimmten Teil davon bezeichnet. Siehe z. B. *Kephalaia*,[3] 210. 25-26:

> Mit der Lebendigen Seele, sei es mit der auf Erden, sei es mit der im Lichtkreuz.

In derselben Schrift kann man sehen, daß es einen Unterschied innerhalb des Begriffes „Lebendige Seele" gibt, und zwar zwischen der Fleisch- und der Pflanzensubstanz:

> (die Lebendige Seele steht gefesselt) *im Baum und in der Wolle* (ϨⲘ ⲠϢⲎⲚ ⲘⲚ ⲦⲤⲀⲢⲦ). (*Keph.* 260. 7-11)
>
> In den fünf Welten des Fleisches und den fünf Welten des Baumes (ⲘⲠϢⲎⲚ) (*Keph.* 123. 3-4)

Wahrscheinlich sind hier die Tierwelt und die Pflanzenwelt gemeint. Die koptische Sprache unterscheidet die Begriffe ϢⲎⲚ „Baum" und ϢⲈ „Holz". Aber der Text des Traktats ist eine Übersetzung; es kann sein, daß in der griechischen Version, sei es das Original oder eine Mittelversion, das Wort ξύλον stand und in diesem Fall als „Baum" übersetzt wurde. Das koptische ϢⲎⲚ „Baum" kann ein Äquivalent nicht nur für das griech. δένδϱον „Baum", sondern auch nicht selten eine Übersetzung von ξύλον „Holz" sein. So eine Opposition von ξύλον „Holz" und σάϱξ „Fleisch" finden wir in der griechischen Literatur schon bei Theophrastus, *Historia Plantarum* (mehrmals). Der Inhalt des Terminus „Lichtkreuz" scheint mit diesem Unterschied verbunden zu sein.

Wir wollen zwei Stellen in den *Kephalaia* vergleichen. Im Kap. 65 gibt es zwei Listen von den Wohltaten der Sonne. Wir können sagen, daß diese zwei Listen teilweise parallel sind. Die zwei Stellen zum Vergleich sind die folgenden:

> Sie[4] zieht auf, gibt Kraft, Geschmack und Geruch den Bäumen und den Früchten und den Gurken und allen Gemüsen und den Blumen und den Gräsern, die auf der ganzen Erde sind. (160. 1–3.)
> Sie gibt den Elementen Kraft; weiterhin gibt sie Geruch und Geschmack dem gesamten Kreuz des Lichtes. (162. 11–12)

Die zwei Sätze sind nach demselben Schema gebaut und sind in-

---

[3] Zitiert nach der Edition: Kephalaia. Ed. H.J. Polotsky & A. Böhlig. Stuttgart, 1940. Kephalaia. II (S. 244-291). Ed. A. Böhlig. Stuttgart, 1966.
[4] *Sie*: die Übersetzung in der Edition ist *Er* usw., aber es ist klar, daß hier die Sonne gemeint ist.

haltlich fast identisch; dabei besitzt die Wendung „Kreuz des Lichtes" im zweiten Fall jenen Platz, den im ersten Beispiel die Reihe
von Pflanzen einnimmt.

Das dem Lichtkreuz gewidmete Kap. 85 der *Kephalaia* formuliert
folgendermaßen eines von den manichäischen Geboten: es ist ver-
boten, auf einem Weg „das Kreuz des Lichtes zu treten und die Plan-
zen zu verderben" (S. 208–213). Es wird hinzugefügt, daß sich dies
„auch gegenüber der Schlange" gehört, „daß er" (der Mensch) „auf
sie tritt und sie mit seinem Fuße tötet" (208. 19–20). Also, „Lichtkreuz" ist nicht jede Sache, die man unterwegs treten kann: dazu
gehören nur die Pflanzen. Die Schlange, d. h. ein lebendiges Wesen, ist nicht eingeschlossen und fordert einen speziellen Hinweis.
Es lassen sich auch noch weitere Belege dazu finden, daß die Tierwelt nicht unter dem Begriff des „Lichtkreuzes" subsumiert ist: „...
wegen der Tötung eines Menschen oder der Tötung der Tiere oder
wegen der Tötung der Bäume und des Lichtkreuzes" (*Keph.* 211. 10–
11). In den oben erwähnten Kapiteln über die Sonne: „... die ganze
Menschheit und alle Geschöpfe auf die Erde herauskommen, um das
Licht-Kreuz zu zerstören, das [in] Schweigen dasteht" (*Keph.* 164.
26–28).

Alle diese Beispiele zeigen sehr anschaulich, daß in diesen Texten die Benennung „Kreuz des Lichtes" nur jenen Teil der Lebendigen Seele betrifft, der sich in den Pflanzen befindet.

Es ist ziemlich leicht zu verstehen, warum die Benennung vom
„Kreuz" auf die Pflanzenwelt angewandt wurde und dann die Lebendige Seele als *Jesus* personifiziert worden ist.

In den koptisch-manichäischen Psalmen wird Jesus direkt „Kreuz
des Lichtes" genannt: „Jesus ist auferstanden, auferstanden ist er in
drei Tagen, das Kreuz des Lichtes, das in den drei Kräften aufer-
steht". (Ps 160. 14–19). Aber es ist zu bemerken, daß in den poeti-
schen Texten des Psalmenbuches die Terminologie der manichäischen Doktrin nicht immer streng eingehalten wird: „Kreuz des
Lichtes" kann hier keine kanonische Benennung, sondern ein poeti-
sches Bild sein. Dabei ist zu beachten, daß: 1) der gnostische und
im gewissen Grad auch der manichäische Mythus sekundär und sozusagen literarisch ist: er kann sich auf eine Exegese, eine Parabel
und sogar auf einer Metapher gründen. Ein Vergleich ("A ähnelt
B") verwandelt sich leicht in eine Identifizierung ("A ist B"). 2) Das
Bild vom „Baum" ist in den gnostischen und manichäischen Texten sehr verbreitet, seine Bedeutungen sind zahlreich und gleichzeitig
bilden sie eine Einheit. Die zwei Bäume der evangelischen Parabel

(der gute Baum und der schlechte Baum) können mit den zwei Bäumen im Paradies identifiziert werden, und die letzteren nehmen den Charakter eines „kosmischen Baumes" an, der mit den fünf kosmogonischen Bäumen vergleichbar ist, der Ursache und Verkörperung der materiellen Natur. (Im Zusammenhang damit möchte ich an die folgende Stelle bei Augustinus erinnern:

> Non ergo arbor illa malum est, quae in medio paradiso plantata scribitur, sed divini praecepti transgressio (*De vera religione*, XX, 138).

Es kann sein, daß diese Aussage unter anderem die Anspielung auf eine Exegese über die „guten" und „schlechten" Paradiesbäume andeutet; d. h. daß Augustinus damit auch eine gnostisch-manichäische Lehre meint).

Als Ausgangspunkt für die Entwicklung des Bildes „Pflanzenwelt – Kreuz – Jesus" diente wahrscheinlich das weite semantische Feld der Begriffe „Baum" und „Holz" im Manichäismus. Es hat wahrscheinlich die Gegenüberstellung und Annäherung des Terminus „Holz" einerseits mit „Bäumen", „Pflanzen", „Natur" und andererseits mit „Kreuz" verursacht.

Das Wort ξύλον „Holz" als eine Bezeichnung des Kreuzes finden wir zweimal im Neuen Testament (Apg 5:30 und 10:39): κρεμάσαντες ἐπὶ ξύλου" „an das Holz gehängt"; lat. *suspendentes in ligno*. Dann bekonnt der Begriff „Holz des Kreuzes" eine weite Verbreitung in den christlichen Schriften und ist in den koptischen Manichaica mehrmals belegt.[5] Bei Augustinus gibt es eine Formulierung, die einerseits auf die neutestamentliche Herkunft des manichäischen Bildes hinweist und andererseits wahrscheinlich zeigt, daß Augustinus auch an den Zusammenhang von *Jesus patibilis* mit der Pflanzenwelt denkt: ... *patibilem Jesum, qui est vita ac salus hominum, omni suspensus ex ligno* (*Contra Faustum*, XX, II, 369). Die folgende Stelle ist ebenfalls bemerkenswert: *Ubi nihilominus Manichaei evertit errorem, qui et grana et herbas et omnes radices ac frutices gentem tenebrarum dicit creare, non Deum; et in eis formis atque generibus rerum Deum potius credit alligari, quam horum aliquid operari* (ibid., XXIV, II, 475). Man kann sogar vermuten, daß eine Verwendung des Begriffs „gekreuzigt im Holz" mit der ersten, konkreten Bedeutung des Wortes „Materie" etwas zu tun hat: das griech. ὕλη und lat. *materia* bedeutet eigentlich „Holz",

---

[5] S. Richter. Exegetisch-literarkritische Untersuchungen von Herakleidespsalmen des koptisch-manichäischen Psalmenbuches. Altenberge, 1994. S. 88, n. 52.

„Wald". Normalerweise ist es nicht der Fall, daß ein Abstractum seine ursprüngliche sachliche Bedeutung mit der Zeit verliert: in den ersten christlichen Jahrhunderten ist eine sachliche Bedeutung parallel mit der abstrakten belegt.[6] Die dem ganzen gefesselten Licht bestimmte Wendung „gefesselt in der Materie" könnte in der griechischen oder lateinischen Version einer Schrift, z. B. eines kanonischen Buches von Mani, als „gekreuzigt im Holz" interpretiert werden.

Aber es gibt noch eine weitere Möglichkeit: wahrscheinlich ist das Mythologumenon vom „Kreuz des Lichtes" unabhängig von den Begriffen „Holz" und „Kreuzigung" entstanden. Die Quelle dieses Bildes ist in jenen Systemen zu suchen, aus denen die manichäische Lehre in ihrem Grundteil entstanden ist, und zwar bei den syrischen Gnostikern. Eine Nacherzählung des Systems des Bardesanes gibt z. B. Moses Bar Kepha, der syrische Autor des 9–10 Jh.[7]

Nach dieser kurzen Erzählung lagen die vier ursprünglichen Wesen (ܐܝܬܘܬܐ), d. h. die Elemente, von Anfang an in den vier Himmelsrichtungen, d. h. kreuzförmig. Der Text lautet: „Jedes einzelne von ihnen stand an seiner Seite: das Licht im Osten und der Wind im Westen, das Feuer im Süden, das Wasser im Norden, während ihr Herr in der Höhe und ihr Feind, die Finsternis, im Abyss stand." Später, nach der Mischung mit der Finsternis, hat der Logos-Christus die vier guten Urelemente wieder „nach dem Mysterium vom Kreuz" (ܕܨܠܝܒܐ ܐܪܙܐ) angeordnet. Man kann sofort bemerken, daß Christus bei dieser kreuzförmigen Orientierung der vier Elemente kaum eine primäre Rolle spielt. Obwohl er eine zentrale Figur in der Kosmogonie ist, liegen die Elemente ursprünglich bereits kreuzförmig. Die Stellung der Elemente kann hier einen sozusagen naturphilosophischen Grund haben: das Feuer steht im Süden als ein „heißes" und das Wasser im Norden als ein „kaltes" Element; das Licht im Osten, weil diese Richtung der Geburtsort des Lichtes ist. Andererseits erinnert das Schema von den vier Elementen an den vier Seiten mit Gott im Zentrum (oder über ihnen) und der Finsternis unter ihnen an ein typisches apokalyptisches Bild: die Tetrade

---

[6] Greek-English Lexicon. Compiled by H. G. Liddell & K. Scott. A New Edition. Rev. and augm. by H. S. Jones & R. Mackenzie. Oxford, 1966. p. 1847 B–1848 A.

[7] Ich danke Herrn Prof. Jürgen Tubach für seinen wertvollen Hinweis auf dieses Thema.

von Engeln um den Thron Gottes herum und die niedere Welt unter
ihnen.

Es ist bekannt, daß die apokalyptische Weltanschauung und Kosmologie beim Entstehen der frühchristlichen und gnostischen Lehren sowie des Manichäismus eine sehr wichtige Rolle spielte. Sehr
interessante Beziehungen zwischen den vier Elementen, der himmlischen Hierarchie und den Himmelsrichtungen kann man in den
apokalyptischen Theophanien finden. So eine Entsprechung habe
ich versucht, in einem Element der „sethianischen" Kosmologie von
Nag Hammadi-Texten festzustellen. Ein wesentlicher Teil der himmlischen Hierarchie in diesem Schema sind die sogenannten „vier
Leuchter".[8] Es sind vier, eine unter der anderen angeordnete Him-
melskräfte, deren Namen die Spuren einer iranischen Herkunft bekunden. Dabei kann man einerseits in ihren Namen, zumindest in
den ersten drei – Harmozel, Oroiael und Daweithe(a) – einen Hinweis auf die Urelemente finden: Feuer, Luft, Wasser (und das letzte
ist, wahrscheinlich, die Erde). Es läßt an die stoische Kosmologie
denken, nach der die Elementenzonen des Kosmos in derselben Weise
angeordnet werden: Feuer – Luft – Wasser – Erde. Die vier Leuchter haben vier „Diener", Figuren mit Engelnamen; offensichtlich
entstammt dieses Element der oben erwähnten apokalyptischen
Tetrade der Engel um den Thron Gottes. Diese Tetrade in zahlreichen Varianten ist z. B. in den spätantiken Zauber- und astrologischen Texten belegt. Der „Leuchter" Harmozel, der vermutlich dem
Feuerelement entspricht, hat den „Diener" Gamaliel. Dazu kommt
ein Sommerengel Gamael in den astrologischen Texten vor. Der
Diener des Leuchters Daweithea (Wasserelement?) heißt Samblo oder
Samlo. Eine Vermutung über den Ursprung dieses Namens ist folgende. In der Vision des Hesekiel (Hes. 8:3–5) wird ein „Bild zum
Ärgernis für den Herrn" im Norden des Tempels, gegenüber dem
nördlichen Tor, erwähnt. Im Original wird dieses Idol mit dem Wort
סמל „semel" benannt. Man findet eine Verwandtschaft auch zwischen
der Benennung des gnostischen Dämons Samael und dem hebräischen שמאל „linke Seite, Norden",[9] was auch für den Namen Samlo
stimmen kann. Was die Namen Gabriel und Abrasax betrifft, diese
sind z. B. in einer griechisch-ägyptischen Beschwörung des Sonnen-

---

[8] Siehe z. B. *Ägyptereevangelium*, NH III, 2, 51–53; *Johannesapokryphon, Offenbarung
Adams* u. a.
[9] J. Naveh, Sh. Shaked. Amulets and Magic Bowls. Aramaic Incantations of
Late Antiquity. Jerusalem, 1985. S. 56, 58.

gottes mit Sonnenaufgang und -untergang verbunden, d. h. mit Osten und Westen.[10] Also offenbaren mindestens zwei Teile der gnostischen Tetrade (Feuer – Sommer – Süden und Wasser – Norden) dieselbe Entsprechung mit den Elementen wie im Schema des Bardesanes. Im Grunde genommen kann man einen Zusammenhang der vier Engel mit den Himmelsrichtungen schon im Neuen Testament entdekken: „Danach sah ich vier Engel stehen an den vier Ecken der Erde, die hielten die vier Winde der Erde fest" (Off. 7:1).

Die dargelegten Beispiele geben einen gewissen Grund zu vermuten, daß die kreuzförmige Ordnung der Urelemente „vormanichäisch" sein kann und vom apokalyptischen Mythologumenon der vier Engel und vier Himmelsrichtungen abstammte. In diesem Fall wurde die ganze Einheit der Lichtelemente vom Anfang an „Kreuz" genannt, und sowohl die Annäherung mit dem Holz und der Kreuzigung wie auch der Zusammenhang mit *Jesus patibilis* sind spätere spekulative Erweiterungen dieses Themas.

---

[10] Papyri Graecae Magicae, I, 300–303.

BEMERKUNGEN ZUM KODEX VON TEBESSA *

MARKUS STEIN (BONN)

Im Juni 1918 wurden in einer Höhle nicht weit von Tebessa, dem antiken Theveste, Reste von 26 Pergamentblättern entdeckt – der sogenannte Kodex von Tebessa.[1] Schon einen Monat später veröffentlichte Henri Omont eine Transkription der ersten 13 Blätter samt einigen wenigen Ergänzungen und Zitatnachweisen.[2] Als Autor der Schrift zog er vorsichtig Nicetas von Remisiana in Erwägung. Nachdem in den folgenden Monaten André Wilmart[3] und Cuthbertus Hamilton Turner[4] auf Bezüge zum Manichäismus aufmerksam gemacht hatten, wies schließlich Prosper Alfaric im Rahmen seiner Ausgabe nach, daß hier ein manichäischer Traktat vorliegt.[5] In der Folgezeit ist der cod. Thev. erst wieder in den 80er Jahren von François Decret behandelt[6] und von Reinhold Merkelbach anhand von Photographien neu ediert worden; er hat den bisher bekannten 13 Blättern fol. XIV recto hinzugefügt.[7] Vor kurzem haben Jason Be-

---

* Leicht überarbeitete Fassung eines Vortrages, den ich am 11. 7. 1998 auf dem Kongreß "Augustine and Manichaeism in the Latin West" in Fribourg gehalten habe. Es handelt sich hierbei um einen Auszug aus der Einleitung zu meiner mit Kommentar und Übersetzung versehenen Ausgabe des Kodex von Tebessa (= *codex Thevestinus* [cod. Thev.]), die demnächst erscheinen wird. Beigegeben sind daraus als Anhang auch Text und Übersetzung von col. 4, 9, 16, 17 und 24.

[1] Paris, Bibliothèque Nationale, Nouvelles acquisitions latines 1114.

[2] H. Omont, Fragments d'un très ancien manuscrit Latin provenant de l'Afrique du Nord, CRAI 1918, 241-50 (vorgelegt in der Sitzung vom 19. 7. 1918) (im folgenden Omont).

[3] Ebd. 304 f.; Auszüge eines Briefes, die von Omont auf der Akademiesitzung am 30. 8. 1918 mitgeteilt wurden.

[4] Auszug eines Briefes vom 24. 5. 1919, verlesen von Omont auf der Akademiesitzung am 30. 5.: CRAI 1919, 230.

[5] Vorgetragen auf der Akademiesitzung am 4. 7. 1919 (vgl. CRAI 1919, 295 f.) und veröffentlicht 1920: P. Alfaric, Un manuscrit manichéen, RevHistLittRel N.S. 6 (1920) 62-98 (im folgenden Alfaric).

[6] F. Decret, Aspects de l'Eglise manichéenne. Remarques sur le Manuscrit de Tebessa, in: Signum Pietatis, Festschr. C.P. Mayer, Würzburg 1989, 123-51 (im folgenden Decret). Decret hat Merkelbachs Ausgabe noch nicht gekannt, weshalb er Alfarics Text folgt.

[7] R. Merkelbach, Der manichäische Codex von Tebessa, in: Manichaean Studies,

Duhn und Geoffrey Harrison unter Benutzung von Merkelbachs Edition col. 1-54 noch einmal veröffentlicht nebst englischer Übersetzung und kommentierenden Bemerkungen.[8] Für die von mir vorbereitete Ausgabe, die den gesamten Text umfaßt, standen mir zum einen die von Merkelbach herangezogenen Photos zur Verfügung, die er mir freundlicherweise zu diesem Zweck überlassen hat, zum anderen konnte ich das Original in Teilen vergleichen, ausgiebig in fol. I-XIII; eine Reihe von Stellen, besonders in fol. XIV-XXVI, bedarf daher noch einer genaueren Überprüfung am Kodex selbst, die in Kürze erfolgen wird. Aus der Arbeit am cod. Thev. seien hier drei Ergebnisse kurz vorgestellt; sie betreffen 1) den Titel eines Werkes, das im Kodex enthalten ist, 2) die Reihenfolge der Blätter und 3) die Verfasserfrage.

Vorweg jedoch einige kurze Angaben zur Beschaffenheit des Kodex:
Die 26 Blätter sind nur fragmentarisch erhalten. Die ersten 13 besitzen, von der Vorderseite aus betrachtet, ungefähr die Form eines großen R, so daß recto nur Teile der linken Kolumne vorhanden sind und verso der rechten. Dieser Abschnitt des Kodex bietet oftmals einen zusammenhängenden oder durch geringe Lücken gestörten Text. Anders steht es mit den Blättern XIV-XXVI. Bei ihnen handelt es sich um mehr oder weniger schmale Streifen, die sich, von der Vorderseite aus betrachtet, von links oben nach rechts unten erstrecken und somit Teile beider Kolumnen bieten, allerdings nur äußerst lückenhaft.
Datiert wird der Kodex aufgrund der Schrift, einer Halbunziale, ins 5.-6. Jh.[9]

Proceedings of the First International Conference on Manichaeism (5.-9. 8. 1987), Lund 1988, 229-64 (im folgenden Merkelbach).

[8] J. BeDuhn / G. Harrison, The Tebessa Codex. A Manichaean Treatise on Biblical Exegesis and Church Order, in: P. Mirecki / J. BeDuhn (Hgg.), Emerging from Darkness. Studies in the Recovery of Manichaean Sources (Nag Hammadi and Manichaean Studies 43), Leiden 1997, 33-87 (im folgenden BeDuhn / Harrison). In der Regel folgen sie Merkelbachs Text.

[9] Vgl. Omont 240 f., E.A. Lowe, Codices Latini Antiquiores V (France, Paris), Oxford 1950, 45 Nr. 680; ähnlich B. Bischoff, Paläographie des römischen Altertums und des abendländischen Mittelalters, Berlin 1986[2], 105,164.

Inhalt

Kenntlich sind im cod. Thev. mindestens zwei Schriften oder Bücher.[10] Von dem Werk, dessen Reste in col. 1-24 erhalten sind,
besitzen wir sogar den Titel – was bisher allerdings nicht erkannt
worden ist. Denn col. 24,9 f. sind die dort zu lesenden, teilweise auch
zu ergänzenden Worte *[d]e duobus g[ra\di]bus li(ber)*[11] durch sie um-
gebende Leerzeilen vom übrigen Text abgesetzt, wobei der Beginn
des nächsten Abschnitts durch eine andere Schriftart, die *Capitalis
rustica*, ausgezeichnet ist. Die Spuren, die in den drei oder vier Leerzeilen zu sehen sind, stammen einerseits von der Vorderseite des
Blattes, weil die Tinte durchscheint, andererseits vom aufliegenden
folgenden Blatt (fol. VII recto), dessen Tinte haftengeblieben ist.

Der Titel „Über die beiden Grade" paßt bestens zu dem, was in
col. 1-24 steht. Denn hier werden die beiden Klassen der manichäischen Kirche vorgestellt, die *electi* und *auditores*. Der Verfasser
legt dar, daß sie verschiedenen Rängen angehören, und weist auf
ihre unterschiedlichen Lebensformen hin; gleichzeitig hebt er mehrfach ihre wechselseitige Unterstützung hervor, die materielle durch
die *auditores*, die spirituelle durch die *electi*.[12] Seine Ausführungen sucht
er mit Stellen aus dem N.T. zu belegen, die er geschickt in manichäischem Sinne deutet. So wertet er z.B. die Maria-Martha-Epi-
sode aus Luc. 10,38-42 als Vorbild für die Rolle der *electi* und *auditores* (col. 8). Dreimal führt er Luc. 16,9 an („Macht euch Freunde
mit dem Mammon der Ungerechtigkeit" etc.) und legt den Passus
so aus, daß die *auditores* sich mit Hilfe ihres Reichtums die *electi* zu
Freunden machen sollen, um nach dem Tode von diesen Unterstützung zu erfahren (col. 4,6-18; 13,9-19; 16,11-19).

Lediglich vermutungsweise läßt sich der Inhalt in col. 24-104
bestimmen, wobei wir wegen des Erhaltungszustandes der Blätter nur
in col. 24-52 einen jeweils mehr oder weniger zusammenhängenden
Text wiedergewinnen können.[13] Dieser Abschnitt nun ist voll von

---

[10] Vermutlich sogar drei, da col. 76,4 noch vier Buchstaben in der *Capitalis
rustica* zu sehen sind, die col. 24,13 zur Einleitung eines neuen Werkes dient (weitere
Überschriften können in den Lücken verlorengegangen sein).

[11] Bzw. *l(iber) unus* oder *l(iber) primus* (Weiteres demnächst im Komm. z. St.).

[12] Vgl. col. 4,6-18; 5,4-20; 8,2-19; 12,11-19; 16,18; 17,2-15.

[13] Von col. 53 an, wo in der Regel nur noch jeweils die Zeilenenden der linken
und die Zeilenanfänge der rechten Kolumne zu sehen sind, kann man einzig und
allein Zitate und Anspielungen aus dem N.T. erkennen bzw. ergänzen (folgende

Zitaten aus Paulusbriefen, fast jede Kolumne enthält deren eines, wenn nicht sogar zwei. Da diese den größten Teil des vorhandenen Textes einnehmen, die sie begleitenden Kommentare des Autors aber in der Regel nur bruchstückhaft erhalten sind, läßt sich nicht sicher erkennen, welchem Ziel dieser Abschnitt insgesamt dient. Festhalten kann man aber, daß der Verfasser mehrfach versucht zu zeigen, daß Paulus Wörter wie *laborare*, *operari* und *opus* nicht wortwörtlich, im Sinne profaner, körperlicher Arbeit gemeint habe, sondern in einem spirituellen Sinne, als die Tätigkeit der Glaubensverkündung und Seelsorge.[14] Alfaric hat deshalb vermutet, daß unser Autor damit auf einen gegen die *electi* gerichteten Vorwurf reagiert habe. 2. *Thess.* 3,10 sagt Paulus nämlich: „Wer nicht arbeiten will, soll auch nicht essen", und das ließ sich ganz leicht gegen die *electi* wenden, die ja, um das Lichtkreuz nicht zu verletzen, keine körperliche Arbeit verrichten durften. Alfarics Annahme würde das Verfahren unseres Autors sehr gut erklären,[15] aber sie läßt sich nicht mit allen Äußerungen bzw. Zitaten vereinbaren;[16] es bleibt daher ein unlösbarer Rest.

Zur Reihenfolge der Blätter

Ihre Abfolge untereinander ist dadurch gesichert, daß bei einigen von ihnen Tintenspuren der Rückseite auf der folgenden Vorderseite haftengeblieben sind und umgekehrt. Außerdem sind die Blät-

---

habe ich bisher ausfindig machen können: col. 53 *1. Tim.* 6,12; col. 54 *1. Tim.* 6,5 f. 9; col. 55 Matth. 7,15. 21 f. 24; col. 57 Luc. 13,25-27; Matth. 25,1-13; col. 58 Luc. 18,28 f.; Matth. 7,13 f.; col. 59 Luc. 12,45 f.; col. 60 Matth. 24,43. 45; Luc. 12,39. 42; col. 61 Matth. 24,43; Luc. 12,39; col. 62 Matth. 10,23; 24,42. 44; Luc. 21,34-36; col. 64 *1. Tim.* 6,14; col. 65 Luc. 9,1; 10,1; col. 69 *Eph.* 6,14-17; col. 71 *Eph.* 6,12; col. 73 Luc. 13,25. 27; Matth. 7,23; 25,12), während in col. 24-52 wenigstens zum Teil kommentierende Bemerkungen des Verfassers existieren.

[14] Den Ausgangspunkt dafür bildet col. 41,5-11, wo sich der Autor am deutlichsten – innerhalb dessen, was uns erhalten ist – über seine Absichten ausspricht. Bezug nehmend auf *Phil.* 2,16 *non in vacuum cucurri neque in vacuum laboravi* (gemeint ist die Missionsarbeit), stellt er die rhetorische Frage, ob dort die Wörter *laborare* und *currere* etwa *carnaliter* zu verstehen seien: *ecce igitur et [hic] laborasse se pe̜[r]hibet et cucur[ris]s̜e̜. ergone et h̜[oc] carnalite[r] i̜[ntel]legendu[m est? ab]sit.*

[15] Um so mehr, als ein solcher Vorwurf tatsächlich erhoben worden ist, und zwar von Epiphanius innerhalb seiner Kritik an der Untätigkeit der *electi, Panar. haer.* 66,53,3 – und Epiphanius wird nicht der einzige gewesen sein.

[16] Näheres demnächst in der Einleitung und im Komm. z. St.

ter – vielleicht bei ihrer ersten Sichtung – mit arabischen Ziffern nu-
meriert worden, und da diese Angaben bei den durch Tintenreste
in ihrer Reihenfolge sicher zu bestimmenden Blättern zutreffen, wird
man dies auch für die übrigen Fälle annehmen dürfen.

In der Frage jedoch, ob der uns erhaltene Teil des cod. Thev. mit
col. 1 beginnt, wie seit Omont angenommen wird, oder ob die
Abfolge der Seiten umgekehrt werden muß,[17] gibt es keine äußeren
Indizien. Denn die durch Leerzeilen abgesetzten Worte *[d]e duobus
g[ra|di]bus li(ber)* in col. 24 können sowohl ein Kolophon als auch
eine Überschrift sein.[18] Wir sind also auf inhaltliche Beobachtungen angewiesen. Zwei Stellen fallen dabei ins Gewicht:

In col. 4,7-10 verweist der Autor auf eine vorher von ihm gemachte
Äußerung, wonach mit den *divites* bei Luc. 16,9 die manichäischen
discipuli secundi ordinis, d.h. die *auditores*, gemeint seien (Text und
Übersetzung s. Anhang). In col. 16 nun führt er den entsprechenden
Beweis (Text und Übersetzung s. Anhang): In einem ersten Schritt
wird festgestellt, daß als *auditores* bzw. *catechumeni* diejenigen bezeichnet
worden sind, die Reichtum besitzen. In einem zweiten wird darauf
hingewiesen, daß in Luc. 16,9 das Wort Reichtum mit Mammon
wiedergegeben ist. Aus beiden Prämissen wird dann der Schluß
gezogen: Die *auditores* besitzen Reichtum, d.h. Mammon; also sind
mit den Inhabern des Mammons, die Jesus in Luc. 16,9 anredet, die
manichäischen *auditores* gemeint. Behält man die bisherige Reihenfolge bei, hätte der Autor also zweimal dasselbe dargelegt: irgend-
wo vor col. 4 – denn hier weist er ja auf jenen Passus zurück – und
in col. 16. Kehrt man sie um, bezieht er sich mit seinen Worten in
col. 4,7-10 auf die Beweisführung in col. 16, und das Problem einer
möglichen Wiederholung ist gelöst. Dem läßt sich nicht entgegen-
halten, daß an beiden Stellen verschiedene Bezeichnungen der *auditores* benutzt seien – col. 4,8 f. *discipuli secundi ordinis*, col. 16,2 u. 4
auditores sowie *catechumeni* –, in col. 4 also doch nicht ein Rückver-
weis auf col. 16 vorliegen könne. Denn zum einen erscheinen die
auditores auch in col. 16 als zweitrangig, vgl. Z. 7-9 *ab illo [a]dhuc
perfect[orum gra]du inferiore[s]*, zum anderen würde dieser Einwand,
wenn man ihn bis zum Ende verfolgt, zu der absurden Konsequenz

---

[17] Das Verhältnis von linker und rechter Kolumne auf den einzelnen Seiten
wäre davon nicht betroffen, d.h. die neue Reihenfolge würde lauten (unter
Beibehaltung der alten Numerierung): col. 103/104; 101/102; 99/100; 97/98 ...
7/8; 5/6; 3/4; 1/2.
[18] Weiteres dazu demnächst in der Einleitung und im Komm. z. St.

führen, daß der Autor vor col. 4 dargelegt haben müßte, daß die *divites* aus Luc. 16,9 identisch mit den *discipuli secundi ordinis* sind, und in col. 16, daß sie identisch sind mit den *auditores* und *catechumeni*: Er hätte also zweimal das gleiche bewiesen, nur jeweils für eine andere Bezeichnung.

Ein weiteres Argument zugunsten einer Umkehrung der Seitenfolge bietet col. 24,14-17, wo der Verfasser auf seine Ausführungen zum *opus apostolorum* zurückverweist: *ea qu[ae?] [... . s]uperius [me]moraui, carissimẹ, de apostolorụm opere.* In dem col. 1-24 erhaltenen Text wird das *opus apostolorum* jedoch nirgends erwähnt, in col. 25 ff. dagegen erscheint immer wieder das Wort *opus*, wobei der Autor zu zeigen versucht, daß Paulus dieses und ähnliche Wörter übertragen gemeint habe, im Sinne von Glaubensverkündung und Seelsorge. Zwar ließe sich einwenden, daß der einzige Apostel, dessen *opus* dort genannt wird, Paulus ist,[19] doch kann man sich viel eher in diesem Abschnitt als in dem über die Doppelstruktur der manichäischen Kirche (col. 1-24) eine Bemerkung zum *opus* auch der übrigen Apostel bzw. der Apostel insgesamt denken, das ja ebenso beschaffen war wie das des Paulus.

Es spricht demnach einiges dafür, die Seitenfolge umzukehren, und sollten sich in der Zwischenzeit keine Gegenargumente ergeben, wird in der neuen Ausgabe diese Umkehrung vorgenommen werden.[20] Daß Omont sozusagen mit der Rückseite des Kodex begonnen hat, ist leicht verständlich, denn die Blätter I-XIII sind am besten erhalten.

Verfasser

Als Verfasser des cod. Thev. halten Alfaric 91-98 und Merkelbach 232-34 Mani für möglich, während Aalders,[21] Decret 125-35 u. 150 f. und BeDuhn / Harrison 37 (mit Anm. 14) u. 38 f. dies ablehnen. In der Tat lassen sich, wie Aalders 248 (mit Anm. 23) bemerkt hat,

---

[19] Z.B. col. 37,14-16, 40,6 und 45,5-8.

[20] Einen ähnlichen Fall hat erst kürzlich Dirk Obbink aufgedeckt: In Philodems Schrift Περὶ εὐσεβείας muß die bisher angenommene Reihenfolge der Kolumnen gänzlich umgekehrt werden (Philodemus On Piety, Part 1. Critical Text with Commentary, ed. by D. Obbink, Oxford 1996, 37-50, bes. 45-47; vgl. R. Merkelbach, ZPE 115 [1997] 103 f.).

[21] G.J.D. Aalders, L'Épître à Menoch, attribuée à Mani, VigChr 14 (1960) 248 f. (im folgenden Aalders).

mit Mani selbst schwerlich die Worte in col. 16,2-5 *auditores ... siue,
ut dixi[m]us, catechumeni [s]unt appellati, qui* etc. und, wenn auch durch
die Lücken im Text nicht ganz so sicher, col. 9,2 f. *discipuli p[erfecti
?] appellati sun[t]*[22] vereinbaren: Gerade die Kombination von Perfekt und Passiv in *[s]unt appellati* bzw. *appellati sun[t]* kann man sich
aus der Feder eines Religionsgründers, der über seine eigene Kirchenorganisation schreibt, nicht gut vorstellen. Statt dessen würde
man ein einfaches *sunt* erwarten oder ein *appello* bzw. *appellavi* – letzteres beides würde zu dem Selbstvertrauen passen, mit dem Mani
seine Leistungen einschätzte (vgl. das mittelpersische Fragment M
5794 [= T II D 126] I,[23] in dem er von den Vorzügen seiner Religion spricht: „Die Religion, die ich erwählt habe, ist in zehn Dingen viel besser als die anderen, früheren Religionen",[24] woraufhin
er die Vorzüge aufzählt; ähnlich Keph. p. 100,19-102,3) – oder al-
lenfalls ein *appellantur*.[25] Ein *appellati sunt* dagegen weist auf einen
späteren Betrachter hin, der über die Vergangenheit schreibt.

Dafür spricht auch das Imperfekt, das col. 17,4. 7. 8. 14. 15 bei
der Schilderung der Versorgung der *electi* durch die *auditores* benutzt
ist (Text und Übersetzung s. Anhang). Der Tempusgebrauch läßt sich
nämlich am schlüssigsten dadurch erklären, daß der Autor vom
Zustand der manichäischen Kirche in zurückliegenden Zeiten spricht,
am ehesten in ihrer Frühzeit bzw. zu Manis Lebzeiten; daran könnte
sich, wie die Worte Z. 16 ff. nahelegen, ein Gedanke der Art ange-
schlossen haben, daß das Verhältnis zwischen den beiden Stufen
immer noch so beschaffen sei. Die Tradition dient also dazu, die
Rechtmäßigkeit der manichäischen Kirchenstruktur zu erweisen.

---

[22] Zum Text s. demnächst im Komm. z. St.

[23] F.C. Andreas / W.B. Henning, Mitteliranische Manichaica aus Chinesisch-
Turkestan II, Sb. Preuss. Akad. Wiss. 1933, 295 f. = W.B. Henning, Selected Papers
(Acta Iranica 14/15), Leiden 1977, I 192 f.

[24] Übersetzung nach: Die Gnosis, 3. Bd.: Der Manichäismus, unter Mitwir-
kung von J.P. Asmussen eingel., übers. u. erl. von A. Böhlig, Zürich 1995[2], 80.

[25] Aalders 248,23 führt bei seiner Ablehnung auch das *appel[la]ri* col. 4,9 f.
an, doch scheint es mir noch denkbar zu sein, daß ein Religionsgründer feststellt,
daß in seiner Kirche gewisse Mitglieder in einer bestimmten Weise bezeichnet
werden. Anders sieht es aber aus, wenn zu dem Passiv das Perfekt hinzutritt, wie
col. 9,3 und 16,5 der Fall. Man sollte im übrigen nicht versuchen, das *appellati sunt*
an diesen Stellen im Sinne eines *appellantur* zu verstehen. Die "Verwendung des
to-Part. mit *sum* für das Praes. der Passiva (*amatus sum = amor*) ist nur spärlich und
spät belegt" und im Indikativ gegenüber dem Konjunktiv erst recht nur verein-
zelt (J.B. Hofmann / A. Szantyr, Lateinische Syntax und Stilistik [Hdb. d. Altertumswissenschaft II 2,2], München 1965 [verbesserter Nachdruck 1972] 306 [d]);
bei unserem Autor findet sich dafür kein Beispiel.

Bisher hat man allerdings in den Worten von col. 17 einen Verweis auf die christliche Urgemeinde gesehen; die zwei Stufen der manichäischen Kirchenorganisation würden als urchristlich dargestellt.[26] Es ist auch vermutet worden, daß der Autor bestimmte Stellen aus dem N.T. im Sinn gehabt haben könnte, insbesondere Luc. 8,3, wo es heißt, daß sich in Jesu Begleitung seine Zwölf und einige Frauen befanden, *quae ministrabant eis de facultatibus suis.*[27] Doch weder dieser Passus noch die übrigen kommen der Schilderung in col. 17 wirklich nahe, es gibt lediglich allgemeine inhaltliche Übereinstimmungen zwischen beiden Seiten, aber nichts, woraus ersichtlich würde, daß sich unser Autor auf eine bestimmte Stelle des N.T. bezöge. Wenn er jedoch mit Hilfe urchristlicher Zustände einen Traditionsbeweis zugunsten der manichäischen Kirchenorganisation führen wollte, mußte ihm an Beweiskraft und Klarheit gelegen sein, d.h. er mußte sich deutlich genug auf eine christliche Schrift berufen, die bei seiner Leserschaft anerkannt war: Das konnten nicht irgendwelche Äußerungen von Kirchenvätern über die brüderlichen Verhältnisse in den ersten Christengemeinden sein, sondern nur das N.T., das im cod. Thev. ja auch ständig herangezogen wird.[28]

Da es nun zu den Worten in col. 17 keine Parallele im N.T. gibt, kann sich das Imperfekt nur auf vergangene Zeiten der manichäischen Kirche beziehen, womit Mani als Autor des cod. Thev. wiederum ausgeschlossen ist.

In die gleiche Richtung weist – wie bereits Decret 130 und BeDuhn / Harrison 37 angemerkt haben – eine Bestandsaufnahme des Wortlauts der Zitate aus dem N.T. Danach ergibt sich, daß die (immerhin 18) wörtlichen Zitate zwar oftmals von der Vulgata abweichen, daß diese Unterschiede aber in der Regel nicht beträchtlich sind und sich auch in der Vetus Latina finden[29] oder als Gedächtnisfehler erklärt werden können.[30] Lediglich an zwei Stellen gibt es stärkere Abweichungen von den uns bekannten Texten,[31] doch das

---

[26] Vgl. Alfaric 74 und Merkelbach 245.

[27] Vgl. BeDuhn / Harrison 71.

[28] Dabei kann unser Autor durchaus die N.T.-Partien mit den Verhältnissen der manichäischen Kirche vermengen. So werden col. 5,15-18 die *electi* ineinsgesetzt mit den Armen aus Luc. 6,20, die ob des Besitzes des Himmelreiches glücklich gepriesen werden, und in col. 8, wo auf Luc. 10,38-42 Bezug genommen wird, wählt Maria den Grad der *electi* und Martha den der *auditores.* Aber an all diesen Stellen ist der N.T.-Passus klar kenntlich.

[29] Die Vetus Latina hat sich neben der Vulgata noch lange gehalten, wie die zahlreichen Mischtexte des 6. bis 10. Jh. zeigen (vgl. K. Zelzer, Vetus Latina, in:

erklärt sich leicht dadurch, daß uns eben nicht alle Versionen der Vetus Latina kenntlich sind, was nicht weiter verwundert.[32] Jedenfalls rechtfertigen diese Stellen nicht die Annahme einer Übersetzung aus dem Syrischen oder Griechischen.[33]

Generell ließe sich zwar gegen die Schlußfolgerung eines lateinischen Ursprungs des cod. Thev. einwenden, daß ein Übersetzer bei Partien aus dem N.T. die jeweilige ihm bekannte lateinische Version habe einfließen lassen; aber damit eine solche Vermutung überhaupt eine ernsthafte Alternative darstellen könnte, bräuchte man weitere Anzeichen für eine Übersetzung. Diese fehlen jedoch. Das Latein entspricht vielmehr dem, das man auch bei anderen Autoren des 4. bis 6. Jh. lesen kann, und die Anstöße, die Alfaric 92 gesehen hat – ohne sie letztlich für beweiskräftig zu halten –, sind unbegründet oder erledigen sich durch neue Lesungen.

Für einen lateinischen Ursprung sprechen auch grundsätzliche Überlegungen: Der cod. Thev. ist eine lateinische Schrift, die im lateinischsprachigen Raum gefunden worden ist. Von Werken lateinischer Manichäer besitzen wir den Brief des Secundinus an Augustinus, der freilich in erster Linie nicht für die eigene Gemeinschaft, sondern für einen Gegner bestimmt war, des weiteren die *Capitula* des Faustus und wohl auch den Menoch-Brief, der so gut wie sicher nicht von Mani, sondern von einem lateinischen Autor stammt, sei es einem Manichäer oder – dann müßte er hier allerdings ausscheiden – einem Pelagianer.[34] Daß es einst mehr solcher lateinischer Schriften gab, legt Augustins Bemerkung *Conf.* V 11 (CCL XXVII 62,39-42) nahe, Faustus habe neben ein wenig Cicero, Seneca und

---

R. Herzog / P.L. Schmidt, Handbuch der lateinischen Literatur der Antike 4 [Hdb. d. Altertumswissenschaft VIII 4], München 1997, 362. 366 f.). Alfarics 92 Annahme, daß unsere Schrift vor 400 entstanden sein müsse, ist daher verfehlt.

[30] Die mehr als 20 Anspielungen sind naturgemäß freier in der Wortwahl.

[31] Vgl. col. 25,4 f. das *arbiṭ [ran] | ṭẹṣ* (sic) statt *devitantes* in *2. Cor.* 8,20 und col. 36,3-10 *haec | [aut]em praecipio | [no]n quasi laqueu(m) | ụobis iniciens, sed | ạd honeste agen|[d]um et coniungi | [apt]ụm* (suppl. St. Schröder) *inseparaḅị|[liter d(e)o]* mehrere Formulierungen gegenüber *1. Cor.* 7,35 *porro hoc ad utilitatem vestram dico, non ut laqueum vobis iniciam, sed ad id, quod honestum est et quod facultatem praebeat sine impedimento dominum observandi* (*obsecrandi* var. lect.) (Weiteres zu den Lesungen und Ergänzungen demnächst im Komm.).

[32] Erinnert sei nur an das bekannte Wort des Hieronymus in seiner Praefatio zu den Evangelien (über die lateinischen Versionen, *Latina exemplaria*, die damals umliefen): *tot sunt paene quot codices* (p. 1515,13 Weber).

[33] So z.B. Alfaric 92 und Merkelbach 233 f.

[34] Vgl. M. Stein, Manichaica Latina 1. epistula ad Menoch (Papyrologica Coloniensia XXVII 1), Opladen 1998, 28-43.

Dichtung auch Bände seiner Sekte gelesen, die lateinisch und elegant verfaßt gewesen seien ([*Faustus*] *legerat ... suae sectae si qua volumina Latine atque composite conscripta erant*), denn nichts zwingt dazu, hierbei nur an Übersetzungen zu denken.[35] Es spricht also prinzipiell nichts dagegen, daß der cod. Thev. im lateinischen Raum und von einem anderen als Mani verfaßt worden ist, ja die vorgetragenen Beobachtungen zu bestimmten Formulierungen des Verfassers und zu den Zitaten aus dem N.T. lassen eigentlich keinen anderen Schluß zu.[36]

---

[35] So F. Decret, Aspects du manichéisme dans l'Afrique Romaine, Paris 1970, 115 (mit Anm. 6) u. L'Afrique manichéenne (IVe-Ve siècles), Paris 1978, I 118 (mit Anm. 51 in II 83); anders dagegen bereits P. Alfaric, Les Écritures manichéennes, Paris 1918/19, II 123 (mit Anm. 1).

[36] Der Zeitraum, in dem der cod. Thev. verfaßt worden ist, läßt sich nur grob eingrenzen. Den *terminus ante quem* bildet die Entstehungszeit des Kodex selbst, das 5.-6. Jh. Der *terminus post quem* ergibt sich aus dem Umstand, daß in col. 17 von früheren Zeiten der manichäischen Kirche gesprochen wird, so daß man annehmen kann, daß seit ihrer Entstehung einige Jahrzehnte vergangen sind: Das führt mindestens in die Mitte des 4. Jh. Eine Möglichkeit, den Zeitraum weiter einzuschränken, sehe ich nicht.

ANHANG*

* Die zur Bezeichnung der Lücken unter die Zeile gesetzten Punkte sind in Dreiergruppen zusammengefaßt, damit der Leser ihre Zahl leichter überschauen kann.

fol. I verso

col. 3			**col. 4**	
[ ]			[... ...]ẹt ca[.]-	
[ ]			[... ...] sectaru(m)	
[ ]			[...]ris, quia pe-	
[ ]			[re]grini et alieni-	
[ ]		5	[g]enae mundo sint.	
[ ]			[i]dcircoq(ue) iubet di-	
[ ]			uitib(us) – quos et ipsos	
[ ]			secundi ordinis	
[ ]			discipulos appeḷ-	
[ ]		10	[la]ri praediximụ[s] –,	
[ ]			[ut e]os sibi amicos	
[ ]			faciant, quo, cu(m)	
[ ]			se facultates istaẹ	
[ ]			de⟦pe⟧fecerint –	
[ ]		15	quas utiq(ue) istic ⟨d⟩e-	
[ ]			relinquere ne-	
[ ]			cesse est –, a . e[̣.]	
[ ]			sus . [... ... ..]	
[ ] . ae			[	]
[ ] .		20	[	]

col. 4,6-18 *cf.* Luc. 16,9

col. 4,1]ẹt: *possis et*] ẹt   ca[.]–: *possis et* ca-   **1 sq.** ca|[rent] *Al-faric brevius spatio*: ca|[reant] *Merkelbach*   **3** [cu]ris *Alfaric brevius spatio ante* quia *spat. vac.*   **11** [ut e]os *Alfaric*   **12** *ante* quo *spat. vac.*   **13** ist[ae] *Merkelbach*   **15** ⟨d⟩e- *Stein duce Omont (qui* isti de-*): an* e *litt. delend.?* **17 sq.** *possis* aḅ e[is] | susẹ[ipiantur in aeterna taber-nacula]

Blatt I Rückseite

col. 3

(nichts Nennenswertes vorhanden)

col. 4

[- - -] | ² [- - -] der Sekten [- - -], weil sie (*d.h.* die Electi) Fremde und Ausländer sind gegenüber der Welt (*vgl. Hebr.* 11,13). ⁵| Daher befiehlt er (*d.h.* Jesus) den Reichen – die ebenfalls als Schüler zweiter Klasse bezeichnet werden, wie wir bereits gesagt haben –, ¹⁰| [daß] sie sich diese zu Freunden machen sollen, damit sie, wenn ihnen diese Mittel ausgegangen sind – die man ja hier ¹⁵| zurücklassen muß –, [von ihnen in die ewigen Behausungen aufgenommen werden ?] (*vgl.* Luk. 16,9).] ...

fol. III recto

col. 9   **col. 10**

	col. 9		col. 10
[. .]lem[*ca. 10 litt.*]		[	]
ḍiscipuli . [*ca. 8 litt.*]		[	]
appellati ṣun[t non]		[	]
inmerito. sunṭ [eni(m)]		[	]
et opib(us) pauperes ẹ[t]	5	[	]
numero pauci et p[er]		[	]
artam uiam inceduṇ[t]		[	]
[et a]ngusto tramiṭ[.]		[	]
[. . . .]ṭ .. ti sunt .[. .]		[	]
[. .]..unt pauc[i ... ..]	10	[	]
[. .] fideles, qu[i in reg]-		[	]
[nu]m caeloru[m ingre]-		[	]
[di]ụntur, sicụ[t dic]-		[	]
ṭụṃ est: «multi qui-		[	]
ḍẹṃ sunt uocati, pau-	15	[	]
çị ạụṭem electi.»		[	]
[. . . a]utem et illud		[	]
[*ca. 10 litt.*] quia		[	]
[ ] .		. [	]
[ ]	20	. [	]

col. 9,6-10 *cf.* Matth. 7,14   **11-13** *cf.* Matth. 7,21   **14-16** Matth. 20,16; 22,14

col. 9,2 *an* p[erfecti]*?*   **3** [non] *Alfaric: possis et* [neq(ue)]   **4** *ante* sunṭ *spat. vac.* [eni(m)] *Stein*   **5** ẹ[t] *(alt.) Merkelbach*   **6** *ante* et *spat. vac.* **8** [et] *Alfaric* tramiṭ[i] *Alfaric*   **9** [de]stinati *Omont, quod ad vestigia non quadrat*   **11-13** qu[i] – [ingre|di]ụntur *Stein:* q[ui reg|nu]m caeloru[m po|ti]ụntur *Omont*   **13** *ante* sicụ[t] *spat. vac.*   **13 sq.** sicụ[t dic]|ṭụṃ *Stein:* sicu[ti scrip|tu]m *Omont longius spatio*   **14** *ante* multi *spat. vac.*   **17** [sicut] *Merkelbach longius spatio, nisi librarius primam litteram paulo in marginem protraxit:* [ideo] *Alfaric*   **18** [dictum est] *Alfaric*

Blatt III Vorderseite

col. 9

[- - -] |² [vollkommene *?*] Jünger sind sie (*d.h.* die Electi) genannt worden, [nicht] zu Unrecht. [Denn] sie sind arm an Besitz und ⁵| wenige an Zahl, und sie wandeln auf dem engen Wege [und] dem (*?*) schmalen Pfade [- - -] sie sind (*?*) [- - -] wenige (*vgl.* Matth. 7,14) [- - -] ¹⁰| Gläubige, die ins Himmel[reich eingehen] (*vgl.* Matth. 7,21), so wie [gesagt] worden ist: «Viele sind zwar geladen, ¹⁵| aber nur wenige erwählt (Matth. 20,16; 22,14).» [So wie *?*] aber auch jenes [gesagt worden ist *?*], daß ...

col. 10

(nichts Nennenswertes vorhanden)

fol. IV verso

col. 15   **col. 16**

col. 15		col. 16
[ ]		[… … diui]ṭias po[s]-
[ ]		[sident]es. auditores
[ ]		[...]. m siue, ut dixi-
[ ]		[m]us, catechumeni
[ ]	5	[s]ụnt appellati, qui,
[ ]		[q]uoniam in saeculo
[ ]		[c]onstituti et ab illo
[ ]		[a]dhuc perfect[orum]
[ ]		[gra]ḍu inferiore[s],
[ ]	10	[diuiti]as possideṇ[t].
[ ]		[quae i]ṇ euangelio
[ ]		[mamo]ne uoca-
[ ]		bulo nuncupa-
[ ]		te sunt. idcirc[o]
[ ]	15	confert ad eos [ser]-
[ ]		monem suum .. [… .]
[ ]		saluator …[… .]:
[ ]		«faç[ite uobis amicos]
[ ]		.[ ]

col. 16,11-19 *cf.* Luc. 16,9

col. 16,1 [diuit]ias *Alfaric*   **1 sq.** po[s|sident]es *Merkelbach*   **3** [iter]ụm *e.g. Stein*   **3 sq.** dixi|[m]us *Merkelbach*   **8 sq.** perfect[orum | gra]ḍu *Merkelbach*   **10** [diuiti]as *Alfaric*   **11** [quae] *Stein: possis et* [eaeq(ue)] [in] *Alfaric*   **12** [mamo]ne *(lege* mamonae*) Stein duce Merkelbach (qui* [mammo]ne*)*   **13 sq.** *lege* nuncupatae   **14** *ante* idcirc[o] *spat. vac.*   **16** idem *se legisse indicavit Omont: an* Ịẹ[sus]*?*   **17** et d[ominus] *se legisse et supplevisse indicavit Omont:* ẹṭ ḍ[icit] *Kassel*   **18** *suppl. Alfaric*   **19** *possis* ẹ[x mamona iniquitatis] *(*ḍ[e mammone] *iam Harrison)*

Blatt IV Rückseite

col. 15

(nichts vorhanden)

col. 16

[- - -] [Reichtum] besitzend. Auditores [wiederum *?*] oder, wie wir
gesagt haben, Katechumenen sind diejenigen genannt worden, die,
⁵| weil in der Welt und noch unterhalb jenes Grades der Perfecti
befindlich, [Reichtum] besitzen. ¹⁰| [Dieser] ist im Evangelium mit
dem Wort [Mammon] bezeichnet worden. Daher sind sie es, ¹⁵| an
die [Jesus *?*], der Heiland [und Herr *?*] sein Wort richtet: «Macht
[euch Freunde mit Hilfe des Mammons der Ungerechtigkeit *?*] (Luk.
16,9)». ...

fol. V recto

col. 17　　　　　　　　　　　　　　**col. 18**

[.] me[*ca. 11 litt.*]		[　　　　　]
catechu[meni ue]-		[　　　　　]
ro, qui paruṃ[... ..]		[　　　　　]
ualerent in eḷ[ectio]-		[　　　　　]
nis gradu asce[nde]-	5	[　　　　　]
re, in suis quidem		[　　　　　]
domib(us) resideba[nt],		[　　　　　]
aḍiubabant aut[em]		[　　　　　]
[e]lectos et eos [in]-		[　　　　　]
fra tecta a[c ... ...]	10	[　　　　　]
propria sụ[scipien]-		[　　　　　]
tes, quạ[e neces]-		[　　　　　]
saria eorum [usib(us)]		.[　　　　　]
existerent, sub-		[　　　　　]
ministrabant.	15	[　　　　　]
họs duos ecclesiae		[　　　　　]
grạdus ita sem-		[　　　　　]
[*ca. 10-11 litt.*]u(m)		[　　　　　]
[*ca. 11 litt.*]ṛus		[　　　　　]
[　　　　] .	20	. [　　　　　]

col. 17,1 ime *se legisse indicavit Omont*　**2 sq.** catechu[meni ue]|ro
*Alfaric (*catechu[men .. *iam Omont)*　**3 sq.** *an* [prae]|ualerent?　**4
sq.** e[lectio]|nis *Merkelbach*　**8** a[di]ubabant *(lege* adiuuabant*) Alfaric*
9 sq. eo[s in]|fra *Alfaric*　**10** a[c] *Alfaric*　[domicilia] *Kassel:* [sedes]
Alfaric (qui v. 11 sq. proprias [accipien]|tes*)*　**11 sq.** sụ[scipien]|tes
Stein　**12** *ante* quạ[e] *spat. vac.*　**12 sq.** qu[ae neces]|saria *Alfaric*
13 [usib(us)] *Alfaric:* [usui] *Merkelbach: possis et* [uictui]　**17** [gradus]
Alfaric　**17 sq.** sem | [per] *Alfaric*

Blatt V Vorderseite

col. 17

[- - -] |² Die Katechumenen [aber], die ja zu wenig Kraft hatten, in den Grad der [Schar der Auserwählten] aufzusteigen, ⁵| blieben zwar in ihren Häusern, unterstützten aber die Electi, und zwar [nahmen] sie sie unter ihre Dächer und [Häuser ? auf] ¹⁰| und gaben ihnen, was [für] ihre [Bedürfnisse] notwendig war. ¹⁵| Diese zwei Grade der Kirche so [immer ?] [- - -] ...

col. 18

(nichts Nennenswertes vorhanden)

fol. VI verso

col. 23   **col. 24**

col. 23			col. 24	
[	]		[	]
[	]		[… … .]ḅ(us) dic . [.]	
[	]		[… .]qui haec	
[	]		[… .]cum ex inte-	
[	]	5	[gr]o̧ exequi et im-	
[	]		[pl]ere non possunt	
[	]			
[	]		*vacat*	
[	]		[d]e duobus g[ra]-	
[	]	10	[di]ḅu̧s li(ber)	
[	]		*vacat*	
[	]		*vacat*	
[	]		[… .] . EAQU[. .]	
[	]		[… . s]u̧perius [me]-	
[	]	15	moraui, carissiṃe̦,	
[	]		de apostoloru̧m	
[	]		opere, quoḍ[… .]	
[	]		l […]e[… … .]	
[	]		. [	]
[	]	20	. [	]

col. 24,2 dici *se legisse indicavit Omont* **3** *an*] qui? **4** *an*] cum? **4 sq.** inte|[gro] *Alfaric* **5 sq.** im|[pl]ere *Alfaric* **7** *exstant quaedam atramenti vestigia, quae partim ex fol.* VII^r *adhaesisse constat, partim unde venerint incertum; fort. nihil exaratum erat* **9 sq.** [d]e … g[ra|di]ḅus *Stein (*[gradibus] *in fine v.* 9 *iam Alfaric)* **10** li(ber) *Stein: possis et* l(iber) I **13** *an* EA, QU[AE]? *(*EA, QU|[AE] *iam Alfaric)*

Blatt VI Rückseite

col. 23

(nichts vorhanden)

col. 24

[- - -] |³ [- - -] die (?) dieses [- - -] sie können [es] nicht vollständig ausführen und ⁵| erfüllen *(ein oder zwei Leerzeilen)* |⁹ Buch (?) über die zwei [Grade] ¹⁰| *(zwei Leerzeilen)* [- - -] [das, was ?] [- - -] ich weiter oben bemerkt habe, mein Teuerster, ¹⁵| bezüglich der Arbeit der Apostel, die [- - -] ...

MANI'S NAME

JÜRGEN TUBACH – MOHSEN ZAKERI (HALLE)

Ever since the time Manichaeism became a subject of scientific study, numerous attempts have been undertaken to explain the name Mani. More than a century ago, Kessler summarized the arguments put forward until his time, and commented that "Eine Etymologie des Namens Mânî zu versuchen ist ein kitzliches Unterfangen!"[1] Nonetheless he did try it and we have not given it up!

Previous attempts to solve the riddle of Mani's name have resulted in numerous explanations, which vary between Greek, Latin, Persian, Aramaic and so on. Here we shall review briefly some of the classical and not very classic suggestions and propose still a new one.

1. *Greek and Latin*

In *De Haeresibus* (= On the heresies)[2] Augustine deals with 88 teachings condemned by the synods of the church. One of these heresies

---

[1] Konrad Kessler, Mani. Forschungen über die manichäische Religion. Ein Beitrag zur vergleichenden Religionsgeschichte des Orients I. Voruntersuchungen und Quellen, Berlin: Georg Reimer 1889 = Repr. (Pahlavi commemorative reprint series) Tehran: Islam Revolution Publ. and Educational Organisation 1976, 30.

The name, often attested in Asia Minor, has probably nothing to do with the founder of Manichaeism and was therefore excluded (Otakar Klíma, Etliche Bemerkungen zum Namen Manes, in: Iranian Studies presented to Kaj Barr on his seventieth Birthday June 26, 1966. Ed. by Jes Peter Asmussen and Jørgen Læssøe, Acta Orientalia 30, 1966, 137-140; Philip Huyse, Iranisches Personennamenbuch V. Iranische Namen in Nebenüberlieferungen indogermanischer Sprachen. Fasz. 6a. Iranische Namen in den griechischen Dokumenten Ägyptens [= Österreichische Akademie der Wissenschaften. Philosophisch-historische Klasse. Sonderpublikation der Kommission für Iranistik], Wien 1990, No.68-69n).

[2] PL 42, 1841. Repr. Turnhout 1992, 21-50; R[oel] van der Plaetse – C[lemens M.] Beukers, De haeresibus, in: Avrelii Avgustini opera XIII.2 (Corpus Christianorum. Series Latina 46) Turnhout 1969, 263-358; Liguori G. Müller, The De Haeresibus of Saint Augustine. A Translation with an Introduction and Commentary (Patristic Studies 90) Washington 1956, 84-85.

is Manichaeism (ch. 46). His main source was a work entitled Re-capitulatio (gr. Anakephalaiosis),[3] itself an abridged version of Epi-phanios' Panarion.[4] He could not have learned much about Mani-chaeism from this book except a confirmation for his antipathy against the religion of his youth. Here Augustine attempts to give an ety-mological explanation of Mani's name. Without doubt he had heard this explanation in the circles of his former Manichaean associates. But we can suppose that this view was not only common among Manichaeans of Roman Africa, but also among their coreligionists in Egypt. Apparently Augustine was not convinced of its correctness. Obviously he preferred another possibility to explain Mani's name, although he does not say this explicitly. It seems that the usual and widespread explanation of Mani's name pleased him much better. Usually the name is derived from the Aorist participle passive of the Greek verb μαίνομαι (mainomai). Maneis, the participle, pro-nounced manis, was identical with Manis (< Μανης). This is how the founder of the new religion was called in Greek, and nothing could characterize the teaching of Mani better than this: in the eyes of many Christians, especially theologians, the new religion from the East was a mad and silly one.[5] The similarity, or perhaps better, the identity between μανεις *mad* and the name Mani was so cogent that it was virtually impossible to think of something else. Augustine writes:

> The Manichaeans sprang from a certain Persian called Manes, but when his mad doctrine began to be preached in Greece, his disciples

---

[3] Epiphanius II, PG 42, ²1863. Repr. Turnhout 1959, 833-886; Franz Oehler, S.Epiphanii Episcopi Constantiensis Panaria eorumque Anacephalaeosis (Corpus haereseologicum 3) Berlin 1861.

[4] Epiphanius I. Ancoratus und Panarion, Haer. 1-33 Hrsg. von Karl Holl (Die griechischen christlichen Schriftsteller der ersten drei Jahrhunderte [GCS] 25) Leipzig 1915; Epiphanius II. Panarion haer. 34-64. Hrsg. von Karl Holl (Die griechischen christlichen Schriftsteller der ersten drei Jahrhunderte [GCS] 31) Leipzig 1922 > 2. bearbeitete Aufl. hrsg. von Jürgen Dummer (GCS) Berlin ²1980; Epiphanius III. Panarion haer. 65-80. De fide. Hrsg. von Karl Holl (Die griechischen christlichen Schriftsteller der ersten drei Jahrhunderte [GCS] 37) Leipzig 1933 > 2. bearbeitete Aufl. hrsg. von Jürgen Dummer (GCS) Berlin ²1985; The Panarion of Epiphanius of Salamis, Book I (Sects 1-46). Translated by Frank Williams (Nag Hammadi Studies 35) Leiden 1987; The Panarion of Epiphanius of Salamis, Book II and III (Sects 47-80, De Fide). Translated by Frank Williams (Nag Hammadi and Manichaean Studies 36) Leiden – New York – Köln 1994; Epiphanios von Salamis. Panarion. Eingeleitet, übersetzt und erläutert von Wolfgang Bienert I-IV (Bibliothek der griechischen Literatur) Stuttgart 1999.

[5] E.g. Cyril, Catech. VI.20.24.

chose to call him Manichaeus to avoid the word for "madness". For
the same reason some of them, somewhat more learned and therefore more deceitful, called him Mannichaeus, doubling the letter "n",
as if he were one who pours out manna (46.1).[6]

This passage is repeated in similar terms in Contra Faustum
(XIX.22).[7]

In Latin the name Mani is spelled Manes (gen. Manis) which
corresponds to the Greek orthography (Μανης, gen.: Μανητος or
Μανου) but without the itacistic pronunciation. Often enough Mani
is called Manichaios, especially in the Greek East.[8] This form of
Mani's name goes back to original Manichaean sources. The Coptic Manichaean texts usually abbreviate the name in the same way
as Biblical nomina sacra, but occasionally use the full form of the
name Manichaios as well. The doubling of the 'n' can be found in
the Coptic Homilies[9] and the Cologne Mani Codex.[10] The Latin
Mannichaeus is only attested in one manuscript of the translation
of Hegemonios' Acta Archelai. Understood in a spiritual sense, the
explanation as *Mannam fundens* fits the religious ambitions of Mani,
although Augustine is very suspicious of it. The association of Mani

---

[6] PL 42, 1841. Repr. Turnhout 1992, 34; van der Plaetse-Beukers, op. cit.,
312f; Johannes van Oort, Mani, Manichaeism & Augustine. The Rediscovery of
Manichaeism & Its Influence on Western Christianity (Tbilisi 1996), 9.

[7] Sancti Aurelii Augustini Opera VI.1 ed. Joseph Zycha (Corpus Scriptorum
Ecclesiasticorum Latinorum 25.1) Wien 1891. Repr. New York 1972, 520 l.21 -
521 l.11.

[8] The name is even attested in the Turfan texts, but it is a Greek loan word
(Μανητος: W[alter Bruno Hermann] Henning, Ein manichäisches Bet- und
Beichtbuch, Abhandlungen der Preussischen Akademie der Wissenschaften.
Philosophisch-historische Klasse Jg.1936, Nr.10, Berlin 1936, 19 l.47 = W.B. Hen-
ning., Selected Papers I, Acta Iranica 14 [= 2. sér., Hommages et Opera Minora
5], Téhéran-Liège/Leiden 1977, 433; Idem., Neue Materialien zur Geschichte des
Manichäismus, in: Zeitschrift der Deutschen Morgenländischen Gesellschaft 90 [=
NF 15], 1936, 6 = Selected Papers I, 384 = idem, in: Der Manichäismus. Hrsg.
von Geo Widengren, Wege der Forschung 168, Darmstadt 1977, 405).

[9] Hans Jakob Polotsky (Hrsg.), Manichäische Homilien. Mit einem Beitrag von
Hugo Ibscher (Manichäische Handschriften der Sammlung A[rthur] Chester Beatty,
Bd.1) Stuttgart 1934, 7.4, 28.6, 31.3, 56.9, 86.1, but without doubling of the n:
45.13, 56.5.6.12.

[10] Ludwig Koenen – Cornelia [Eva] Römer, Der Kölner Mani-Kodex. Über
das Werden seines Leibes. Kritische Edition aufgrund der von A. Henrichs und L.
Koenen besorgten Erstedition (Abhandlungen der Rheinisch-Westfälischen Akademie
der Wissenschaften. Sonderreihe Papyrologia Coloniensia 14) Opladen 1988, 44
[p.66.4], but without doubling of n: 78 [p.110.19f].

with the Manna of the Old Testament was for the early believers of the new religion of the East very seductive. If accepted, the second part of the name -cheos (chaios) could only be derived from the verb cheo (χέω) which means *"to pour out"*. Mani was the person who poured out the heavenly food, the Manna. This is, of course, not the only explanation of the name in Roman-Byzantine times.

2. *Persian*

According to Cyril of Jerusalem[11] and Petros Sikeliotes,[12] Mani is a Persian name and denotes ὁμιλία (= homilia, lat. sermo, *"sermon, speech"*). Photios explained the name in a similar way. The meaning of the name Mani is ὁμιλητικος καὶ πρὸς διάλεξιν δραστήριος (homilētikos kai pros dialexin drastērios). Petros' source is unknown. Perhaps he and even Photios used Cyril. The Persian language does not have a word with such a meaning. It may be that this "etymology" goes back to a Manichaean background: from his second revelation till his death in prison Mani preached the "Gospel of Life". So it is not difficult to see why some Manichaeans came to explain the name of the Apostle of God as meaning *"sermon"*.

---

[11] Catech. VI. 23 [24] (PG 33, 1857. Repr. Turnhout 1984, 333; Wilhelm Carl Reischl, S. Patris nostri Cyrilli Hierosolymitani archiepiscopi opera quae supersunt omnia I, München 1848. Repr. Hildesheim 1967, 188 l.5-7; F[rank] L[eslie] Cross, St. Cyril of Jerusalem's Lectures on the Christian Sacraments. The Procatechesis and the Five Mystagogical Catecheses, Texts for Students 51, London 1951. Repr. ibid. 1966. Repr. Crestwood, N.Y. 1986; Eliseo Barbisan, S. Cirillo di Gerusalemme. Le Catechesi. Versione, introduzione e note, Collana Patristica e del Pensiero Cristiano, Milano ²1977, 142; Calogero Riggi, Cirillo di Gerusalemme. Le Catechesi. Traduzione, introduzione e note, Collana di testi patristici 103, Roma 1993, 139; Gabriella Maestri/Victor Saxer, Cirillo e Giovanni di Gerusalemme. Catechesi prebattesimali e mistagogiche, Letture cristiane del primo millennio 18, Milano 1994, 267; Des Heiligen Cyrillus Bischofs von Jerusalem Katechesen. Aus dem Griechischen übersetzt und mit einer Einleitung versehen von Philipp Haeuser, Bibliothek der Kirchenväter 41, Kempten-München 1922, 110). Cyril (†386) was Bishop of Jerusalem since 351. He composed his 24 catecheses around the year 350. As source for Mani's life he used the Acta Archelai.

[12] Petros lived in the 9th century. He wrote his book against the Manichaeans and especially against the Paulicians before 870. The work is entitled: Istoria tōn Manichaiōn kai Paulikianōn kaloumenōn (Nova Patrum bibliotheca ed. Angelo Mai IV, Roma 1847, 17 §12; PG 104, 1860. Repr. Turnhout, 1240ff §12; J[ohann] C[arl] L[udwig] Gieseler, Appendix ad Petri Siculi historiam Manichaeorum seu Paulicianorum, Göttingen 1849; Otakar Klíma, Manis Zeit und Leben, Monografie Orientálního ústavu Československá Akademie Ved 18, Prag 1962, 262).

3. *Aramaic / Syriac*

The most popular explanation of Mani's name is based on an Aramaic etymology. Because this represented a traditional view familiar in non-gnostic Christian communities, it reveals the defamation invented by pious laymen or theologians. Epiphanios, the Bishop of Salamis in Cyprus, interpreted Mani's name in the *Panarion* as an Aramaic word meaning σκεῦος (skeuos) *"vessel, instrument"* in Greek.[13] The same etymology is already found in the Acta Archelai. In his disputation with Mani, a certain Archelaos, a fictitious Christian bishop from a Mesopotamian town, accused Mani of being the *"vessel of the Antichrist"* (vas es Antichristi).[14] The Latin word 'vas' (similar to the Greek σκεῦος) presupposes an Aramaic etymology. In Jewish-Aramaic as well as in Syriac, mānā denotes a *"vessel, instrument, garment"* and even a *"ship, furniture".*[15] The word mānā is already attested in Imperial Aramaic. The status absolutus ma'ān means *"vessel, tool, garment".*[16] Only in Mandaic did the word develop into a terminus technicus. Mānē are heavenly beings from the world of light. Not only his emanations, but even the most-high is called mānā.

Syriac theologians regarded Mani as the *"vessel of wickedness"* or a *"vessel of the evil one".* Aphrahat speaks of Mani and other heretics as *"vessels of the evil one"* (mānāw dḇīšā)".[17] The anonymous author of

---

[13] Panarion LXVI.1.5 ed. K. Holl-J. Dummer (GCS 37) Berlin [2]1985; 15; The Panarion of Epiphanius of Salamis, Book II and III (Sects 47-80, De Fide). Translated by Frank Williams (Nag Hammadi and Manichaean Studies 36) Leiden - New York - Köln 1994; Calogero Riggi, Epifanio, Contro Mani. Revisione critica, traduzione italiana e commento storico del Panarion di Epifanio, Haer. LXVI (Roma 1967).

[14] Charles Henry Beeson, Hegemonius. Acta Archelai (GCS 16), Leipzig 1906, 59 l.3 (Cap. XL.2). The work was composed in Syria in the first half of the 4th century. It was probably written in Greek, but is preserved only in a Latin translation.

[15] R[obert] Payne Smith (et alii), Thesaurus Syriacus II (Oxford 1901. Repr. Hildesheim-New York 1981) 1991-1993; J[essica] Payne Smith (Mrs. Margoliouth), A Compendious Syriac Dictionary founded upon the Thesaurus Syriacus of R[obert] Payne Smith (Oxford 1903 [1896-1903]. Repr. ibid. [2]1957. [3]1967. [4]1976. [5]1979. [6]1985. [7]1988. [8]1990. [9]1994. Repr. Winona Lake, Indiana 1998) 247a.b.

[16] Klaus Beyer, Die aramäischen Texte vom Toten Meer samt den Inschriften aus Palästina, dem Testament Levis aus der Kairoer Genisa, der Fastenrolle und den alten talmudischen Zitaten (Göttingen 1984) 620; Idem, Die aramäischen Texte ... Ergänzungsband (Göttingen 1994) 371.

[17] Demonstratio III.9 (William Wright [ed.], The Homilies of Aphrahat, the Persian Sage, edited from Syriac Manuscripts of the fifth and sixth Century in the

the Acts of the Martyrs of Karkā dBēt Slōk calls Mani a *"vessel of all evil"* (mānā dkollāh bīštā).[18] Theodor bar Kōnai (or Kēwānī) reports that the Baptists excluded Mani from their community and gave him the name "vessel of wickedness" (mānā dbīštā).[19]

In his hymns "Against the Heresies", Ephraem (ca. 306-373) connects Mani's name with the word mānā in the sense of a 'garment'. Primarily it is a word play ("Mny has become a mānā which destroys those who wear it").[20] Probably Ephraem also knew the Greek derivation from the verb mainomai, for he sometimes designates Mani as "mad" (šanyā).[21]

It may be that theologians representing the official position of the church adopted either a Manichaean expression in a distorted form or interpreted Mani's name with the help of the Aramaic language

---

British Museum I, London 1869, 51 l.4 [III.6]; Ioannes [Jean] Parisot [ed.], Aphraates Sapientis Persae Demonstrationes I-XXII, Patrologia Syriaca 1, Paris 1894, 116 l.4f; Marie-Josèphe Pierre, Aphraate le sage persan. Les exposés I, Source chrétiennes 349, Paris 1988, ; Peter Bruns, Aphrahat. Demonstrationes. Unterweisungen. Aus dem Syrischen übersetzt und eingeleitet I, Fontes christiani 5.1, Freiburg 1991, 127).

[18] Paul Bedjan [Pôlōs Bêğān], Acta Martyrum et Sanctorum [syriace edidit] II (Leipzig-Paris 1891. Repr. Hildesheim 1968) 512 l.11-13; Carl Brockelmann, Syrische Grammatik mit Paradigmen, Literatur, Chrestomathie und Glossar ([Porta Linguarum Orientalium.] Sammlung von Lehrbüchern für das Studium der orientalischen Sprachen 4) Leipzig ⁸1960 =¹³1981, *51 l.4; [Johann] G[eorg Ernst] Hoffmann, Auszüge aus syrischen Akten persischer Märtyrer übersetzt und durch Untersuchungen zur historischen Topographie erläutert (Abhandlungen für die Kunde des Morgenlandes 7 No.3) Leipzig 1880. Repr. Nendeln, Liechtenstein 1966, 46 part. n.400.

[19] Addai Scher (Šēr), Theodorus bar Koni. Liber Scholiorum II (Corpus Scriptorum Christianorum Orientalium, 2. ser., tom. 66) Paris-Leipzig 1912 = idem (Corpus Scriptorum Christianorum Orientalium 69. Scriptores syri 26) Louvain 1954, 311; Henri Pognon, Inscriptions mandaites des coupes de Khouabir (Paris 1899. Repr.1979) 182; Alfred Adam, Texte zum Manichäismus. Ausgewählt und herausgegeben (Kleine Texte für Vorlesungen und Übungen 175) Berlin 1954. ²1969, 75.

[20] Contra Haereses, hym. II.1 (Des Heiligen Ephraem des Syrers Hymnen contra Haereses hrsg./ übersetzt von Edmund Beck, Corpus Scriptorum Christianorum Orientalium 169/170. Scriptores syri 76/77, Louvain 1957, 5 l.21/ 7; Samuel N[an] C[hiang] Lieu, Manichaeism in the Later Roman Empire and Medieval China, Wissenschaftliche Untersuchungen zum Neuen Testament 63, Tübingen ²1992, 135; cf. Edmund Beck, Ephräms Polemik gegen Mani und die Manichäer im Rahmen der zeitgenössischen griechischen Polemik und der des Augustinus, Corpus Scriptorum Christianorum Orientalium 391. Subsidia 55, Louvain 1978)

[21] Lieu, op. cit. 136; John C. Reeves, Manichaean Citations from the Prose Refutations of Ephrem, in: Emerging from Darkness. Studies in the Recovery of Manichaean Sources edited by Paul Mirecki and Jason BeDuhn (Nag Hammadi and Manichaean Studies 43) Leiden-New York-Köln 1997, 225.266 n.2.

adding a pejorative adjective to it. Unfortunately no text in the original language has survived. All preserved texts are translations into other languages.

4. *Arabic*

The name of the Prophet is Mānī in Arabic, and the nisba-adjective or *nomen relationis* derived from it according to ordinary rules of Arabic grammar is usually Mānawī, but sometimes Manawī (pl. Mānawiyyūn, Mānawiyya), Manānī or al-Manāniyya (an abnormal relative form, but very common), Mānūniyya, Māniyya (rare), and occasionally also Mānī. In Syriac Mani seems to have been pronounced as in Arabic or Persian,[22] although the Syriac spelling does not enable us to decide positively whether the first vowel was long or short (M'ny/Mny).[23] Syriac has also Manīnāyē (pl.).[24]

---

[22] In the eastern Manichaean tradition the vowels of Mani's name are long (M'ny = Mānī), cf. Werner Sundermann, Mitteliranische manichäische Texte kirchengeschichtlichen Inhalts mit einem Appendix von Nicholas Sims-Williams (Schriften zur Geschichte und Kultur des Alten Orients. Berliner Turfantexte 11) Berlin 1981, passim.

[23] 'Ālaf is not used as mater lectionis for a medial sound. In some cases it is a historical orthography, which does not consider the actuel pronounciation (ml'k' [malaḵā < mal'aḵā] *angel*, m'n' [mānā < ma'ānā]). Normally it indicates the long a of the status determinatus. Only in Greek words it can be used for alpha within a word, even if the vowel is short. This usage has spread to indigenous Syriac words (e.g. ṭ'l' [= ṭallā] dew, Brockelmann, op.cit. 7 §4 Anm.2; Theodor Nöldeke, Kurzgefaßte syrische Grammatik, Leipzig [¹1880]. ²1898 > Kurzgefaßte syrische Grammatik. Anhang: Die handschriftlichen Ergänzungen in dem Handexemplar Theodor Nöldekes und Register der Belegstellen bearbeitet von Anton Schall, Darmstadt 1966. Repr. 1977, 5.6 §4B. §5 = Compendious Syriac Grammar. With a Table of Characters by Julius Euting. Translated from the 2d and improved German edition by James A[lexander] Crichton, London 1904. Repr. Jerusalem 1970). The orthography of the word Mny without 'Ālaf must be read as Mannī (in classical Syriac), if the vowel is short, or as Mānī, if the vowel is long. In the 3th century short unstressed vowels are dropped in an open syllable (Beyer, op.cit 128-136). Therefore the first vowel of the name Mani must be long in an open syllable. Only if the consonant n is geminated, the short a can be preserved. The possible reading with a geminated n may be a hint, that the name was very early associated with the biblical Manna (syr. mn'/mn<u>n</u>') in the mind of the Manichaean community. The vocalisation of M'ny depends on the etymology. It may be read as Mānī, if it is derived from m'n' (mānā) or a similar word with a long vowel, or as Mannī, if it comes from another noun (with a short vowel). Hypocoristic names with two syllables double the middle consonant, if the preceding vowel is short. So if the vowel is short, the n would be geminated in any case.

5. *Zoroastrian*

In Zoroastrian writings the name appears with a final aspirate, Mānīh, "spirit", derived from man- "to think"[25] (adjective mānīhīk), and this aspirate probably accounts for the form Manichaios/Manichaeus, which Greek and Latin authors often use, not only as an adjective, but also as the equivalent of Μανης/Manes.[26]

Some have even explained Mani as meaning 'painter' in Persian;[27] but no such Persian word has been identified until now.

6. *Sanskrit*

In the last century some scholars derived Mani from the Sanskrit word *mani "jewel, pearl, precious stone"*.[28]

For the orthography of Mani in Syriac cf. Smith, op.cit. 1994.2171f; J. P. Smith, op.cit. 247b.

[24] Smith, op.cit. 1994.2172; J. P. Smith, op.cit; Kessler, op. cit. 31f; Gustav [Leberecht] Flügel, Mani, seine Lehre und seine Schriften. Ein Beitrag zur Geschichte des Manichäismus. Aus dem Fihrist des Abû'lfaradsch Muḥammad ben Isḥaḳ al-Warrāḳ, bekannt unter dem Namen Ibn Abî Ja'kûb an-Nadîm, im Text nebst Uebersetzung, Commentar und Index zum ersten Mal herausgeben (Leipzig 1862. Repr. Osnabrück 1969) 111-116.

[25] Mary Boyce, A Word-List of Manichaean Middle Persian and Parthian with a Reverse Index by Ronald Zwanziger (Acta Iranica 9a [= 3. série, Textes et Mémoires, 2 -Suppl.]), Téhéran-Liège/Leiden 1977, 57.

[26] Christian Lassen, Indische Alterthumskunde. Geschichte des Handels und des griechisch-römischen Wissens von Indien und Geschichte des nördlichen Indiens von 319 n.Chr. bis auf die Muhammedaner (Bonn 1858. Leipzig 1858. Repr. Osnabrück 1968) 495; Friedrich von Spiegel, Erânische Alterthumskunde II. Religion, Geschichte bis zum Tode Alexanders des Grossen (Leipzig 1873. Repr. Amsterdam 1971) 202; Otto Rahn, Kreuzzug gegen den Gral (Freiburg 1933) 316 cf.121.153.296 > La croisade contre le Graal (Paris 1934) > Kreuzzug gegen den Gral. Die Tragödie des Katharismus (Stuttgart 1964. ³1974) > Kreuzzug .. Die Geschichte des Albigenser (Struckum 1985. ²1989); Napoleon Peyrat, Histoire des Albigeois. Les Albigeois et l'inquisition I (Paris 1870) = Histoire ... (Collection Rediviva) Nimes 1996, XIII. 121. 412; cf. A[ugust] F[riedrich] Pott, Ueber altpersische Eigennamen, in: Zeitschrift der Deutschen Morgenländischen Gesellschaft 13 (1859) 385f.

[27] Thomas Hyde, Veterum Persarum et Parthorum et Medorum religionis historia (Oxford [1700]. ²1760) = Veterum ... (Pahlavi Commemorative Reprint Series) Tehran 1976, 280 ch. 21; Christian Wilhelm Franz Walch, Entwurf einer vollständigen Historie der Ketzereien I (Leipzig 1762) 691-693; Flügel, op. cit. 114.

[28] Peter von Bohlen, Das alte Indien. Mit besonderer Rücksicht auf Ägypten dargestellt I (Königsberg 1830) 372; cf. Pott, art. cit. 385f.

7. *Hebrew*

James Ussher (Usher, Usserius, 1581-1656)[29] and Thomas Gataker (1574-1654)[30] thought that Mani is a short form of the Hebrew name Měnaḥem and that it is a synonym for the Greek παράκλητος (paraklētos) "comforter, consoler". In the Greek Bible translation Měnaḥem is rendered as Μαναημ (Mana'ēm, II Reg 15,14-23).[31] The laryngeal is omitted in Greek. Sulpicius Severus (ca. 360-ca.410/20), a Christian historian from Aquitania, quotes the Israelite king Měnaḥem as Mane in his chronicle (I.49.2):[32] a name which is very similar to the Latin Mani. Already in the early tradition the paraklētos of the Gospel of John was identified either with Mani's heavenly twin, who revealed him all secrets, or with Mani himself.[33] Therefore it would not be completely impossible to derive Mani's name from the Syriac mnaḥḥem[34] or the Hebrew měnaḥem – both participial forms have the same meaning and correspond to the Greek paraklētos.[35] But the eastern forms of Mani's name require a long vowel and not a short one or a neutral vowel as here. Because it is not a common practice in hypocoristic names to transform a syllable with a long vowel into a syllable with a short vowel followed by a double consonant,[36] it is better to exclude this possibility.

---

[29] Cf. Isaac de Beausobre, Histoire critique de Manichée et du Manichéisme I (Amsterdam 1734. Repr. Leipzig 1970. Repr. Amsterdam 1988) = Histoire ...(Myth and Romanticism) New York 1984, 70; Klíma, op. cit. 264.

[30] Adversaria miscellanea (London 1659) c.35; cf. Beausobre, op. cit. 70, Klíma, op. cit. 264.

[31] Septuaginta. Id est Vetus Testamentum graece iuxta LXX interpres edidit [Otto Georg] Alfred Rahlfs I (Stuttgart 1935. ⁹1971. Repr. 1982 und 1995) 726f.

[32] Sulpicii Severi libri qui supersunt recensuit et commentario critico instruxit Carolus [Karl Felix von] Halm (Corpus Scriptorum Ecclesiasticorum Latinorum 1) Wien 1866, 51; cf. Stefan Weber, Die Chronik des Sulpicius Severus (Bochumer Altertumswissenschaftliche Colloquien 30) Trier 1997.

[33] E.g. Augustin, Contra Faustum XIII. 7 (ed. Zycha, op. cit. 398); Werner Sundermann, Der Paraklet in der ostmanichäischen Überlieferung, in: Manichaean Studies. Proceedings of the First International Conference on Manichaeism. Ed. by Peter Bryder (Lund Studies in African and Asian Religion 1) Lund 1988, 201-212; Peter Nagel, Der Parakletenspruch des Mani (Keph. 14,7-11) und die altsyrische Evangelienübersetzung, in: Festschrift zum 150-jährigen Bestehen des Berliner Ägyptischen Museums (Mitteilungen aus der Ägyptischen Sammlung 8) Berlin 1974, 303-313.

[34] The meaning „to console" is a loan translation from the Hebrew.

[35] The Pšīttā uses the Greek loan word paraqlēṭā in the Gospel of John (14.16.26, 15.26, 16.7).

[36] Beyer, op.cit. 445.

John Pearson (1612-1686) thought of Mani as a proper name derivable from the Hebrew word mīn "heretic".[37] Even if we assume that Mani considered such a hypocoristic nickname as an honour during the course of time, it is not possible; because all forms of his name show the vowel a.

8. *A new etymological approach*

Generally accepted and repeated in many books on Manichaeism is the interpretation of Manichaios as "the living Mani".[38] It was first proposed by Schaeder.[39] The second half of the name was already associated with the Syriac verb ḥayyā *"to live"*.[40] According to Alfred Adam, Mani's personal name is a hypocoristicon of mānā dhayyē *"vessel of life"* or mānā ḥayyā *"living vessel"*.[41]

The main difficulty with this explanation is that the Syriac letter

---

[37] Beausobre, op. cit. 71, Klíma, op. cit. 264.

[38] Henri-Charles Puech, Le Manichéisme. Son fondateur, sa doctrine (Publications du Musée Guimet. Bibliothèque de diffusion 56) Paris 1949. Repr. ibid. 1967, 33; Alexander Böhlig, Rev. of A. Adam, Texte zum Manichäismus, in: Orientalistische Literaturzeitung 51 (1956) 302; C[arsten] Colpe, Manichäismus, in: RGG IV (³1960) = UTB für Wissenschaft. Große Reihe (1986) 714; Klíma, op. cit. 265. 267f; Jes Peter Asmussen, Der Manichäismus, in: Handbuch der Religionsgeschichte. Hrsg. von Jes Peter Asmussen und Jørgen Læssøe in Verbindung mit Carsten Colpe III (Göttingen 1975) 338; Samuel N[an] C[hiang] Lieu, An Early Byzantine Formula for the Renunciation of Manichaeism - the Capita VII contra Manichaeos of <Zacharias of Mitylene>. Introduction, text, translation and commentary, in: Jahrbuch für Antike und Christentum 26 (1983) 190 = Idem, Manichaeism in Mesopotamia and the Roman East (Religions in the Graeco-Roman World 118) Leiden-New York -Köln 1994, 256; Gherardo Gnoli, Mani, in: The Encyclopedia of Religion ed. Mircea Eliade IX (New York/London 1987. Repr. 1993) 158; Marco Frenschkowski, Mani, in: Biographisch-Bibliographisches Kirchenlexikon. Begründet und herausgegeben von Friedrich Wilhelm Bautz. Fortgeführt von Traugott Baitz V (Herzberg 1993) 669.

[39] „Seinen griechischen Namen Μανιχαῖος kann man ferner nicht anders erklären als aus syr. מונידזיא Mānī ḥaijā „lebendiger Mani" ... (H[ans] H[einrich] Schaeder, Urform und Fortbildung des manichäischen Systems, in: Vorträge der Bibliothek Warburg Vol.4, 1924/25, Leipzig 1927, 88 n.1 = repr. in: Studien zur orientalischen Religionsgeschichte. Hrsg. mit einem Nachwort von Carsten Colpe, Darmstadt 1968, 38 n.1).

[40] Heinrich Eberhard Gottlob Paulus (1761-1851) derived the second part of the name from the noun ḥayyē (Heidelberger Jahrbuch 1826, 942).

[41] Adam, op.cit. 76 n.4; similar interpretation: Kurt Rudolph, Die Mandäer I. Prolegomena: Das Mandäerproblem (Forschungen zur Religion und Literatur des Alten und Neuen Testaments 74 [= NF 56]) Göttingen 1960, 193.

Ḥeṭ is not equivalent to the Greek Chi. According to the rules of transcription for Aramaic words in Greek, the consonant Kāf appears as Chi. In Palmyrene inscriptions Kāf is reproduced as Chi.[42] Greek personal names with a Chi are rendered by Kāf in Palmyrene.[43] The same rule is applied to Aramaic names with Kāf.[44] The consonant Kāf normally corresponds to Chi in Greek. The Aramaic or Semitic Ḥeṭ cannot normally be rendered by the Greek alphabet with a special sign. The Greek phonetic system has no value for the Semitic laryngeals. They are omitted. Sometimes one attempts to substitute the deletion by doubling a vowel letter. But the normal procedure is that they are neglected.[45] According to the Palmyrene system – the Manichaean script has close relations to the Palmyrene cursive[46] – the Greek or Coptic word Manichaios does not correspond to an Aramaic Mani ḥayyā. Unfortunately the name is not attested in Syriac, only the nomen relativum ma(n)nīnāyā. When we consider that the Greek Chi is rendered by the Aramaic Kāf, the original form of the name must have been Manikay.[47]

The diphthong -ay is the usual ending for hypocoristic names in Aramaic.[48] Other endings for pet names are the long vowels *a* or *i*.[49] Many personal names have three or more syllables. A name can be shortened on any syllable. The part cut away is substituted by a hypocoristicon. Hence the Kāf before -*ay* can be any noun or adjective beginning with Kāf. For the first part of the name Manichaios or Mani, there are not many possibilities. The only possible Aramaic

---

[42] Jürgen Kurt Stark, Personal Names in Palmyrene Inscriptions (Oxford 1971) 92.

[43] Stark, op.cit. 133.

[44] Beyer, op.cit. 126.

[45] Many examples can be found in the Secunda (Einar Brønno, Studien über hebräische Morphologie und Vokalismus auf Grundlage der mercatischen Fragmente der zweiten Kolumne der Hexapla des Origenes, Abhandlungen für die Kunde des Morgenlandes 28, Leipzig 1943. Repr. Nendeln, Liechtenstein 1966).

[46] Beyer, op.cit. II 1994, 26; Colpe, art.cit. 715; Mark Lidzbarski, Die Herkunft der manichäischen Schrift, in: Sitzungsberichte der preussischen Akademie der Wissenschaften Jg. 1916 (Berlin 1916) 1213-1222 esp.1215ff.

[47] After a vowel the consonant 'k' is pronounced with spirantisation being the equivalent of ch of Scottish loch or German Bach (Beyer, op. cit. 126-128).

[48] Beyer, op.cit. 445; Mohammad Maraqten, Die semitischen Personennamen in den alt- und reichsaramäischen Inschriften aus Vorderasien (Texte und Studien zur Orientalistik 5) Hildesheim-Zürich-New York 1988, 108f; Sabri Abbadi, Die Personennamen der Inschriften aus Hatra (Texte und Studien zur Orientalistik 1) Hildesheim-Zürich-New York 1983, 178-180.

[49] Beyer, op.cit. 445.

equivalent is the already mentioned mānā *"vessel, instrument"*. This fits best, because it contains the long vowel *a* as presupposed by the eastern form of the name. All other proposals contain vowels other than *a*. So mānā is the best of all possibilities. In Mandaic religion mānā is a terminus technicus for the prima causa of all things, otherwise called "King of Light" or "Father of Greatness". The "great Mānā" or the "mighty Mānā" is the source of life and the origin of all heavenly beings. At the same time, mānā is a term for the immortal soul, the light spark, dispersed in mankind.[50] The name Mani is therefore a hypocoristicon of a compound name, either a status constructus or a periphrasis with the determinative particle dĕ. The second element of the full form of the name could of course be an adjective or verb in the perfect tense. If one presupposes that Mani and Manichaios are derived from different words with different meanings then Mani can be an abbreviation of any word combined with mānā.[51] If Mani and Manichaios are abbreviations of the same word combination with identical meaning, it is necessary to assume that the full name is a status constructus. The status constructus of mānā is mān, a possible word beginning with Kāf is the noun kasyūṯā "concealment". Mān kasyūṯā connected by Ḥireq compaginis[52] means the same as mānā kasyā "hidden" or "concealed Mānā", a term which often occurs in Mandaic.[53] Mani as a petname is a further shortening of the name. The hypocoristic ending ī is often used after syllables with a long vowel. Although Mani is not a proper name in a strict sense, it is used as if it were. "The hidden Mānā" as des-

---

[50] Kurt Rudolph, Die Mandäer I. Prolegomena: Das Mandäerproblem (Forschungen zur Religion und Literatur des Alten und Neuen Testaments 74 [= NF 56]) Göttingen 1960, 122. 124. 127. 151. 152. 159 n.1. 193; Idem, Theogonie, Kosmogonie und Anthropogonie in den mandäischen Schriften. Eine literarische und traditionsgeschichtliche Untersuchung (Forschungen zur Religion und Literatur des Alten und Neuen Testamentes 88) Göttingen 1965, passim; Idem, Die Religion der Mandäer, in: Hartmut Gese, Maria Höfner, Kurt Rudolph, Die Religionen Altsyriens, Altarabiens und der Mandäer (Die Religionen der Menschheit 10.2) Stuttgart-Berlin-Köln-Mainz 1970, 417.421f.426.

[51] At the beginning of this century Schmitt explained the name Mani in his gnosis book as „Mana rabba", an „Aeon of the Mandaens", an equivalent of Paraclete (Eugen Heinrich Schmitt, Die Gnosis. Grundlagen der Weltanschauung einer edleren Kultur I. Die Gnosis des Altertums, Leipzig 1903. Repr. Aalen 1968, 549).

[52] Cf. Ran Zadok, The Pre-Hellenistic Israelite Anthroponymy and Prosopography (Orientalia Lovaniensia analecta 28) Leuven 1988, 45.53-56, Paul Joüon, A Grammar of Biblical Hebrew. Translated and revised by T[akamitsu] Muraoka I (Subsidia Biblica 14) Roma 1991, 282 §93 l-m.

[53] Rudolph, op. cit. [1965] 26. 34. 40. 252f. 272. 276 n.3. 283.

ignation of Mani himself is an honouring name and not a genuine
personal name. In Coptic Manichaios is treated like Christos not as
a proper name but as an epithet. A name such as this fits the envi-
ronment in which Mani had grown up.[54]

When he lived in the house of his mother Mary, he may have had
a personal name according to family tradition: either an Iranian or
a Jewish-Christian one. This name is unknown unless we take into
account the tradition of the *Acta Archelai* and related Christian sources.
The *Acta Archelai* give Mani's original name as Curbicus/Curbicius[55]
or Corbicius.[56] Epiphanios, who used Archelaos' story, calls Mani
"Kubrikos"[57] (> lat. Cubricus and similar forms). The latter form
of the name is repeated by other authors.[58] Augustine has Urbicus/
Urbicius (Vrbicus/Vrbicius),[59] which may be a negligible mistake for
Curbicius in the *Acta Archelai*. Later Syriac sources follow either the
Acta[60] or only the consonants of the Acta (without the vowels) such
as the Maronite Chronicle, which has Qwrwbyqws (Qurubiqos or
Qorobiqos),[61] or change the order of the consonants a little as does

---

[54] Sometimes people adopt or receive a new name when they change their
religion. In late antiquity many Christians had pagan names. Even bishops did not
„christianize" their old surnames. One of the East Syrian Katholikoi is called „Son
of Baʿalšamīn" (Barbĕʿeššĕmīn < Barbĕʿelšĕmīn, 342-346), cf. but with incorrect
vocalisation of the name J[érôme] Labourt, Le Christianisme dans l'Empire perse
sous le dynastie sassanide (224-632), Bibliothèque de l'enseignement de l'histoire
ecclésiastique, Paris [2]1904, 72f;, Samuel Hugh Moffett, A History of Christianity
in Asia I. Beginnings to 1500 (San Francisco 1992) 142.144.146 n.15.

[55] Codex T(urin)=curbicius: August Reifferscheid, Bibliotheca Patrum Latinorum
Italica II. 2. Fasc. IV. Die Bibliotheken Piemonts, in: Sitzungsberichte der Akademie
der Wissenschaften in Wien. Philosophisch-historische Klasse 68, 1871, 507 =
Bibliotheca Patrum Latinorum Italica II (Hildesheim-New York 1976) 141; Beeson,
op. cit. XXII. 92 app.

[56] Beeson, op. cit. 92 l.21.25, 93 l.3 (Cap.LXIV.2.3).

[57] Epiphanios, Panarion LXVI. 1.4 (ed. Holl-Dummer III, [2]1985, 14 etc.).

[58] Cat. 6, 20ff; Sokrates Scholastikos, Historia ecclesiastica I.22.7 (Socrates.
Kirchengeschichte. Hrsg. von Günther Christian Hansen, Die griechischen
christlichen Schriftsteller der ersten Jahrhunderte [NF] 1, Berlin 1995, 67 l.13);
Suidae Lexicon ed. Ada Adler III (Lexicographi Graeci 1) Leipzig 1933. Repr.
Stuttgart 1967, 318f; ADAM, op. cit.78f.

[59] De Haeresibus 46.1/3 (van der Plaetse – Beukers, op. cit. 312 app.).

[60] Qwrbyqws=Qurbiqos: Chronique de Michel le Syrien, patriarche Jacobite
d'Antioche (1166-1199). Édité pour la première fois et traduite en français par Jean-
Baptiste Chabot I (Paris 1899. Repr. Bruxelles 1963) 198/ IV (Paris 1910. Repr.
ibd. 1963) 117a l.6.29; Adam, op. cit. 80.

[61] Chronica minora II edidit E[rnest] W[alter] Brooks (Corpus Scriptorum
Christianorum Orientalium 3. Scriptores syri 3) Paris/ Leipzig 1904. Repr. Louvain
1955, 58 l.27; Chronica minora II interpretatus est J[ean]-B[aptiste] Chabot (Corpus

Theodor bar Kōnai, who renders the name as Qwrqbyws (Qorqabios or Qurqibios).[62] These forms of the name turn up only in the story of his life seen through Christian eyes. The non-Christians of the Orient call Mani Qūrbīqūs (Qwrbyqws) too, except that this form is related by a Christian authority[63] and was already attested in the Chronicle of Se'ert.[64] Possible etymologies of the name are either based on the *Acta Archelai* or Epiphanios. Schaeder maintained that Kubrikos was an abusive term applied to the Prophet by his Christian antagonists as a diametrical opposite to Mānū ḥayyā or mānā ḥayyā (σκεῦος τῆς ζωῆς, living vessel). He explained the name according to a remark of Johann Albert Fabricius[65] as σκεῦος κενόν (empty vessel).[66] In this case the Epiphanios tradition would represent a Christian distortion of an original name. The name Curbicus of the future Mani could be a transcription of the Iranian qyrbkr/ kyrbkr/qyrbqr = Kirbakkar "the pious one" (lat. pius)[67] often used

---

Scriptorum Christianorum Orientalium 4. Scriptores syri 4) Paris/ Leipzig 1904. Repr. 1955, 47.

[62] Theodor bar Kōnai (ed. Scher, op. cit. 311 l.13, 312 l.14; Adam, op.cit.75.77; cf. Lieu, op.cit. [1992]36).

[63] al-Bīrūnī (4.Sept. 973-ca.1050) read this form of the name in a book on the Magians written by Yaḥyā ibn an-Nuʿmān, an otherwise unknown Christian author, probably a Nestorian, who obviously wrote a refutation of the teachings of the Zoroastrians (C[arl] Eduard Sachau (ed.), Chronologie orientalischer Völker von Albêrûnî, Leipzig 1878. Repr. Leipzig 1923. Repr. Baghdad ca. 1963, 208 l.13; Idem, The Chronology of Ancient Nations. An English Version of the Arabic Text of the Athâr-ul-Bâkiya of Albîrûnî, or "Vestiges of the Past", collected and reduced to writing by the author in A.H. 390-1, A.D. 1000. Translated and edited, with notes and index, London 1879. Repr. Frankfurt a. Main 1969.1984. Repr. New York 1976 Repr. Lahore 1983, 191; S[ayyid] H[asan] Taqizadeh – Aḥmad Afšar Šīrāzī, Mānī wa-dīn-e ū, Nasriyye-yi anjuman-i Iranšinasi, Teheran 1956/ 57; Kessler, op. cit. 41.320).

[64] Qwrbyqws: Histoire nestorienne inédite (Chronique de Séert). Premiere partie (I) publiée par Addaï Scher [Šēr] avec le concours de J[ean] Périer, in: Patrologia Orientalis 4 fasc. 3, Paris 1907, 225 [=15] l.3. The Chronicle is written in Arabic. The unknown author used earlier Syriac sources for his church history. The story of Mani's life follows the tradition of the Acta Archelai.

[65] Ioannis Alberti Fabricii Bibliotheca graeca, sive notitia scriptorum veterum Graecorum ... ab auctore tertium recognita et plurimis locis aucta. Editio quarta .. curante Gottlieb Christophoro Harles VII (Hamburg 1801. Repr. Hildesheim 1966) 311b; this proposal was first made by Etienne Le Moyne (Varia sacra, ceu sylloge variorumque opusculorum Graecorum ad rem eccesiasticum spectantium, Leiden 1685. ²1694, 634).

[66] Op. cit.; cf. Klíma, op.cit. 293f; for a completely different explanation see Kessler, op. cit. 42; Idem., Mani, Manichäer, in: Realencyklopädie für protestantische Theologie und Kirche XII (³1903. Repr. Graz 1969) 200.

[67] Puech, op.cit. 25; Boyce,, op. cit. 54; Sundermann, op.cit. 164; cf. Henrik Samuel Nyberg, A Manual of Pahlavi II. Glossary (Wiesbaden 1974) 118.

by later Manichaeans to designate the founder of their religion.[68] As an epithet kyrbkr is applied to Jesus, to Narisaf (parth., middle pers.: Narisah), one of the heavenly beings of the Manichaean myth, and of course to Mani.[69] But the name can be explained more easier. If one removes the Greek or Latin ending *-os/-ios* or *-us/-ius* and neglects the vowels, one has a sequence of consonants which is congruent with krpk' which means in Manichaean Middle Parthian (beside *piety*) also *pious, devout*.[70] It is written kyrbg/qyrbg (kirbag) and similarly in composite words. Therefore the basis of the western and eastern forms of the name is rather kirbak/kirbag than the noun with the Old Persian nominal suffix -kara *maker*.

In the Baptist community he received a new name according to the new religion adopted by his father. Many of Mani's later disciples had names with a Baptist background. It would be surprising if the apostle were an exemption. On the contrary, one expects that he would have a name fitting the principles of the Baptist belief.

---

[68] Puech, op.cit. 25; Klíma, op.cit. 294.
[69] Puech, op.cit. 109 n.73; Sundermann, op.cit. passim.
[70] Nyberg, op. cit. 118; Boyce, op. cit. 54; Sundermann, op.cit. 164.

L'INTERPRÉTATION AUGUSTINIENNE DE LA CRÉATION ET L'EMANATISME MANICHÉEN

MARIE-ANNE VANNIER (STRASBOURG)

Si la réflexion d'Augustin sur la création joue un rôle décisif dans sa controverse avec les manichéens qui dura de 387/388 à 404/407,[1] sa réaction à l'encontre du manichéisme ne se limite pourtant pas à la substitution de l'idée de création à celle d'émanation. Plus largement, Augustin propose une méthode de lecture de l'Ecriture,[2] faisant ressortir le sens et la valeur de l'Ancien Testament. D'autre part, il répond point par point aux manichéens, ce qui peut dérouter et laisser regretter qu'il n'ait pas eu une visée plus systématique. Il n'en demeure pas moins que, dans ses différents ouvrages anti-manichéens, Augustin s'attache surtout à réfuter la cosmogonie manichéenne[3] et à développer, *a contrario*, une cosmologie et une anthropologie, issues de l'Ecriture.

Cela apparaît nettement dans les *Confessions* (III, 6, 10, BA 13, p.379), où il écrit:

> "'Vérité, vérité'! Et ils me parlaient beaucoup d'elle, et elle n'était nulle part en eux, mais ils énonçaient des faussetés, non seulement sur toi, qui es vraiment la vérité, mais aussi sur les éléments du monde, ta création, un sujet sur lequel, même quand les philosophes disent vrai, j'ai dû les dépasser à cause de ton amour".

Dans ce bref passage, où il évoque *a posteriori* son expérience manichéenne,[4] Augustin fait ressortir que les manichéens ont une con-

---

[1] Cf. C.P. Mayer, "Die antimanichäischen Schriften Augustins", *Augustinianum* 14 (1974), p.277-313.

[2] Dans le *De Genesi contra manichaeos*, dans le *De utilitate credendi*, dans le *Contra Adimantum*, dans le *Contra Faustum*, en particulier.

[3] Cf. J. P. Maher, "S. Augustine and manichaean cosmogony", *Augustinian Studies* 10 (1979), p.91-103; M.-A. Vannier, "Cosmogonie manichéenne et réflexion augustinienne sur la création", *Actes du IVᵉ Congrès copte*, t.II, Louvain-La-Neuve, 1992, p.300-309.

[4] Nous en avons traité ailleurs et n'y reviendrons pas, cf. M.-A. Vannier, *Creatio, conversio, formatio chez S. Augustin*, Fribourg, 2ᵉ éd. aug., 1997, p.46-50.

ception erronée de Dieu et de la création. Aussi son effort consiste-ra-t-il à élucider ces deux points, en partant d'une réfutation des "fictions creuses" (*Conf.* III, 6, 10) des manichéens, de leurs "inter-minables fables sur le ciel et les astres, le soleil et la lune" (*Conf.* V, 7, 12, p.483). Ainsi en vient-il progressivement à comprendre que Dieu est *interior intimo meo et superior summo meo:* "plus intime que l'in-time de moi-même et plus élevé que les cimes de moi-même" (*Conf.* III, 6, 11, p.383) et à prendre conscience de deux réalités centrales dans la création: le *libre-arbitre*, qui induit la responsabilité person-nelle et non un principe du mal, et l'existence de *l'image de Dieu*[5] dans l'être humain.

Mais, l'exposé des *Confessions* est en quelque sorte un point d'abou-tissement et ne constitue pas le tout de la polémique manichéenne, même s'il en dégage les grandes lignes. Dans les autres ouvrages, Augustin met plus radicalement en question le mythe manichéen, articulé autour des deux principes et des trois temps, comme l'ex-posent le *Shabuhragan*, le *Pragmateia* et L'hymne au Panthéon dans les *Psaumes des Errants*[6] et il souligne, au contraire l'unité du Dieu créa-teur. Il prend également en compte la composante anthropologique et met en place toute une dialectique de l'*aversio a Deo* ou de la *conversio ad Deum.*

Mais la *stratégie* qu'il adopte pour répondre aux manichéens varie en fonction des époques et des circonstances. Trois grandes orien-tations s'en dégagent: la réfutation, l'apologie et l'énoncé de points particuliers.

De retour en Afrique, il importait, tout d'abord, à Augustin de prouver à ses concitoyens qu'il n'était plus manichéen. Les *Confes-sions* lui en donnent l'occasion, mais, dès 387-388, avec ses deux ouvrages, le *De Genesi contra manichaeos* et le *De moribus ecclesiae catholi-cae et le De moribus manichaeorum*, il a entrepris de réfuter la cosmogo-nie et l'éthique des manichéens. Puis, pour un motif qu'il ne précise pas, Augustin réfute l'un des principaux textes manichéens, connu seulement de manière fragmentaire aujourd'hui: *L'Epître du Fonde-ment.*[7] De manière plus urgente encore, il lui revient de répondre et

---

[5] Ambroise lui en avait fait percevoir la dimension spirituelle: *Conf.* VI, 3, 4, cf. P. Courcelle, *Recherches sur les Confessions de S. Augustin*, Paris, 1950, p.133 *sq.*; G.A. McCool, "The Ambrosian origin of S. Augustine's theology of the image of God in man", *Theological Studies* 20 (1959), p.62-79; O. du Roy, *L'intelligence de la foi en la Trinité selon S. Augustin*, Paris, 1966, p.45-46; 434-435.

[6] Ed. par A. Ville, Paris, 1994, p.63-70.

[7] Cf. E. Feldmann, *Die Epistula Fundamenti der nordafrikanischen Manichäer. Versuch*

de réfuter des manichéens qui, comme Fortunat ou Félix, menaçaient la cohésion de la communauté d'Hippone ou qui, comme Secundinus, souhaitaient le faire revenir au manichéisme. Le *Contra Faustum* a un statut à part parmi ces ouvrages polémiques, non seulement par son ampleur qui excède largement celle des autres, mais aussi par sa forme qui est une réfutation des *Capitula* manichéens.

Cependant, Augustin n'en reste pas à la réfutation, il adopte également une autre méthode pour répondre aux manichéens: l'apologie. Ainsi rédige-t-il ces deux exposés du christianisme que sont le *De vera religione* et le *De utilitate credendi* pour essayer de faire comprendre la vérité du christianisme à ses deux amis de jeunesse: Romanien et Honorat qu'il avait amenés au manichéisme. Sa discussion avec le manichéen Félix procède de la même intuition et emporte l'adhésion de ce dernier.

Lorsqu'il n'est pas contraint par l'urgence de la polémique, Augustin développe à loisir certains points: la liberté de la volonté dans le *De libero arbitrio*, où il dégage par là-même l'acquis de son expérience; la création de l'âme dans le *De duabus animabus*; l'esquisse d'une méthode d'exégèse dans le *Contra Adimantum*, le *De utilitate credendi* et le *Contra Faustum*.

1. *Mise en question du dualisme et du mythe manichéens*

A considérer dans leur ensemble les écrits anti-manichéens, force est de constater que l'essentiel de l'effort d'Augustin porte sur la mise en échec du dualisme et sur l'affirmation de l'unité du Dieu créateur,[8] ce qui l'amène à présenter le mal comme un non-être et le bien comme étant l'œuvre du créateur.

Sans doute sa réflexion sur le mal comme non-être n'est-elle pas élaborée comme elle le serait dans le cadre d'un traité philosophique, mais, dès le *De Genesi contra manichaeos* (I, 4, 7), Augustin explique que 'les ténèbres ne sont pas une chose, c'est la simple absence de lumière qui est appelée ténèbres (...). Mais parce que ces gens-là (les manichéens), trompés par leurs fables, ont cru à l'existence d'une race des ténèbres, dans laquelle ils pensaient que se sont trouvés les

---

einer Rekonstruktion, Altenberge, 1987; R. Merkelbach, "Manichaica 7. Ein Fragment der *Epistula Fundamenti*", *ZPE* 58 (1986), p. 303-304.

[8] Le sachant ou non, il procède comme Irénée dans l'*Adversus Haereses?*

corps, les formes et les âmes qui sont dans ces corps, ils pensaient
de ce fait que les ténèbres sont une chose". Le mythe manichéen
est la cause de leur erreur. Or, cette erreur est double: non seulement le royaume des ténèbres n'existe pas (*Contre Félix* I, 19), c'est
une pure fiction, mais encore les ténèbres ne sont pas créées (*De Genesi
contra manichaeos* I, 9, 15). C'est pourquoi, elles n'ont pas d'être (*Contra Epistulam Fundamenti* XXXII). Il n'y a donc pas deux principes,
mais un seul: le Dieu créateur qui est à l'origine de tout (*Contra Faustum*
XXI, 14). Augustin pourrait développer davantage sa réflexion sur
le principe, mais tel n'est pas son propos. Il vise seulement à montrer que le mal n'est pas un principe et, au début du *De Genesi contra
manichaeos*, il esquive même l'explicitation de l'*In Principio* qu'il re-
prendra dans ses autres commentaires de la Genèse.

Il souligne essentiellement que le mal n'est pas l'œuvre du créateur, qu'il n'est pas une substance,[9] qu'il est synonyme de corruption (*Contra Epistulam Fundamenti* XXXV, 40). Mais, Augustin n'en
reste pas là: "Après avoir demandé ce qu'est le mal et avoir trouvé
que ce n'est pas une nature, mais une chose contre nature, il nous
faut, écrit-il, chercher maintenant d'où vient le mal. Cette recherche, si Mani l'avait faite, il ne se serait sans doute pas jeté dans les
embarras d'une si grande erreur".[10] Cette recherche, Augustin l'a
réalisée très tôt, dès le *De libero arbitrio* (I, 16, 35), où il a précisé que
le mal vient du libre-arbitre de la volonté, puis il l'a reprise dans ses
autres livres,[11] en particulier dans sa dispute *Contre Félix* (II, 4), où il
souligne que tout dépend du choix de la volonté. Il développera
ensuite cette thèse à travers la dialectique de l'*aversio a Deo* et de la
conversio ad Deum, du *minus esse* et du *magis esse*,[12] mais, au cours de la
polémique manichéenne, il ne fait que l'esquisser.

Il s'attache plutôt à préciser que Dieu représente le bien et que
tout ce qu'il a créé est bon.[13] Il entend surtout mettre en évidence
"la folie du système manichéen qui suppose deux natures indépen-
dantes et éternelles: l'une bonne qu'ils appellent Dieu; et l'autre
mauvaise, que Dieu n'a pas créée. Quelle n'est donc pas l'erreur, la
folie, disons le mot, l'absurdité qui les aveugle, puisqu'ils ne voient

---

[9] *Contra Epistulam Fundamenti* XXVII, 30.
[10] *Ibid.* XXXVI, 41, BA17, p.491.
[11] Cf. *Contra Fortunatum* 17.
[12] Cf. E. zum Brunn, *Le dilemme de l'être et du néant chez S. Augustin. Des Premiers
Dialogues aux Confessions*, Paris, 1969.
[13] *De natura boni* X; XV; *Conf.*

pas que dans ce qu'ils appellent le souverain mal par nature, ils supposent des biens en grand nombre: la vie, la puissance, la santé, la mémoire, l'intelligence, l'harmonie, la force, la richesse, le sentiment, la lumière, la douceur, la mesure, le nombre, la paix, le mode, la forme et l'ordre ? Au contraire, dans ce qu'ils appellent le souverain bien, ils supposent une multitude de maux".[14] Dans cet ouvrage assez tardif dans la polémique manichéenne qu'est le *De natura boni*, Augustin fait ressortir les contradictions du mythe manichéen. Dès le *De Genesi contra manichaeos*, il avait déjà mis en question ce mythe à partir d'une relecture du texte de la Genèse. Dans son livre: *Contra Epistulam Fundamenti* (XII, 16; XV, 19), il en avait présenté un résumé assez complet et qui est validé aujourd'hui par les découvertes des textes manichéens, puis il avait souligné l'incohérence du mythe manichéen qui tend à dire que "le Père, ses royaumes et la terre ne forment qu'une seule et même substance et nature".[15] Dans le *Contra Secundinum* (II, p.543), il se contente de railler cette "fable perse,[16] qui est sacrilège et non seulement tout à fait fausse, mais complètement absurde, mélange d'ignominieux mensonges, affirmés non pas d'un homme quelconque, mais du Dieu très haut".

En revanche, dans sa dispute avec Félix, où est discutée *l'Epître du Fondement*, Augustin va plus loin et ne met plus seulement en échec le dualisme manichéen, mais aussi les trois temps du mythe manichéen. Ainsi écrit-il: "Puisque tu reconnais que cette Epître contient le commencement, le milieu et la fin de votre doctrine, comme il est sacrilège ce commencement ! Vous y exposez que Dieu y a combattu contre la nation des ténèbres et qu'il a mêlé la nature des démons pour s'y souiller et y lier une part de lui qui est ce qu'il est lui-même. Cela est tellement sacrilège qu'on peut à peine supporter de l'entendre".[17] Cependant, dans cette discussion, Augustin ne fait guère que s'insurger contre le mythe manichéen. Il va plus loin dans le *Contra Faustum*, où il en fait ressortir le ridicule à maintes reprises[18] et où il en attaque en ces termes chacun des moments. Ainsi écrit-il[19] que c'est "une fable aussi longue que vaine, un jeu d'enfant (...): tronquée au commencement, putride au milieu, ruineuse

---

[14] *De natura boni* XLI, trad. Raulx, t.14, p.448.
[15] *Contra Epistulam Fundamenti* XXIV, 26.
[16] Voir aussi: *De moribus* XVII, 57-64.
[17] *Contre Félix* II, 1, p.703.
[18] *Contra Faustum* XIII, 18; XX, 9; XXI, 16; XXII, 4; XXII, 22.
[19] *Ibid.* XIII, 6, t.14, p.214.

à la fin. Quand, à propos du commencement, on vous demande ce qu'aurait fait le peuple des ténèbres au Dieu immortel, invisible, incorruptible, s'il avait refusé de combattre contre lui; quand, à propos du milieu, on vous demande comment peut être incorruptible, incapable de souillure un dieu dont vous mangez et digérez les membres dans les fruits et légumes, et que vous broyez pour le purifier; quand à propos de la fin, on vous demande ce qu'a fait une âme raisonnable pour être punie d'une captivité perpétuelle dans un lieu de ténèbres, elle qui a été souillée par la faute d'un autre, et non par la sienne, et qui n'a pu se purifier, parce que son Dieu lui a manqué et l'a lui-même plongée dans le vice". Sans doute Augustin est-il critique, il met en évidence l'incohérence du mythe manichéen, mais il s'insurge plutôt qu'il ne réfute un à un les trois moments: initial, médian et final de ce mythe. On peut le regretter;[20] toutefois son objectif est ailleurs: il entend ruiner l'émanatisme manichéen, afin de faire comprendre la réalité de la création. Ne pouvant réfuter avec des arguments logiques, rationnels, la fable manichéenne, il préfère opter pour la raillerie et opérer, comme Platon, un déplacement constitutif pour affirmer la création et passer ainsi de la cosmogonie à la cosmologie.

2. *L'affirmation de la création*

Le point sur lequel il insiste et qui fait justement le partage entre le manichéisme et le christianisme, c'est le caractère radical de la création, qui l'amène à envisager la *creatio de nihilo*. Ne connaissant pas l'hébreu, Augustin ne peut recourir au terme *bârâ'* pour désigner l'action unique et originale de Dieu. Pour en rendre compte, il opte, comme ses prédécesseurs,[21] pour la notion de *creatio de nihilo*. Cette réflexion, il l'inaugure dans le *De Genesi contra manichaeos* et la poursuit jusque dans le *Contra Faustum*, le *De Genesi ad litteram*.... Dans le *De Genesi contra manichaeos* (I, 2, 4), il s'efforce de dégager par là l'originalité de la création, de la distinguer, à la fois de l'émanation et de l'engendrement. Ainsi écrit-il: "Dieu n'a pas engendré les choses en les tirant de lui-même pour qu'elles fussent ce qu'il est lui-même, mais il les a faites de rien pour qu'elles ne fussent égales ni à celui

---

[20] R. Jolivet, M. Jourjon, BA 17, p.530.
[21] Cf. G. May, *Schöpfung aus dem Nichts. (Die Entstehung der Lehre von der creatio ex nihilo)*, Berlin, 1978.

par qui elles ont été faites, ni à son Fils, par l'intermédiaire de qui elles ont été faites".

Il reprend même la question pour expliquer que la *creatio de nihilo* manifeste la toute-puissance de Dieu. Il part, alors de la foi et dit qu' "on a parfaitement raison de croire que c'est Dieu qui a tout fait à partir du néant, c'est parce que, même si toutes les choses revêtues d'une forme ont été faites à partir de cette matière, cette matière elle-même a été faite à partir du néant total. Car nous ne devons pas être semblables à ceux qui ne croient pas que le Dieu tout-puissant a pu faire quelque chose à partir du néant, en remarquant que les artisans et fabricants en tout genre ne peuvent fabriquer quelque chose s'ils n'ont pas de quoi le fabriquer (...). Au contraire, le Dieu tout-puissant n'avait nullement besoin d'être aidé par une chose qu'il n'avait pas encore faite pour parfaire ce qu'il voulait".[22] La création s'effectue sans intermédiaire. Sur ce plan, Augustin s'oppose à la fois aux manichéens et aux platoniciens et même à toute la pensée antique. Compte tenu de la nouveauté et de l'importance de cette thèse. Il y revient fréquemment: dans le *Contra Epistulam Fundamenti* (XXV, 27...), dans le *De natura boni* (XXVI) et dans le *Contra Secundinum* (V; VIII). Dans ce dernier ouvrage, il précise[23] même que "la créature a été faite de rien par le Père, par l'oeuvre du Fils, dans la bonté du Saint-Esprit, Trinité qui reste toujours consubstantielle, éternelle et immuable – et qu'elle a été créée bonne, quoique inégale au Créateur et sujette au changement". La créature est l'œuvre de la Trinité tout entière, elle est bonne et se caractérise par sa différence ontologique avec le créateur.

Dans le *Contra Faustum*, Augustin réalise une mise au point sur le statut de la matière et souligne que les manichéens ne connaissent pas la signification du terme *Hylé*[24] et, qu'en prétendant refuser la conception païenne de la matière, ils en adoptent la version extrême: celle de la matière, coéternelle à Dieu. En revanche, ils omettent de prendre en compte la nature formable de la matière qui est, au contraire, décisive et autour de laquelle il va orienter son étude de la *formatio*.[25] Au cours de la polémique manichéenne, il se contente de dire que "cette aptitude à la forme est un bienfait de Dieu".[26]

---

[22] *De Genesi contra manichaeos* I, 6, 10.
[23] *Contra Secundinum* VIII, p.563.
[24] *Contra Faustum* XX, 14.
[25] Cf. M.-A. Vannier, *op. cit.*, p.148-172.
[26] *De vera religione* XVIII, 36, BA 8, p.73.

Mais, Augustin n'achève pas là sa réflexion sur la *creatio de nihilo* et il la reprend à plusieurs reprises dans la suite de son œuvre.[27]

Il en dégage également les implications, en précisant que, créés à partir de rien, "les êtres ne sont pas fils du Créateur, car, sinon, ils ne lui seraient pas inférieurs, mais mêmes et de même substance".[28] Plus précisément encore, il écrit dans le *De natura boni* (XXVI, p.444) que "Dieu n'a pas engendré les créatures de sa popre substance, il les a faites par son Verbe, et pour les faire, il ne s'est pas servi d'une matière préexistante, mais il les a tirées du néant". Il y a, en effet, entre les créatures et leur créateur une *différence ontologique*. Sans développer non plus une réflexion philosophique sur la question, Augustin s'attache, à l'encontre des manichéens, à souligner la différence de nature entre les créatures et leur auteur, ce qui l'amène à reprendre la distinction grecque de la mutabilité et de l'immutabilité[29] et à éviter toute espèce de panthéisme. Ainsi rapelle-t-il, dans sa dispute avec Félix, que "le corps, l'âme et toute créature sont faites par Dieu et non engendrées de Dieu pour être ce qu'il est",[30] elles "ne sont pas de la substance de Dieu".[31] "L'âme n'est pas de Dieu comme une part de Dieu, ni comme une descendance de Dieu, mais elle est de Dieu comme faite par Dieu, comme œuvre de Dieu".[32] Cette argumentation, il l'avait déjà développée dans le *De duabus animabus* afin de préciser le statut de l'âme créée.

Mais il est aussi un autre élément qui manifeste la différence ontologique entre l'être créé et son créateur, c'est le *temps*. Augustin ne l'aborde qu'incidemment dans le *De Genesi contra manichaeos* (I, 2, 3-4) pour répondre à l'objection des manichéens: "Que faisait Dieu avant de créer le ciel et la terre?" Il y explique que "nous ne pouvons pas dire qu'il y ait eu un temps quel qu'il soit, alors que Dieu n'avait encore rien fait. Comment, en effet, aurait pu exister un temps que Dieu n'avait pas fait, puisqu'il est justement le fabricateur de tous les temps?" Le temps est un élément créé. Cependant, Augustin ne reprend pas ce point au cours de la polémique manichéenne, car tel n'est pas, alors, son objectif majeur. Il faut attendre le livre XI des *Confessions* pour qu'il en traite avec virtuosité. En répondant

---

[27] Pour les Commentaires de la Genèse, cf. M.-A. Vannier, *op. cit.*, p.106-109.

[28] *Contra Secundinum* VII, p.559.

[29] *Ibid.* XVIII; XIX; *Lettre XVIII*...

[30] *Contre Félix* XVIII, p.747.

[31] *Ibid.* XXI, p.753.

[32] *Ibid.* XXI, p.755.

aux manichéens, il lui importe bien plutôt de définir la nature de l'être humain, de faire comprendre que la création ne résulte pas d'un quelconque affrontement de deux principes opposés, mais de la *bonté* et de la volonté du créateur.[33]

Cela l'amène à définir la création comme le *don de l'être*. Sans doute ne donne-t-il pas à cette thèse l'ampleur qu'elle prendra au Moyen Age,[34] mais il explique que "si les autres êtres existent, c'est de Dieu qu'ils ont reçu l'être"[35] et il ajoute que "toutes les natures corruptibles ne sont des natures que parce qu'elles ont reçu l'être de Dieu".[36]

Parallèlement, il développe une anthropologie qui échappe au pessimisme des manichéens.

3. *Une anthropologie optimiste*

Cette anthropologie, il la tire essentiellement de l'Ecriture et réfute, tout d'abord, l'hypothèse manichéenne de *l'homme primordial* qui relève de la pure fiction. A Fauste,[37] il objecte: "Vous prétendez que votre premier homme a changé et transformé, au gré de ses ennemis, pour mieux les surprendre, les éléments qu'il portait, afin que l'empire du mensonge, ainsi que vous l'appelez, conservant sa même nature, ne pût user de ruse dans le combat, et que la substance de la vérité trompât son adversaire en revêtant des formes diverses? Vous voulez faire croire que Jésus-Christ est fils de ce premier homme. Vous dites que la vérité est fille de cette fable inventée à plaisir. Ce premier homme, vous le louez pour avoir lutté avec la race ennemie sous des formes changeantes et trompeuses; mais si vous dites vrai, vous n'imitez pas cet homme; et si vous l'imitez, vous êtes vous-mêmes des imposteurs". A cet homme primordial, qui serait le résultat de l'affrontement des deux principes et de qui, à son tour, tout découlerait, Augustin oppose l'enseignement apostolique, en l'occurrence celui de Paul qui dit: "Le premier homme terrestre tiré de la terre fut Adam, formé de limon et le second homme céleste descendu du

---

[33] *De Genesi contra manichaeos* I, 2, 4. Cf. R.H. Cousineau, "Creation and freedom. An augustinian problem: *Quia voluit?* and/ or *Quia bonus?*", *Recherches Augustiniennes* II (1962), p.253-271.

[34] En particulier avec S. Thomas et Eckhart.

[35] *De natura boni* I.

[36] *Ibid.* X.

[37] *Contra Faustum* II, 4, p.117.

ciel est le Seigneur Jésus-Christ".[38] Mais, il n'en reste pas là. Il précise que *l'être tout entier est créé*,[39] (alors que les manichéens ne s'intéressent qu'à l'âme) et qu'il est *créé à l'image de Dieu*.

Par là-même, il réfute l'anthropomorphisme qui amenait les manichéens à refuser la notion d'image de Dieu et, à partir de Genèse 1, 26, il explicite la nature de cette image.[40] Dans le *De Genesi contra manichaeos* (I, 17, 28), il la situe dans "l'homme intérieur, là où se trouvent la raison et l'intelligence; et c'est de là qu'il tient son pouvoir sur les poissons de la mer, les oiseaux du ciel, les bestiaux et les bêtes sauvages, toute la terre et tous les reptiles qui rampent sur la terre". Dans le *Contra Faustum* (XXIV, 2), il va plus loin et explique que "comme l'intérieur et l'extérieur ne font qu'un seul homme, cet homme un, il l'a fait à son image, non quant au corps et à la vie corporelle, mais en tant qu'il a une âme raisonnable, capable de connaître Dieu". C'est toujours dans la *mens*, dans l'homme intérieur qu'Augustin voit l'image de Dieu et ce, pour répondre aux manichéens qui ne reconnaissaient pas plus la création[41] que l'unité de l'âme et qui tendaient, au contraire, à poser deux âmes. Or, "il n'y a qu'une seule âme qui, par sa libre volonté, peut se porter dans un sens ou dans l'autre, s'écarter de telle ou telle direction".[42] C'est là tout le problème du libre-arbitre, par lequel l'être humain s'accomplit ou se détruit,[43] d'où le schème *creatio-conversio-formatio* qui soustend sa pensée et qui explicite le rapport entre *création et salut*.

En effet, l'être humain n'est pas passif. Il n'est pas le jouet d'un drame cosmique, comme dans le manichéisme, mais il lui revient d'œuvrer à son salut, d'où la réflexion sur les six âges du monde sur laquelle se termine le *De Genesi contra manichaeos*, d'où le concours de la liberté et de la grâce sur lequel Augustin commence à réfléchir dans le *De vera religione* (XII, 24, p.57) et par lequel l'âme "sera régénérée, elle retournera du multiple changeant, à l'unique immuable et, recréée par la Sagesse non créée, mais créatrice de l'univers, grâce au don de Dieu qu'est l'Esprit Saint, elle trouvera en Dieu sa joie. Ainsi se forme l'homme spirituel". Dans le *Contra Faustum* (XXIV,

---

[38] *Ibid.*

[39] *Ibid.* XXIV, 1.

[40] C'est l'une des notions qu'il a le plus développé. Pour un relevé des textes, voir J. Heijke, *Saint Augustine's comments on "Imago Dei"*, Worcester, 1960.

[41] *Contre Fortunat* 12; *Contre Félix* XVIII-XXI.

[42] *De duabus animabus* XIII, 19, p.105.

[43] *Contra Secundinum* VIII; XVII.

II, p.373-374), Augustin situe dans une même dynamique création et création nouvelle, ce qui l'amène à écrire: "L'homme tout entier, c'est-à-dire dans son intérieur et dans son extérieur, a vieilli à cause du péché et a été condamné à la mortalité; mais maintenant il est renouvelé selon l'homme intérieur, où il est de nouveau formé à l'image de son Créateur, en se dépouillant de l'injustice, c'est-à-dire du vieil homme et en revêtant la justice, c'est-à-dire l'homme nouveau. Mais quand le corps qui est semé animal ressuscitera spirituel, alors l'homme extérieur participera à la dignité de l'état céleste, afin que tout ce qui a été créé soit recréé, que tout ce qui a été fait soit refait par celui qui a créé et qui recrée, qui a fait et qui refait (...). Et lorsqu'on demande aux manichéens si celui qui refait l'homme est le même qui l'a fait, si celui qui le renouvelle est celui qui l'a créé, ils répondent oui. Mais si, partant de cette réponse, nous insistons et leur demandons quand celui qui reforme l'homme maintenant l'a formé, ils ne sauront à quel subterfuge recourir pour dissimuler la honte de leur fabuleux système. Car ils ne disent pas que l'homme a été formé ou créé, ou établi par Dieu, mais qu'il est une partie de la substance de Dieu envoyée contre les ennemis; ils ne veulent pas qu'il soit devenu vieil homme par le péché, mais qu'il ait subi le joug de la nécessité". Dans ce passage, Augustin fait ressortir la difficulté majeure du manichéisme qui refuse et la création et la création nouvelle, sans parler du médiateur qu'est le Christ et dont les manichéens font un sauveur parmi d'autres.

Au cours de sa polémique contre les manichéens, Augustin n'attaque pas de plein fouet leur théorie émanatiste, mais, de manière subtile, il met en échec le mythe cosmogonique qu'ils proposent. A l'occasion, il souligne l'incohérence des trois temps impliqués, mais il fait porter l'essentiel de son effort contre le dualisme manichéen, en expliquant que le mal n'est pas plus un principe qu'une substance. Ayant souligné l'absurdité du dualisme, il s'attache à rendre compte de l'origine de l'univers et de l'être humain et substitue, alors, à l'idée d'émanation, celle de création, qui est l'œuvre unique de Dieu et qui laisse à l'être humain le choix de consentir ou non à cette œuvre de création et par là de s'accomplir ou de se détruire. Il ne développe pas encore ses grandes thèses sur la création et sur la création nouvelle, mais il les esquisse dans ces différentes œuvres où il lui revient de réfuter point par point les manichéens et de présenter l'originalité du christianisme, en particulier dans le domaine de l'anthropologie.

AUGUSTINUS, *DE GENESI CONTRA MANICHAEOS*. ZU AUGUSTINS DARSTELLUNG UND WIDERLEGUNG DER MANICHÄISCHEN KRITIK AM BIBLISCHEN SCHÖPFUNGSBERICHT

DOROTHEA WEBER (WIEN)

Die zwei Bücher *De Genesi contra Manichaeos*[1] sind zwar nicht die erste Auseinandersetzung Augustins mit dem Manichäismus – die Schrift stammt aus den Jahren 388 bis 390, ist also nach dem ersten Buch von *De quantitate animae* und wohl knapp nach den Hauptteilen von *De moribus ecclesiae catholicae et de moribus Manichaeorum* entstanden[2] –, doch das früheste Werk des Kirchenvaters, das sein Ringen um eine „katholische" Exegese des biblischen Schöpfungsberichts (Gen. 1–3) dokumentiert, dessen Ablehnung durch die Manichäer der Autor als langjähriger *auditor* dieser Religion geteilt hatte. Während Augustinus sich in zahlreichen späteren Werken mit der Exegese des Buchs Genesis beschäftigte,[3] liegt in dieser Schrift der einzige Versuch vor, die Untergattung des polemisch-antihäretischen Traktats mit jener der Exegese zu verbinden: Der biblische Schöpfungsbericht wird sowohl gegen Einwände der Manichäer verteidigt als auch – zum Teil unabhängig davon – zur Gänze ausgelegt. In diesem Zusammenhang fällt auf, daß Augustinus für den sogenannten Jahwistenbericht, den er im zweiten Buch kommentiert, nur verhältnismäßig wenige Kritikpunkte seiner Gegner zu kennen scheint, während für beinahe jeden Vers des Priesterberichts, der im ersten Buch behan-

---

[1] Zitiert wird Gen. c. Manich. im folgenden nach CSEL 91 (ed. D. Weber), Wien 1998.

[2] Siehe CSEL 91, p. 11, Anm. 10 mit weiterführender Literatur.

[3] Es handelt sich in der Folge um *De Genesi ad litteram liber imperfectus* (393–394), die letzten Bücher der *Confessiones* (397–401), *De Genesi ad litteram* (vollendet 416), Buch 11 der *Civitas dei* und den Anfang von *Contra adversarium legis et prophetarum* (419–420): siehe R. J. Teske, Problems with „The Beginning" in Augustine's Sixth Commentary on Genesis, The University of Dayton Review 22 (1994), 55–67. Zu Buch 11 der *Civitas dei* siehe J. van Oort, Manichaeism in Augustine's *De ciuitate Dei*, in: *Il „De ciuitate Dei": L'opera, le interpretazioni, l'influsso*, ed. E. Cavalcanti, Rom-Freiburg-Wien 1996, 193–214 (200ff.).

delt wird, derartige Einwände referiert und widerlegt werden. Auf diese Diskrepanz soll weiter unten noch kurz eingegangen werden.

Zum Kennenlernen der manichäischen Standpunkte ist demnach das erste Buch aufschlußreicher. Eine Vorbemerkung sei gestattet: Im folgenden wird nicht die Frage behandelt, wie zuverlässig Augustinus als Quelle für manichäische Ansichten, Mythologeme und Theologeme ist, bzw. ob er möglicherweise einzelne Punkte mißverstanden oder sogar in polemischer Absicht verkürzt dargestellt hat. Vielmehr soll der Versuch unternommen werden, einige jener Textpassagen zu analysieren, die das Bild, das Augustinus von der Kritik seiner Gegner entwarf, sowie seine eigene Widerlegungstechnik deutlich werden lassen: Daß der Autor in den meisten Fällen keine ausführliche Begründung für deren Einwände gibt, ist wohl nicht nur mit seiner Absicht zu erklären, häretische Thesen nicht verbreiten zu wollen, sondern scheint auch den Schluß zuzulassen, daß die einfachen Christen, für die dieses Werk ja geschrieben wurde, über aktuelle theologische Debatten relativ gut informiert waren. Aus methodischen Erwägungen sollen daher nur Quellen aus Augustins eigenem Œuvre herangezogen werden.

Nach dem Ausweis von Gen c. Manich. bezogen sich die meisten Einwände der Manichäer auf (wirkliche oder vermeintliche) Widersprüche innerhalb der Schöpfungsgeschichte selbst;[4] diese können zum Teil als bloße Kritik an der logischen Struktur der biblischen Erzählung gelesen werden. So etwa bot Gen. 1, 14 Anlaß zu polemischen Fragen:[5] Da der Tag durch den Sonnenumlauf bestimmt sei, habe es vor der Erschaffung der Sonne am vierten Tag keine Tage geben können.[6] Die Frage, ob Zeit durch Veränderung bzw. Bewegung konstituiert wird, sollte Augustinus etwa zehn Jahre später in den *Confessiones*[7] erneut intensiv beschäftigen. In *De Genesi contra Manichaeos*, erfolgt die Antwort in zwei Schritten: Erstens könne

---

[4] Augustinus referiert diese Einwände meist in Form einer polemischen Frage, z. B. 1, 3: *Quod scriptum est: 'in principio fecit deus caelum et terram', quaerunt in quo principio et dicunt: si in principio aliquo temporis fecit deus caelum et terram, quid agebat, antequam faceret caelum et terram, et quid ei placuit subito facere, quod numquam antea fecerat per tempora aeterna?*

[5] Gen. c. Manich. 1, 20: *Hic primo quaerunt* (scil. *Manichaei*): *quomodo quarto die facta sunt sidera, id est sol et luna et stellae? Tres enim dies superiores quomodo esse sine sole potuerunt, cum videamus nunc solis ortu et occasu diem transigi, noctem vero fieri nobis solis absentia, cum ab alia parte mundi ad orientem redit?*

[6] Diese Frage hatte bereits Ambrosius in seiner Genesis-Exegese (hexam. 4, 3, 8 – 4, 12) behandelt.

[7] 11, 20, 26 – 30, 40.

der Mensch das Vergehen der Zeit auch dann wahrnehmen, wenn er sich in einer dunklen Höhle befindet; Tag- und Nachtrhythmus seien also nicht von der Sonne abhängig, und zweitens müßten, da bereits die ersten drei Schöpfungstage mit der formelhaften Wendung *et facta est vespera et factum est mane* abgeschlossen sind, die Worte *vespera* und *mane* metonymisch verstanden werden: *vespera* bezeichne die Vollendung eines Schöpfungswerks und *mane* den Beginn eines neuen.

Auf einen anderen Widerspruch, und zwar nicht innerhalb des Alten Testaments, sondern zwischen Genesis und einer allgemeinen Erfahrungstatsache, zielt die Kritik der Manichäer an Gen. 1, 26 ab:[8] Wieso, lautet ihr Einwand, könne die Bibel behaupten, der Mensch habe Macht über alle Tiere erhalten, wo es doch viele Tierarten gebe, die für Menschen überaus gefährlich seien? Die Replik Augustins besagt, daß die Herrschaft über die Tiere dem Menschen *vor* dem Sündenfall verheißen wurde; eine der Folgen der Ursünde sei der Verlust dieser Macht.

An diesen Beispielen zeigt sich deutlich, daß Augustinus in seinen Antworten auf Einwände der Manichäer den Bibeltext nicht allegorisiert; auf eine einzige Ausnahme soll später noch hingewiesen werden. Durchgehend allegorisch interpretiert wird die Priesterschrift erst in einem zweiten Interpretationsgang,[9] in dem Augustinus nicht mehr die Kritik seiner Gegner behandelt, sondern seinen Lesern den tieferen Gehalt des Schöpfungsberichts eröffnen will. Das Vermeiden der Allegorese in der direkten Auseinandersetzung mit den Manichäern könnte ebenso methodisch begründet sein wie die Anwendung der Allegorese in den nicht-polemischen Teilen: Da die Manichäer dieses exegetische Prinzip – zumindest für das Alte Testament – offenbar ablehnten,[10] wäre es wenig zielführend gewesen, eben diese Interpretationsweise zur Widerlegung anzuwenden. Zum anderen: Selbst in Zusammenhang mit jenen Bibelstellen, die er gegen die Manichäer litteral interpretiert, beharrt Augustinus auf dem hermeneutischen Prinzip der Existenz eines tieferen, allegorischen Sinns. Als Beispiel diene die Exegese von Gen. 3, 16, der Verflu-

---

[8] Gen. c. Manich. 1, 29: *Aliquando etiam solent dicere: quomodo accepit homo potestatem piscium maris et volatilium caeli et omnium pecorum et ferarum, cum videamus a multis feris homines occidi et a multis volatilibus nobis noceri, quae volumus vel vitare vel capere et plerumque non possumus? Quomodo ergo in haec accepimus potestatem?*

[9] Gen. c. Manich. 1, 35 – 43.

[10] Cf. Gen. c. Manich. 1, 27sq.; 2, 3.

chung Evas: Obwohl die Wahrheit dieses Bibelverses evident sei, da auch heute noch Frauen unter Schmerzen Kinder gebären, sei in den Worten noch eine andere, eben allegorische Bedeutungsebene enthalten. Damit wendet Augustinus ein Interpretationskriterium an, das er etwa 10 Jahre später in *De doctrina Christiana* (3,10,14) als Prinzip folgendermaßen formulierte: *Et iste est omnino modus, ut quidquid in sermone divino neque ad morum honestatem neque ad fidei veritatem proprie referri potest, figuratum esse cognoscas.*[11] Somit wird auch durch die Wahl des exegetischen Prinzips deutlich, daß Augustinus in diesem Werk zwei Absichten verfolgt: Eine besteht darin zu zeigen, daß der Bibeltext gegen die Einwände der Manichäer verteidigt werden kann – dazu würde es genügen, nur jene Bibelpassagen zu erklären, die von den Manichäern angegriffen wurden,[12] und von diesen ist wiederum nur ein geringer Teil allein durch Allegorese zu halten. Die andere Absicht liegt, wenn dies auch nicht explizit gesagt ist, darin, eine in sich stimmige, kohärente Exegese des gesamten Schöpfungsberichts zu vermitteln, und zwar nach dem Prinzip, das in *De doctrina Christiana* formuliert ist, also unter Anwendung sehr weitgehender Allegorisierung. Genau diesem exegetischen Prinzip folgt Augustinus übrigens immer dann, wenn er für ein breites, im philosophisch-theologischen Denken ungeschultes Publikum schreibt bzw. spricht. Diese Tatsache läßt sich beispielsweise an seinen verschiedenen Interpretationen der Genesis ablesen: Die bald nach *De Genesi contra Manichaeos* verfaßte Schrift *De Genesi ad litteram liber imperfectus*, eine unvollendet gebliebene Litteralexegese, war *nicht* für das einfache Kirchenvolk bestimmt; in den letzten Büchern der *Confessiones* aber, also etwa um das Jahr 400, hatte er keine Bedenken, eine rein allegorische Deutung vorzutragen – das Publikum ist hier das gesamte Kirchenvolk, das er sich, so die literarische Fiktion, als Zuhörer seines Gesprächs mit Gott vorstellt[13] – und die allegorische Deutung wendet er auch in seinen Predigten zu diesem Thema an.[14]

---

[11] Zu diesem Prinzip siehe K. Pollmann, Doctrina christiana. Untersuchungen zu den Anfängen der christlichen Hermeneutik unter besonderer Berücksichtigung von Augustinus, *De doctrina christiana*, Freiburg i. d. Schweiz 1996 (Paradosis 41), 156–158. Auf die Diskrepanz zwischen der zitierten Stelle aus doct. chr. und dem Theoriekapitel in Gen. c. Manich. 2, 3 wies R. Teske hin (Criteria for Figurative Interpretation in St. Augustine, in: De Doctrina Christiana: A Classic of Western Culture, edd. D. W. H. Arnold, P. Bright, Notre Dame 1995, 109–122).

[12] Wäre dies seine alleinige Absicht gewesen, hätte er den Großteil des Jahwistenberichts nicht kommentiert.

[13] Dazu s. K. Smolak, *Sic itaque audiar!* Zum Phänomen 'Sprache' in Augustins

Für das Vorverständnis, mit dem die Manichäer an den Beginn des Buchs Genesis herangingen, ist ihre Kritik an Gen. 1, 1–5, dem Bericht des ersten Schöpfungstages, besonders aufschlußreich. Im folgenden soll die Analyse dieser Einwände zeigen, daß auch sie durch den Erweis der Widersprüchlichkeit, der freilich auf einer anderen Grundlage beruht als an den zuvor behandelten Stellen, darauf abzielen, dem Bibeltext Wahrheitsgehalt abzusprechen.

Zu Gen. 1, 1 referiert Augustinus (1, 5): *Quod autem sequitur in libro Geneseos: 'terra autem erat invisibilis et incomposita', sic reprehendunt Manichaei ut dicant: quomodo fecit deus in principio caelum et terram, si iam terra erat invisibilis et incomposita?* Dieser Einwand der Manichäer scheint ihr dualistisches Prinzip zu reflektieren: Gott (der gute Gott) wohnt in einem eigenen Kosmos auf einer ungeschaffenen, ewigen Erde; hingegen hat der *princeps tenebrarum* sein Reich auf der bösen, diesseitigen Erde.[15] Erst durch diese Information – sie läßt sich übrigens z. B. aus der Diskussion zwischen Augustinus und dem Manichäer Felix gewinnen[16] – wird deutlich, daß sich die Kritik der Manichäer gegen das Wort (*in principio*) *fecit* (*deus caelum et terram*), nicht gegen *terra erat invisibilis et incomposita* richtete. Ferner zeigt diese Stelle, daß die Manichäer den zweiten Teil des Bibelzitats, *terra erat invisibilis et incomposita*, grammatikalisch anders deuteten als Augustinus und anders, als wir es gewöhnt sind, indem sie *erat* als verbum substantivum, nicht als copulativum, auffaßten, somit in dem Sinn: 'und es gab eine unsichtbare und ungeordnete Erde'. Gegen diese grammatikalische Interpretation wendet sich Augustinus in seiner Replik, indem er den Bibelvers mit einer leichten, aber doch markanten Wortumstellung paraphrasiert (*terra autem ipsa, quam fecit deus, invisibilis erat et incomposita*). – Unter Berücksichtigung dieser beiden Vorgaben, nämlich daß der gute Gott auf einer ungeschaffenen Erde wohnt, und daß *erat* in Gen. 1, 1 als verbum substantivum interpretiert wurde, ist es naheliegend, daß die Manichäer unter *terra* die gött-

---

Confessiones, in: Charisteria (Festschrift J. Oroz Reta) 2, Madrid 1994, 509–517 (511f.).

[14] Die nächsten Parallelen zur allegorischen Exegese, wie sie in Gen. c. Manich. vorliegt, finden sich in sermo Lambot 25 (C. Lambot, Une série pascale de sermons sur la création, RBén 79 [1969], 206–214); zu Unterschieden zwischen schriftlicher und mündlicher Exegese cf. Aug., doct. chr. 4, 9, 23.

[15] Weiterführende Literatur zu der manichäischen Vorstellung des Landes der Finsternis bei E. Feldmann, Die „Epistula Fundamenti" der nordafrikanischen Manichäer. Versuch einer Rekonstruktion, Altenberge 1987, 43f.

[16] C. Felic. 1, 17.

liche, ewige Erde verstanden, die nicht mit den Sinnen wahrnehmbar (*invisibilis*) und nicht zusammengesetzt (*incomposita*, ἀσύνθετος)[17] ist.

Für die folgenden Bibelworte (*et tenebrae erant super abyssum*) lautet der Einwand (1, 6): *In tenebris ergo erat deus, antequam faceret lucem?* Daß diese Kritik in Zusammenhang mit der Lehre vom *princeps tenebrarum* bzw. der *gens tenebrarum* steht, ist eine naheliegende Vermutung; sie wird durch Augustins Antwort bestätigt, der in eben diesem Zusammenhang das Volk der Finsternis erwähnt.[18]

Besonders interessant ist die manichäische Stellungnahme gegen die nächste Passage der Genesis (*spiritus dei superferebatur super aquam*); sie wird nämlich von den Manichäern mittels der offenbar provokant gemeinten Frage kritisiert, ob denn das Wasser der Aufenthaltsort des Geistes Gottes gewesen sei (1, 8): *Aqua ergo erat habitaculum spiritus dei et ipsa continebat spiritum dei?*[19] Dieser Einwand erhält deutlichere Konturen, wenn man ihn gemeinsam mit dem vorigen betrachtet. Die Deutung, Gott befinde sich in der Finsternis (wie dies aus *tenebrae erant super abyssum* herausgelesen wurde) und wohne auf dem Wasser (vgl. *spiritus dei superferebatur super aquam*), scheint ein Detail der physikalischen Spekulationen jener Religion zu reflektieren, die sich die diesseitige, böse Erde aus übereinander gelagerten Schichten verschiedener Stoffe dachte: ganz außen Finsternis, darunter Wasser, dann Wind, Feuer und Rauch. Dies geht beispielsweise aus der *Epistula fundamenti* hervor,[20] die Augustinus während seiner manichäischen Phase selbst studiert hatte.[21]

Vor diesem Hintergrund ist es verständlich, daß die Manichäer an den zitierten Bibelversen in besonderem Maß Anstoß nehmen mußten: In ihrem Verständnis enthalten diese alttestamentarischen

---

[17] Zu dieser Bedeutung von *incompositus* vgl. etwa Ambr., epist. 81, 8 ([*deus*] *unum et simplex et incompositum est*); Boeth., categ. 1, p. 184B (*partes ... substantiae incompositae et simplices sunt*); zu ἀσύνθετος vgl. Plat., Phd. 78c; Tht. 205c.

[18] 1, 7: *... quia solent dicere: unde erant ipsae tenebrae super abyssum, antequam deus faceret lucem? Quis illas fecerat vel genuerat aut, si nemo fecerat vel genuerat eas, aeternae erant tenebrae? – quasi aliquid sint tenebrae; sed, ut dictum est, lucis absentia hoc nomen accepit. Sed quia ipsi fabulis suis decepti crediderunt esse gentem tenebrarum, in qua et corpora et formas et animas in illis corporibus fuisse arbitrantur, ideo putant quod tenebrae aliquid sint ...*

[19] *superferebatur* wurde offenkundig in der Bedeutung „obenauf schwimmen", „sich auf der Oberfläche befinden" aufgefaßt.

[20] Zu den fünf „finsteren Elementen" vgl. beispielsweise Aug., c. ep. fund. 15 und 28 (= frg. 6b der Epistula Fundamenti bei Feldmann); weitere Stellen bei Feldmann, p. 44.

[21] Vgl. Aug., c. ep. fund. 5.

Passagen ja keineswegs eine Erzählung über den guten Gott, sondern eine Darstellung des *bösen* Gottes.[22] Somit wird klar, warum sie den biblischen Schöpfungsbericht nicht nur als nicht inspiriert, sondern als Werk der *gens tenebrarum* verwerfen konnten bzw. mußten: Er stellt ihrer Meinung nach die Erschaffung der bösen, materiellen Welt durch den *princeps tenebrarum* dar.[23]

Diese Beobachtung scheint durch die manichäische Kritik an Gen. 1, 4 bestätigt zu werden. Der Text lautet (1, 13): *Et dixit deus: 'fiat lux'. Et facta est lux. Hoc non solent reprehendere Manichaei, sed illud quod sequitur: et vidit deus lucem quia bona est; dicunt enim: ergo non noverat deus lucem aut non noverat bonum.* Dieser Einwand erscheint als logische Folgerung aus den vorigen, wenn man bedenkt, daß nur ein einziges göttliches Wesen weder mit dem Licht noch mit dem Guten assoziiert werden kann, nämlich der böse Gott der diesseitigen Welt.

Wenn oben festgestellt wurde, daß Augustinus zur Widerlegung der Manichäer die inkriminierten Passagen aus guten Gründen nicht allegorisiert, so ist die Exegese von Gen. 1, 26 eine Ausnahme:

> Et dixit deus: 'faciamus hominem ad imaginem et similitudinem nostram, et habeat potestatem piscium maris et volatilium caeli et omnium pecorum et ferarum et omnis terrae et omnium repentium quae repunt super terram', et cetera usque ad vesperam et mane quo completur dies sextus. Istam maxime quaestionem solent Manichaei loquaciter agitare et insultare nobis, quod hominem credamus factum ad imaginem et similitudinem dei. Attendunt enim figuram corporis nostri et infeliciter quaerunt, utrum habeat deus nares et dentes et barbam et membra etiam inferiora et cetera quae in nobis sunt necessaria. In deo autem talia ridiculum est, immo impium credere, et ideo negant hominem factum esse ad imaginem et similitudinem dei. Quibus respondemus membra quidem ista in scripturis plerumque nominari, cum deus insinuatur audientibus parvulis, et hoc non solum in veteris testamenti libris, sed etiam in novi: nam et oculi dei commemorantur et aures et labia et pedes, et ad dexteram dei patris sedere filius evangelizatur; et ipse dominus dicit: 'nolite per caelum iurare quia sedes dei est, neque per terram quia scabellum est pedum eius'. Item ipse dicit quod in digito dei eiciebat daemonia. Sed omnes qui spiritaliter scripturas intellegunt non membra corporea per ista nomina,

---

[22] Vgl. beispielsweise Aug., tract. Ioh. evang. 43, 15: *... quia rursus quidam haeretici dicunt deum annuntiatum in veteri testamento non esse patrem Christi, sed nescio quem principem malorum angelorum. Manichaei sunt, qui ista dicunt ...*

[23] Zu diesem Theologem vgl. z. B. sermo 12, 11 (*... quaero ipsius mundi unde sit corpus. Continuo mihi: 'De tenebrarum gente' respondent* [*scil. Manichaei*]); zum Prinzip des Bösen als Urheber des menschlichen Leibes cf. Gen. c. Manich. 2, 38 (*... ut negent* [*Manichaei*] *deum esse corporum conditorem*).

sed spiritales potentias accipere didicerunt, sicut alas et scutum et gladium et alia multa (1, 27).

Was die Kritik der Manichäer an Genesis 1,26 betrifft, so stellt sich für den Editor die Frage, wie sehr er den Handschriften trauen darf: Die einhellige Überlieferung lautet nämlich *membra interiora*. Haben die Manichäer tatsächlich gemeint, aus diesem Bibelvers sei zu folgern, daß Gott auch innere Organe haben müsse (*membra interiora*)? Obwohl die Junktur *membra interiora* keineswegs anstößig ist, und es ebensowenig verwunderte, wenn die Manichäer in polemischer Überzeichnung den Gott der Katholiken mit etwa einem Magen ausstatteten, was wiederum verschiedene theologisch absurde Schlüsse zuließe, nämlich daß Gott Nahrung zu sich nehme etc., habe ich mich dennoch in der Edition dazu entschlossen, *interiora* durch Konjektur zu *inferiora* zu ändern,[24] und zwar aus der Überlegung heraus, daß Augustinus den Vorwurf der Manichäer widerlegt, indem er nicht nur Augen, Ohren und Lippen Gottes, wie sie des öfteren in der Heiligen Schrift genannt sind, allegorisch deutet, sondern auch Gottes Füße (*pedes*), nicht aber innere Organe, obwohl auch das Herz Gottes in der Bibel erwähnt ist,[25] er sich auf diese Stellen also hätte beziehen können, wenn er *interiora* hätte erläutern wollen.

Daß Augustinus im Rahmen der Widerlegung der zuletzt besprochenen manichäischen Kritik von dem Prinzip der litteralen Erklärung abgeht, kann wohl als Reflex seiner eigenen Schwierigkeiten gelten, die ihm dieser Bibelvers bereitet hatte. In den *Confessiones* (6, 3, 4) berichtet er, erst durch Ambrosius' Predigten sei ihm die wahre, d. h. allegorische Bedeutung von Gen. 1, 26 verständlich geworden. Es ist bezeichnend, daß diese Bibelstelle von Augustinus noch lange Zeit mittels litteraler Exegese nicht bewältigt wurde. So gab er nach eigener Aussage seinen ersten Versuch einer nicht-allegorischen Interpretation der Schöpfungserzählung bei eben diesem Vers auf.[26] Weitere Versuche sollten folgen, doch erst in dem monumentalen Kommentar *De Genesi ad litteram*, mehr als 25 Jahre nach *De Genesi contra Manichaeos* vollendet, scheint er eine befriedigende Lösung gefunden zu haben;[27] dem Impuls aber, gerade den Anfang des Buchs

---

[24] Vgl. Verf., Textprobleme in Augustinus, De Genesi contra Manichaeos, WSt 111 (1998), 211–230 (217f.).

[25] Z. B. III Reg. 8; Ezech. 28, 6.

[26] Cf. retr. 1, 17.

[27] Dort (z. B. 7, 22) erscheint die Seele als Trägerin der Gottesebenbildlichkeit.

Genesis im 'katholischen' Sinn, sei es allegorisch oder litteral, interpretieren zu wollen, verdankt Augustinus der manichäischen Kritik an jener Passage der Bibel.

Abschließend sei eine kurze Bemerkung zu der Frage gestattet, wieso sich – zumindest nach dem Ausweis von *De Genesi contra Manichaeos* – die Kritik der Manichäer hauptsächlich gegen den sogenannten Priesterbericht wandte. Den Hauptgrund dafür wird man in der biblischen Erzählung selbst finden: Der Jahwistenbericht ist in wesentlich höherem Maß ein Schöpfungsmythos und als solcher für die Antike von vornherein nur durch Allegorese rezipierbar, nicht anders als etwa die homerischen Mythen. Die Priesterschrift hingegen mit ihrem fast naturwissenschaftlichen Inhalt bot viel mehr Angriffspunkte für eine religiöse Bewegung, die zumindest im Nordafrika des vierten Jahrhunderts mit dem Anspruch auftrat, die intellektuelle Elite nicht zum Glauben zu zwingen, sondern ein System anzubieten, das auf dem Weg des Verstehens zum Glauben führen sollte.[28]

---

[28] Vgl. beispielsweise Aug., util. cred. 1, 2: *quid enim me aliud cogebat ... homines illos* (scil. *Manichaeos*) *sequi ac diligenter audire, nisi quod nos superstitione terreri et fidem nobis ante rationem imperari dicerent, se autem nullum premere ad fidem nisi prius discussa et enodata veritate?*

BEMERKUNGEN ZU STRUKTUR UND
GENUS LITTERARIUM DER *CAPITULA* DES
FAUSTUS VON MILEVE

GREGOR WURST (FRIBOURG)

Die *Capitula* des Faustus von Mileve sind bekanntlich nur indirekt überliefert. An den Anfang eines jeden der 33 Bücher seiner Gegenschrift *Contra Faustum Manichaeum* hat Augustinus ein längeres oder kürzeres Zitat aus dem Faustustext gestellt, und jedes dieser Zitate, jedes *capitulum*, wird mit den Worten „*Faustus dixit*" eingeführt.[1] Obwohl dieses umfangreichste Werk, das aus dem Bereich der lateinischsprachigen manichäischen Literatur auf uns gekommen ist, somit eigentlich schon immer bekannt war, ist jedoch zu konstatieren, daß wesentliche formale Probleme, die sich aus seiner nur indirekten Überlieferung ergeben, noch einer allseits befriedigenden Klärung harren. Insbesondere ist hier die Frage einer Ordnung (bzw. Unordnung) der Reihenfolge zu nennen, in der Augustinus die einzelnen *capitula* bietet, darüber hinaus aber auch das Problem ihres *genus litterarium* überhaupt.

Die folgenden Überlegungen verstehen sich als kleinen Diskussionsbeitrag, die so aufgeworfenen Fragestellungen einer Lösung näherzubringen. Dabei werden im folgenden zwei Hypothesen vorausgesetzt, für deren jede in der Literatur schon gute Argumente vorgebracht worden sind und die sich auch noch durch weitere Beobachtungen abstützen lassen, daß nämlich zum einen der Titel des originalen Faustustextes, also der von Augustinus zitierten Vor-

---

[1] Vgl. Aug. *c. Faust.* 1,2 (Zycha 1891: 251,22); 2,1 (253,18) *et passim*; vgl. auch Augustins Aussage in seiner Vorrede *c. Faust.* 1,1 „*commodum autem arbitror sub eius nomine uerba eius ponere et sub meo responsionem meam*" (251,19-21) sowie *retr.* 2,33,1 „*... uerbis eius* [scil. *Fausti*] *propositis reddens responsiones meas ...*" (Knöll 1902: 139,2 f). — Solche scheinbar eindeutigen Formulierungen können die Integrität des Faustustextes zwar nicht vollständig verbürgen, wie *retr.* 1,21[22],1 zeigt, wo Augustinus mit derselben Wendung seinen Umgang mit dem Text des Adimantus charakterisiert, dessen Wortlaut er jedoch mehr paraphrasiert als daß er ihn wörtlich zitiert (vgl. Decret 1986: 91). Das wesentliche Argument in Bezug auf den Faustustext ist jedoch, daß er in *c. Faust.* 33,6 (Zycha 1891: 792,12-25) die Integrität der von ihm gebotenen Zitate anhand der durch die Kirche verbürgten authentischen Überlieferung der neutestamentlichen Schriften illustriert.

lage, entweder einfach nur *Capitula* gelautet haben wird, oder zumindest, daß das Wort *capitula* Bestandteil des originalen Titels gewesen ist.[2] Und zum anderen kann im Anschluß an Paul Monceaux mit guten Gründen davon ausgegangen werden, daß Augustinus nicht nur sehr umfangreiche Auszüge, sondern aller Wahrscheinlichkeit nach den vollständigen Text des Faustus überliefert hat. Beide Hypothesen gründen letztlich auf ein und derselben Bemerkung Augustins, „alle Verdrehungen des Faustus widerlegt zu haben, soweit sie in diesen seinen *capitula*" enthalten seien.[3]

1. *Das genus litterarium*

Es ist, soweit ich die Literatur überblicke, bislang nur ein einziges Mal explizit herausgestellt worden, daß es sich bei dem Wort *capitula*[4] letztlich um nichts anderes als die lateinische Übersetzung des

---

[2] Vgl. Monceaux 1933: 16f; Decret 1970: 66.

[3] Aug. *c. Faust.* 33,9 „*post omnes Fausti calumnias refutatas dumtaxat horum eius capitulorum* ..." (Zycha 1891: 796,14f). Inwiefern aus dieser Aussage auf die Vollständigkeit des Faustustextes geschlossen werden kann, hängt an der Interpretation der Partikel „*dumtaxat*": Nach Alfaric 1918: 84 f (mit Anm. 1) ist sie in Bezug auf die von Augustinus zitierten und behandelten *capitula* restriktiv aufzufassen, die somit nur den größeren Teil der Schrift des Faustus bildeten, während Monceaux 1933: 31 darin ein Äquivalent für *scilicet* sieht. Die Aussage ist mE. dahingehend zu verstehen, daß im *Contra Faustum* zwar nicht sämtliche „*calumniae*" des Faustus widerlegt worden seien, aber doch zumindest all diejenigen, die sich in dieser einen Schrift, eben „diesen *Capitula*", fänden. Ein weiteres Argument *e silentio* für die Vollständigkeit kann darin gesehen werden, daß Augustinus sich in den *Retractationes* hinsichtlich des Faustustextes nicht im selben einschränkenden Sinn äußert wie zum Werk des Adimantus. Denn zu dessen *Disputationes* über die Widersprüche zwischen den beiden Testamenten heißt es dort ausdrücklich, daß er sie in seiner Gegenschrift *Contra Adimantum* nicht vollständig besprochen habe: vgl. *retr.* 1,21[22],1 (Knöll 1902: 100,15-101,2). — Das viel diskutierte Problem des (vermeintlich eindeutigen) Querverweises „*postea uidebimus*" in Aug. *c. Faust.* 32,6 (Zycha 1891: 765, 14 f) – der auf eine noch ausstehende Diskussion der alttestamentlichen Prophetien auf Christus vorausweise, die sich im folgenden Text jedoch nicht mehr findet –, mit dem Alfaric (ebd.) die Unvollständigkeit und Monceaux u.a. die Unordnung (vgl. u. Anm. 31) begründen, wird hier bewußt ausgeklammert. Denn wie immer diese zwei Worte genau zu verstehen sein würden, eine Untersuchung des Problems der Vollständigkeit und/oder der Ordnung bzw. Unordnung des Faustustextes kann nicht bei einer solchen Einzelbeobachtung ansetzen, sondern hat zunächst und v.a. vom Befund des gesamten Textes auszugehen.

[4] Der schillernde Begriff *capitulum* bezeichnet, wie Decret 1970: 64-66 im Anschluß an Monceaux 1933: 16 f ausgeführt hat, einerseits einfach „Schriftstelle", was nicht unbedingt mit einem einzigen (modernen) Bibelvers gleichzusetzen ist, andrerseits, in weiterer Bedeutung, „une *disputatio* autour d'un texte scripturaire

griechischen Begriffs κεφάλαια handelt.[5] So drängen sich als Parallele die manichäischen *Kephalaia* geradezu auf, von denen die koptische Überlieferung immerhin zwei umfängliche Kodizes bewahrt hat.[6] Sie gehen – ob über das Zwischenglied einer griechischen Übersetzung oder direkt, sei dahingestellt – auf ein aramäisches Original zurück, so daß also sowohl im mesopotamischen Ursprungsland des Manichäismus als auch im koptischen Milieu Ägyptens *Kephalaia*-Literatur bekannt war.[7] Aber nicht nur dort, sondern auch in griechischen Antimanichaica ist von einem „Buch der *Kephalaia*" die Rede – was die Existenz griechischer Versionen zwar nicht zweifelsfrei bezeugt, aber doch ein starkes Indiz dafür ist[8] –, und auch in der 'östlichen' Überlieferung ist die Existenz von *Kephalaia*-Texten in iranischen Sprachen mittlerweile nachgewiesen.[9] Die *Kephalaia*-Literatur ist somit ein im Manichäismus durchaus verbreitetes und wohl bekanntes *genus litterarium*, so daß man die Kenntnis dieser Literaturform für den nordafrikanischen Manichäismus nicht prinzipiell wird ausschließen können, auch wenn wir kein direktes Zeugnis dafür besitzen.

Nun wird man die Parallele nicht nur aufgrund dieses einen Wortes *capitula* = κεφάλαια ziehen können. Doch der nähere formale Ver-

---

ainsi que l'enseignement dogmatique ou morale qui découle de cette exégèse"; vgl. zuletzt auch de Luis 1993: 7. Diese Definition trifft zwar auf den Großteil der *capitula* des Faustus zu, festzuhalten ist jedoch, daß Texte wie *c. Faust.* 20,1; 21,1 und 25,1 (Zycha 1891: 535,23 f; 568,9; 725,2) sich nur schwer darunter subsumieren lassen, da es hier nicht primär um die Diskussion einer bestimmten Schrift*auslegung*, sondern um zentrale Fragen des manichäischen Gottesbildes („*unus deus est, an duo?*"; „*deus finem habet aut infinitus est?*") sowie um liturgische Praktiken („*cur solem colitis ...?*") geht.

[5] Vgl. Ries 1988: 176.

[6] Es handelt sich einmal um die sog. 'Berliner' *Kephalaia*, deren erste Hälfte im Jahr 1940 von H.J. Polotsky und A. Böhlig ediert wurde, während die Publikation der ebenso umfangreichen zweiten Hälfte (vgl. Böhlig 1966) erst jüngst wieder aufgenommen wurde und in den kommenden Jahren voraussichtlich abgeschlossen werden wird: vgl. Funk 1999. Sodann fand sich auch unter dem von A. Chester Beatty erworbenen Teil des koptisch-manichäischen Handschriftenfundes von Medinet Madi eine umfängliche zweite *Kephalaia*-Handschrift, die heute in der Chester Beatty-Library in Dublin aufbewahrt wird und bislang nur im Faksimile zugänglich ist (vgl. Giversen 1986; vgl. dazu Funk 1990 und Böhlig 1992); zur manichäischen Bibliothek von Medinet Madi insgesamt s. Böhlig 1989.

[7] Zum Problem der Originalsprache vgl. Baumstark 1938, Altheim 1968; Nagel 1975.

[8] Vgl. *Acta Arch.* 62,6 (Beeson 1906: 91,5) sowie die weiteren von Alfaric 1918/19: II 21 ff zusammengestellten Belege.

[9] Vgl. Tardieu 1988b: 161 f; Sundermann 1992.

gleich der koptischen Texte mit den *Capitula* des Faustus erhebt diese Vermutung mE. zur Evidenz. Die einzelnen *Kephalaia* sind überwiegend nach ein und demselben Schema aufgebaut:[10] Es wird eine Frage gestellt, die Mani autoritativ beantwortet. Jedes *Kephalaion* bildet dabei eine in sich abgeschlossene Einheit. Die Person des Fragenden, die fast immer recht farblos bleibt, ist oft ein *auditor* oder *electus*, ein einzelner oder insgesamt der Kreis seiner Jünger;[11] doch finden sich auch Nicht-Manichäer in dieser Rolle,[12] und sehr häufig kommt es vor, daß Mani selbst ein Problem aufwirft, das er dann hinterher löst.[13] Den Hauptteil eines einzelnen *Kephalaions* nimmt generell die Antwort des Meisters ein. Dabei ist es aber durchaus möglich, daß sich ansatzweise ein Dialog entwickelt zwischen Mani und demjenigen, der die Frage stellt.[14] Auch die Länge eines solchen *Kephalaions* kann sehr unterschiedlich ausfallen, so daß es einerseits nur wenige Zeilen, andrerseits aber auch mehrere Seiten umfassen kann.[15]

Eben diese Grundstruktur zeigen auch die *Capitula* des Faustus.

---

[10] Vgl. die Charakterisierung von Böhlig 1968: 234 f sowie Rudolph 1968, auf dessen eingehende Analyse der literarischen Form der *Kephalaia* für das Folgende nachdrücklich verwiesen sei. Rudolphs Einzelnachweise werden hier nicht *in extenso* reproduziert.

[11] Vgl. *Keph.* 1 (Polotsky/Böhlig 1940: 9,15 ff) „Das erste Kephalaion ist dies, [in welchem] seine Jünger [ihn befragten] über sein Apostolat und sein Kommen in die W[elt], auf [welche] Weise es geschehen sei …"; ebd. 57 (144,15 ff) „Wiederum fragte den babylonischen Katechumen den Phôstêr und sagte zu ihm: 'Sprich mit mir, mein Herr, und unterrichte mich über Adam, den ersten Menschen …'"; ebd. 90 (223,21 ff) „Wiederum stellte sich ein electus vor dem Apostel hin und sprach zu ihm: 'Ich bitte dich, mein Herr, daß du mich aufklärst …'"; weitere Belege bei Rudolph 1968: 102 Anm. 32.

[12] Vgl. *Keph.* 89 (Polotsky/Böhlig 1940: 221,19 ff) „Wiederum geschah es zu einer Zeit, da kam ein Nazoräer vor den Apostel und sprach zu ihm: 'Ich will dich nach einem Wort fragen …'"; ebd. 121 (Böhlig 1966: 288,21 ff) „Wiederum zu einer Zeit, als unser Phôstêr in [- - -] inmitten des Landes Babylon, [trat] ein Mensch vor ihn, ein Presbyter [- - -] der *nobe*; ein Götzendiener war er …". — Was für eine religiöse Gemeinschaft mit dem koptischen (?) Begriff ⲚⲞⲂⲈ hier angesprochen sein soll, ist unklar; zur Diskussion und für eventuelle Lösungsvorschläge, denen gegenüber mE. jedoch aus philologischen Gründen Vorsicht geboten ist, vgl. Böhlig 1968: 232 f und Tardieu 1981: 6 f.

[13] Sehr häufig, vgl. Rudolph 1968: 95. 102.

[14] Ebd. 94f; vgl. zB. *Keph.* 89 (Polotsky/Böhlig 1940: 221,21ff), in dem der Gesprächspartner Manis, ein Nazoräer, zunächst dreimal zu Wort kommt (ebd. 221,21-24. 28-30; 222,1-9), bevor Mani (ebd. 222,10ff) seine endgültige Antwort gibt.

[15] So umfaßt zB. das 33. Kapitel (ebd. 86,22-30) nur neun Zeilen in der Handschrift, das 38. hingegen ca. 13 Seiten (ebd. 89,21-102,12).

Wir finden das Frage-Antwort-Spiel in seinen verschiedenen Kon-
kretisierungen, dh. entweder nur eine einfache Eingangsfrage oder
Ansätze zur dialogischen Form, wobei jedoch der Fragende letztlich
ein Statist bleibt.[16] Darüber hinaus bilden auch die einzelnen *capitula*, die ebenfalls eine sehr unterschiedliche Länge aufweisen können,[17] ganz überwiegend in sich abgeschlossene textliche Einheiten,
sind also ohne Kenntnis des ganzen Werkes für sich genommen
verständliche Texte.[18] Und noch etwas haben beide Quellen gemeinsam, daß nämlich sowohl für die *Kephalaia* des Mani als auch für die
Capitula des Faustus letztlich die Praxis des manichäischen Lehrvor-
trages als realer 'Sitz im Leben' anzunehmen ist.[19]

Aber es gibt auch Unterschiede: Anders als in den *Kephalaia* findet
sich bei Faustus nur ein einziges Mal eine Situationsbeschreibung.[20]
Meist wird der fiktive Gegner in einem *capitulum* nicht persönlich
eingeführt, sondern es geht nur aus dem Kontext hervor, was Frage
des Diskussionspartners, was Antwort des Faustus ist.[21] Überhaupt

---

[16] Dialogisch strukturiert sind die *capitula* in Aug. *c. Faust.* 2,1/3,1 (Zycha 1891:
253,18-254,20; 261,20-262,11); 5,1-3 (271,8-274,20); 11,1 (313,4-314,10); 12,1
(328,25-330,18); 17,1 (483,2-484, 24); 21,1 (568,9-569,18); 23,1-4 (707,6-710,9);
27,1/29,1 (737,26-738,9; 738,23-739,6; 743,15-744,9).
[17] Das kürzeste *capitulum* findet sich ebd. 9,1 (307,19-28), das längste ebd. 16,1-
8 (439,25-447,8).
[18] Vgl. Monceaux 1933: 37; Decret 1970: 68. Die oben gemachte Einschränkung
bezieht sich auf die in *c. Faust.* 3,1 sowie 28,1 und 29,1 überlieferten Faustuszi-
tate, auf die diese Charakterisierung nicht zutrifft. Diese drei Paragraphen bilden
mit den vorangehenden Zitaten jeweils feste Texteinheiten (vgl. insbesondere die
Verwendung der konklusiven Konjunktion „*ergo*" in 3,1 [Zycha 1891: 261,20] und
29,1 [743,15]), dh. in der Vorlage Augustins haben *c. Faust.* 2,1 und 3,1 sowie 27,1,
28,1 und 29,1 jeweils nur ein einziges, durch weitere Zwischenfragen des katholischen Diskussionspartners gegliedertes *capitulum* gebildet.
[19] Vgl. Aug. *c. Faust.* 23,1: „*Disputanti mihi aliquando quidam ex numerosa plebe respondens ait …*" (Zycha 1891: 707,6f), bezüglich der *Kephalaia* s. Böhlig 1968 (insbesondere 235).
[20] Aug. *c. Faust.* 23,1 (Zycha 1891: 707,6f), zitiert in Anm. 19.
[21] Vgl. zB. ebd. 17,1 (483,2-9): „[Katholik] *cur legem non accipitis et prophetas, cum
Christus eos non se uenisse soluere dixerit, sed adinplere?* – [Faustus] *quis hoc testatur dixisse
Iesum?* – [K.] *Matthaeus.* – [F.] *ubi dixisse?* – [K.] *in monte.* – [F.] *quibus praesentibus?*
– [K.] *Petro, Andrea, Iacobo et Iohanne, quattuor his tantum; ceteros enim necdum elegerat nec
ipsum Matthaeum. – ex his quattuor unus, id est Iohannes euangelium scripsit. ita alicubi
hoc ipse conmemorat?* – [K.] *nusquam.* – [F.] *quomodo ergo* usw. …". – Über die genaue
Abgrenzung, was hier Rede des Faustus ist und was des Katholiken, läßt sich
übrigens trefflich streiten: So faßt De Luis (1993: 361) die Sätze „*Petro, Andrea …*"
bis „*… conmemorat*" (Zycha 1891: 483,5-8) folgendermaßen auf: „[K.] *Petro, Andrea,
Iacobo et Iohanne, quattuor his tantum; ceteros enim necdum elegerat nec ipsum Matthaeum. ex
his quattuor unus, id est Iohannes euangelium scripsit. – [F.] ita alicubi hoc ipse conmemorat?*".

schreibt Faustus fast durchgehend in der Ichform, während es sich
bei den *Kephalaia* generell um in der dritten Person abgefaßte Berichte über Lehrvorträge Manis handelt.[22] Zu einem nicht unerheb-
lichen Teil kann dabei die Frage auch ganz wegfallen, so daß eingangs nur das Thema von Mani selbst genannt wird, über das nun
eine Belehrung gegeben werden soll.[23] Und schließlich zeigen viele
Kephalaia als Abschluß eine Akklamation, eine Doxologie oder eine
Formulierung des Dankes seitens des Fragenden oder der Zuhö-
rerschaft für die erhaltene Unterweisung.[24]

Letztlich handelt es sich dabei aber nur um Variationen in der
Ausführung ein und derselben Grundstruktur, daß nämlich ein ganz
bestimmtes Problem innerhalb eines kurzen, in sich abgeschlossenen
Textes entweder in mehr oder weniger stark literarisch ausgeführ-
ter Dialogform oder unter Verzicht auf jeglichen dialogischen Rah-
men behandelt wird.[25] Die Frage fällt dabei immer relativ kurz aus,
und das Gewicht liegt eindeutig auf der Ausführung der Antwort.
Diese Grundstruktur ist keine manichäische Erfindung, sondern es
handelt sich, sowohl bei den manichäischen Kephalaia als auch bei
Faustus, um eine Variante der antiken *Quaestiones et responsiones-* bzw.
Erotapokriseis-Literatur, in deren Tradition auch die gnostischen
Dialoge stehen.[26]

---

[22] Wobei der erzählerische Rahmen sich häufig nur auf ein einleitendes
„Wiederum sprach der Phôstêr ...“ beschränkt, woran dann in direkter Rede die
Antwort bzw. Belehrung Manis anschließt; vgl. zB. *Keph.* 50 (Polotsky/Böhlig 1940:
125,28). Faustus hingegen verfällt nur selten in die berichtende Form (vgl. Aug. *c.
Faust.* 23,1 [Zycha 1891: 707,6 f], zitiert in Anm. 19, sowie das *„inquit"*, mit dem
Zwischenfragen des Katholiken gelegentlich eingeführt werden: vgl. ebd. 5,2 [272,8-
11; 273,4-7] oder 16,8 [446,15-17; 447,5 f]).

[23] So etwa in *Keph.* 8 (Polotsky/Böhlig 1940: 36,30 ff) „Wiederum sprach der
Lichtmensch zu der Versammlung, die vor ihm saß: 'Als Jesus, der Sohn der Größe,
zu diesen Welten kam ...'".

[24] Vgl. zB. ebd. 38 (102,4-12) „Als seine Jünger all diese Worte gehört hatten,
die er verkündet hatte, da antworteten seine Jünger und sprachen zu ihm: 'Groß
und wirkmächtig sind all diese Dinge, die du uns verkündet hast, die du in deiner
und in der Kraft dessen vollbracht hast, der dich gesandt hat. Wer vermag dir
vollständig den Lohn zu erstatten für die Gnade, die du uns getan hast, außer
demjenigen, der dich gesandt hat? Allein dies ist der Dank, den dir zu erstatten
uns obliegt, daß wir uns festigen in [deinem] Glauben und ausharren in deinen
Geboten und deinem Wort zustimmen, das du uns verkündet hast'".

[25] Auch einige der *capitula* des Faustus sind strenggenommen als Texte zu qualifi-
zieren, die keine dialogische Struktur aufweisen, so etwa *c. Faust.* 18,1-3 (Zycha
1891: 490,7-492,20), 19,1 (496,21-503,9) sowie 31,1 (756,2-759,7), wo einfach nur
durch Voranstellung des Zitats von Mt 5,17 bzw. Tit 1,15 das Thema angegeben
wird.

[26] Zu diesem *genus* vgl. Dörrie/Dörries 1966; Mutzenbecher 1975: xxxvi ff so-

Die manichäische Besonderheit besteht nun *allein* darin, daß diese Form didaktischer Literatur eben als *Kephalaia* bzw. *capitula*, wenn dieses Wort denn wirklich Bestandteil des ursprünglichen Titels des Faustustextes war, bezeichnet wurde; und dies ist auch das – bei aller inhaltlicher Differenz – für den formalen Vergleich mit den koptischen *Kephalaia* bedeutsame literaturgeschichtliche Faktum, demgegenüber die Frage, ob, und wenn ja, welche Art von *Kephalaia*-Literatur in lateinischer Übersetzung existiert haben könnte, sekundär ist. Denn zu einer solchen Benennung für *Quaestiones et responsiones* bzw. *Erotapokriseis* findet sich meines Wissens kein nicht-manichäischer Beleg.[27]

2. *Kritik des Rekonstruktionsversuchs Monceauxs*

Hat man die Parallelität der *Capitula* und der koptischen *Kephalaia* einmal erkannt und ordnet sie demselben Genus der als κεφάλαια bezeichneten manichäischen Variante der *Quaestiones et responsiones* zu, so ergeben sich daraus wichtige Konsequenzen für die Beurteilung des Faustustextes. Denn jene Prämisse, die mehr oder weniger deutlich ausgesprochen alle Autoren bislang geteilt haben, daß der Faustustext ursprünglich eine (logische) Ordnung aufgewiesen haben müsse, wird dann recht zweifelhaft. Ist es also überhaupt notwendig, den Versuch einer Rekonstruktion desselben im Sinne einer

---

wie Berger 1984: 1303 f (dort auch weitere Literatur). — Daß die manichäischen *Kephalaia* formal hier einzuordnen sind, hat Rudolph 1968 zweifelsfrei erwiesen; für den Faustustext wurde die Zuordnung zur Gattung der *quaestiones et responsiones* – mit Ausnahme von O. Wermelinger, der dem Thema einen (unpublizierten) Vortrag auf dem IAMS-Kolloquium in London 1992 gewidmet hat – bislang noch nicht explizit hervorgehoben. Zu beachten ist jedoch die antike Qualifizierung des *Contra Faustum* (und nicht des Faustustextes, wie einschränkend hinzuzufügen ist) als „*quaestiones diuersae*" bei Possidius, *ind.* [IV] 27 (Wilmart 1931: 167).

[27] Damit soll natürlich nicht behauptet werden, daß die Betitelung eines Werkes mit *Capitula* oder Κεφάλαια an sich schon eine manichäische Besonderheit wäre. So kann etwa Augustinus in *gest. Pel.* 55 (Urba/Zycha 1902: 108,20) den nur durch wenige Fragmente bekannten *Liber eclogarum* des Pelagius als „*liber capitularum*" bezeichnen, und für den griechischen Bereich sei nur auf die *Kephalaia gnostica* des Evagrius Ponticus verwiesen. Solche *Centurien*-Literatur aber wie die Schrift des Evagrius (vgl. dazu und zur Gattung allgemein Hausherr 1938; von Ivánka 1954; Guillaumont 1962: 17 f; Guillaumont/Guillaumont 1971: 113-118; dies. 1989: 35-37; Petitmengin 1997) gehört, und dies sollte man nicht übersehen, keineswegs zur Gattung der *Quaestiones et responsiones* bzw. *Erotapokriseis*, und entsprechend gehen Dörrie/Dörries 1966 auch nicht weiter darauf ein.

Neuordnung vorzunehmen, wie Monceaux (1933) und auch Cantaloup (1955) dies getan haben? Oder, wenn man sich aufgrund des
hypothetischen Charakters jeglicher Rekonstruktion eines weiteren
Versuchs enthält,[28] gibt es hinreichende Indizien allein nur für die
Annahme, daß Augustinus oder sonst wer eine ursprüngliche Anordnung abgeändert hätten?

Es wurde von jeher festgestellt, daß die von Augustinus gebotene
Reihenfolge der *capitula* keiner thematischen Struktur folgt.[29] Er
gruppiert nicht jene *capitula*, in denen Faustus sich mit den mehr oder
weniger selben oder ähnlichen katholischen Einwänden dem Manichäismus gegenüber befaßt, um die verschiedenen Argumente *en bloc*
zu widerlegen. Er hätte durchaus so verfahren können, tut es jedoch
zweifelsohne nicht. Diese vermeintliche Unordnung ließ Monceaux
zunächst die Vermutung äußern, daß auf einer frühen Stufe der
Textüberlieferung des *Contra Faustum* die Reihenfolge der einzelnen
libri des augustinischen Werkes durcheinander gebracht worden sein
könnte, so daß sie also wieder in ihre ursprüngliche Ordnung zu
bringen seien. Durch eine recht genaue Untersuchung der Querver-
weise innerhalb der augustinischen Widerlegungen konnte Monceaux
selbst jedoch eindeutig zeigen, daß die 33 Bücher sicher in ihrer
originalen Abfolge überliefert sind, so wie Augustinus sie geschrieben
und publiziert hat.[30] Die vorausgesetzte Unordnung des Faustustextes[31] müsse somit schon in der Vorlage Augustins geherrscht haben,
so Monceaux weiter, der zur Erklärung folgende Theorie entwickelte:
Aufgrund der Tatsache, daß es sich bei den einzelnen *capitula* um
jeweils abgeschlossene Texte handelt, die auch einzeln für sich überliefert werden könnten – wofür er sich unter anderem auf deren
Qualifizierung als „*disputationes*" in *retr.* 2,33,1 sowie „*opuscula*" im

---

[28] So Decret 1970: 66f.
[29] Vgl. zB. Monceaux 1933: 37.
[30] Vgl. ebd. 34–37.
[31] Daß eine solche vorauszusetzen sei, wird dabei nicht nur mit der Existenz
des 'Querverweises' in *c. Faust.* 32,6 begründet (vgl. jedoch o. Anm. 3), sondern
vor allem auch durch die Feststellung, daß es eigentlich nicht möglich sei, daß Faustus einen solch wirren Text habe schreiben können: vgl. Monceaux 1933: 29 f
„Si l'on met bout à bout dans le même ordre les trente-trois fragments, cette
juxtaposition donne un ouvrage incohérent, qui assurément n'a pu sortir tel des
mains d'un logicien comme Faustus" sowie ebd. 33 „On ne saurait rien imaginer
de plus incohérent". Daß es sich bei letzteren 'Argumenten' nicht wirklich um solche
handelt, sondern um persönliche Werturteile, die von der Vorstellungskraft des
jeweiligen Interpreten abhängen, ist evident.

Decretum Gelasianum beruft,[32] – meinte er, daß „des catholiques de la région s'étaient procuré pièce à pièce les trent-deux *capitula* ... Sans chercher à les mettre en ordre, presque au hasard, ils les avaient naïvement transcrits sur un rouleau (*uolumen*), qu'ils ont remis à leur évêque ...".[33] Ähnlich will auch Tardieu den Befund erklären, der annimmt, daß der Faustustext Augustinus in Form einzelner „feuillets" sukzessive in die Hände gespielt worden sei und er ihn Stück für Stück in genau der Reihenfolge widerlegt hätte, wie er diese „feuillets" erhalten habe.[34]

Desweiteren könne es dabei keinem Zweifel unterliegen, so fährt Monceaux fort, daß Augustinus sich dieser Unordnung auch bewußt geworden sei, „autrement il n'aurait pu distinguer nettement, comme il l'a fait, les quatre parties dont se composait réellement l'ouvrage".[35] Damit bezieht er sich auf die Notiz in *retr.* 2,33,1, wo es heißt, daß Faustus in seinem Werk „Gesetz, Propheten und deren Gott (wörtlich: Herrn) lästere sowie die Inkarnation Christi, jedoch die Schriften des Neuen Testaments, durch die er überführt werde, für gefälscht erkläre".[36] Entsprechend hätten die vier Teile des Werkes folgende Themen behandelt: „critique de l'Ancien Testament, interpolations dans le Nouveau Testament, conception de Dieu, controverse sur l'Incarnation".[37] So ist es denn schließlich Augustinus selbst, „qui nous met sur la voie de la restitution par ses observations très suggestives".[38]

Monceauxs Theorie besticht auf den ersten Blick durch eine erstaunliche Geschlossenheit. Träfe dies so zu, wie er es beschrieben hat, so wäre es in der Tat wenig sinnvoll, den Faustustext in der Form verstehen und würdigen zu wollen, wie er von Augustinus überliefert ist. Dies aber ist keineswegs der Fall, sondern bei näherem Hinsehen

---

[32] Vgl. Aug. *retr.* 2,33,1 (Knöll 1902: 139,3f) „*triginta et tres disputationes sunt, quos etiam libros cur non dixerim?*"; *Decretum Gelasianum* 5,7,7: „*opuscula Fausti manichaei apocrypha*" (Mirbt/Aland 1967: 227).

[33] Monceaux 1933: 37f; Cantaloup 1955: 200 ff setzt diese Theorie Monceaux offensichtlich voraus, jedenfalls geht er nicht näher darauf ein.

[34] Vgl. Tardieu 1988b: 56.

[35] Monceaux 1933: 38.

[36] Aug. *retr.* 2,33,1 (Knöll 1902: 138,19-139,2) „... *Faustum Manichaeum, blasphemantem legem et prophetas et eorum dominum et incarnationem Christi, scripturas autem noui testamenti, quibus conuincitur, falsatas esse dicentem* ...".

[37] Monceaux 1933: 38.

[38] Ebd.

weist diese Argumentation in allen wesentlichen Punkten erhebliche Inkonsistenzen auf.

Beginnen wir mit dem zuletzt genannten Punkt, daß die Rekonstruktion von der zitierten Bemerkung in den *Retractationes* auszugehen habe, da Augustinus hier offensichtlich die ursprüngliche Anlage des Faustustextes wiedergebe – und womit Monceaux einem geradezu klassischen Zirkelschluß zum Opfer gefallen ist. Denn hätte Augustinus die *Capitula* wirklich auf die oben referierte Weise erhalten, im Zustand heilloser Unordnung, *so hätte er den vermeintlich originalen Aufbau derselben eben auch definitiv nicht gekannt.* Mit anderen Worten, Monceaux rekonstruiert eigentlich gar nicht das Original des Faustus, sondern nur das, was Augustinus eventuell dafür gehalten haben könnte, und dies ist ja nun etwas *wesentlich* anderes.

Darüber hinaus läßt sich jene Notiz aus den *Retractationes* schwerlich anders als im Sinne einer bloßen Inhaltsangabe der Vorlage verstehen. Augustinus unterscheidet hier nicht vier klar abgrenzbare Teile, aus denen das Werk ursprünglich bestanden hätte, sondern er spricht einfach nur einige Themen an, zu denen Faustus sich äußere. Dies geht schon daraus hervor, daß sich die vermeintlichen vier Teile nur gewaltsam in diese Bemerkung Augustins hineinlesen lassen. Denn inwiefern mit der Wendung „*blasphemantem legem et prophetas et eorum dominum*" mehr als die Verwerfung des AT und die Ablehnung des darin enthaltenen Gottesbildes angesprochen sein soll, im Sinne positiver Darlegungen über die manichäische „conception de Dieu", ist nicht recht nachzuvollziehen.[39]

Schließlich steht Monceaux' Erklärung der Art und Weise, wie die *Capitula* dem Augustinus bekannt geworden seien, in nicht auflösbarer Spannung zu seiner, wie eingangs festgestellt, durchaus zutreffenden Betonung ihrer vollständigen Überlieferung, worauf P. de Luis hingewiesen hat. Denn hätten die *fratres* wirklich die einzelnen *capitula* sukzessive in ein *uolumen* kopiert, so wie sie ihrer gerade habhaft geworden wären, dann wäre es schon ein sehr großer Zu-

---

[39] An welchem Ausdruck sonst wenn nicht an diesem „… *et eorum dominum*" Monceaux den „Gottesbegriff" festmachen will, sehe ich jedenfalls nicht. — Interessant ist folgender *lapsus*, der ihm unterlaufen ist: „A la critique de l'Ancien Testament et de 'son Seigneur', comme dit Augustin, se rattachait la quatrième et dernière controverse, sur la conception de Dieu" (ders. 1933: 40) – mit anderen Worten, auch das „… *et eorum dominum*" gehört also zur „critique de l'Ancien Testament"! Damit aber ist die Einteilung in „quatre parties, dont se composait réellement l'ouvrage", hinfällig.

fall, daß auf diese Weise der gesamte Faustustext wieder zu-
sammengekommen wäre. „Es difícil que ese modo de proceder al-
cance a recoger todas las piezas dispersas",[40] ein Einwand, dem man
seine Berechtigung kaum wird absprechen können. Letztlich relati-
viert also Monceaux selbst auf diese Weise seine These von der
Vollständigkeit des Faustustextes.

Somit dürfte hinreichend klar geworden sein, daß Monceauxs
Rekonstruktion von vornherein auf sehr schwachen Fundamenten
ruht. Doch das eigentliche Problem solcher Erklärungen für die vermeintliche Unordnung des Faustustextes ist es, daß sie – unabhängig von den genannten Einwänden – einer wirklichen, nachprüfba-
ren Grundlage in den Quellen entbehren. Denn weder im *Contra
Faustum* noch im Faustustext selbst findet sich ein Indiz, und sei es
nur zwischen den Zeilen, das auch nur vage in diese Richtung weisen
könnte. Es scheint wohl eher unsere moderne Unzufriedenheit mit
einem Text zu sein, der offenbar keine logische Struktur aufweist,
die zur Formulierung dieser Theorien führt. Nehmen wir aber an,
daß Faustus darin vielleicht gar kein Problem gesehen, daß er also
diese Unordnung in Kauf genommen hätte, so bedarf es auch keiner Theorie mehr, sie zu erklären.

Versucht man, unter dieser Prämisse jenen Satz im Vorwort des
Augustinus zu analysieren, mit dem er die Umstände schildert, unter
denen der Faustustext ihm zur Kenntnis gelangt sei, so führt dies
zu folgendem Ergebnis. Dort nämlich heißt es:

> Hic quoddam uolumen edidit aduersus rectam christianam fidem et
> catholicam ueritatem. quod cum uenisset in manus nostras lectum-
> que esset a fratribus, desiderauerunt et iure caritatis, per quam eis
> seruimus, flagitauerunt, ut ei responderemus.[41]

Faustus also habe ein „*uolumen*" geschrieben und publiziert, nicht etwa
nur einzelne *disputationes*, sondern eben ein „Buch".[42] Und dieses
Buch sei Augustinus in die Hände gefallen – nicht einzelne „feuillets", sondern offenbar das ganze Buch – und (danach) von „Brü-
dern" gelesen worden. Klarer kann man es mE. nicht ausdrücken,

---

[40] de Luis 1993: 7 Anm. 11.

[41] Aug. *c. Faust.* 1,1 (Zycha 1891: 251,8-12).

[42] Ob mit „*uolumen*" hier eindeutig eine Buchrolle gemeint ist, wie Monceaux
1933: 38 übersetzte, sei dahingestellt; zur Problematik vgl. Petitmengin 1994 (besonders 1024-1027).

als Augustinus es hier tut: Er hat einen vollständigen Text des Faustus, ein (ganzes) *uolumen* auf nicht näher bezeichnetem Wege erhalten.[43] Und dies wurde ihm nicht etwa von den *fratres* übergeben, die es zuvor schon kannten, sondern die Reihenfolge, daß zunächst das „*uenire in manus nostras*" und als zweites Glied das „*lectum esse a fratribus*" erwähnt wird, impliziert auch klar eine zeitliche Abfolge.

Augustinus hat den Faustustext also zuerst erhalten, und erst danach haben Brüder ihn gelesen und ihn aufgrund ihrer Lektüre zur Widerlegung veranlaßt.[44] Vor diesem Hintergrund und da, wie gesagt, die Reihenfolge, in der Augustinus die *Capitula* widerlegt, nicht polemisch motiviert ist, ist die Annahme, daß er seine Vorlage in einer anderen als der originalen, von ihm in dem *uolumen* vorgefundenen Abfolge wiedergebe, von vornherein mehr als unwahrscheinlich.

3. *Die überlieferte Reihenfolge der* Capitula

Ob man sich nun der Argumentation des vorangehenden Paragraphen anschließt oder nicht, völlig unabhängig davon läßt sich zumindest ein stichhaltiges Argument anführen, das für die überlieferte Reihenfolge der *Capitula* spricht. Dabei handelt es sich um die Art und Weise, wie die Frage formuliert ist, mit der sich der katholische Diskussionspartner an Faustus wendet. Folgende Zusammenstellung mag dies verdeutlichen:

> 2,1 *Accipis* euangelium? ... proinde ergo et natum *accipis* Christum?
> 3,1   *Accipis* ergo generationem?

---

[43] Vgl. Decret 1970: 62 mit Anm. 2, wo nachgewiesen wird, daß es sich bei dem Ausdruck „*uenire in manus nostras*" um eine der Standardformulierungen Augustins handelt, mittels derer er die Umstände schildert, wie er in den Besitz heterodoxer Literatur gekommen sei.

[44] Aus diesem Grund ist auch die Parallele, die Tardieu 1988a: 52 Anm. 1 zu *Contra aduersarium legis et prophetarum* ziehen will, das dem Augustinus auf vermeintlich gleiche Weise zur Kenntnis gebracht worden sei, wenig aussagekräftig. Dort drückt er sich eindeutig in dem Sinne aus, daß er von der Existenz dieser kontroverstheologischen Schrift des unbekannten, nicht manichäischen *aduersarius* überhaupt erst erfahren habe, nachdem seine Glaubensgenossen sie gelesen hätten: „*libro, quem misistis, fratres dilectissimi, ... ut quanto possem compendio responderem ...*" (Aug. *c. adu. leg.* 1,1 [Daur 1985: 35,1-5]; vgl. allgemein zu dieser Schrift Raveaux 1986). Die Differenz in der Formulierung ist mE. offenkundig.

4,1 *Accipis* testamentum uetus?

5,1 *Accipis* euangelium?

6,1 *Accipis* uetus testamentum?

7,1 Quare non *credis* in genealogiam Iesu?

8,1 Quare non *accipis* testamentum uetus?

9,1 Quare non *accipis* uetus testamentum?

10,1 Cur non *accipis* testamentum uetus?

11,1 Apostolum *accipis*? ... cur ergo non *credis* filium dei ex semine Dauid natum secundum carnem?

12,1 Cur non *accipitis* prophetas?

13,1 Quomodo Christum *colitis* prophetas repudiantes, quorum ex praesagiis accipitur fuisse uenturus?

14,1 Quare Moysen non *accipitis*?

5,1 Quare non *accipitis* testamentum uetus?

16,1 Quare Moysen non *accipitis*, cum Christus dicat ... ?

17,1 Cur legem non *accipitis* et prophetas, cum Christus eos non se venisse soluere dixerit sed adinplere ?

18,1 Non ueni legem soluere sed adinplere.

19,1 Non ueni soluere legem et prophetas, sed adinplere.

20,1 Cur solem colitis, nisi quia estis pagani et gentium schisma, non secta?

21,1 Unus deus est an duo? ... quomodo ergo uos duos adsertis?

22,1 Cur legem blasphematis et prophetas?

23,1 Disputanti mihi aliquando quidam ex numerosa plebe respondens ait: accipis Iesum de Maria natum? ...

24,1 Quid ita hominem negatis fieri a Deo?

25,1 Deus finem habet aut infinitus est?

26,1 Iesus si natus non est quomodo mortuus est?

27,1 Si natus non est Iesus, nec passus est; si autem passus est, ergo et natus est.

28,1 Sed non poterat mori, nisi natus esset.

29,1 Ergo magia erat quod uisus ac passus est, si natus non est?

30,1 De uobis iam dudum Paulus scripsit, quia discedent quidam a fide intendentes spiritibus seductoriis, doctrinis daemoniorum, in hypocrisi loquentes mendacium, cauteriatam habentes conscientiam suam, prohibentes nubere, abstinentes a cibis, quos deus creauit ad percipiendum cum gratiarum actione fidelibus.

31,1 Omnia munda mundis, inmundis autem et coinquinatis nihil mundum; sed inquinata sunt eorum et mens et conscientia.

32,1 Si accipis euangelium, credere omnia debes, quae in eodem scripta sunt.

33,1 Scriptum est in euangelio, quia multi uenient ab oriente et

occidente et recumbent cum Abraham et Isaac et Iacob in regno
caelorum.

Auffällig an dieser Liste der *quaestiones* des Katholiken ist, daß in *c.
Faust.* 2,1-11,1 die Frage immer in der zweiten Pers. sg. formuliert
ist, in 12,1-17,1 hingegen generell in der zweiten Pers. pl. Außerdem ist es fast durchgängig das Verbum *accipere*, das Faustus hier
verwendet. Die einzigen Ausnahmen bilden 7,1 (vgl. 11,1), wo das
Verbum *credere* lautet, und 13,1, wo *colere* anstelle von *accipere* verwendet wird. Mit anderen Worten, der überlieferte Text besteht
zunächst aus einer Gruppe von – wenn man 2,1 und 3,1 zusammen-
nimmt – neun *capitula*, die direkt auf das in *c. Faust.* 1,2 überlieferte
Vorwort des Faustus folgt und in der die Frage an Faustus in der
Form „*accipis*" formuliert ist, mit der einen Ausnahme „*credis*" in 7,1
(vgl. 11,1). Und an diese „*accipis*"-Gruppe schließt mit *c. Faust.* 12-
17 eine zweite Gruppe von sechs *capitula* an, in denen die Frage
immer mit „*accipitis*" formuliert ist, wiederum mit der einen Ausnahme in 13,1, wo es statt dessen „*colitis*" heißt.

Dieses formale Ordnungskriterium ist zu evident, als daß es sich
um einen bloßen Zufall handeln könnte, insbesondere vor dem
Hintergrund der restlichen *capitula* in *c. Faust.* 20-33, wo die Anfragen
des Katholiken sehr unterschiedlich formuliert sind. Die Existenz
dieser beiden Gruppen in *c. Faust.* 2-11 und 12-17 widerlegt auch
jede Theorie, die die thematische Unordnung des Faustustextes aus
seiner Überlieferungsgeschichte erklären will: Es ist deutlich, daß eine
solche Gruppierung nicht dadurch zustandegekommen sein kann, daß
entweder den *fratres* (so Monceaux) oder dem Augustinus selbst (so
Tardieu) die einzelnen *capitula* oder „feuillets" sukzessive zur Kenntnis
gelangt seien. Und will man nicht Augustinus für diese Anordnung
verantwortlich machen, was anzunehmen mE. nicht plausibel be-
gründbar wäre, wird man zu konstatieren haben, daß die überlieferte Abfolge der *capitula* zumindest in *c. Faust.* 2-11 und 12-17 von
ihrem Autor offensichtlich intendiert ist.

Die Analyse kann nun desweiteren zeigen, daß diese beiden Gruppen sich auch inhaltlich keineswegs so disparat darstellen, wie es auf
den ersten Blick erscheinen mag. Denn in der ersten, der „*accipis*"-
Gruppe, werden im Prinzip nur zwei Problemkreise behandelt, u.
zw. die Frage nach der Anerkennung des AT seitens der Manichäer[45]

---

[45] Aug. *c. Faust.* 4,1 (Zycha 1891: 268,9); ebd. 6,1 (284,11); ebd. 8,1 (305,14);
ebd. 9,1 (307,19) ebd. 10,1 (310,7).

sowie das Problem der menschlichen Geburt Christi, das von verschiedenen Seiten her angegangen wird: Entweder direkt mit der
Frage nach der Akzeptanz der Perikopen über die Abstammung,[46]
oder indirekt, indem zunächst die generelle Frage nach der Geltung
des Evangeliums[47] oder des Apostels[48] gestellt wird, was Faustus
jeweils bejaht, woran sich jedoch sogleich der Nachsatz des Katholiken anschließt, also müsse man selbstverständlich auch an Geburt
bzw. Davidsohnschaft Christi glauben.[49] In der „*accipitis*"-Gruppe
geht es hingegen fast ausschließlich um die Geltung der Christus
betreffenden alttestamentlichen Prophetien. Nur *c. Faust.* 15,1, wo
wiederum das Problem des AT insgesamt diskutiert wird, bildet dabei
eine Ausnahme, doch kann seine Position in dieser Gruppe zwang-
los durch das Prinzip der Stichwortassoziation (Gegensatz zwischen
Moses und Christus[50]) erklärt werden.

Vergleichbare inhaltliche, teils nur durch Stichwortassoziation
zusammengestellte Gruppen lassen sich auch innerhalb der ver-
bleibenden *capitula* in *c. Faust.* 20-33 nachweisen, worauf im Rahmen dieses Beitrages jedoch nur hingewiesen sei. Denn was hier
gezeigt werden soll, dürfte hinreichend deutlich geworden sein, daß
nämlich Faustus die einzelnen *capitula*, bei denen es sich wie bei den
koptisch überlieferten *Kephalaia* weitgehend um in sich abgeschlossene Texteinheiten handelt, offenbar nicht nach einem durchge-
henden inhaltlichen Prinzip gegliedert hat. Er wollte seinem Werk
wohl keine logische Struktur geben, so daß die Argumentation des
einen *capitulums* auf dem jeweils vorangehenden aufbauen würde,
wozu ihn das gewählte *genus litterarium* der *Erotapokriseis* auch
keineswegs verpflichtete.[51] Vielmehr hat Faustus die einzelnen *quaes-*

---

[46] Ebd. 7,1 (302,24).

[47] Ebd. 2,1 (253,18); 5,1 (271,8).

[48] Ebd. 11,1 (313,4).

[49] Vgl. ebd. 2,1 (253,18f) „*proinde ergo et natum accipis Christum?*" sowie 3,1 (261,20)
„*accipis ergo generationem?*"; ebd. 5,2 (272,8-11) „*sed non, inquit, accipere euangelium hoc
solum est, si quod praecepit, facias, sed ut etiam credas omnibus, quae in eodem scripta sunt,
quorum primum est illud, quia sit natus Iesus*"; ebd. 11,1 (313,4-6) „*cur ergo non credis
filium dei ex semine Dauid natum secundum carnem?*".

[50] Ebd. 14,1 (401,12f: "*quare Moysen non accipitis? amoris pietatisque causa, qua colimus
Christum*"; ebd. 15,1 (415,23-26): „*proinde et Iudaei ex praeoccupatione Moyseos testamento
uetere satiati respuerunt nouum, et nos ex Christi praeuentione nouo referti respuimus uetus*".

[51] Vgl. Dörrie/Dörries 1966: 348, die *Erotapokriseis* als ein „nicht zu systema-
tischer Abhandlung verpflichtende[s]" *genus* beschreiben. Daneben gab es natürlich auch systematische Sammlungen. Ähnlich charakterisiert Mutzenbecher 1975:
xxxvi, im Rahmen ihrer Diskussion der formalen Probleme von Augustins *diu.*

tiones in *c. Faust.* 2-11 und 12-17 nach einem oberflächlichen formalen Kriterium zu lockeren, thematischen Gruppen zusammengestellt, indem er zunächst eine die Frage nach der Akzeptanz des AT und der leiblichen Geburt Christi behandelnde *accipis*-Gruppe bietet, sodann eine weitgehend dem Problem der alttestamentlichen Prophetien gewidmete *accipitis*-Gruppe, worauf mit *c. Faust.* 20 ff weitere, sehr unterschiedlich formulierte Fragen folgen. Dies ist, wie gesagt, ein nur sehr oberflächliches Ordnungskriterium, aber es ist immerhin ein solches, und es handelt sich dabei auch um das einzige, das sich aus dem Faustustext, so weit ich sehe, eruieren läßt. So zeigen die *Capitula* in ihrer überlieferten Form durchaus Ansätze zu einer gewissen Strukturierung. Und von daher ist die weit verbreitete Ansicht, ihre vermeintliche Unordnung sei ein sozusagen selbstevidentes Faktum, von dem jede Interpretation von vornherein auszugehen hätte, in einem wesentlichen Punkt mehr als fraglich geworden.

VERZEICHNIS DER ZITIERTEN LITERATUR

ALFARIC Prosper, 1918, L'évolution intellectuelle de Saint Augustin. I. Du manichéisme au néoplatonisme, Paris.
——— 1918/19, Les écritures manichéennes, 2 Bde., Paris.
ALTHEIM Franz, 1968, „Die vier Weltreiche in den manichäischen Kephalaia", in: Nagel 1968: 115-119.
BAUMSTARK Anton, 1938, „Ein 'Evangelium'-Zitat der manichäischen Kephalaia", in: Oriens Christianus, 35, 169-191.
BEESON Charles H., 1906, Hegemonius. Acta Archelai, (Die griechischen christlichen Schriftsteller der ersten drei Jahrhunderte), Leipzig.
BERGER Klaus, 1984, „Hellenistische Gattungen im Neuen Testament", in: Wolfgang HAASE; Hildegard TEMPORINI (Hrsg.), Aufstieg und Niedergang der römischen Welt. II. Prinzipat, 25,2, Berlin, 1031-1432. 1831-1885 (Register).
BÖHLIG Alexander, 1966, Kephalaia. Zweite Hälfte. Lieferung 11-12, (Manichäische Handschriften der Staatlichen Museen Berlin, 1), Stuttgart.
——— 1968, Mysterion und Wahrheit, (Arbeiten zur Geschichte des späteren Judentums und des Urchristentums, 6), Leiden.
——— 1989, „Neue Initiativen zur Erschließung der koptisch-manichäischen Bibliothek von Medinet Madi", in: Zeitschrift für die neutestamentliche Wissenschaft und die Kunde der älteren Kirche, 80, 240-262.
——— 1992, „Zur Faksimileausgabe der Dubliner Manichaica", in: WIESSNER/KLIMKEIT 1992: 63-75.

---

quaest., die Gattung *quaestiones et responsiones* als „durch ungeformte Vielfalt gekennzeichnete[s] literarische[s] Genus". Die *Capitula* des Faustus werden dabei leider nicht zum Vergleich herangezogen.

CANTALOUP Paul, 1955, L'harmonie des deux testaments dans le Contra Faustum Manichaeum de saint Augustin, (Diss. theol., Inst. cath. Toulouse, maschinenschriftl.), Toulouse.

DAUR Klaus-Detlef, 1985, Sancti Aurelii Augustini Contra aduersarium legis et prophetarum. Commonitorium Orosii et sancti Aurelii Augustini Contra priscillianistas et origenistas, (Sancti Aurelii Augustini opera, 15,3), (Corpus christianorum. Series latina, 49), Turnhout.

DE LUIS Pio, 1993, Obras completas de San Agustín. XXXI. Escritos antimaniqueos (2.°). Contra Fausto, (Biblioteca de Autores cristianos, 529), Madrid.

DECRET François, 1970, Aspects du manichéisme dans l'Afrique romaine. Les controverses de Fortunatus, Faustus et Felix avec saint Augustin, Paris.

——— 1986, Art. „Adimantum Manichei discipulum (Contra -)", in: Augustinus-Lexikon, 1, 90-94.

DÖRRIE Heinrich A.; Dörries Hermann, 1966, Art. „Erotapokriseis", in: Reallexikon für Antike und Christentum, 6, 342-370.

FUNK Wolf-Peter, 1990, „Zur Faksimileausgabe der koptischen Manichaica in der Chester-Beatty-Sammlung. I", in: Orientalia, 59, 524-540.

——— 1999, Kephalaia. Zweite Hälfte. Lieferung 13-14, (Manichäische Handschriften der Staatlichen Museen Berlin, 1), Stuttgart.

GIVERSEN Søren, 1986, The Manichaean Coptic Papyri in the Chester Beatty Library I. Kephalaia. Facsimile Edition, (Cahiers d'Orientalisme, 14), Genève.

GUILLAUMONT Antoine, 1962, Les 'Kephalaia gnostica' d'Evagre le Pontique et l'histoire de l'origénisme chez les Grecs et chez les Syriens, (Patristica Sorbonensia, 5), Paris.

——— ; GUILLAUMONT Claire, 1971, Evagre le Pontique. Traité pratique ou le moine. I, (Sources chrétiennes, 170), Paris.

——— ; —, 1989, Evagre le Pontique. Le Gnostique ou à celui qui est devenu digne de la science, (Sources chrétiennes, 356), Paris.

HAUSHERR Irénée, 1938, Art. „Centuries", in: Dictionnaire de spiritualité, 2, 416-418.

KNÖLL Pius, 1902, Sancti Aureli Augustini Retractationum libri duo, (Sancti Aureli Augustini opera, 1,2), (Corpus scriptorum ecclesiasticorum Latinorum, 36), Wien.

MIRBT Carl, ALAND Kurt, 1967, Quellen zur Geschichte des Papsttums und des römischen Katholizismus, 6., völlig neu bearb. Aufl., Tübingen.

MONCEAUX Paul, 1933, „Le manichéen Faustus de Milève. Restitution de ses *capitula*", in: Mémoires de l'Académie des inscriptions et belles lettres, Paris, 43, 1-111.

MUTZENBECHER Almut, 1975, Sancti Aurelii Augustini De diuersis quaestionibus octoginta tribus. De octo Dulcitii quaestionibus (Corpus christianorum. Series latina, 44 A), Turnhout.

NAGEL Peter (Hrsg.), 1968, Probleme der koptischen Literatur, (Wissenschaftliche Beiträge der Martin Luther-Universität Halle Wittenberg, 1968,1. Byzantinistische Beiträge [Reihe K] 2), Halle/Saale.

——— 1975, „Der Parakletenspruch des Mani (Keph. 14,7-11) und die altsyrische Evangelienübersetzung", in: Festschrift zum 150-jährigen Bestehen des Berliner Ägyptologischen Museums, (Mitteilungen aus der Ägyptischen Sammlung, 8), Berlin, 303-313.

PETITMENGIN Pierre, 1994, Art. „Codex", in: Augustinus-Lexikon, 1, 1022-1037.

——— 1997, „*Capitula* païens et chrétiens", in: Jean-Claude FRÉDOUILLE; u.a. (Hrsg.), Titres et articulations du texte dans les œuvres antiques. Actes du colloque international de Chantilly, 13-15 décembre 1994, (Collection des études augustiniennes. Série Antiquité, 152), Paris, 491-507 (+ 2 Tafeln).

[POLOTSKY Hans Jakob; BÖHLIG Alexander], 1940, Kephalaia. Erste Hälfte. Lieferung 1-10, (Manichäische Handschriften der Staatlichen Museen Berlin, 1), Stuttgart.

RAVEAUX Thomas, 1986, Art. „Aduersarium legis et prophetarum (Contra-)", in: Augustinus-Lexikon, 1, 107-112.

RIES Julien, 1988, Les études manichéennes. Des controverses de la Réforme aux découverts de XXème siècle, (Collection Cerfaux-Lefort, 1), Louvain-la-Neuve.

RUDOLPH Kurt, 1968, „Der gnostische 'Dialog' als literarisches Genus", in: NAGEL 1968: 85-107.

SUNDERMANN Werner, 1992, „Iranische Kephalaiatexte?", in: WIEßNER/KLIMKEIT 1992: 305-318.

TARDIEU Michel, 1981, Le manichéisme, (Collection „Que sais-je?", 1940), Paris.
———— 1988a, „La foi hippocentaure", in: Patric RANSON (Hrsg.), Saint Augustin, (Collection „Les Dossiers H"), [Lausanne], 52-60.
———— 1988b, „La diffusion du bouddhisme dans l'empire Kouchan, l'Iran et la Chine, d'après un Kephalaion manichéen inedit", in: Studia iranica, 17, 153-182.

URBA Carl F.; ZYCHA Joseph, 1902, Sancti Aureli Augustini De perfectione iustitiae hominis. De gestis Pelagii. De gratia Christi et de peccato originali libri duo. De nuptiis et concupiscentia ad Valerium comitem libri duo, (Sancti Aureli Augustini opera, 8,2), (Corpus scriptorum ecclesiasticorum Latinorum, 42), Wien.

VON IVÁNKA Endre, 1954, „ΚΕΦΑΛΑΙΑ. Eine byzantinische Literaturform und ihre antiken Wurzeln", in: Byzantinische Zeitschrift, 47, 285-291.

WIEßNER Gernot; KLIMKEIT Hans-Joachim (Hrsg.), Studia Manichaica. II. Internationaler Kongreß zum Manichäismus, (Studies in Oriental Religions, 23), Wiesbaden.

WILMART André, 1931, Possidius. Librorum omnium et tractatuum vel epistolarum Sancti Augustini episcopi indiculum, in: Miscellanea Agostiniana, (Testi e Studi, 2), Rom, 161-208.

ZYCHA Joseph, 1891, Sancti Aureli Augustini De utilitate credendi. De duabus animabus. Contra Fortunatum. Contra Adimantum. Contra epistulam fundamenti. Contra Faustum, (Sancti Aureli Augustini opera, 6,1), (Corpus scriptorum ecclesiasticorum Latinorum, 25,1), Wien.

DAS MANICHÄERKAPITEL DES ŠKAND GUMĀNĪG WIZĀR IN DER DARSTELLUNG UND DEUTUNG JEAN DE MENASCES

WERNER SUNDERMANN (BERLIN)

Es ist nun schon mehr als 50 Jahre her, daß Pierre Jean de Mena-sce seine Edition des *Škand gumānīg wizār* vorlegte, eines Schlüssel-textes der nahöstlichen Religionsgeschichte. Sie ist ein Hauptwerk dieses großen Kenners orientalischer Religionen und Sprachen ge-blieben. De Menasce hat es in der Geborgenheit der Schweiz ge-schrieben, in einer Zeit, da wissenschaftliche Arbeit nur unter den schwersten Bedingungen möglich war. Dem Gelehrten, der sich seiner Berufung nicht entzog, und dem Lande, das ihm Schutz und Un-terstützung bot, sind wir dankbar für ein Werk, das nach wie vor die grundlegende Edition dieser einzigartigen Apologie des Zoroas-trismus darstellt und die wichtigste Quelle zur Wertung des Mani-chäismus aus zoroastrischer Sicht. Das ist viel. Wäre es alles, so hätte ich damit schon genug gesagt zur Würdigung eines großen Gelehrten und Menschen. Aber de Menasce hat uns sein Werk zur weiteren Arbeit in die Hände gelegt. Wer das Glück hatte, ihn zu kennen und seine selbstlose, christliche Hilfsbereitschaft zu erfahren, den kann das nicht überraschen. De Menasces eigenes Ziel war es, im Rah-men des Manichäerkapitels des *Škand gumānīg wizār* einen umfassenden Überblick über das Bild des Manichäismus in der zoroastrischen Häresiologie zu geben. So bereicherte er seine Edition des Textes durch eine nicht weniger wichtige Einleitung, eine Zusammenstel-lung und Kommentierung aller ihm bekannten und wichtig genug erscheinenden zoroastrischen Bezugnahmen auf den Manichäismus. Das Manichäerkapitel des *Škand gumānīg wizār* hingegen kommenti-erte er in der kürzest möglichen Weise. Er war dazu um so mehr berechtigt, als ein Jahrzehnt zuvor A.V. Williams Jackson das Mani-chäerkapitel des *Škand gumānīg wizār* herausgegeben und auf das ausführlichste kommentiert hatte.[1]

Wenn ich dazu im folgenden einige weiterführende Gedanken

---

[1] Jackson 1932, pp. 174-201, bes. pp. 181-201.

entwickeln möchte, so schöpfe ich aus der Quelle, die uns de Menasce erschlossen hat, und ich bin in der Lage, Ergebnisse der
Manichäismusforschung heranzuziehen, die noch nicht vorlagen, als
de Menasce sein Buch schrieb.

Mardān-farrox ī Ohrmazddādān, der Verfasser des *Škand gumānīg
wizār*, leitet sein Manichäerkapitel mit den Worten ein: „Ecrivons
encore au sujet de l'erreur de Mani, une seule chose entre mille et
dix mille, car je suis incapable de décrire tout au long la folie, le
verbiage et le sophisme de Mani et des Manichéens; cela me don-
nerait beaucoup de peine et un long labeur." Wir dürfen ihm das
glauben, denn offenbar wußte Mardān-farrox viel mehr vom Manichäismus als seine Beschreibung der Lehre Manis enthält. Er wußte
so viel, daß wir es nur bedauern können, daß seine polemische
Beschreibung sich auf die ersten 52 Paragraphen des Kapitels beschränkt und der erhaltene Rest von 59 Paragraphen ein Grunddog-
ma der Manichäer in ermüdender Ausführlichkeit „widerlegt".

Das kann an der sachkundigen Verwendung manichäischer Namen und Begriffe gezeigt werden. Den Urmenschen nennt Mardān-
farrox *Hōrməzd baɣ* „Gott Ohrmezd" mit der dem Namen nachge-
stellten Gottesepiklese, so wie die Manichäer im Mittelpersischen
'whrmyzd by, im Parthischen 'whrmyzdbg und im Soghdischen
xwrmzt̰'βɣ schrieben.[4] Dies entspricht gewiß der zoroastrischen Got-
tesbezeichnung im sasanidischen Iran,[5] es ist aber der spät- und nach-
sasanidischen Pahlaviliteratur fremd. Wenn Mardān-farrox von
seinem eignen höchsten Gott spricht, nennt er ihn *Hōrməzd xʷadāe*
„Ohrmezd den Herrn",[6] was im neupersischen Ambiente Mardān-
farroxs „Ohrmezd der Gott" bedeutete. *Ohrmezd xʷadāy* ist aber auch
sonst die übliche Bezeichnung des höchsten Gottes der zoroastrischen
Religion in der mp. Literatur. *Ohrmezd bay* finde ich nur im mp.
Ayādgār ī Zarērān,[7] dem insofern eine Sonderstellung zukommt, als
ihm parthischer Ursprung zugeschrieben worden ist.[8]

---

[2] *Škand gumānīg wizār*, Kap. XVI, §§ 1-3, ed. de Menasce, pp. 252-253.
[3] *Škand gumānīg wizār*, Kap. XVI, § 17, Menasce, pp. 252-253; ed. Jâmâsp-Âsânâ,
p. 168.
[4] Sundermann 1979, p. 101, no. 3/3.
[5] Vgl. M. Boyce, Varuna the Baga, in: Monumentum Georg Morgenstierne I,
Leiden 1981, pp. 63-65.
[6] *Škand gumānīg wizār*, Kap. I, § 1, ed. de Menasce, pp. 24-25; ed. Jâmâsp-Âsânâ,
p. 3.
[7] Nyberg 1974, p. 144.
[8] J.C. Tavadia, Die mittelpersische Sprache und Literatur der Zarathustrier,

Den obersten Gott der Manichäer nennt Mardān-farrox *Zurwān*,[9] was manichäischem Sprachgebrauch entspricht.[10] In Mardān-farroxs eigenem Lehrsystem aber spielte *Zurwān*, die höchste Wesenheit der sog. zurvanistischen Lehre in der zoroastrischen Gemeinschaft, keine Rolle.

Ein besonders eindrucksvolles Zeugnis genauer Vertrautheit mit der manichäischen Gedankenwelt ist die Nennung der *duuāzdahạ xᵛarīgạ duxtarạ i Zuruuạn* „zwölf *sonnenhafte Töchter des *Zurwān*".[11] Gemeint sind eine Gruppe weiblicher Gottheiten, die zur Dritten Berufung gehören.[12] In der Reihe „Dritter Gesandter – zwölf Jungfrauen – Säule der Herrlichkeit" nehmen sie ebenso die Mittelstellung ein wie die Jungfrau des Lichts in der Reihe „Jesus – Jungfrau des Lichts – Nous".[13] Auch in anderen Verbindungen gehören sie ebenso zum Dritten Gesandten und zur Sonne wie die Jungfrau des Lichts zu Jesus und zum Mond.[14] Daß die zwölf Jungfrauen und die Jungfrau des Lichts eine Verdoppelung derselben weiblichen Erlöserkraft darstellen, bedingt durch die Zweizahl der Lichtschiffe Sonne und Mond, hat Polotsky m.A.n. überzeugend (unter Bezugnahme auf soghd. M 583) dargelegt.[15] So könnte man es auch auf die *zwölf* Jungfrauen beziehen, wenn die Jungfrau des Lichts in der manichäischen Überlieferung als die „Seele des Vaters"[16], d.h. des

---

Leipzig 1956, p. 137; M. Boyce, Middle Persian Literature, in: Handbuch der Orientalistik, 1. Abt., 4. Bd., 2. Abschn., Lieferg. 1, Leiden, Köln 1968, p. 56.

[9] *Škand gumānīg wizār*, Kap. XVI, § 31, ed. de Menasce, pp. 254-255.

[10] Sundermann 1979, p. 101, no. 3/1.

[11] *Škand gumānīg wizār*, Kap. XVI, § 31, ed. Menasce, pp. 254-255; ed Jâmâsp-Âsânâ, p. 170. Das Wort *xᵛarīg* gab de Menasce als „glorieux" wieder, so als ob es zu *xwarr* „Glanz, Ruhm" usw. gehöre, und dies ist auch die Übersetzung älterer Editoren. Aber eine solche Adjektivableitung ist sonst nicht bekannt, man würde *xwarrox* oder *xwarrahōmand* erwarten. So erscheint mir erwägbar, *xwarīg* als Adjektivableitung von *xwar* „Sonne" zu betrachten und „sonnenhaft" zu übersetzen. Die, wie im Text ausgeführt, strikte Verbindung der zwölf Gottestöchter mit der Sonne würde eine solche Übersetzung rechtfertigen. Die Sanskritversion unterstützt diese Annahme. Sie lautet in der Übersetzung Jacksons: „They show the daughters of Time, who are the Twelve Signs of the Zodiac (*dvādaśarāśīḥ*), in the presence of the Māzandarān demons who have male forms" (Jackson 1932, p. 193). Sollte skr. *rāśi* als „one-twelfth part of the ecliptic", also der Sonnenbahn, aufzufassen sein (vgl. M. Monier-Williams, Sanskṛit-English Dictionary, Oxford 1899, p. 879a), dann käme das der vermuteten Bezeichnung „zwölf Sonnenmädchen" nahe. Sie verkörperten die 12 Abschnitte der Sonnenbahn.

[12] Vgl. dazu Stroumsa 1984, p. 155, n. 58.

[13] Polotsky 1933, p. 68, idem 1935, p. 258 = 1977, p. 124.

[14] Van Lindt 1992, pp. 171, 174-175.

[15] Vgl. Anm. 10 und Van Tongerloo 1997, p. 366.

[16] Kephalaia I, p. 84, ll. 19-20.

Gottes *Zurwān*, als die „Seele (gyʾn) des Gottes *Zurwān*"[17] und sogar
als die „geliebte Tochter des Gottes *Zurwān*"[18] verehrt wird. Dabei
muß es vorläufig offen bleiben, ob die Manichäer selbst es waren,
die auch die zwölf Jungfrauen Töchter des *Zurwān* nannten, oder ob
dies ein Schluß ihres zoroastrischen Kritikers ist. Daß im *Škand gumānīg
wizār* die zwölf Jungfrauen Töchter *Zurwāns* genannt werden, dürfte
jedenfalls auf Vertrautheit mit der manichäischen Überlieferung beru-
hen. Es ist eine andere Frage, warum gerade die Jungfrau(en) diese
hervorhebende Bezeichnung führten. Wenn man, wie es mir am
glaubhaftesten erscheint, die Jungfrau des Lichts für die ursprüngliche Gestalt hält, dann wird man ihre Benennung nicht von der
Annahme trennen können, daß sich in ihr eine (die himmlische?)
Sophia-Gestalt der gnostischen Überlieferung erhalten hat,[19] deren
leidenschaftliche Hinwendung zu ihrem allerzeugenden Vater ein bekanntes Motiv der valentinianischen Gnosis ist.[20] Sollte jedoch die
Vorstellung von den zwölf Jungfrauen älter sein, so könnte man daran
erinnern, daß die zwölf Jungfrauen auch als die zwölf Lichtherr-
schertümer aufgefaßt wurden,[21] die den Vater der Größe, also den
Gott *Zurwān*, in seinem ewigen Lichtreich als innerster Kranz der
Äonen umgeben. Daß sowohl das *Škand gumānīg wizār* wie der Bericht Theodor bar Kōnais *nur* die zwölf Jungfrauen und nicht auch
die *eine* Lichtjungfrau kennen, ist bemerkenswert aber schwer zu be-
urteilen.

Den manichäischen Dämon, aus dessen Körperteilen die Welt
gebildet wird, nennt Mardān-farrox *Kunī dǝβ*.[22] De Menasce hat das
wohlbegründet auf *Kundī* zurückgeführt, denn eine offenbar ver-
wandte Namensform *Kundag* findet man im *Dēnkard*.[23] Beide Wort-
bildungen sind möglich, wenn man sie auf die awestischen Dämonen-
namen *Kunda-* und *Kundī-* (masc. und fem.) zurückführt, die im *Vi-*

---

[17] M 90 /v/4a-b/, Waldschmidt – Lentz 1933, pp. 555 und 587.
[18] T II D 171 /r/29-34/, ed. Le Coq 1912, pp. 24-25, vgl. W. Bang, Manichäische Hymnen, in: Le Muséon 38, 1925, p. 25. „Daughter of the Father of Lights"
auch in den koptischen Psalmen (Allberry 1938, p. 162, l.27; p. 178, l. 5).
[19] Vgl. Polotsky 1935, p. 257 = 1977, p. 124; Van Lindt 1992, p. 174.
[20] Jonas 1991, pp. 179-196.
[21] So im Referat Theodor bar Kōnais (vgl. Scher 1960, p. 316, Übers. Böhlig
– Asmussen 1980, p. 106). Vgl. ferner Jackson 1932, pp. 194-195.
[22] *Škand gumānīg wizār*, Kap. XVI, § 13 und ff., ed. de Menasce, pp. 252-253;
Jâmâsp-Âsânâ, p. 168.
[23] *Škand gumānīg wizār*, ed. de Menasce, p. 252, n. 13 mit Hinweis auf p. 231,
A 7.

dēvdād bezeugt sind.[24] Die Existenz eines solchen Dämonennamens ist inzwischen durch das manichäisch-soghdische Parabelbuch bestätigt worden, in dem der die Gezeiten verursachende Meeresriese den Namen kwn'y, d.h. *Kunī*, trägt.[25] Das ist zwar nicht genau dasselbe wie die im *Škand gumānīg wizār* beschriebene Gestalt, doch kann *Kunī* ja auch ein für dämonische Wesen verwendbares Appellativum gewesen sein. Bereits früher wurde als zugehörig parth. "kwndg erkannt, das in einer stark buddhistisch stilisierten Erzählung Ahriman gleichgesetzt wird.[26] Aber dieses Beispiel erschwert eine iranische Etymologie, denn wenn ein echt-parthisches Wort vorliegen würde, wäre statt *Ākundag* wohl *Āgundag* zu erwarten gewesen, es sei denn, man führt das Wort auf airan. *aka-kunda-ka- „übler *Kunda*" zurück, das über *Ak-kundak* zu *Ākundag* wurde.

Die an die Sphäre gefesselten Dämonen der manichäischen Kosmologie heißen im *Škand gumānīg wizār: māzaṇdarą*.[27] Daß die Manichäer diese Dämonen in der Tat *māzendarān* nannten, wird durch den mp. Text M 2157 sichergestellt.[28]

Mardān-farrox kennt auch die manichäische Mikrokosmos – Makrokosmos-Lehre und nennt den Mikrokosmos *gēhą i kōdak*, den Makrokosmos *gēhą i guzurg*, „Kleine Welt" und „Große Welt".[29] Dies gibt gewiß auch den Sinn der manichäischen äquivalenten Termini wieder, vgl. z.B. kopt. „Kleine Welt" (*mpkouï nkosmos*) und „Große Welt" (*mpnac nkosmos*).[30] Man muß aber sagen, daß die bekannten manichäischen Bezeichnungen in iranischen Sprachen andere Wörter verwenden: mp. šhr 'y qwdk „Kleine Welt" und ns'(h) wzrg „Großer Todesleib",[31] parth. zmbwdyg qšwdg „Kleine Welt" und (ergänzt) zmbwdyg wzrg „Große Welt",[32] np. qwdgbwd „das Kleine Sein".[33]

---

[24] Chr. Bartholomae, Altiranisches Wörterbuch, Strassburg 1904, Sp. 474. So Jackson 1932, p. 214, sub 8.-4.

[25] Sundermann 1985, Text b /35/, p. 21 mit n. 30.

[26] Vgl. F.C. Andreas, W. Henning, Mitteliranische Manichaica aus Chinesisch-Turkestan, III, in: SPAW, Phil.-hist. Kl. , Berlin 1934, p. 856, mit n. 3.

[27] *Škand gumānīg wizār*, Kap. XVI, §§ 14, 28, ed. de Menasce, pp. 252-253; ed. Jâmâsp-Âsânâ, pp. 168, 170.

[28] Vgl. W. Sundermann, Mani's „Book of the Giants" and the Jewish Books of Enoch. A Case of Terminological Difference and What It Implies, in: Irano-Judaica III, ed. Sh. Shaked and A. Netzer, Jerusalem 1994, p. 42.

[29] *Škand gumānīg wizār*, Kap. XVI, § 24, Menasce pp. 252-253; Jâmâsp-Âsânâ, p. 169. In § 20 *dąm i guzurg* „Große Schöpfung".

[30] Allberry 1938, p. 160, ll. 17. 19.

[31] Sundermann 1973, pp. 129, 134.

[32] Sundermann 1992, pp. 62-63, § 8.

[33] M 106 /b/6/, unveröffentlicht.

Hier hat der Verfasser offenbar die ihm aus seiner eigenen Begriffs-
welt vertrauten Termini – *gēhąn ī kōdak* erscheint bereits in Kap. I,
§ 20 des *Škand gumānīg wizār* – verwendet.

Mardān-farrox nennt den Kampf *Ohrmezds*, des Urmenschen, mit
den verschlingenden Mächten der Finsternis den „ersten Kampf"
(*fradim ardī*), den dann folgenden Kampf des namentlich nicht genannten Lebendigen Geistes gegen die Dämonen, der zur Erschaffung der Welt führt, den „zweiten Kampf" (*dadum ardī*).[34] Im Be-
kenntnistext des soghdischen Bet- und Beichtbuches heißt der „Erste
Kampf" pyrnmcyk "x's.[35] Henning übersetzte an dieser Stelle „Ur-
kampf" und vermerkte, daß pyrnmcyk zunächst „früher, erster"
heiße.[36] Aus dem *Škand gumānīg wizār* folgt, daß diese wörtliche
Übersetzung durchaus ihren Sinn hat.

Es steht in scharfem Widerspruch zur zuverlässigen Vertrautheit
Mardān-farroxs mit der Fachsprache der Manichäer, daß seine
Darstellung des manichäischen Mythos grobe Fehler aufweist, Fehler,
die er zum Teil selbst in seiner weiteren Darstellung widerlegt. Er
verwickelt sich dann in Widersprüche, aus denen die geschulten
Diskussionspartner Augustins gewiß ihren Nutzen gezogen hätten.

Mardān-farrox sagt: „Ferner, daß die Stofflichkeit (*gōθī*) ganz und
gar die Leiblichkeit (*tani-kardī*) Ahrimans, die Leiblichkeit die Schöpfung (*dahišnī*) Ahrimans ist."[37] Tatsächlich betrachteten die Manichäer
den Makrokosmos als das Werk des Lebendigen Geistes und den
Mikrokosmos als das Gegenwerk des Dämonenpaares *Šaqlūn* und
Nebrō'ēl.[38] In den folgenden Paragraphen 10 bis 20 wird beschrieben, wie aus der Dämonin *Kunī* die Welt gebildet wurde, aus ihrer
Haut der Himmel, aus ihrem Fleisch die Erde usw. Dies entspricht
dem manichäischen Mythos[39] und setzt voraus, was im Text nicht
gesagt wird, daß es eine Gottheit, der Lebendige Geist, ist, der die
Schöpfung des Makrokosmos zustande bringt. Später dann, in den
Paragraphen 23-27 wird zutreffend die Erschaffung des Mikrokosmos als das Werk Ahrimans beschrieben, doch mit der irrigen Ein-

---

[34] *Škand gumānīg wizār*, Kap. XVI, §§ 17-18, ed. de Menasce, pp. 252-253; ed.
Jâmâsp-Âsânâ, p. 168.
[35] Henning 1937, p. 41, l. 755.
[36] Henning 1937, p. 87, sub **755**.
[37] *Škand gumānīg wizār*, Kap. XVI, §§ 8-9, ed. de Menasce, pp. 252-253; Jâmâsp-
Âsânâ, p. 168.
[38] Vgl. z.B. Puech 1949, pp. 78-81.
[39] Vgl. Puech 1949, p. 79.

beziehung auch der Tiere (§ 24), deren Existenz der manichäische Mythos auf die Aborte der weiblichen Archonten zurückführt.[40]

Es ist nur zu verständlich, daß der Polemiker sich nicht den lasziven Mythos von der Verführung der Archonten entgehen ließ. In der Version, die Theodor bar Kōnai gibt, ist es der Dritte Gesandte selbst, der sich in weiblicher und männlicher Gestalt den Dämonen zeigt, ihre Lust erregt und sie zu Pollution und Abortierung bringt.[41] Im vorliegenden Text vollbringen die zwölf Töchter *Zurwāns* dieses Werk,[42] und zwar nicht in der Frühzeit der Weltgeschichte sondern hic et nunc, wann immer es regnet, denn der Regen, so sagt unser Text, ist der Same der Archonten, der *Māzendarān*. Ist das ein simples Mißverständnis des Zoroastriers? Ein solcher Schluß wäre voreilig. Es könnte auch eine Übertragung des Motivs vom Dritten Gesandten auf andere Erlösergottheiten vorliegen.[43] Nachweislich ist das erfolgt im Falle des Lebendigen Geistes, der den Dämonen des Himmels in menschlicher Gestalt erscheint und ihnen so das für Sonne und Mond notwendige Licht entzieht.[44] Noch näher steht unserem Text aber die Version des Verführungsmythos in den *Acta Archelai*. Dort wird berichtet, daß die in der Atmosphäre wirkende Jungfrau Horaia[45] sich von den liebestollen Archonten jagen läßt. Die Archonten schwitzen, und ihr Schweiß wird zum Regen.[46] Er ist ihr Same im *Škand gumānīg wizār*, so wie in der Version mit dem Dritten Gesandten, und wie dort entstehen aus ihm die Pflanzen (§§ 35-37), was übrigens im Widerspruch steht zur Behauptung Mardānfarroxs, daß die Pflanzen die Haare des *Kunī dēβ* seien (§ 13).[47]

---

[40] Puech 1949, p. 80.

[41] Text: Theodorus Bar Konai II, ed. A. Scher, 1960, pp. 316-317; Übersetzung: Böhlig – Asmussen 1980, pp. 106-107; vgl. Puech 1949, p. 80.

[42] *Škand gumānīg wizār*, Kap. XVI, §§ 28-37, ed. de Menasce, pp. 252-255.

[43] Das hat bereits Jackson 1932, pp. 192-194, im Anschluß an F. Cumont betont.

[44] Vgl. W. Sundermann, Der Lebendige Geist als Verführer der Dämonen, in: Manichaica Selecta, Studies J. Ries, ed. A. v. Tongerloo, S. Giversen, Lovanii 1991, pp. 339-342.

[45] Dazu und zum Mythos vgl. Stroumsa 1984, pp. 157-158.

[46] Hegemonius, Acta Archelai, ed. Ch.H. Beeson, Leipzig 1906, pp. 13-14, Kap. IX: „Princeps ille magnus ... qui cum tribulatus fuerit plurimum, sicut homo sudat post laborem, ita et hic princeps sudat ex tribulatione sua, cuius sudor pluviae sunt."

[47] Mardān-farrox dürfte hier einfach die in seiner eigenen Religion gängigen Vorstellungen von den Mikrokosmos – Makrokosmos-Entsprechungen eingefügt haben, zu denen auch die Gleichsetzung der Haare des Menschen mit den Pflanzen der Erde gehört: *ud mōy čiyōn urwar* „und das Haar ist wie die Pflanze" (*Bun-*

Wenn man bedenkt, wie sehr das manichäische Pantheon in seinen
iranischen Namen zoroastrisiert worden ist, dann ist es schon bemerkenswert, wie wenige dieser Namen in der Darstellung Mardān-
farroxs genannt werden, nicht *Mihr* und nicht *Narisah*, nicht *Wah-
man* und nicht *Frawahr*, nicht *Srōš* und nicht *Gēhmurd* erscheinen dort.
Dem Verfasser des *Škand gumānīg wizār* kam es eben nicht darauf an,
die Gemeinsamkeiten des Manichäismus mit seiner eigenen Religion
herauszustellen oder auch nur den Manichäismus als eine zoroastrische Häresie zu brandmarken, so wie christliche Polemiker im
Manichäismus eine christliche Häresie sahen.[48] In diesem Sinne stellt
er mit Recht als einen wesentlichen Unterschied zwischen der manichäischen und der zoroastrischen Lehre heraus, daß die Manichäer
die leibliche Auferstehung leugnen und somit nicht anerkennen, was
die Zoroastrier den „Endleib" (*tan ī pasēn*) nennen.[49] Er hebt aber in
anderen Fällen den Unterschied des Manichäismus zum Zoroastrismus bis zur Entstellung der manichäischen Lehre hervor.

Seine eigene Religion lehrte z.B., daß Ahrimans Verstand nicht
mehr als ein „Hernach-Wissen" (*pas-dānišnīh*) sei.[50] So schrieb er dem
manichäischen Ahriman „vorausschauendes" (*pēš-vīnāihā*, d.h. *pēš-
wēnāgīhā*) Wissen zu.[51] Nichteinmal den manichäischen Dualismus,
der doch dem zoroastrischen verwandt und vielleicht durch ihn beeinflußt worden ist, läßt er gelten. Er kritisiert an ihm die manichäische Lehre von der (teilweisen) Unendlichkeit der Prinzipien.[52]

In der Beschreibung der Prinzipien der manichäischen Lehre
erscheint der Dualismus nur implicite als erste Phase der manichäi-

---

dahišn, ed. Anklesaria, pp. 244-245). Vgl. auch Anthologie de Zādspram, ed. Ph.
Gignoux et A. Tafazzoli, Paris 1993, pp. 116-117, Kap. 34, 7; The Pahlavi Rivāyat
Accompanying the Dādestān ī Dēnīg, ed. A.V. Williams, Copenhagen 1990, I, p.
74, Kap. 46, 13.

   [48] Vgl. z.B. J. Ries, Introduction aux études manichéennes (I), Louvain e.a.
1957, pp. 454 ff.: Le manichéisme considéré comme hérésie chrétienne.

   [49] *Škand gumānīg wizār*, Kap. XVI, § 50, ed. de Menasce, pp. 254-255. Vgl. dazu
W. Sundermann, The Resurrection of the Body as a Manichaean Doctrine?, in:
Bulletin of the Asia Institute NS 19, 1996, p. 190.

   [50] *Bundahišn*, ed. B.T. Anklesaria, pp. 6-7, Kap. I, 15.

   [51] *Škand gumānīg wizār*, Kap. XVI, § 23, ed. de Menasce, pp. 252-253; ed.
Jâmâsp-Âsânâ, p. 169.

   [52] *Škand gumānīg wizār*, Kap. XVI, §§ 53-111, ed. de Menasce, pp. 254-259.
Mardān-farrox folgt darin dem *Dēnkard*, das ebenso die manichäische Auffassung
von der Unbegrenztheit der Urprinzipien kritisierte. Das folgt aus dem von de Menasce unter B publizierten *Dēnkard*-Text (de Menasce 1945, pp. 233-234), wenn
man dort nicht mit Menasce *āsmān* „ciel" liest, sondern *asāmān* „unbounded" (zum
Wort vgl. MacKenzie 1971, p. 73 s.v. *sāmān*, Boyce 1977, p. 15).

schen Drei-Zeiten-Lehre, die zum eigentlichen Gegenstand der Kritik
Mardān-farroxs wird: zwei Urprinzipien, Vermischung und Trennung von Licht und Finsternis.[53] Daß dies eine manichäische Lehre
ist, wird durch das sog. chinesische Kompendium der Lehre Manis
bestätigt.[54] Das gilt auch, wenn die Darstellung des Kompendiums
nicht die einzige Ausprägung der manichäischen Drei-Zeiten-Lehre
ist und wohl nichteinmal die ursprüngliche,[55] und um so mehr, als
sie vielleicht ebenfalls in den Dokumenten des westlichen Manichäismus bezeugt ist.[56] Es ist die herrschende Auffassung, daß die hier
dargestellte manichäische Lehre zoroastrischen Ursprungs oder doch
zoroastrisch beeinflußt sei,[57] und ein Dreischritt der Auseinandersetzung zwischen den göttlichen und dämonischen Mächten wird
auch, (allerdings in recht vager Weise) für den Zoroastrismus angenommen.[58] P.O. Skjærvø hat dagegen eingewandt, daß die Lehre
von den drei Zeiten in den Pahlavi-Büchern nicht wirklich bezeugt
ist.[59] Ich bin Skjærvø darin zunächst gefolgt, dann aber doch wieder zur traditionellen Auffassung zurückgekehrt,[60] weil man jedenfalls
so viel sagen kann, daß der Zoroastrismus eine vergleichbare Drei-
gliederung der Weltzeit in dem neuntausendjährigen Kampfabkom-
men zwischen Ohrmazd und Ahriman kennt[61] und in der Pahlavi-
Literatur für die gegenwärtige Zeit der Terminus *gumēzišn* und für
die eschatologische Zeit *wizārišn* gebraucht werden können.[62] Inso-

---

[53] *Škand-gumānīg wizār* Kap. XVI, §§ 4-7, ed. de Menasce, pp. 252-253.

[54] H. Schmidt – Glintzer, Chinesische Manichaica, Wiesbaden 1987, p. 75.

[55] P. Nagel, Bemerkungen zum manichäischen Zeit- und Geschichtsverständ-
nis, in: Studia Coptica, ed. P. Nagel, Berlin 1974, pp. 204-205, vgl. auch A.
Henrichs, The Timing of Supernatural Events in the Cologne Mani Codex, in: L.
Cirillo et alii, Codex Manichaicus Coloniensis, Cosenza 1985, pp. 191-193.

[56] G. Wurst, Zur Bedeutung der „Drei-Zeiten"-Formel in den koptisch-manichäischen Texten von Medinet Madi, in: Peregrina Curiositas. Eine Reise durch
den *orbis antiquus*. Zu Ehren von Dirk Van Damme, Göttingen 1994, pp. 167-179.

[57] Vgl. Anm. 55 und auch A. Böhlig, Denkformen hellenistischer Philosophie
im Manichäismus, in: Perspektiven der Philosophie 12, 1986, pp. 16-17.

[58] H. Lommel, Die Religion Zarathustras, Tübingen 1930, pp. 144-147; M.
Boyce, A History of Zoroastrianism I, Leiden, Köln 1975, pp. 230-232.

[59] P.O. Skjærvø, Iranian Elements in Manicheism. A Comparative Contrasti-
ve Approach. Irano-Manichaica I, in: Au Carrefour de Religions. Mélanges of-
ferts à Philippe Gignoux, Bures-sur-Yvette 1995, p. 273.

[60] W. Sundermann, How Zoroastrian is Mani's Dualism?, in: Manicheismo e
Oriente Cristiano Antico, ed. L. Cirillo, A. van Tongerloo, Lovanii, Neapoli 1997,
p. 355.

[61] Vgl. z.B. J. Duchesne Guillemen, La religion de l'Iran ancien, Paris 1962,
pp. 318-320.

[62] Zu *gumēzišn* vgl. *Dēnkard*, übers. de Menasce, 1973, Kap. 49, pp. 59-60, zu

fern kann man wenigstens annehmen, daß die manichäische Lehre
von den beiden Urprinzipien, von Vermischung und Trennung aus
gedanklichen Bausteinen gebildet worden ist, die auch im Zoroas-
trismus der Pahlavi-Bücher existierten.

Allerdings ist das Verhältnis zwischen dem manichäischen Dreiphasenschema und seiner zoroastrischen Entsprechung, die vielleicht
ein Vorbild war, komplizierter, als ich es hier dargestellt habe. Das
Problem ist, daß das zoroastrisches Dreiphasenschema des neuntausendjährigen Vertrages tatsächlich viel mehr Gemeinsamkeiten
mit jenem manichäischen Schema aufweist, das P. Nagel und A.
Henrichs als das westmanichäischen bezeichnet haben. Wenn Nagel dieses Schema so charakterisiert: „Die Dimension der Zeit umfaßt
nur die Spanne des Kampfes zwischen Licht und Finsternis bis zur
Ausläuterung der letzten geretteten Lichtpartikeln, wohingegen der
Zustand des ungetrübten Lichtes vor und nach dem mythischen
Drama als außerhalb der Zeit stehend betrachtet wird,"[63] dann trifft
das nicht minder für das zoroastrische Neuntausendjahresschema zu.
Es ist im *Bundahišn* und in den *Wizīdagīhā ī Zādsparam* bezeugt, war
aber als ein Schema bereits Theopompos im 4. Jh. v.Chr. bekannt,
wie wir durch Plutarch wissen. Es beginnt in der ersten Phase mit
dem Angriff Ahrimans auf die Welt Ohrmazds, mit der Vereinbarung
der neuntausendjährigen Kampfeszeit, mit einem ersten Sieg Ohrmazds über Ahriman und mit der Erschaffung der materiellen Welt
durch Ohrmazd, der Dämonen durch Ahriman. Die zweite Phase
ist die Zeit des Einbruches der Mächte Ahrimans in die irdische Welt
und der Vermischung des Willens Ohrmazds und Ahrimans in der
irdischen Welt. Die dritte Phase ist die Zeit der Erlösung vom Erscheinen Zarathustras an bis zum Endgericht.

Bei allen Unterschieden im einzelnen, die hier unbesprochen
bleiben sollen, haben dieses zoroastrische und das westmanichäische
Schema doch Gemeinsamkeiten, die über den Rahmen der drei
Perioden hinausgehen. Erste Phase: Rettung der Welt des Lichtes
vor dem Angriff der Mächte der Finsternis. Zweite Phase: Kampf
der Mächte des Lichtes und der Finsternis *in* der irdischen Welt.
Dritte Phase: Fortschreitende Erlösung der menschlichen Wesen
durch wiederholte Verkündigung der Wahrheit.[64]

---

wizārišn vgl. The Pahlavi Rivāyat Accompanying the Dādestān ī Dēnīg, ed. A.V.
Williams, Kap. 7,1, Bd. I, pp. 46-47, Bd. II, pp. 9, 124-125.

[63] P. Nagel (cf. n. 55), p. 205.

[64] Mir scheint, daß darauf auch die Darlegungen Kurt Rudolphs hinauslau-

Von diesem Schema unterscheidet sich das sog. ostmanichäische
in der Tat. Aber gerade für dies läßte sich eine exakte zoroastrische
Parallele viel schwerer finden. Vielleicht ist sie, wie A. Böhlig meinte,
gegeben in der zurvanistischen Zeitspekulation, die aus der „Unendlichen Zeit" (*zurwān ī akanārag*) die Zeit des irdischen Kampfes als „Zeit
der langen Herrschaft" (*zurwān ī dērand xwadāy*) hervorgehen läßt, und
verheißt, daß diese nach dem Ende der Welt in die Unendliche Zeit
zurückkehren wird.[65] Da die begrenzte Zeit eine zwölftausendjährige
Weltperiode darstellt, die die neuntausend Jahre des kosmischen
Kampfes einschließt, so läuft ihr Dreischritt in der Tat auf die „ostmanichäische" Version des Dreizeitenschemas hinaus, auch wenn das
in den zoroastrischen Quellen nicht weiter erklärt wird. Es überrascht
jedenfalls nicht, daß diese manichäische Lehre Mardān-farrox nicht
grundsätzlich verwerflich erschien, sondern, daß er sie nur in Einzelheiten kritisierte. Er kritisiert die Unendlichkeit der Urprinzipien,
und er sagt, die manichäische Lehre von der eschatologischen Trennung von Licht und Finsternis sei keine echte Trennung,[66] darin wohl
auf die bekannte manichäische Lehre anspielend, daß am Ende dieser
Welt ein Teil des Lichtes in der Gewalt der Finsternis verbleibt und
mit ihr im Bōlos eingeschlossen wird.[67]

Was an der Polemik Mardān-farroxs gegen die Manichäer besonders auffällt und was de Menasces Übersetzung gut erkennen läßt,
ist die ungewöhnliche Schärfe der Wortwahl mehr als der Argumentation.[68] War der Manichäismus immer noch für die Anhänger der
Lehre Zarathustras eine lebensbedrohende Gefahr? Provozierte die
teilweise Ähnlichkeit der manichäischen und der zoroastrischen
Theodizee den Verteidiger der älteren Lehre? Eine dritte und die
mir wahrscheinlichste Antwort hat de Menasce an anderer Stelle

---

fen, die er in seinem Aufsatz „Mani und der Iran", in: Manichaica Selecta, Studies presented to Professor Julien Ries, Lovanii 1991, pp. 318-319, gegeben hat.

[65] A. Böhlig, Zur religionswissenschaftlichen Einordnung des Manichäismus,
in: Manichaean Studies, ed. P. Bryder, Lund 1988, pp. 36-37; ders., Neue Initiativen zur Erschließung der koptisch-manichäischen Bibliothek von Medinet Madi,
in: Zeitschrift für die Neutestamentliche Wissenschaft 80, 1989, p. 259. Zu den
zugunde liegenden zoroastrischen Vorstellungen vgl. besonders R.C. Zaehner, Zur-
van a Zoroastarian Dilemma, Oxford 1955, pp. 143, Text a; 280-281 und 315, §
24; 337 und 338, § 3; 389-390, § 2, wo Stellen aus dem *Bundahišn* und dem *Dēnkard*
zitiert werden.

[66] *Škand gumānīg wizār*, Kap. XVI, §§ 6-7, ed. de Menasce, pp. 252-253.

[67] Puech 1949, p. 85.

[68] Vgl. das Urteil J.C. Tavadias in: Die mittelpersische Sprache und Literatur
der Zarathustrier, Leipzig 1956, p. 96.

gegeben: „Contre le manichéisme, *zandakīh*, bête noire des théologiens musulmans, les mazdéens pouvaient se déchaîner sans faux-
semblant, trop heureux de démontrer que leur foi était bien éloignée
de ce dualisme-là, anti-nature et pourtant matérialiste dans sa figu-
ration du monde, négateur de la toute-puissance et de l'efficace
sagesse de Dieu."[69]

LITERATUR

Allberry, C.R.C., 1938: A Manichaean Psalm-Book II, Stuttgart.
Böhlig, A., – Asmussen, J., 1980: Die Gnosis III, Der Manichäismus, Zürich und
    München.
Bundahišn: Zand-Ākāsīh Iranian or Greater Bundahišn, ed. B.T. Anklesaria, Bombay
    1956.
Dēnkard: J. de Menasce, Le troisième livre du Dēnkart, traduit du pehlevi, Paris
    1973.
Henning, W., 1937: Ein manichäisches Bet- und Beichtbuch, APAW, Phil.-hist.
    Kl., Berlin.
Jackson, A.V. Williams, 1932: Researches in Manichaeism, New York.
Jâmâsp-Âsânâ: s. *Škand gumānīg wizār*.
Jonas, H., 1991: The Gnostic Religion, Boston.
Kephalaia I, [ed. H.J. Polotsky und A. Böhlig], Stuttgart 1940.
Le Coq, A. von, 1912: Türkische Manichaica aus Chotscho. I, in: APAW 1911,
    Berlin.
Lindt, P. van, 1992: The Names of Manichaean Mythological Figures, Wiesbaden.
MacKenzie, D.N., 1971: A Concise Pahlavi Dictionary, London e.a.
Menasce: s. *Dēnkard*, *Škand gumānīg wizār*.
Nyberg, H.S., 1974: A Manual of Pahlavi II, Wiesbaden.
Polotsky, H.J., und Schmidt, C., 1933: Ein Mani-Fund in Ägypten, in: SPAW, Phil.-
    hist. Kl., pp. 4-90. Teilweiser Nachdruck in: G. Widengren, Der Manichäismus,
    Darmstadt 1977, pp. 67-69.
Polotsky 1935: Manichäismus, in: Paulys Real-Encyklopädie der Classischen
    Altertumswissenschaft, Supplbd. VI, Stuttgart. Nachdruck in: G. Widengren,
    Der Manichäismus, Darmstadt 1977, pp. 101-144.
Puech, H.-Ch., 1949: Le Manichéisme. Son fondateur – sa doctrine, Paris.
Škand gumānīg wizār: P.J. de Menasce, Škand-gumānīk vičār, Fribourg en Suisse 1945.
Škand gumānīg wizār: Shikand-gûmânîk vijâr, ed. H.D.J. Jâmâsp-Âsânâ and E.W.
    West, Bombay 1887.
Stroumsa, G.A.G., 1984: Another Seed: Studies in Gnostic Mythology, Leiden.
Sundermann, W., 1973: Mittelpersische und parthische kosmogonische und
    Parabeltexte der Manichäer, Berlin.
Sundermann, W., 1979: Namen von Göttern, Dämonen und Menschen in iranischen
    Versionen des manichäischen Mythos, in: Altorientalische Forschungen 6, pp.
    95-133.

---

[69] *Dēnkard*, übers. de Menasce, 1973, p. 9.

Sundermann, W., 1985: Ein manichäisch-soghdisches Parabelbuch, Berlin.

Sundermann, W., 1992: Der Sermon vom Licht-Nous, Berlin.

Theodorus Bar Koni: Liber Scholiorum, ed. A. Scher, Louvain 1960.

Tongerloo, A. van, 1997: The Father of Greatness, in: Gnosisforschung und Religionsgeschichte. Festschrift für Kurt Rudolph zum 65. Geburtstag, Marburg, pp. 329-342.

Waldschmidt, E., – Lentz, W., 1933: Manichäische Dogmatik aus chinesischen und iranischen Texten, SPAW Berlin.

NAG HAMMADI AND MANICHAEAN STUDIES

1. SCHOLER, D.M. *Nag Hammadi bibliography, 1948-1969.* 1971.
   ISBN 90 04 02603 7
2. MÉNARD, J.-E. *L'évangile de vérité.* Traduction française, introduction et
   commentaire par J.-É. MÉNARD. 1972. ISBN 90 04 03408 0
3. KRAUSE, M. (ed.). *Essays on the Nag Hammadi texts in honour of Alexander Böhlig.*
   1972. ISBN 90 04 03535 4
4. BÖHLIG, A. & F. WISSE, (eds.). *Nag Hammadi Codices III, 2 and IV, 2. The Gospel
   of the Egyptians.* (The Holy Book of the Great Invisible Spirit). Edited with
   translation and commentary, in cooperation with P. LABIB. 1975.
   ISBN 90 04 04226 1
5. MÉNARD, J.-E. *L'Évangile selon Thomas.* Traduction française, introduction, et
   commentaire par J.-É. MÉNARD. 1975. ISBN 90 04 04210 5
6. KRAUSE, M. (ed.). *Essays on the Nag Hammadi texts in honour of Pahor Labib.* 1975.
   ISBN 90 04 04363 2
7. MÉNARD, J.-E. *Les textes de Nag Hammadi.* Colloque du centre d'Histoire des
   Religions, Strasbourg, 23-25 octobre 1974. 1975. ISBN 90 04 04359 4
8. KRAUSE, M. (ed.). *Gnosis and Gnosticism.* Papers read at the Seventh International Conference on Patristic Studies. Oxford, September 8th-13th, 1975.
   1977. ISBN 90 04 05242 9
9. SCHMIDT, C. (ed.). *Pistis Sophia.* Translation and notes by V. MACDERMOT.
   1978. ISBN 90 04 05635 1
10. FALLON, F.T. *The enthronement of Sabaoth.* Jewish elements in Gnostic creation
    myths. 1978. ISBN 90 04 05683 1
11. PARROTT, D.M. *Nag Hammadi Codices V, 2-5 and VI with Papyrus Berolinensis
    8502, 1 and 4.* 1979. ISBN 90 04 05798 6
12. KOSCHORKE, K. *Die Polemik der Gnostiker gegen das kirchliche Christentum.* Unter
    besonderer Berücksichtigung der Nag Hammadi-Traktate 'Apokalypse des
    Petrus' (NHC VII, 3) und 'Testimonium Veritatis' (NHC IX, 3). 1978.
    ISBN 90 04 05709 9
13. SCHMIDT, C. (ed.). *The Books of Jeu and the untitled text in the Bruce Codex.* Trans-
    lation and notes by V. MACDERMOT. 1978. ISBN 90 04 05754 4
14. McL. WILSON, R. (ed.). *Nag Hammadi and Gnosis.* Papers read at the First
    International Congress of Coptology (Cairo, December 1976). 1978.
    ISBN 90 04 05760 9
15. PEARSON, B.A. (ed.). *Nag Hammadi Codices IX and X.* 1981.
    ISBN 90 04 06377 3
16. BARNS, J.W.B., G.M. BROWNE, & J.C. SHELTON, (eds.). *Nag Hammadi Codices.*
    Greek and Coptic papyri from the cartonnage of the covers. 1981.
    ISBN 90 04 06277 7
17. KRAUSE, M. (ed.). *Gnosis and Gnosticism.* Papers read at the Eighth International
    Conference on Patristic Studies. Oxford, September 3rd-8th, 1979. 1981.
    ISBN 90 04 06399 4
18. HELDERMAN, J. *Die Anapausis im Evangelium Veritatis.* Eine vergleichende Unter-
    suchung des valentinianisch-gnostischen Heilsgutes der Ruhe im Evangelium
    Veritatis und in anderen Schriften der Nag-Hammadi Bibliothek. 1984.
    ISBN 90 04 07260 8

19. FRICKEL, J. *Hellenistische Erlösung in christlicher Deutung.* Die gnostische Naassenerschrift. Quellen, kritische Studien, Strukturanalyse, Schichtenscheidung, Rekonstruktion der Anthropos-Lehrschrift. 1984. ISBN 90 04 07227 6

20-21. LAYTON, B. (ed.). *Nag Hammadi Codex II, 2-7, together with XIII, 2* Brit. Lib. Or. 4926(1) and P. Oxy. 1, 654, 655.* I. Gospel according to Thomas, Gospel according to Philip, Hypostasis of the Archons, Indexes. II. On the origin of the world, Expository treatise on the Soul, Book of Thomas the Contender. 1989. 2 volumes. ISBN 90 04 09019 3

22. ATTRIDGE, H.W. (ed.). *Nag Hammadi Codex I* (The Jung Codex). I. Introductions, texts, translations, indices. 1985. ISBN 90 04 07677 8

23. ATTRIDGE, H.W. (ed.). *Nag Hammadi Codex I* (The Jung Codex). II. Notes. 1985. ISBN 90 04 07678 6

24. STROUMSA, G.A.G. *Another seed. Studies in Gnostic mythology.* 1984. ISBN 90 04 07419 8

25. SCOPELLO, M. *L'exégèse de l'âme.* Nag Hammadi Codex II, 6. Introduction, traduction et commentaire. 1985. ISBN 90 04 07469 4

26. EMMEL, S. (ed.). *Nag Hammadi Codex III, 5.* The Dialogue of the Savior. 1984. ISBN 90 04 07558 5

27. PARROTT, D.M. (ed.) *Nag Hammadi Codices III, 3-4 and V, 1 with Papyrus Berolinensis 8502,3 and Oxyrhynchus Papyrus 1081.* Eugnostos and the Sophia of Jesus Christ. 1991. ISBN 90 04 08366 9

28. HEDRICK, C.W. (ed.). *Nag Hammadi Codices XI, XII, XIII.* 1990. ISBN 90 04 07825 8

29. WILLIAMS, M.A. *The immovable race.* A gnostic designation and the theme of stability in Late Antiquity. 1985. ISBN 90 04 07597 6

30. PEARSON, B.A. (ed.). *Nag Hammadi Codex VII.* 1996. ISBN 90 04 10451 8

31. SIEBER, J.H. (ed.). *Nag Hammadi Codex VIII.* 1991. ISBN 90 04 09477 6

32. SCHOLER, D.M. *Nag Hammadi Bibliography 1970-1994.* 1997. ISBN 90 04 09473 3

33. WISSE, F. & M. WALDSTEIN, (eds.). *The Apocryphon of John.* Synopsis of Nag Hammadi Codices II,1; III,1; and IV,1 with BG 8502,2. 1995. ISBN 90 04 10395 3

34. LELYVELD, M. *Les logia de la vie dans l'Evangile selon Thomas.* A la recherche d'une tradition et d'une rédaction. 1988. ISBN 90 04 07610 7

35. WILLIAMS, F. (Tr.). *The Panarion of Epiphanius of Salamis.* Book I (Sects 1-46). 1987. Reprint 1997. ISBN 90 04 07926 2

36. WILLIAMS, F. (Tr.). *The Panarion of Epiphanius of Salamis.* Books II and III (Sects 47-80, De Fide). 1994. ISBN 90 04 09898 4

37. GARDNER, I. *The Kephalaia of the Teacher.* The Edited Coptic Manichaean Texts in Translation with Commentary. 1995. ISBN 90 04 10248 5

38. TURNER, M.L. *The Gospel according to Philip.* The Sources and Coherence of an Early Christian Collection. 1996. ISBN 90 04 10443 7

39. VAN DEN BROEK, R. *Studies in Gnosticism and Alexandrian Christianity.* 1996. ISBN 90 04 10654 5

40. MARJANEN, A. *The Woman Jesus Loved.* Mary Magdalene in the Nag Hammadi Library and Related Documents. 1996. ISBN 90 04 10658 8

41. REEVES, J.C. *Heralds of that Good Realm.* Syro-Mesopotamian Gnosis and Jewish Traditions. 1996. ISBN 90 04 10459 3

42. RUDOLPH, K. *Gnosis & spätantike Religionsgeschichte*. Gesammelte Aufsätze. 1996. ISBN 90 04 10625 1

43. MIRECKI, P. & J. BEDUHN, (eds.). *Emerging from Darkness*. Studies in the Recovery of Manichaean Sources. 1997. ISBN 90 04 10760 6

44. TURNER, J.D. & A. McGUIRE, (eds.). *The Nag Hammadi Library after Fifty Years*. Proceedings of the 1995 Society of Biblical Literature Commemoration. 1997. ISBN 90 04 10824 6

45. LIEU, S.N.C. *Manichaeism in Central Asia and China*. 1998. ISBN 90 04 10405 4

46. HEUSER, M & H.-J. KLIMKEIT. *Studies in Manichaean Literature and Art*. 1998. ISBN 90 04 10716 9

47. ZÖCKLER, T. *Jesu Lehren im Thomasevangelium*. 1999. ISBN 90 04 11445 9

48. PETERSEN, S. *"Zerstört die Werke der Weiblichkeit!"*. Maria Magdalena, Salome und andere Jüngerinnen Jesu in christlich-gnostischen Schriften. 1999. ISBN 90 04 11449 1

49. VAN OORT, J. , O. WERMELINGER & G. WURST (eds.), *Augustine and Manichaeism in the Latin West*. Proceedings of the Fribourg-Utrecht International Symposium of the IAMS. 2001. ISBN 90 04 11423 8

50. MIRECKI, P. & J. BEDUHN (eds.). *The Light and the Darkness*. Studies in Manichaeism and its World. 2001. ISBN 90 04 11673 7

51. WILLIAMS, F. E. *Mental Perception*. A Commentary on NHC, VI,4: The Concept of Our Great Power. 2001. ISBN 90 04 11692 3